水声探测与通信原理

姚直象 卫红凯 孔晓鹏 辛高翔 编著

电子工业出版社
Publishing House of Electronics Industry
北京·BEIJING

内 容 简 介

本书系统地介绍了水声探测与通信原理。全书共 14 章，分为上下篇，上篇（第 1～9 章）主要叙述声呐检测、测向、测距、测速，以及水声目标定位、跟踪、侦察的原理和方法，并结合近年来水下目标探测技术的发展介绍几种主要的非声探测方法；下篇（第 10～14 章）主要叙述水声通信信道、水声信源编码、水声信道编码、水声通信调制解调的原理和方法，并介绍水声通信网络的发展现状、特点和结构。

本书以水声目标检测、位置和声要素测量、水声通信为线索，水声探测原理部分注重对信号和干扰的理解及其内在信息的利用；水声通信原理部分兼顾通信基本理论和水声信道特点。本书可作为水声工程专业本科、研究生和教师的参考书，也可供声呐研发和使用人员参考。

未经许可，不得以任何方式复制或抄袭本书之部分或全部内容。
版权所有，侵权必究。

图书在版编目（CIP）数据

水声探测与通信原理 / 姚直象等编著. —北京：电子工业出版社，2022.7
ISBN 978-7-121-43848-6

Ⅰ. ①水… Ⅱ. ①姚… Ⅲ. ①水下探测—目标探测②水声通信 Ⅳ. ①U675.7②E96

中国版本图书馆 CIP 数据核字（2022）第 117141 号

责任编辑：李　敏
印　　刷：北京七彩京通数码快印有限公司
装　　订：北京七彩京通数码快印有限公司
出版发行：电子工业出版社
　　　　　北京市海淀区万寿路 173 信箱　邮编：100036
开　　本：720×1 000　1/16　印张：21　字数：366 千字
版　　次：2022 年 7 月第 1 版
印　　次：2025 年 8 月第 6 次印刷
定　　价：99.00 元

凡所购买电子工业出版社图书有缺损问题，请向购买书店调换。若书店售缺，请与本社发行部联系，联系及邮购电话：（010）88254888，88258888。
质量投诉请发邮件至 zlts@phei.com.cn，盗版侵权举报请发邮件至 dbqq@phei.com.cn。
本书咨询联系方式：010-88254753 或 limin@phei.com.cn。

前　言

由于声波在水下能进行远距离传播，水声技术在军事和海洋开发中得到了大量应用。水声技术在军事方面的应用主要是检测目标有无，测定目标的位置、运动和声学参数，以及进行水下声通信等。从广义来说，利用水下声波进行工作的设备被称为声呐，根据工作原理，声呐可以分为主动声呐和被动声呐两大类。水声目标检测主要依据目标声信号与干扰声信号在能量分布和空间分布上的差异，目标参数测量主要依据目标声信号到达水声装备时的幅度差、时间差、频率差、相位差，还有些方法可以利用声传播特性进行目标定位。水声通信利用水声换能器将包含一定信息的编码信号发射到水中，在接收端通过水声装备接收通信信号并解调，实现文字、语音、图像、视频等内容在水下的无线传输。

本书是为适应水声工程专业教育教学需要，根据新的人才培养方案和课程大纲编写的。全书围绕水声目标检测、测向、测距、测速、定位、跟踪、侦察、通信问题展开，兼顾作为水下声学探测手段重要补充的非声探测技术。全书共 14 章，其中，第 3 章前 6 节由幸高翔编写，第 9 章由孔晓鹏编写，第 10～14 章由卫红凯编写，其余章节由姚直象编写，全书由姚直象统稿。本书由蔡志明教授主审，纠正了本书初稿中的差错，并提出了许多宝贵意见。

本书的编写得到了海军工程大学教务处、电子工程学院教学科研处，以及水声工程教研室全体同志的大力支持和帮助，研究生柳嵩承担了部分内容的校对工作，在此对上述单位及个人致以衷心的感谢。

由于编者水平有限，书中难免存在错漏之处，敬请广大读者批评指正。

编者

2021 年 6 月

目 录

上篇 水声探测原理

第1章 绪论 ··· 002
  1.1 概述 ··· 002
  1.2 声呐系统的分类 ··· 004
    1.2.1 引言 ··· 004
    1.2.2 按工作原理分类 ··· 004
    1.2.3 按装置体系分类 ··· 007
  思考题与习题 ··· 012
  参考文献 ··· 013

第2章 声呐检测原理 ··· 014
  2.1 能量检测 ··· 014
  2.2 正交相关检测 ··· 016
  2.3 线谱检测 ··· 018
  2.4 历程检测 ··· 022
  思考题与习题 ··· 023
  参考文献 ··· 023

第3章 声呐测向方法 ··· 024
  3.1 波束形成 ··· 025
  3.2 最大值测向 ·· 028
  3.3 相位法测向 ·· 031
  3.4 振幅差值法测向 ·· 035
  3.5 相位幅度法测向 ·· 038
  3.6 相关法测向 ·· 039
  3.7 互谱法测向 ·· 041
    3.7.1 分裂波束相位差 ··· 042

3.7.2　互谱测向原理 ……………………………………………………… 044
　3.8　矢量水听器测向原理 ……………………………………………………… 047
　3.9　高分辨空间方位估计算法 ………………………………………………… 051
　　3.9.1　MUSIC 算法 ………………………………………………………… 052
　　3.9.2　ESPRIT 算法 ………………………………………………………… 054
　思考题与习题 ……………………………………………………………………… 058
　参考文献 …………………………………………………………………………… 058

第 4 章　声呐测距方法 …………………………………………………………… 059

　4.1　主动声呐测距方法 …………………………………………………………… 059
　　4.1.1　脉冲测距法 …………………………………………………………… 059
　　4.1.2　调频信号测距法 ……………………………………………………… 062
　　4.1.3　相位测距法 …………………………………………………………… 073
　4.2　被动声呐测距方法 …………………………………………………………… 075
　　4.2.1　概述 …………………………………………………………………… 075
　　4.2.2　被动测距几何原理 …………………………………………………… 077
　　4.2.3　测距误差分析 ………………………………………………………… 079
　　4.2.4　时延估计 ……………………………………………………………… 084
　思考题与习题 ……………………………………………………………………… 086
　参考文献 …………………………………………………………………………… 086

第 5 章　声呐测速方法 …………………………………………………………… 087

　5.1　目标速度测量 ………………………………………………………………… 088
　　5.1.1　位变率测速法 ………………………………………………………… 088
　　5.1.2　多普勒测速法 ………………………………………………………… 090
　5.2　本舰航速测量 ………………………………………………………………… 092
　　5.2.1　多普勒测速 …………………………………………………………… 093
　　5.2.2　相关测速 ……………………………………………………………… 102
　思考题与习题 ……………………………………………………………………… 110
　参考文献 …………………………………………………………………………… 110

第 6 章　水声目标定位方法 ……………………………………………………… 111

　6.1　声呐浮标定位 ………………………………………………………………… 111

6.1.1　LOFAR 法 ·· 111
　　　6.1.2　CODAR 法 ·· 115
　　　6.1.3　HYFIX 法 ··· 116
　6.2　多平台联合定位 ·· 117
　6.3　单平台被动定位 ·· 119
　　　6.3.1　目标运动分析 ··· 120
　　　6.3.2　匹配场处理 ·· 123
　思考题与习题 ··· 125
　参考文献 ·· 125

第 7 章　声呐目标跟踪方法 ··· 126

　7.1　主动声呐目标跟踪方法 ·· 127
　　　7.1.1　目标参数估计 ··· 127
　　　7.1.2　目标跟踪 ··· 128
　7.2　被动声呐目标跟踪方法 ·· 130
　　　7.2.1　振幅比较法 ·· 131
　　　7.2.2　分裂波束互谱法 ·· 133
　　　7.2.3　线谱跟踪 ··· 133
　思考题与习题 ··· 134
　参考文献 ·· 134

第 8 章　水声侦察原理 ·· 135

　8.1　主动声呐信号捕捉 ··· 136
　　　8.1.1　主动声呐信号捕捉理论依据 ··· 136
　　　8.1.2　时频联合捕捉信号 ·· 137
　8.2　主动声呐信号参数 ··· 141
　　　8.2.1　主动声呐信号描述 ·· 141
　　　8.2.2　几种主动声呐信号 ·· 142
　思考题与习题 ··· 144
　参考文献 ·· 144

第 9 章　水下目标非声探测 ··· 145

　9.1　水下目标非声探测手段 ·· 145

9.1.1　雷达探潜技术 145
   9.1.2　磁探仪探潜技术 147
   9.1.3　尾迹探潜技术 148
   9.1.4　激光探潜技术 152
   9.1.5　电场探潜技术 153
   9.1.6　生物光尾迹探潜技术 154
   9.1.7　其他探潜技术 154
  9.2　声与非声联合探潜手段 155
  思考题与习题 156
  参考文献 156

下篇　水声通信原理

第10章　水声通信信道 158

  10.1　水声通信概况 158
   10.1.1　水声通信系统基本组成 160
   10.1.2　水声通信系统的主要性能指标 164
   10.1.3　水声通信声呐方程 166
  10.2　水声通信信道 166
   10.2.1　水声通信信道的特点 167
   10.2.2　水声通信信道对水声通信的影响 169
   10.2.3　应对水声通信信道影响的对策 179
  思考题与习题 184
  参考文献 184

第11章　水声信源编码 185

  11.1　概述 185
  11.2　信源编码定理 186
   11.2.1　等长码编码定理 188
   11.2.2　变长码编码定理 192
   11.2.3　限失真信源编码定理 197
  11.3　常用无失真信源编码 198
   11.3.1　香农编码 198

11.3.2　费诺编码 199
　　11.3.3　哈夫曼编码 200
　思考题与习题 203
　参考文献 204

第 12 章　水声信道编码 205

12.1　概述 205
12.2　信道模型和信道容量 206
　　12.2.1　信道模型 206
　　12.2.2　信道容量 211
12.3　信道编码基本原理 213
　　12.3.1　信道编码定理 213
　　12.3.2　差错控制编码 218
12.4　常用信道编码技术 223
　　12.4.1　线性分组码 223
　　12.4.2　循环码 230
　　12.4.3　BCH 码 233
　　12.4.4　卷积码 234
　　12.4.5　Turbo 码 238
思考题与习题 240
参考文献 240

第 13 章　水声通信调制解调 241

13.1　概述 241
13.2　模拟调制系统 243
　　13.2.1　标准振幅调制 243
　　13.2.2　双边带调制 246
　　13.2.3　单边带调制 246
　　13.2.4　残留边带调制 249
13.3　数字调制系统 249
　　13.3.1　2ASK 250
　　13.3.2　2FSK 253
　　13.3.3　2PSK 257

13.3.4 多进制数字调制 260
13.4 新型数字调制技术 266
 13.4.1 正交振幅调制 266
 13.4.2 最小频移键控 268
 13.4.3 频分复用 271
13.5 水声扩频通信 275
 13.5.1 伪随机序列 275
 13.5.2 扩频技术 283
13.6 水声通信信号接收处理技术 286
 13.6.1 均衡技术 287
 13.6.2 分集技术 290
 13.6.3 时间反转技术 291
13.7 同步原理 294
 13.7.1 载波同步 295
 13.7.2 码元同步 300
 13.7.3 群同步 303
思考题与习题 307
参考文献 307

第14章 水声通信网络 308

14.1 概述 308
14.2 UAN 的发展现状和特点 309
 14.2.1 UAN 的发展现状 309
 14.2.2 UAN 的特点 310
14.3 UAN 的分层结构和拓扑结构 312
 14.3.1 UAN 的分层结构 312
 14.3.2 UAN 的拓扑结构 315
14.4 水下自组织网络 319
14.5 水下声学传感器网络 323
思考题与习题 324
参考文献 324

上篇

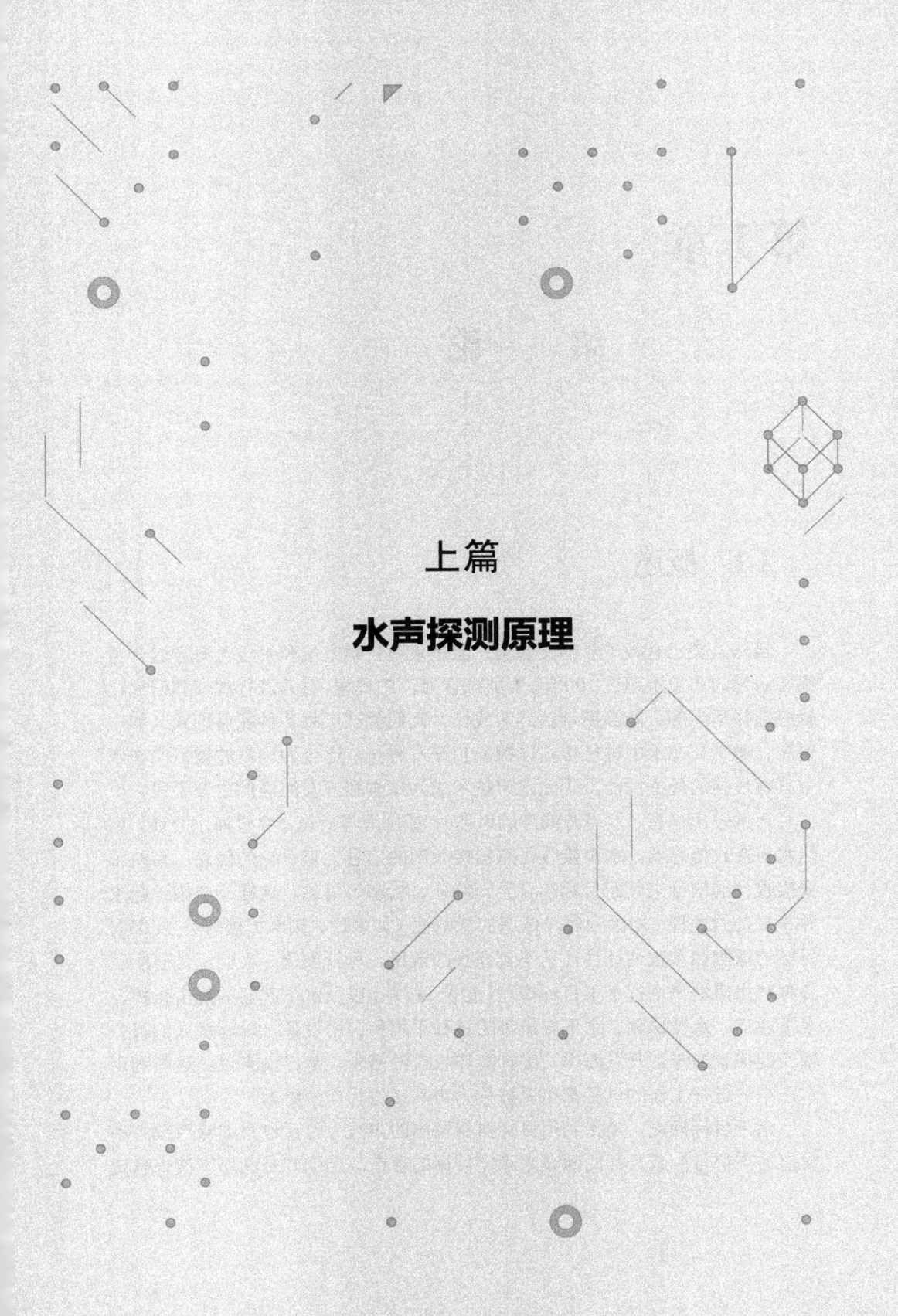

水声探测原理

第 1 章

绪 论

1.1 概述

虽然人类已有数千年的文明史,但是采用科学方法和手段对海洋进行考察和研究的历史不超过 200 年。若要探索海洋的奥秘,对其进行观察和研究,就应选择适当的、能够携带信息的载体。人们尝试过将各种能量形式(如电磁波、激光)在水中进行传播以探索和开发海洋,迄今为止声波被证明在水中具有最佳的传播性能,因此水声技术成为探索和开发海洋的主要手段。

声源发出声音(发声源或声散射体),经由海洋信道,穿过海水介质,到达水声接收传感器。水声接收传感器接收到的信号含有目标的信息,系统根据接收到的信号来判断目标的有无、特征、状态等信息。这样一个描述起来并不复杂的过程,却因为海洋信道的特殊性(如多途、频率扩展等),使得对目标的探测和参数估计往往达不到理想的效果。尽管如此,人们还是研制了各种利用声波来进行水下目标探测、定位、跟踪,以及水下武器的射击指挥、水下通信、水雷探测、水下导航等的各种军用和民用设备,以满足人们日益增长的探索海洋、开发海洋、维护海洋权益的需求。从广义来说,这些利用水下声波进行工作的设备都可以被称为声呐(也写作声纳)。

水下目标探测,是指利用目标自身发出的声波(包括自身的噪声或主动发出的声信号)或目标的回波来确定目标的存在。定位则是利用声波来确定目标的位置，包括目标的距离、方位和深度。对水中目标进行连续不间断的跟踪探测称为跟踪。区分目标类型和性质的过程就是人们通常所指的识别过程。所谓区分目标类型和性质是指确定目标的大小，确定目标是假目标还是真目标（如石头、鱼或舰艇），是我方舰艇还是敌方舰艇，是何种类型的舰艇等。军事上的水声通信是指各潜艇之间，潜艇与水面舰艇之间利用声波传递信息。水面舰艇之间一般不使用水声通信。导航是声呐的另一个广泛应用领域，可以利用声呐测量水深、本舰的航速，从而提供本舰的位置和速度等参数。例如，船只在进港时常用多普勒导航声呐进行导航，潜艇在冰下航行也必须利用声呐进行导航。近年来，水下武器广泛利用非触发声引信，因此利用声波使武器（如鱼雷）导向目标的声制导技术就得到广泛应用。例如，鱼雷上常安装主动或被动式声波导向目标的制导装置，而新型水雷也逐步向这个方面发展。侦察敌方声呐参数（如频率）或利用干扰声和假目标来压制和迷惑敌方声呐的技术统称为水声对抗技术。

水声通信最初主要应用于军事领域，当前军用水声通信主要包括：潜艇之间、潜艇与水面舰艇之间、潜艇与岸站指挥基地之间的通信，潜艇与水下作战平台、军用蛙人之间的通信，以及军用水声网络节点之间的通信、对水下无人作战平台实施检测和导航、对鱼雷进行远程声遥控等。为了满足海洋开发和资源利用的迫切需求，水声通信已由军用领域迅速地向民用领域延伸和发展，典型的应用有：进行水下探测、救护、打捞等作业的潜水员之间，以及潜水员与水面指挥船之间的通信。另外，海上石油工业的遥控、水下管道的铺设、海洋环境参数的自动监测、海洋平台上科研数据的回收，以及开发新能源等都需要水声通信。

声呐广泛应用于民用领域是从第二次世界大战结束后，且随着海洋事业的发展，其使用范围日益扩大。除回波测深外，海底地貌测绘、海洋地质考察、船舶导航、鱼群探测、遥控遥测等都越来越依赖声呐。在海上进行石油勘探和开采的过程中，在水下进行石油管道铺设与定位、船舶动力定位、井口重入等工作时，声呐已经开始发挥重要作用。

本书的主要内容是叙述声呐系统探测、定位、跟踪、侦察和通信的原理和方法。有关水声学本身的问题（如声波在水中的传播规律、声辐射、声波的反射、声波的目标特性，以及水下噪声的理论等）不在本书的讨论范围内。

1.2 声呐系统的分类

1.2.1 引言

迄今为止，国内外已经使用或正在研制的声呐超过百种。为了在众多声呐系统中区分出功能、用途、所用技术等，必须对其进行分类。与其他系统的分类一样，声呐系统也可以从各种角度分类。两个不同的具体声呐虽然按某种分类方法应属同一类别，但按另一种分类方法可能又属于不同类别。因此，了解不同的分类方法有助于我们从不同的角度来认识和评价声呐。

声呐系统的分类方法很多，可笼统地分为军用声呐和民用声呐两类。按工作原理或工作方式分类，声呐可分为主动声呐和被动声呐，回声站、测深仪、通信仪、探雷器等均可归入主动声呐类，而噪声站、侦察仪等则可归入被动声呐类；若按装置体系分类，声呐可分为舰用声呐、潜艇用声呐、岸用声呐、航空吊放声呐、声呐浮标、海底声呐等；按工作性质（战斗任务）分类，声呐可分为通信声呐、探测声呐、水下制导声呐、水声对抗系统等，显然，其中不止一种声呐同为主动声呐；按换能器基阵扫描（搜索）方式划分，探测声呐可分为步距式单波束声呐、环扫声呐、旁扫声呐、相控扫描声呐、多波束声呐等。另外，还可按技术特性来分类，如按信号波形分类，声呐可分为脉冲声呐、连续调频声呐、阶梯调频声呐、双曲线调频声呐、编码声呐等。

下面重点讨论按工作原理和装置体系对声呐进行分类的方法，并通过分类来介绍各种声呐的主要特点。

1.2.2 按工作原理分类

如前文所述，按工作原理或工作方式分类，声呐可分为主动声呐和被动声呐两类。

第1章 绪 论

1. 主动声呐

有目的地主动从系统中发射声波的声呐称为主动声呐,它可用来探测水下目标,并测定其距离、方位、航速、航向等运动要素。主动声呐先发射出某种形式的声信号,再利用声信号在水下传播途中遇障碍物或目标反射的回波来进行探测。由于目标信息保存在回波之中,其可根据接收到的回波信号来判断目标是否存在,并测量或估计目标的距离、方位、速度等参量。具体来说,通过回波信号与发射信号间的时延可推知目标距离,由回波波前法线方向可推知目标方向,而由回波信号与发射信号之间的频移可推知目标的径向速度。此外,由回波的幅度、相位及变化规律可以识别出目标的外形、大小、性质和运动状态。

主动声呐主要由基阵(常为收发兼用)、收发转换、接收机、指示器、发射机(包括波形发生器、发射波束形成器)、定时中心、控制同步设备七个部分组成(见图1-1),其中接收机的组成十分丰富。早期的主动声呐接收机由一些常规的放大器、滤波器和检波器组成。近代的主动声呐接收机的组成已远远超出了原有的内容,包括前置预处理器或信号调节器、信号处理器。信号调节器则包含必不可少的前置放大器、滤波器和归一化电路,以及采样保持电路和模拟数字(A/D)转换器。信号处理器主要由微处理器和专用信号处理芯片组成。主动声呐由定时中心控制产生电信号(通常由振荡器和调制器组成的波形发生器产生),然后按发射波束形成器的需要进行延时。延时后的信号通过一组收发转换开关分别加到各发射换能器上,将电信号转换成声信号向水中发射。基阵用来把声能"聚焦"到预定方向上,即形成所需方向的波束。发出的声信号经水下传播,如遇到目标(如潜艇或礁石)反射,则产生回波。基阵接收回波声信号和噪声,又将它们转换为电信号,然后接收机再将多个阵元的电信号转变成便于操作者(或设备自身)判断的形式,同时在显示器上将其显示出来。在现代声呐中,有的接收机利用计算机对目标的存在与否进行自动判断,并获得目标的各种参数。控制同步设备用来控制换能器基阵的俯仰、旋转,使波束对准目标。

因为主动声呐主动发射探测信号,所以可通过收发信号间的时差精确测定目标的距离。正是由于主动声呐利用接收的回波来探测目标,它除可对运动目标进行探测外,还可探测座沉海底的潜艇、沉船、飞机残骸及其他固定不动的障碍物。主动声呐的主要外部干扰之一是混响，这是由发射信号从各种散射体（海底、海面及海水中不均匀水团）上的散射产生的。混响有时会严重妨碍信号的接收，使声呐作用距离缩短。水体混响在频谱上与发射信号几乎相同，更增加了抑制其干扰的难度。探测沉底目标（特别是沉底小目标）时，海底混响则变成了主要外部干扰。因为有混响的存在，而且接收的信号承受着双程传播损失，再加上本舰噪声的干扰，所以主动声呐作用距离一般不太远。主动声呐主要用在水面舰艇上；在潜艇上虽也装有主动声呐，但一旦使用易被敌方发现，影响潜艇的隐蔽性。潜艇声呐平时的使用方式以被动方式为主，只有在精确测距时才用主动声呐发射2~3个脉冲测定目标距离。

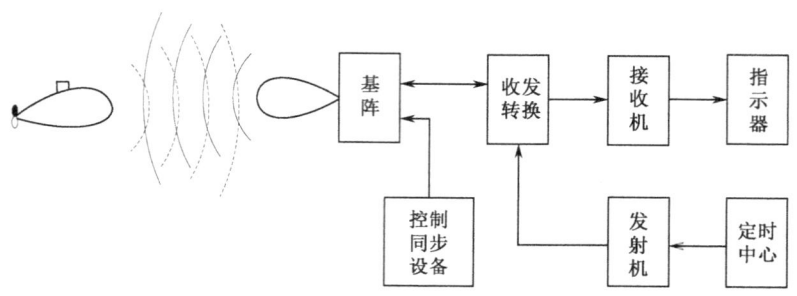

图1-1 主动声呐的基本组成部分

通常，通信声呐、回波测深仪等也属于主动声呐。

2. 被动声呐（噪声站）

利用接收换能器基阵接收目标自身发出的噪声或信号来探测目标的声呐称为被动声呐。因为被动声呐本身不发射信号，所以目标不会觉察其存在及意图。因为目标发出的声音及其特征并不为声呐设计者所控制，而且对其了解也往往不全面，所以声呐设计者只能对某预定目标的声音进行设计，如果目标为潜艇，那么目标自身发出的噪声包括螺旋桨转动噪声、艇体与水流摩擦产生的水动力噪声，以及各种发动机的机械振动引起的辐射噪声等。

被动声呐与主动声呐最根本的区别在于被动声呐在本舰噪声背景下接收远场目标发出的噪声。此时，目标噪声作为信号，且经远距传播后变得十分微弱。由此可知，被动声呐往往工作在低信噪比的条件下，因此需要采用比主动声呐更多的信号处理措施。被动声呐的基本组成部分如图 1-2 所示，其工作原理与主动声呐类似，只是它没有可以发射声波的部分。

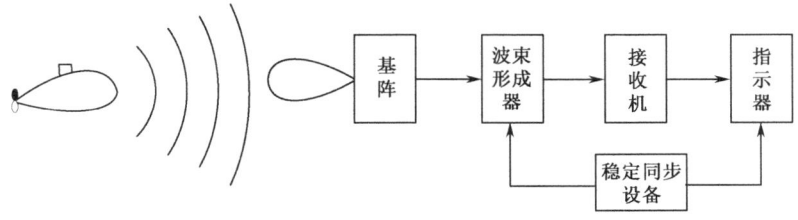

图 1-2　被动声呐的基本组成部分

1.2.3　按装置体系分类

按声呐装置的体系对声呐系统进行分类，可分为岸用声呐、水面舰艇声呐、潜艇声呐、反潜飞机用声呐等。

1. 岸用声呐

因为海港是军舰的基地，还是海上运输及后勤给养的转运站，所以其常常成为潜艇攻击的重要目标之一。各个国家都很重视布设海岸声呐系统，其可以配合其他设备组成海岸防潜系统。

岸用声呐系统通常只将换能器基阵放在港口、海峡和海上重要通道附近及某些特殊海区。基阵接收的信息通过海底电缆传送到海岸基地的声呐电子设备上进行处理。岸用声呐主要用来警戒进入海岸附近的目标，特别是潜艇。由于岸用声呐基阵和电子设备都固定不动，它不受运载工具容积和载重量的限制，可以使用低频大功率大尺寸换能器基阵，以增大作用距离（可达 60～70n mile[1]）。通常岸用声呐以被动方式工作，因此隐蔽性好。为了扩大警戒范围，可布置多个岸用声呐并联合使用，构成海岸警戒网。通常两个声呐站之间装置的距离等于作用距离的 1～1.8 倍，以便彼此之间存在一定的覆盖，如图 1-3 所示，图中 3 个黑点表示岸用声呐基阵位置，圆圈为每个基阵的作用距离示意。换能器基阵布放在距海岸 10～20km、深度不大于

---

[1]　1 n mile≈1852m。

100m 的平坦海底上。岸用声呐的缺点是缺乏机动性,而且水下部分布放和维修较复杂。

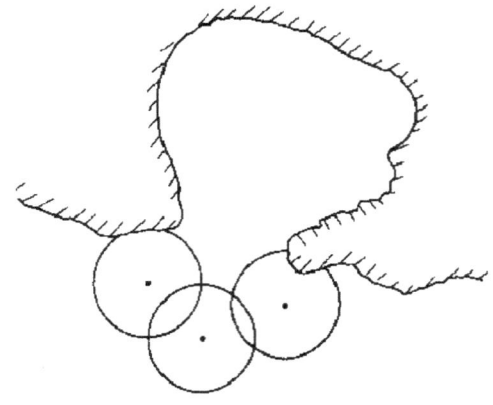

图 1-3　岸用声呐警戒网示意

2. 水面舰艇声呐

水面舰艇上装备声呐的主要目的是反潜防潜,即搜索潜艇目标,并引导火力系统进行攻击。此外,探测水雷、打捞沉物、与潜艇通信等也需要用声呐来完成。因为运动的水面舰艇本身无隐蔽性,所以它主要采用主动声呐来搜索和测定水下目标。水面舰艇通常装有 5~7 部声呐,而大型反潜水面舰艇装有多达 10 部声呐,综合完成对潜搜索、定位、跟踪、射击指挥及水中通信、探雷、导航、水下目标识别、水声对抗等任务。现代反潜战要求水面舰艇声呐作用距离远,搜索速度快,能全面观察和监视周围海区,盲区小,能精确定位和自动跟踪目标。鉴于声呐在反潜战中的地位和作用,有时不得不使水面舰艇的设计适应声呐设备的需求。水面舰艇航速高,航行噪声大,工作环境恶劣。

换能器安装在舰艇壳体上的声呐称为舰壳声呐。早期的舰壳声呐的基阵是升降式的,不工作时升到舰艇壳体内,工作时则通过液压或其他传动装置降到离壳体 3~5m 深的水下[见图 1-4(a)],以避开舰艇航行过程中所产生的吸声气泡层。为减少舰艇航行过程中的阻力,又将换能器浸在流线型且透声性能良好的导流罩内,旋转换能器即可改变探测方向。

随着声呐发射功率的增大和工作频率的降低,换能器基阵尺寸相应增大

（大型圆柱换能器基阵直径达 4.8 m，高度达 1.7m，质量达 26t），升降和旋转换能器基阵越来越困难。舰舷离螺旋桨距离最远，因此大型换能器基阵常装在舰船的球鼻艏内［见图 1-4（b）］。探测方向的改变不再通过使用旋转基阵的方法来实现，而通过使用多波束或电路波束控制来实现。舰壳声呐的主动工作频率已由早先的 20～30kHz 下降到 2～3kHz，发射功率高达数百千瓦，普遍采用多波束电扫描，可同时跟踪多个目标。舰壳声呐一般也使用辅助的被动工作方式来搜索潜艇的噪声。

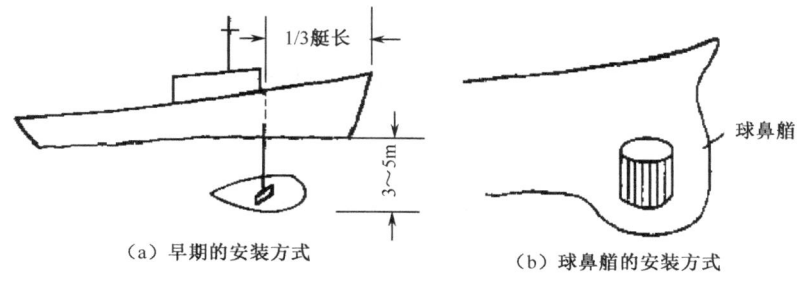

（a）早期的安装方式　　　　　（b）球鼻艏的安装方式

图 1-4　舰壳声呐换能器基阵安装位置示意

近年来，水面舰艇拖曳声呐得到很大发展，其主要配备在水面舰艇上，是一种新型的声呐体系。这种声呐的换能器可以脱离舰体，通过机电拖缆拖入水中（见图 1-5），且可通过调节拖缆长度改变拖曳体与舰艇的距离和下潜深度（150～400m），拖曳声呐可与舰上其他声呐合用一套电子设备，也可单独使用一套电子设备。因拖曳声呐换能器较舰壳声呐下潜深，单位面积发射声功率大，故更利于使用大功率发射；又由于拖体深度可调节，使其下潜到最佳深度，从而不仅可以不受恶劣海况和海面气泡层的影响，还可较好地利用有利的水声传播途径。还有，因为换能器基阵远离舰体，减小了舰艇自噪声对它的干扰，也避免了舰艇尾流的影响，所以拖曳声呐的探测距离一般比舰壳声呐远。显然，拖体对舰艇的机动性和航速有一定影响，机械结构和操作系统也较复杂，故一般适用于大中型舰艇，此外，水下基阵的维修较舰壳式声呐方便。拖曳线列阵声呐是近年来发展的一种拖曳式被动监视系统。这种声呐的多个接收换能器镶嵌在特殊的拖缆上，呈线列阵排列，使拖缆和基阵形成一个整体，拖于舰艇后方。它能比变深声呐拖曳体下潜到更深的深度，且对舰艇的机动性影响较小。

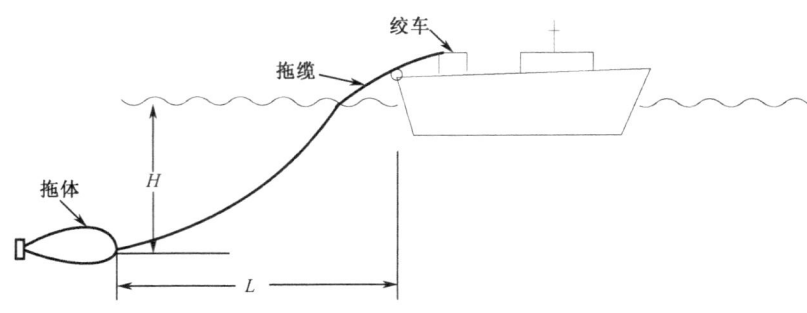

图 1-5　拖曳声呐示意

正如前文所述，水面舰艇使用的声呐种类甚多，因篇幅所限，这里不进行全面介绍。

3. 潜艇声呐

无线电波无法在下潜的潜艇上使用，潜艇在水下航行时的观察器材和通信器材主要依赖声呐，因而声呐在潜艇上的地位显得更为重要。潜艇声呐的主要功能是为反潜武器和鱼雷武器的射击指挥提供水中目标的定位数据，也可承担对水中目标的探测、警戒跟踪、通信、性质识别、助航等多项任务。有时，一艘潜艇甚至有 1/2 的空间被声呐占据，通常每艘攻击型潜艇上装有十几部各种功能的声呐。

潜艇上虽然装有各种类型的声呐，但是为了保持潜艇活动隐蔽的特点，平时主要使用被动声呐，不断地对潜艇周围海区进行搜索。因比，潜艇上的被动定位和测距声呐已成为国内外潜艇必不可少的声呐。近几年已经在被动声呐上使用了先进的目标被动识别技术，潜艇有可能完全依靠被动声呐完成目标定位、测距、识别，以及引导水下武器进行攻击等任务。潜艇的主动声呐不能经常工作，工作时间也不能过长，一般只在实施攻击前使用。潜艇的主动声呐即使投入工作也应尽可能经常改变工作频率，以防被敌方发现。在巡航或远距离航行中，为了导航的需要，也使用主动声呐（如避碰声呐、多普勒测速仪等）。随着潜艇的战术水平提高和声呐技术的不断发展，潜艇编队航行和联合攻击离不开各种通信声呐。声波在水中的传播速度比无线电波在空中的传播速度低得多，导致水声通信速率很低，在远距离上甚至无法进行双工通信。为了较好地发挥声呐在特定海区的性能，并对声呐使用性能进行预报，潜艇上往往还装有声线轨迹仪、测探仪和声速测量仪等设备。水声对抗系统也是潜艇上不可缺少的设备。除了与雷达对抗中的铝箔类似的气幕弹，潜艇上还使用宽带强声源类的压制性声呐器材。这种由潜艇释放的功率强大的干扰器将使敌方声呐无法正常进行探测工作。近年来，潜艇上开始装备可自航，且可逼真模拟潜艇目标各种参数的目标模拟器。当潜艇发觉自己已被敌方发现并有被攻击的危险时，便释放这种目标模拟器来误导敌方声呐（包括鱼雷上的声自导装置），从而可使自己安全地躲避敌方攻击。敌我识别器也是潜艇上已经装备的水声对抗设备之一，它能测定对方主动声呐信号的参数，还可利用编码信号通过应答方式进行自动敌我识别。现在，潜艇声呐的工作频率已由高声频转向低声频，工作频率为 3~3.5kHz，甚至更低，发射声功率也较大，已达兆瓦量级；被动声呐工作频率更低，为 0.5~3kHz。主要声呐换能器尺寸最大直径可达 5m，作用距离较远。

综上所述，装备在潜艇上的声呐不是一部而是多部。现代潜艇已能将各种声呐组成一个综合系统，由指挥控制中心统一调度。潜艇的空间毕竟有限，而声呐设备往往占据大量空间，尽管如此，各国在设计潜艇时几乎都不惜空间，尽量满足声呐的安装条件。

4. 反潜飞机用声呐（机载声呐和声呐浮标）

随着潜艇活动能力的增强，提高探潜速度就显得格外重要。舰用声呐在高速航行时，由于本舰噪声的急剧增加而缩短探测距离，从而影响探潜速度。在空中用机载声呐探测水中目标就显现出很多优点。首先，空中探测机动灵活，可任意、自由地搜索各海区，迅速完成搜索任务。其次，飞机的飞行速度远比潜艇快，可以方便地追击目标，使被探测到的水下潜艇难以逃脱。再加上飞机在空中居高临下，易攻击水下目标，而水下潜艇却很难发现和应对上空飞机的攻击。飞机还可以编队飞行，扩大搜索区域，同时又易与陆上、海上基地及其他反潜部门交换信息。此外，反潜飞机用声呐还可以充分利用水文条件，适时调整水下吊放装置的入水深度，以检测舰艇声呐盲区内的目标。

空中拖曳声呐是机载声呐的一种，装在水上飞机、飞船或直升飞机上，其最大搜索速度达 40kn[1]，可发现半径 2~5n mile 以内的目标。飞机低空飞

---

[1] 1 kn≈1.852 km/h。

行时,通过电缆拖动和控制水中的换能器。发现目标后,飞机通过机上通信设备与基地指挥所交换信息。但是,拖曳体的运动将产生流体动力噪声和空泡噪声,飞机螺旋桨噪声及机械噪声也会通过电缆注入水中,影响探测距离,所以飞机的速度不能过快。

空中吊放声呐是另一种机载声呐,它安装在直升飞机上。直升飞机低飞至各预定点悬停后,通过电缆将换能器吊入水中逐点进行探测。换能器入水深度取决于具体海区的传播条件,可为 30~150m。通常将换能器系统放至温跃层(一般出现在 60~90m 深处,厚度为几米到几十米)以下,避免温跃层对声呐探测产生影响。首先,由于风浪的影响,吊放声呐换能器在水中经常飘动,位置不稳定,因此须用稳定系统来保证其正常工作。空中拖曳声呐和空中吊放声呐在进行探测工作时,直升飞机必须低空飞行或在空中停留,这样就限制了其观察范围,也会影响其探测速度。还有,空中声呐在检测时,必须用电缆拖吊水中的换能器,约束了直升飞机的自由度,影响了其及时投入战斗的能力。空投声呐浮标检测系统可以解决这些矛盾。

空投声呐浮标分为主动式浮标和被动式浮标两种,被动式浮标又有非定向式浮标和定向式浮标之分。被动非定向式浮标只能检测目标有无,而被动定向式浮标可判定目标方向。多个这样的浮标结合其他设备,便可测量出目标位置。主动式声呐浮标比被动式声呐浮标多一个受控声发射装置。无论何种浮标,大多都是作为一次性消耗器材使用的。这些浮标探测到目标后,均通过它们的天线将信号转发到飞机上,再由飞机上的信号处理设备对其进行综合处理。

思考题与习题

1. 水声技术的应用主要有哪些?
2. 试说明水声信道的特点及其对声呐设备性能的影响。
3. 请阐述声呐对水下航行的潜艇的重要性。

参考文献

[1] 田坦. 声呐技术[M]. 2版. 哈尔滨：哈尔滨工程大学出版社，2009.

[2] White A D. 实用声纳工程[M]. 王德石，等译. 北京：电子工业出版社，2004.

第 2 章

声呐检测原理

为了有效地从背景噪声中将有用信号检测出来，必须对接收到的信号进行一系列的处理。这种处理可以分为两步：第一步是波束形成，由多个水听器构成基阵，利用信号与噪声在统计特性上的差异，获得空间增益（GS）；第二步是对波束形成后的输出做进一步的信号处理，通常称作后置积累，以获得足够的时间增益（GT）。关于波束形成的问题将在第 3 章专门讨论，本章将讨论声呐检测问题。

信号处理是指在时域、频域内从某些掩蔽背景中检测或提取所需信号（信息）的运算。主要考虑的问题是如何将给定的信号从频谱与之重迭的随机噪声中分离出来。在这种情况下，信号的统计特性直接关系到处理器的确定。此外，检测总是在一定的准则和可接受的信噪比条件下进行的。

2.1 能量检测

被动声呐所要检测的信号是淹没于海洋噪声背景中的舰艇辐射噪声，用 $n(t)$ 表示海洋噪声，用 $s(t)$ 表示舰艇辐射噪声，则声呐接收到的信号可能是 $x(t) = n(t)$，也可能是 $x(t) = s(t) + n(t)$。由此可以看出，我们所面临的问题是一个假设检验问题，也就是

$$H_0: 仅有噪声 \quad x(t) = n(t)$$
$$H_1: 有信号 \quad x(t) = s(t) + n(t)$$

（2-1）

海洋环境噪声和舰艇辐射噪声都可以看作服从高斯分布的平稳随机信

号，所以能量检测器的信号处理模型（见图 2-1），就是高斯噪声背景下高斯信号的最佳检测问题。

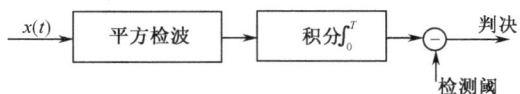

图 2-1　能量检测器的信号处理模型

一般可以将最大似然比准则作为设计检测器的标准。也就是说，在虚警概率小于某一事先给定值的情况下，使检测概率最大。在这里，检测概率是指目标和噪声同时存在时，待检测量高出门限的概率，即目标被检出的概率；虚警概率是指只有噪声存在时，待检测量高出门限的概率，即噪声被检测为目标的概率。

设观察到的 N 个样本分别是 $x(t_1), x(t_2), \cdots, x(t_N)$。它们的联合概率密度函数用 $p_N(x_1, \cdots, x_N)$ 表示。假设 $x(t_i)$（$i = 1, \cdots, N$）相互独立，则由随机信号分析知识可知 $p_N(x_1, \cdots, x_N) = p(x_1) \cdots p(x_N)$，此处的 $p(x_i)$ 表示一维概率密度。当仅有噪声时，概率密度为

$$p(x_i)|_{n(t)} = \frac{1}{\sqrt{2\pi}\sigma_n} \exp\left(-\frac{x_i^2}{2\sigma_n^2}\right) \tag{2-2}$$

N 个噪声样本的联合概率密度可表示为

$$p_0(x_1, \cdots, x_N) = \left(\frac{1}{\sqrt{2\pi\sigma_n^2}}\right)^N \exp\left\{-\frac{\sum_{i=1}^{N} x_i^2}{2\sigma_n^2}\right\} \tag{2-3}$$

类似地，可得到有信号时的联合概率密度为

$$p_1(x_1, \cdots, x_N) = \left(\frac{1}{\sqrt{2\pi(\sigma_n^2 + \sigma_s^2)}}\right)^N \exp\left\{-\frac{\sum_{i=1}^{N} x_i^2}{2(\sigma_n^2 + \sigma_s^2)}\right\} \tag{2-4}$$

式中，σ_s^2 和 σ_n^2 分别表示信号和噪声的功率。由此得到似然比函数：

$$l(x_1, \cdots, x_N) = \frac{p_1(x_1, \cdots, x_N)}{p_0(x_1, \cdots, x_N)}$$

$$= \left(\frac{\sigma_n^2}{\sigma_s^2 + \sigma_n^2}\right)^{\frac{N}{2}} \exp\left\{\frac{\sigma_s^2}{2\sigma_n^2(\sigma_n^2 + \sigma_s^2)} \sum_{i=1}^{N} x_i^2\right\} \tag{2-5}$$

接收域为

$$\begin{aligned}X_l &= \{(x_1,\cdots,x_N): l(x_1,\cdots,x_N) \geqslant Z_0\} \\ &= \left\{(x_1,\cdots,x_N): \frac{\sum_{i=1}^{N} x_i^2}{N} \geqslant \frac{2\sigma_n^2(\sigma_n^2+\sigma_s^2)}{N\sigma_s^2} \cdot \ln\left[Z_0\left(\frac{\sigma_s^2+\sigma_n^2}{\sigma_n^2}\right)^{\frac{N}{2}}\right]\right\}\end{aligned} \quad (2\text{-}6)$$

令

$$M = \frac{2\sigma_n^2(\sigma_n^2+\sigma_s^2)}{N\sigma_s^2} \cdot \ln\left[Z_0\left(\frac{\sigma_s^2+\sigma_n^2}{\sigma_n^2}\right)^{\frac{N}{2}}\right] \quad (2\text{-}7)$$

则这种检测器是

$$\xi = \frac{x_1^2+\cdots+x_N^2}{N} \geqslant M \quad (2\text{-}8)$$

这种检测器称为能量检测器。该检测器把输入的 N 个样本值平方之后相加,再求平均值,然后再与某一个阈值进行比较,以判断目标或信号是否存在。

2.2 正交相关检测

主动声呐系统对目标回波信号的假设有简单点目标回波信号和慢起伏点目标回波信号之分。简单点目标回波信号与慢起伏点目标回波信号的相同之处是都存在着由目标距离和径向运动造成的时延和频移,不同之处在于,前者只存在固定振幅衰减,并引入一个固定相位,而后者则存在着随机振幅衰减,并引入了一个随机相位。在简单点目标模型下某一目标的回波可视为确知信号,最佳检测器是匹配滤波器。在慢起伏点目标模型下某一目标的回波是一个具有随机振幅衰减、随机相位的随机参量信号,本节将讨论白高斯噪声背景下检测慢起伏点目标回波信号的问题。

白高斯噪声背景下水声信号单纯检测问题的数学形式也可表示为式(2-1)。其中,H_1 表示有目标回波信号,H_0 表示无目标回波信号(仅有噪声),$s(t)$ 表示目标回波信号,$n(t)$ 表示噪声信号,$x(t)$ 表示接收机接收到目标回波信号。对于目标回波信号有无的检测称为双择检测。若输入信号包含随机振幅和随

机相位两个参数，这种检测属于复合双择检测。从理论上讲，复合双择检测下的最佳接收机仍然是一个似然接收机，其输出可表示为

$$l(x|A,\varphi) = \exp\left[-\frac{2AZ}{N_0}\cos(\theta+\varphi) - \frac{A^2}{N_0}\right] \tag{2-9}$$

$$Z^2 = \xi_c^2 + \xi_s^2 \tag{2-10}$$

$$\xi_c = \int_0^T x(t)a(t)\cos\left[\omega_0 t + \theta_f(t)\right]dt \tag{2-11}$$

$$\xi_s = \int_0^T x(t)a(t)\sin\left[\omega_0 t + \theta_f(t)\right]dt \tag{2-12}$$

$$a(t) = \left[\tilde{f}(t)\right]/\sqrt{E} \tag{2-13}$$

$$p(A) = \frac{A}{\sigma_1^2}\exp\left[-\frac{A^2}{2\sigma_1^2}\right] \quad A \geqslant 0 \tag{2-14}$$

$$p(\varphi) = \frac{1}{2\pi} \quad 0 \leqslant \varphi \leqslant 1 \tag{2-15}$$

式中，A 为输入信号的随机振幅，服从瑞利分布；φ 为输入信号的随机相位，服从均匀分布；A 和 φ 在观测时间（0，T）内为常数。θ 为初始相位；N_0 为噪声能量；$a(t)$ 为发射信号归一化包络；E 为发射信号能量，$l(x)$ 为发射信号下适合于所有样本的似然比。为此，对 A、φ 求平均，再在等式两边取对数可得似然比接收机的输出表达式：

$$\ln l(x) = \ln l\frac{N_0}{N_0 + 2\sigma_1^2} + \frac{2\sigma_1^2}{N_0(N_0 + 2\sigma_1^2)}Z^2 \tag{2-16}$$

整理可得对数似然比检测判断规律（大于门限 Z_0，判为目标回波信号；反之，判为无目标回波信号）如下：

$$Z^2 \begin{array}{c} H_1 \\ > \\ < \\ H_0 \end{array} = \frac{N_0(N_0 + 2\sigma_1^2)}{2\sigma_1^2}\ln\frac{l_0(N_0 + T\sigma_1^2)}{N_0} = Z_0 \tag{2-17}$$

式中，Z^2 为对数似然比接收机的检验统计量，l_0 为似然比门限。

白高斯噪声背景下检测慢起伏点目标的最佳接收机是正交相关接收机（见图 2-2）。这种接收机具有两个通道，且两个通道的参考信号刚好是正交的（相位相差 90°），所以称为正交相关接收机。

因为两个正交分量的振幅分别含有 $\cos\varphi$ 和 $\sin\varphi$ 这两个与随机相位有关

的随机量,所以两路相关接收机的输出仍将与随机相位有关。为了消除 $\cos\varphi$ 和 $\sin\varphi$ 的影响,又将两路相关接收机的输出进行了平方求和处理,最后得到的 Z^2 与随机相位完全无关,因此实现了在随机相位条件下的最佳处理。

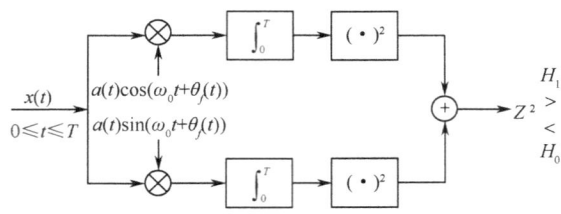

图 2-2 正交相关接收机

2.3 线谱检测

舰艇辐射噪声一般由两种成分组成:一种是宽带噪声,主要来源于螺旋桨附近海水的空化过程,频率从零赫兹附近连续地延伸到几十千赫兹以上;另一种是极窄的线状谱(简称线谱),主要集中在 1kHz 以下的低频段内。图 2-3 为舰艇辐射噪声典型谱结构。早期,由于技术条件的限制,被动声呐只利用宽带噪声进行能量检测。随着数字技术的发展,特别是快速傅里叶变换(FFT)算法的出现,基于线谱的窄带检测与跟踪得到应用。

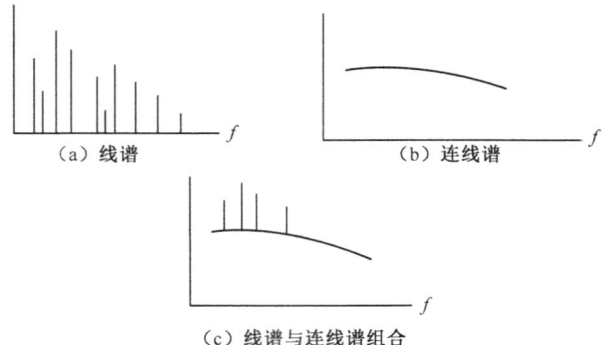

图 2-3 舰艇辐射噪声典型谱结构

线谱主要是由于舰艇机械部件的往复运动与螺旋桨叶片的周期性击水及叶片共振产生的。因为这些线谱源的功率和惯性都相当大,工作条件也较稳定,所以线谱有很高的强度和稳定度。现场测量表明,潜艇线谱强度与附近连续谱1Hz内的功率相比,有的可超出10~25dB,而稳定时间达到10min以上。这一事实的重要意义,通过下面简单的估算就可理解。

为具体分析,设背景噪声和信号具有如图2-4(a)所示的功率谱。在某一处理带宽($0, W_B$)内,背景噪声与宽带信号成分可视为"白"的,每一赫兹内功率分别为N_n和N_s。信号内尚含有一根线谱,已知频率为f_s,功率为S。对于所设信号与噪声条件,我们考虑使用两种检测方式。第一种是宽带能量检测,即采用如图2-4(b)所示的预选滤波和平方积分的结构。通过计算可以得出输出信噪比(下标B表示宽带):

$$\left(\frac{S}{N}\right)_{ZB} = T_B W_B \left(\frac{S}{N}\right)_{XB}^2 \tag{2-18}$$

$$\left(\frac{S}{N}\right)_{XB} = \frac{S + N_s W_B}{N_n W_B} \tag{2-19}$$

式(2-18)和式(2-19)表明,在$S \ll N_s W_B$的情况下,$\left(\frac{S}{N}\right)_{ZB}$大体上与$W_B$成正比。为得到大的处理增益,应取尽可能大的处理带宽W_B,这是宽带能量检测的特点。第二种是窄带能量检测,如图2-4(c)所示,先用窄带滤波器(带宽记为W_N)将线谱滤出,然后进行能量检测,这时输出信噪比为(下标N表示窄带)

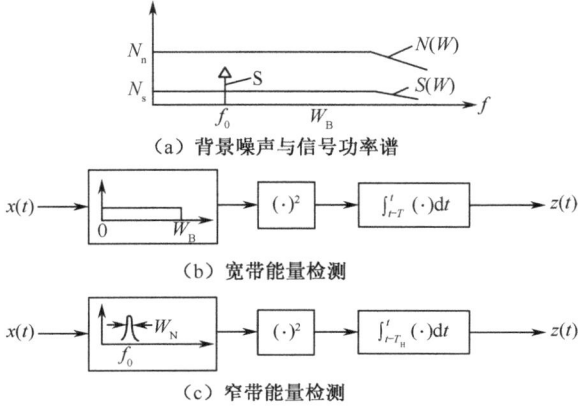

(a)背景噪声与信号功率谱

(b)宽带能量检测

(c)窄带能量检测

图2-4 背景与信号功率谱及宽带和窄带检测

$$\left(\frac{S}{N}\right)_{ZN} = T_N W_N \left(\frac{S}{N}\right)_{XN}^2 \qquad (2\text{-}20)$$

式中，

$$\left(\frac{S}{N}\right)_{XN} = \frac{S}{(N_s + N_n)W_N} \qquad (2\text{-}21)$$

注意，线谱检测是在连续谱的背景上进行的，故在计算 $\left(\frac{S}{N}\right)_{XN}$ 时，把信号中的连续谱成分也看作背景噪声的一部分，式（2-20）和式（2-21）表明， $\left(\frac{S}{N}\right)_{XN}$ 与 W_N 成反比，为获得大的输出信噪比，应取尽可能窄的处理带宽 W_N（当然，这种说法只有在积分时间 T_N 足够大，始终保证 $1/T_N \ll W_N$ 时，才能成立），这是窄带能量检测的特点。

现在比较两类能量检测器的性能。设宽带处理系统具有如下典型的工作数据：$W_B = 3\text{kHz}$；$\frac{N_n}{N_s} = 100$；$T_B = 10\text{s}$。窄带处理系统预选滤波的带宽为 $W_N = 1\text{Hz}$。假设线谱强度超过附近信号连续谱强度 20dB，即 $\frac{S}{N_s} = 100$。又假设线谱很稳定，在 10min 内不会漂移出窄带预选滤波器的范围，因而可采用 $T_N = 600\text{s}$。利用所给数据，由式（2-18）~式（2-21）可算出：

$$10\lg\left(\frac{S}{N}\right)_{XB} = 10\lg \frac{\frac{S}{N} + W_B}{\left(\frac{N_n}{N_s}\right)W_B} = 10\lg \frac{100 + 3000}{100 \times 3000} \approx -19.5(\text{dB})$$

$$10\lg\left(\frac{S}{N}\right)_{XN} = 10\lg \frac{\frac{S}{N_s}}{\left(1 + \frac{N_n}{N_s}\right)W_N} = 10\lg \frac{100}{101 \times 1} \approx 0(\text{dB})$$

$$10\lg(T_B W_B) = 10\lg(10 \times 3000) \approx 44.8(\text{dB})$$

$$10\lg(T_N W_N) = 10\lg(600 \times 1) \approx 27.8(\text{dB})$$

$$\begin{aligned}
&10\lg\left(\frac{S}{N}\right)_{ZN} - 10\lg\left(\frac{S}{N}\right)_{ZB} \\
&= 10\lg\left[T_N W_N \left(\frac{S}{N}\right)_{XN}^2\right] - 10\lg\left[T_B W_B \left(\frac{S}{N}\right)_{XB}^2\right] \\
&= (27.8 + 2\times 0) - [44.8 + 2\times(-19.9)] \\
&= 27.8 - 5 = 22.8 \text{ (dB)}
\end{aligned}$$

以上计算结果表明，窄带能量检测在输入信噪比方面可得到 20dB 的改善。由于小信号抑制效应（输出信噪比与输入信噪比的平方成正比），这种改善的实际效果达 40dB。窄带能量检测在时宽带宽乘积上有 44.8−27.8 =17（dB）的损失。总计起来，输出信噪比提高了 40−17=23（dB），这是相当可观的。若在本例中使窄带滤波器带宽 W_N 进一步减小到 0.1Hz（这时仍能保证 $\frac{1}{T_N} \ll W_N$），则输出信噪比将再增加 10dB。当然，这是以线谱的更高稳定性为条件的。窄带检测系统显著提高了处理增益，加之低频线谱传播衰耗小，若再配合拖曳阵技术，以减小本舰噪声和传播条件的不利影响，则可使被动声呐作用距离有大幅度的提高。

上面的讨论中假定了线谱只有一根，且频率 f_s 是已知的。实际上，舰艇的线谱是多根的，其分布随舰艇的类型、航速、深度而异，并且会随舰艇的运动产生不同的多普勒频率漂移。我们事先无法知道各线谱的频率位置。在这种情况下，为了实现窄带检测，就必须在感兴趣的低频段（如 0~500Hz）内，并排设置一组密接的窄带滤波器。这实际上就等于对输入信号进行了谱分析。

线谱不仅具有特有的集中而稳定的能量可用来提高检测性能，而且其本身携带的频率信息对目标的参数估计和类型识别，也是非常有意义的。例如，精确地测定线谱的多普勒频移并实行跟踪，可以估计目标舰艇的运动参数。又如，不同类型舰艇所辐射的线谱结构是固定的，因此，对线谱进行高质量的谱估计将为目标识别提供重要依据。

综上所述，线谱检测、跟踪和识别在水下作战中具有重要意义。线谱检测、跟踪和识别在声呐的使用过程中具有十分重要的意义，而且人们对此已进行了研究，包括线谱的标准和判定准则、线谱的产生机理、线谱的特征提取等。其原因一是线谱特有的集中而稳定的能量可用来提高检测性能，二是线谱本身携带的频率信息，对目标参数估计和类型识别具有重要意义。

信号的功率谱反映了信号的许多重要特征，利用信号功率谱的连续谱和线谱特征进行目标的自动识别和分类，是声呐、雷达和噪声分析等领域信号处理的重要内容。舰艇辐射噪声的功率谱是一种典型的连续谱和线谱的叠加，其从两个方面（连续谱和线谱）反映了舰艇辐射噪声谱结构特征。

2.4 历程检测

听觉检测和视觉检测是声呐常用的两种检测目标的方式，如图 2-5 所示。听觉检测的效果与声呐员的素质有很大关系。同时，由于人类的听觉对不同波束的记忆时间非常短，难以利用不同波束之间的信息相互比较。但是，听觉检测的一个重要优点是有经验的声呐员可以凭自己的知识与经验对目标进行识别。

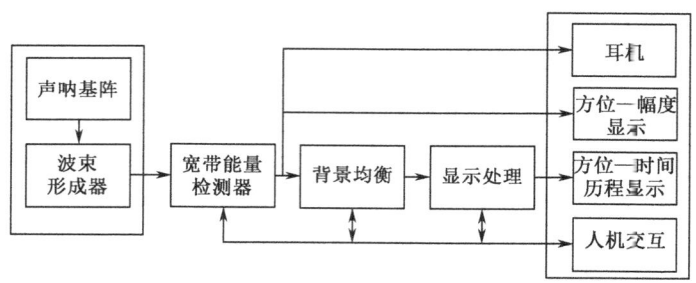

图 2-5　声呐检测目标框图

本节只讨论视觉检测，即由人眼根据多波束数据随时间的变化来检测目标。可以先把这些数据转换成高分辨屏幕上的亮度显示，再利用不同波束之间亮度的变化来检测目标。

假定数字式声呐有 M 个波束，在 t_i 时刻 M 个波束的值是 $x(t_i,1),\cdots,x(t_i,M)$，把 $x(t_i,j)$ 以亮度形式显示在屏幕上，根据亮度的变化进行比较，就可以判断是否有目标，以及目标出现在第几号波束（相当于目标方位）。不同 t_i 时刻对应的 $x(t_i,j)$ 的排列就构成一幅时间—方位历程图，如图 2-6 所示。

研究表明,方位历程显示对弱信号的检测与方位幅度显示相比有 5~7dB 的增益。与此同时,方位历程显示的另一个明显的好处是由于利用迹迹相关效应,虚警概率非常低,而检测概率又比较高。

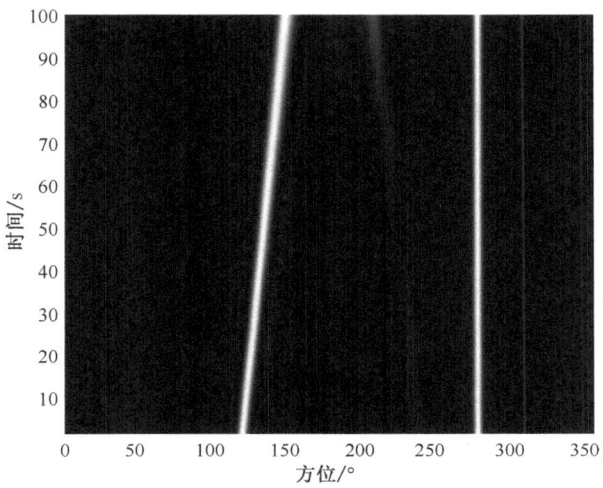

图 2-6　时间—方位历程图

思考题与习题

1. 宽带能量检测与窄带能量检测有什么异同,各自有什么优势?
2. 线谱检测的作用距离一定比宽带检测的作用距离远吗?
3. 历程检测的增益是如何获得的?

参考文献

[1] 朱埜. 主动声呐检测信息原理[M]. 北京:海洋出版社,1990.
[2] 李启虎. 声呐信号处理引论[M]. 北京:科学出版社,2012.
[3] 李启虎. 数字式声纳设计原理[M]. 合肥:安徽教育出版社,2003.

第 3 章

声呐测向方法

声呐系统的重要任务之一就是测定目标的位置。目标在水平面内的位置由目标的方向角（方位角）和距离决定。本章主要讨论目标方位的测定问题，关于目标距离的测定问题将在第 4 章介绍。

声呐系统一般采用两个或多个换能器阵元组成的基阵，利用声波到达水听器系统的声程差和相位差来测向。一个如图 3-1 所示的二元阵系统，若其间距为 d，则平面波到达两阵元的声程差为

$$\xi = d\sin\theta \tag{3-1}$$

式中，θ 为目标的方位角，定义为声线与基阵法线方向的夹角。两个接收器接收声压或输出电压间的时间差为

$$\tau = \frac{\xi}{c} = \frac{d}{c}\sin\theta \tag{3-2}$$

频率为 f（波长为 λ）的信号对应的相位差为

$$\phi = 2\pi f\tau = \frac{2\pi f\xi}{c} = 2\pi f\frac{d}{c}\sin\theta = 2\pi\frac{d}{\lambda}\sin\theta \tag{3-3}$$

由式（3-2）和式（3-3）可知，两个基元信号的时间差和相位差与目标的方位角一一对应。可见，只要测量出反映声程差的时间差或相位差，就可测定目标方位。

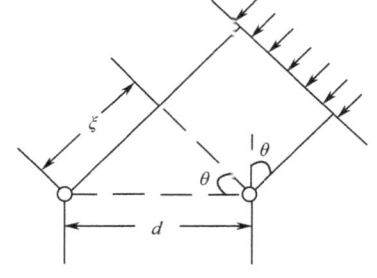

图 3-1　二元阵系统

第 3 章 声呐测向方法

3.1 波束形成

波束形成是指将按一定几何形状（如直线、圆柱等）排列的多元基阵的各阵元输出经过处理（如加权、延时、求和等），形成空间指向性的方法，或者可以说波束形成是将一个多元阵经过适当处理，使其对某些空间方向的声波具有所需响应的方法。因此，波束形成器可以被视为空间滤波器，它可以滤去空间中某些方位的干扰，只让指定方位的信号通过。

声呐波束形成的目的是使多阵元构成的基阵具有指向性。对于一个发射系统，具有指向性意味着发射能量可集中在某一方向，这样可以用较小的发射功率探测更远距离的目标。接收系统具有指向性，可使系统定向接收，从而抑制其他方向的信号和干扰。此外，利用接收系统的指向性可以准确测定目标方位。若接收系统形成多个波束，则可分辨多个目标。关于波束形成的理论已经较为成熟，相关参考文献也较多，本书只简单介绍接收波束形成的基本原理。

对一个由 N 个无指向性阵元组成的接收换能器阵，将所有阵元的信号相加得到的输出，就形成了基阵的自然指向性。此时，若有一个远场平面波入射到此基阵上，则其输出幅度将随平面波入射角的变化而变化。

以线阵为例，一个 N 元线阵中，各阵元间距为 d、接收灵敏度相同，平面波入射方向为 θ，如图 3-2 所示。

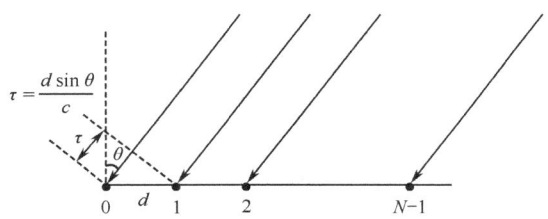

图 3-2　N 元线阵

各阵元输出信号为
$$P_1(t) = A\cos(\omega t)$$
$$\vdots$$
$$P_n(t) = A\cos(\omega t + n\varphi)$$
$$= A\mathrm{Re}\left[\mathrm{e}^{j\omega t}\cdot \mathrm{e}^{jn\varphi}\right]$$
（3-4）

式中，A 为信号幅度，ω 为信号角频率，$\varphi = 2\pi\dfrac{d}{\lambda}\sin\theta$ 为相邻阵元接收信号间的相位差，$\mathrm{Re}[\cdot]$ 表示取实部运算。阵列输出为

$$s(\theta,t) = \sum_{n=0}^{N-1} P_n(t) = A\cdot \mathrm{Re}\left[\mathrm{e}^{j\omega t}\sum_{n=0}^{N-1}\mathrm{e}^{jn\varphi}\right]$$
（3-5）

利用关系式
$$1 + a + a^2 + \cdots + a^{N-1} = \frac{1-a^N}{1-a}$$

则有
$$\sum_{n=0}^{N-1}\mathrm{e}^{jN\varphi} = \frac{1-\mathrm{e}^{jN\varphi}}{1-\mathrm{e}^{j\varphi}} = \mathrm{e}^{j(N-1)\frac{\varphi}{2}}\frac{\sin\left(\dfrac{N\varphi}{2}\right)}{\sin\left(\dfrac{\varphi}{2}\right)}$$
（3-6）

所以阵列输出可改写为
$$s(\theta,t) = A\frac{\sin\left(\dfrac{N\varphi}{2}\right)}{\sin\left(\dfrac{\varphi}{2}\right)}\cos\left(\omega t + (N-1)\frac{\varphi}{2}\right)$$
（3-7）

归一化输出幅度为
$$R(\theta) = \left|\frac{\sin\left(\dfrac{N\varphi}{2}\right)}{N\sin\left(\dfrac{\varphi}{2}\right)}\right| = \left|\frac{\sin\left(\dfrac{N\pi d}{\lambda}\sin\theta\right)}{N\sin\left(\dfrac{\pi d}{\lambda}\sin\theta\right)}\right|$$
（3-8）

当 $\theta = 0$ 时，实现同相相加，$R(\theta) = 1$。可见，一个多元阵输出幅度大小随信号入射角的变化而变化。

需要指出的是，对于一个任意的阵形，若依靠基阵自然指向性，无论声波从哪一方向入射，均不可能实现同相相加而得到最大输出。一般来说，只有直线阵或空间平面阵才会在阵的法线方向实现同相相加，得到最大输出。

第 3 章 声呐测向方法

任意形状的基阵经过适当处理，均可在预定方向实现同相相加，得到最大输出。其方法就是对多个阵元接收信号进行时延或相移补偿，使其对预定方向的入射信号实现同相相加，这个过程就是波束形成。

在相邻阵元之间插入相移 β 或时延 $\tau = \dfrac{\beta}{2\pi f}$ 再求和，如图 3-3 所示。

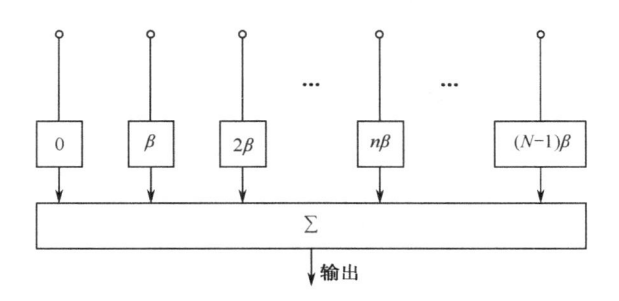

图 3-3 在相邻阵元间插入相移后再求和

式（3-5）中阵列输出变为

$$s(\theta,t) = \sum_{n=0}^{N-1} A\cos[\omega t + n(\varphi - \beta)] \quad (3\text{-}9)$$

阵列归一化输出幅度变为

$$R(\theta) = \left| \frac{\sin\left(\dfrac{N}{2}(\varphi-\beta)\right)}{N\sin\left(\dfrac{1}{2}(\varphi-\beta)\right)} \right| \quad (3\text{-}10)$$

得知主极大（主波束）方向满足

$$\varphi - \beta = 0 \quad (3\text{-}11)$$

此时的 θ 值记为 θ_0，则

$$\sin\theta_0 = \frac{\beta\lambda}{2\pi d} \quad (3\text{-}12)$$

或

$$\theta_0 = \arcsin\frac{\beta\lambda}{2\pi d} = \arcsin\frac{c\tau}{d} \quad (3\text{-}13)$$

说明主极大方向从 0 变为 θ_0，在阵元之间插入不同的相移 β 或不同的时延 τ，可以控制主极大位于不同的方向。

通过在阵元之间插入相移来控制波束主极大方向的方法称为相移波束形成，而插入时延控制波束主极大方向的方法称为时延波束形成。在窄带应用（一般在主动声呐中）时，常用相移波束形成；在宽带应用（被动声呐中）时，则用时延波束形成。这是因为相移是频率的函数，而时延则与频率无关。现代声呐通常在多个预定方向上同时形成多个波束，覆盖整个观察扇面。

3.2 最大值测向

最大值测向方法是声呐系统中常见且行之有效的方法。换能器或基阵的输出电压随着目标方位角的变化而变化，因此可利用接收到的信号幅度达到最大时换能器或基阵的指向来测量目标方位，这种方法不直接测量相位差，属于间接测量方法，其直接利用声系统的方向性对目标定向。最大值测向方法的优点是简单，可以利用人耳或视觉指示器来判断最大信号幅度值，因此在分析其性能时，要和具体的指示器联系起来。该方法的另一个优点是可以利用人耳判别目标的性质。此外，由于人耳的特殊功能，其在小信噪比条件下仍可判别目标的方位。此方法的缺点是定向精度不高，这是由于声系统的指向性图有一定的宽度，而这一指向性在主轴附近的角度变化迟钝，从而导致目标方位上的小变化引起的输出信号幅度变化不大。此方法一般不能迅速判别目标偏离主轴的方向，需要反复多次方可判别。对多个目标的情况，这一方法则显得无能为力。当存在多个目标时，通常利用多波束接收系统进行测向。

最大值测向方法的测向精度主要取决于声系统方向性主瓣的宽度、指示器的类型、声系统转动装置的精度，以及声呐操作员的生理声学特性。

无论何种基阵，均可补偿成一个等效线阵，因此以线阵为例来分析最大值测向方法的测向精度。

一个 N 元等间距线阵的方向性函数为

$$D(\alpha) = \frac{\sin\left(N\frac{\varphi}{2}\right)}{N\sin\frac{\varphi}{2}} \quad （3\text{-}14）$$

式中，
$$\varphi = \frac{2\pi d}{\lambda}\sin\alpha \qquad (3\text{-}15)$$

第一个零点处的角度为指向性半开角（见图3-4），其应满足 $N\dfrac{\varphi}{2}=\pi$，因此有

$$\sin\frac{\Theta}{2}=\frac{\lambda}{Nd} \qquad (3\text{-}16)$$

当指向性半开角 Θ 较小时，由正弦函数在小角度下的近似关系可得

$$\frac{\Theta}{2}\approx\frac{\lambda}{Nd} \qquad (3\text{-}17)$$

图 3-4　一个基阵的典型波束

下面分 3 种情况来分析测向精度，以求出指示器所能感知的变化与方位角变化 $\Delta\alpha$ 之间的关系。

1. 被动接收、听觉指示

一般来说，人耳对声强是敏感的，对方向性的敏感程度取决于声强的大小，声强与声压的平方成正比，因此有

$$I(\alpha)=kD^2(\alpha) \qquad (3\text{-}18)$$

故

$$\Delta I(\alpha)=2kD(\alpha)\Delta D(\alpha) \qquad (3\text{-}19)$$

于是，声强的相对误差为

$$\frac{\Delta I(\alpha)}{I(\alpha)} = 2\frac{\Delta D(\alpha)}{D(\alpha)} \qquad (3\text{-}20)$$

假设人耳能觉察的相对声强变化为 g，因为测向时总是在对准点（$\alpha = 0$）附近，所以有

$$g = \left.\frac{\Delta I(\alpha)}{I(\alpha)}\right|_{\alpha=0} = 2\left.\frac{\Delta D(\alpha)}{D(\alpha)}\right|_{\alpha=0} = 2\frac{D(0) - D(\Delta\alpha)}{D(0)} = 2[1 - D(\Delta\alpha)] \qquad (3\text{-}21)$$

式（3-21）已假定 $D(0) = 1$。现在要求出 $\Delta\alpha$ 与 g 及 Θ 的关系。利用 $\sin x = x - \frac{1}{3!}x^3 + \cdots$，将 $D(\Delta\alpha)$ 展开，即

$$\begin{aligned}D(\Delta\alpha) &= \frac{\sin\left(N\frac{\Delta\varphi}{2}\right)}{N\sin\frac{\Delta\varphi}{2}} \approx \frac{N\frac{\Delta\varphi}{2} - \frac{1}{3!}\left(N\frac{\Delta\varphi}{2}\right)^3}{N\frac{\Delta\varphi}{2}} \\ &= 1 - \frac{1}{3!}\left(N\frac{\Delta\varphi}{2}\right)^2 \\ &= 1 - \frac{1}{6}\left(N\frac{\pi d\Delta\alpha}{\lambda}\right)^2\end{aligned} \qquad (3\text{-}22)$$

将式（3-22）代入式（3-21），得到

$$g = \frac{1}{3}\left(N\frac{\pi d}{\lambda}\Delta\alpha\right)^2 \qquad (3\text{-}23)$$

由此解出（记为 $\Delta\alpha_1$）

$$\Delta\alpha_1 = \frac{\sqrt{3g}}{\pi} \cdot \frac{\lambda}{Nd} = \frac{\sqrt{3g}}{\pi}\sin\frac{\Theta}{2} \approx \frac{\sqrt{3g}}{\pi}\frac{\Theta}{2} \approx 0.276\Theta\sqrt{g} \qquad (3\text{-}24)$$

一般人的耳朵可感知的相对声强变化为 0.1~0.2，故有

$$\Delta\alpha_1 = 0.276 \times \left(\sqrt{0.1} \sim \sqrt{0.2}\right)\Theta \approx (0.087 \sim 0.123)\Theta \qquad (3\text{-}25)$$

例如，当 $d = \frac{\lambda}{2}$，$N=20$ 时，有 $\Theta \approx 2 \cdot \frac{\lambda}{Nd} = 2 \times \frac{2}{20} = 0.2$（弧度）$= 11.46°$，因此测向精度 $\Delta\alpha_1 = 1°\sim 1.4°$。

2. 被动接收、视觉指示

由于视觉指示（如电表摆动、幅度大小显示等）时，指示器仅指示相对声压变化，因此有

$$g = \frac{\Delta U}{U} = \frac{\Delta D(\alpha)}{D(\alpha)}\bigg|_{\alpha=0} = 1 - D(\Delta\alpha) \qquad (3\text{-}26)$$

将式（3-22）代入式（3-26），得到

$$g = \frac{1}{6}\left(N\frac{\pi d}{\lambda}\Delta\alpha\right)^2 \qquad (3\text{-}27)$$

由此解得 $\Delta\alpha_2$ 为

$$\Delta\alpha_2 = \frac{\sqrt{6g}}{\pi} \cdot \frac{\lambda}{Nd} \approx \frac{\sqrt{6g}}{\pi}\frac{\Theta}{2} \approx 0.39\Theta\sqrt{g} \qquad (3\text{-}28)$$

一般人眼可感知的相对电压幅度变化为 0.05～0.1，故有

$$\Delta\alpha_2 = 0.39 \times \left(\sqrt{0.05} \sim \sqrt{0.1}\right)\Theta \approx (0.087 \sim 0.123)\Theta \qquad (3\text{-}29)$$

这与式（3-25）的结果相同，即用视觉指示与听觉指示的测向精度相似，但区别在于，视觉指示要求的信噪比较大。

3. 主动测向、视觉指示

若用同一基阵发射和接收，则接收的信号电压与 $D^2(\alpha)$ 成正比，即

$$U = kD^2(\alpha) \qquad (3\text{-}30)$$

式（3-30）与式（3-18）相同，因此可推知测向精度为

$$\Delta\alpha_3 = 0.276\Theta\sqrt{g} \qquad (3\text{-}31)$$

与情况 1 结果相同，在视觉指示 $g = 0.05 \sim 0.1$ 时，有

$$\Delta\alpha_3 = \frac{1}{\sqrt{2}}\Delta\alpha_1 \qquad (3\text{-}32)$$

3.3 相位法测向

相位法测向是一种直接测量法，它利用相角指示器来测定两等效阵元之间的相位差，从而达到测量目标方位的目的。在主动和被动声呐系统中，相位法测向都有广泛的应用。

由式（3-15）可知，如图 3-5 所示的二元阵两阵元之间的相位差为

$$\varphi = \frac{2\pi d}{\lambda}\sin\alpha$$

两边求增量，得到

$$\Delta\varphi = \frac{2\pi d}{\lambda}\cos\alpha \cdot \Delta\alpha \tag{3-33}$$

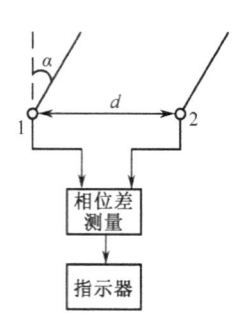

图 3-5　相位法测向基本原理

所以得到测向误差为

$$\Delta\alpha = \frac{1}{2\pi} \cdot \frac{\lambda}{d\cos\alpha} \cdot \Delta\varphi \tag{3-34}$$

由式（3-34）可知，测向精度取决于比值 $\frac{d}{\lambda}$、目标方位角 α 和指示器分辩率 $\Delta\varphi$。在某一频率 f 下，间距 d 越大，比值 $\frac{d}{\lambda}$ 越大，因此 $\Delta\alpha$ 越小。目标方位角 $\alpha = 0$ 时，$\cos\alpha = 1$，此时 $\Delta\alpha = \frac{\lambda}{d} \cdot \frac{\Delta\varphi}{2\pi}$ 达到最小，即测向精度达到最高。因此，在测向时都采用转动换能器或补偿器，直到对准目标（$\alpha = 0$），然后从相应的旋转机构上读取目标方位的方法。相位测量精度越高，即 $\Delta\varphi$ 越小，则 $\Delta\alpha$ 越小。例如，当 $\alpha = 0$ 时，$\Delta\varphi = 1$，可得到 $\Delta\alpha = \frac{\lambda}{d} \cdot \frac{1}{2\pi}$。当 $\frac{d}{\lambda} = 1$ 时，$\Delta\alpha = 0.16°$；当 $\frac{d}{\lambda} = 10$ 时，$\Delta\alpha = 0.016°$。由于相位法测向测量精度较高，在声呐中应用广泛。

相位法测向有明显的优点。首先，它只需要两个接收单元。两个单元接收到的两个信号之间的相位差已提供了充分的目标方位角信息，因此原则上没有必要采用更多单元。其次，测向精度与单元本身是否有方向性，以及单元本身的形状无关，只与两个接收单元的间距 d 和波长 λ 有关。由于正弦函数的反函数是一个多值函数，导致除 $\alpha=0$ 外的方向上也会出现 $\varphi=0$，这在 $\dfrac{d}{\lambda}$ 较大时发生。例如，当 $\dfrac{d}{\lambda}=\dfrac{1}{2}$ 时，$\varphi_1=\dfrac{2\pi d}{\lambda}\sin\alpha=\pi\sin\alpha$；当 $\dfrac{d}{\lambda}=1$ 时，$\varphi_2=2\pi\sin\alpha$，则目标角度与相位差对应值如表 3-1 所示。

表 3-1 目标角度与相位差对应值

序号	1	2	3	4
目标角度 α /°	0	90	180	270
相位差 φ_1 /rad	0	π	0	$-\pi$
相位差 φ_2 /rad	0	2π	0	-2π

可见，当 $\dfrac{d}{\lambda}=\dfrac{1}{2}$ 时，有两个 α 值都对应 $\varphi=0$；当 $\dfrac{d}{\lambda}=1$ 时，有 4 个 α 值都对应 $\varphi=0$（因为 2π、-2π 也相当于 0），结果无法通过 φ 来推算 α。这种情况（α 的多值性）的曲线如图 3-6 所示。

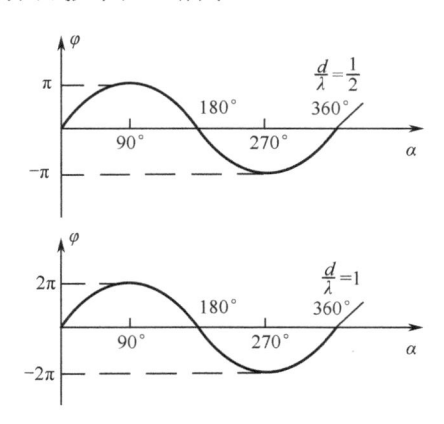

图 3-6 α 的多值性图

通常当 $d=\dfrac{k}{2}\lambda$ 时，$\varphi=k\pi\sin\alpha$ 在 $\alpha\in[0°,360°)$ 内有 $2k$ 个零点，其中只有一个是真正代表 $\alpha=0°$，其余均为假方位。$\dfrac{d}{\lambda}$ 越大，相位零点越多，多值性

越严重，可见测向精度与多值性有矛盾。选择 $\frac{d}{\lambda} < \frac{1}{2}$，可以避免 α 多值性，但这将会影响测向精度，使两个接收阵元各自均具有方向性是解决 α 多值性的一种有效途径。

事实上，两阵元各自方向性主瓣对准 $\alpha = 0$ 的方向，这样，当 $\alpha = 0$ 时，$\varphi = 0$，此时送到测相电路中的两个信号幅度最大；而在其他 $\alpha \neq 0$ 的方向，只有某些 α 对应 $\varphi = 0$，但由于各阵元指向性的作用，测相电路两信号的幅度减弱，从而可判断目标的方位。这里以线阵为例，说明为避免 α 产生多值，两个等效接收单元中心距离应满足的条件。如图 3-7 所示，两个等效阵（称为子阵）均由 n 个阵元组成，其中子阵中的阵元间距为 d，各子阵等效中心间距为 D。设 $D = \frac{k\lambda}{2}$，当 $\varphi = 2\pi$ 时，为第一个多值零点，故

$$2\pi = k\pi \sin\alpha_1 \quad \text{或} \quad \sin\alpha_1 \approx \alpha = \frac{2}{k} = \frac{\lambda}{D} \qquad (3\text{-}35)$$

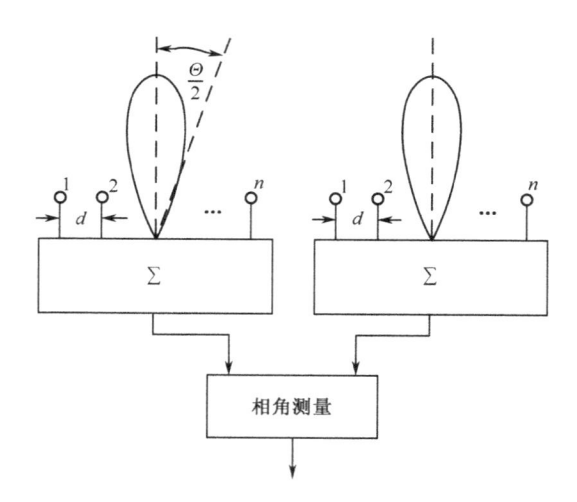

图 3-7　两个等效阵接收阵元配置

此处 α_1 是 φ 出现零点的角度。当 $\frac{\Theta}{2}$ 小于 α_1 时，其他 $\alpha \neq 0$ 的方向的信号就很弱，为避免 α 产生多值，由此得到两个等效接收单元中心距离应满足的条件（见图 3-8）为

$$\frac{\Theta}{2} \leq \alpha_1 \qquad (3\text{-}36)$$

利用 $\frac{\Theta}{2} = \frac{\lambda}{nd}$ 和式（3-36），得到

$$D \leqslant nd \tag{3-37}$$

式（3-37）取等号时为临界条件，即 $D = nd$。这意味着将 $2n$ 个阵元的等间距线阵分成两半，每半构成一个等效单元，两个等效单元的中心距离为总阵长的 $\frac{1}{2}$。用这两个等效阵元测量相位差时，刚好不出现多值零点。这也是实际声呐系统采用相位测向时，不是简单地使用两个阵元，而是使用两个多元子阵的原因之一。

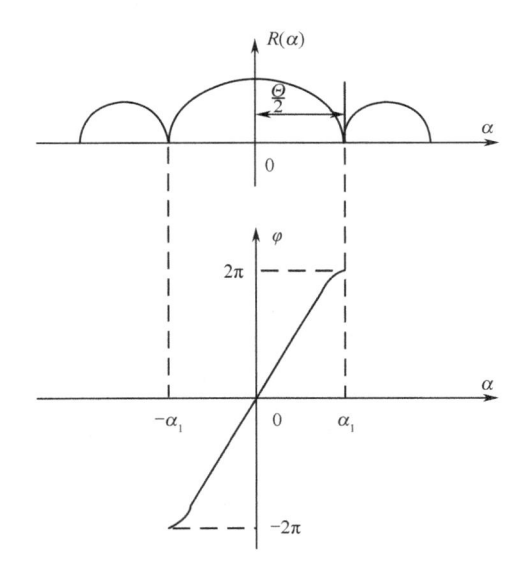

图 3-8 避免 α 产生多值的条件

3.4 振幅差值法测向

如图 3-9 所示，若有两个性能相同的接收阵 1、2，它们各自方向性函数的主极大值方向为 N_1、N_2，其夹角为 α，N_0 为参考方向。由图 3-9 可知，若声波沿 N_0 方向入射，则两接收阵输出幅度相同。若利用相减后的输出作为显

示，则其差值随偏差 $\Delta\alpha$ 的增大而增大。这种测向方法称为振幅差值法。

若假设接收器输出辐度 $u=u_1-u_2$，则当 $u=0$ 时，目标在正前方；当 $u>0$ 时，目标偏左；当 $u<0$ 时，目标偏右。因此根据 u 的大小及其极性，可判断目标方位。差值 u 的大小随 $\Delta\alpha$ 的变化不均匀变化。在 N_0 方向附近，即 $\Delta\alpha$ 值很小时，u 的变化明显，但其变化取决于两基阵的方向性曲线。当 $|\Delta\alpha|>\dfrac{\alpha}{2}$ 时，这个差值又开始变小，如图 3-9 所示。

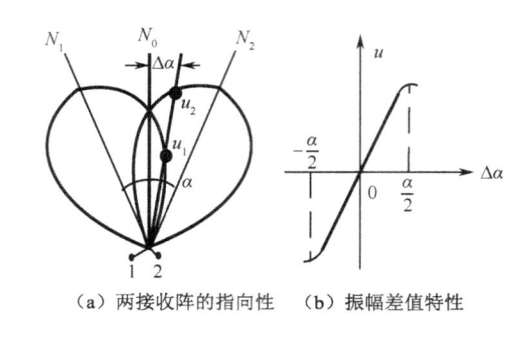

（a）两接收阵的指向性　（b）振幅差值特性

图 3-9　振幅差值测向原理

与其他测向法相比，振幅插值法的测向精度不如相位法高，但优于最大值法，这是由于差值信号在 $\Delta\alpha=0$ 附近斜率较大。振幅差值法的等信号轴（N_0 方向）并不在波束的最大值方向，因此接收作用距离不如最大值远。这一方法一般不用于发现目标，也不常用于定向，而是利用差值信号幅度在偏离 $\alpha=0$ 时数值较大的特点，对目标进行自动跟踪及目标方位的自动侦察，如在鱼雷上常用这一方法进行声自导。

下面以侦察仪为例说明振幅差值法测向的应用。侦察仪通常工作在被动接收状态下，它要求快速发现声源方位，但对测向精度要求不高。一种方案是利用 4 个在水平方向内具有圆形方向性的换能器组成 1 个四元阵。单个换能器指向性如图 3-10（a）所示，4 个相同的换能器的主轴方向在水平面内互为 90°，构成图 3-10（b）所示的指向性。

假设各接收换能器在主极大方向的接收信号幅度为 U_0。若目标方向与 x 方向的夹角为 α，则目标在任一方向时，只有两个换能器输出。按目标所在的象限可分为 4 种情况，各接收器输出幅度记为 u_1、u_2、u_3、u_4。

第3章 声呐测向方法

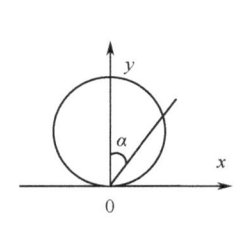

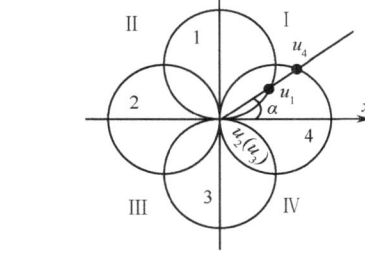

(a) 单个换能器指向性　　(b) 4个换能器指向性

图 3-10　一种侦察仪的换能器指向性图

目标在第 I 象限 $\left(0 \leqslant \alpha \leqslant \dfrac{\pi}{2}\right)$ 时，有

$$\begin{cases} u_1 = U_0 \sin\alpha \\ u_2 = 0 \\ u_3 = 0 \\ u_4 = U_0 \cos\alpha \end{cases}$$

若将差值信号 $u_1 - u_3$ 加到显示器的垂直偏转板上，而将差值信号 $u_4 - u_2$ 加到水平偏转板上，则显示的直线与水平线的夹角 ψ 满足

$$\tan\psi = \frac{u_1 - u_3}{u_4 - u_2} = \frac{u_1}{u_4} = \frac{U_0 \sin\alpha}{U_0 \cos\alpha} = \tan\alpha \tag{3-38}$$

当目标在第 II 象限 $\left(\dfrac{\pi}{2} \leqslant \alpha \leqslant \pi\right)$ 时，有

$$\begin{cases} u_1 = U_0 \sin\alpha \\ u_2 = U_0 \cos\alpha \\ u_3 = 0 \\ u_4 = 0 \end{cases}$$

与式（3-38）类似，有

$$\tan\psi = \frac{u_1 - u_3}{u_4 - u_2} = \frac{u_1}{u_4} = \frac{U_0 \sin\alpha}{-U_0 \cos\alpha} = -\tan\alpha \tag{3-39}$$

当目标在第 III 象限 $\left(\pi \leqslant \alpha \leqslant \dfrac{3\pi}{2}\right)$ 时，有

$$\begin{cases} u_1 = 0 \\ u_2 = U_0 \cos \alpha \\ u_3 = U_0 \sin \alpha \\ u_4 = 0 \end{cases}$$

同样有

$$\tan \psi = \frac{-U_0 \sin \alpha}{-U_0 \cos \alpha} = \tan \alpha \tag{3-40}$$

当目标在第Ⅳ象限 $\left(\dfrac{3\pi}{2} \leqslant \alpha \leqslant 2\pi\right)$ 时，有

$$\begin{cases} u_1 = 0 \\ u_2 = 0 \\ u_3 = U_0 \sin \alpha \\ u_4 = U_0 \cos \alpha \end{cases}$$

于是，有

$$\tan \psi = \frac{-U_0 \sin \alpha}{U_0 \cos \alpha} = -\tan \alpha \tag{3-41}$$

可见，当 $u_1 - u_3$ 加到显示器 y 偏转板上，$u_4 - u_2$ 加到显示器 x 偏转板上时，屏上亮线与水平方向的夹角 ψ 即为目标方向。但是，必须判断目标在前方或后方，判断 1 号或 3 号接收器是否有输出，即可达到目的。若 1 号接收器有输出，则目标在前方；若 3 号接收器有输出，则目标在后方。

3.5　相位幅度法测向

相位幅度法测向（以下简称"相幅法测向"）是和差法及相位检波法两种手段相结合的一种测向方法，其原理如图 3-11（a）所示。

基阵通常也是分为相同的两个单元，与和差相位法类似，两个单元接收的信号分别构成和信号 u_+ 与差信号 u_- 两个电压。然后将这个信号经相移 90° 后加到相位敏感检波器上，以检出和路与差路的相位差。因为和路与差路信号输出经相移 90° 后总是同相或反相的，所以检相器实际上是一个整流器。当目标方位在 $\alpha = 0$ 附近时，u_+ 的幅度总是比 u_- 大得多。因此在检相器中，

将 u_+ 作为 u_2，而将 u_- 作为 u_1，可检出差路的极性。

将相位检波后的信号加到圆周显示器上，能够控制光点的偏转。当换能器阵顺时针转动搜索目标时，目标先在波束最大值右方，和路电压与差路电压反向，相位检波器检出正极性电压。当换能器阵对准目标时，u_- 为零，检相器输出电压为零。因此，在搜索目标的过程中，圆周显示器上将会出现凹凸的弯曲，而弯曲中点对应的方位即为目标方位，如图 3-11（b）所示。

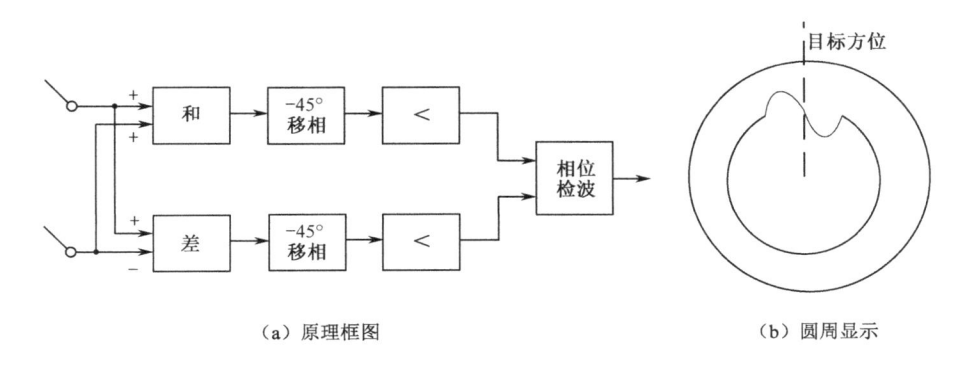

（a）原理框图　　　　　　　　　　（b）圆周显示

图 3-11　相位幅度法测向原理

3.6　相关法测向

相关处理是目前包括雷达、声呐在内广泛应用的信号处理方法。其基本原理是利用信号和干扰的统计特性（相关特性）差异来提高接收系统输出信噪比。若两个过程 $f_1(t)$ 和 $f_2(t)$ 均为平稳过程，则相关运算为

$$R_{1,2}(\tau) = \lim_{T \to \infty} \frac{1}{2T} \int_{-T}^{T} f_1(t) f_2(t+\tau) \mathrm{d}t \qquad (3\text{-}42)$$

若 $f_1(t) = x_1(t)$ 和 $f_2(t) = x_2(t)$ 取自空间中的两点，则式（3-42）称为空间自相关。若 $f_1(t) = x_1(t)$，$f_2(t) = x_1(t-\tau)$，由于两个信号均取自 $x_1(t)$，因此式（3-42）称为时间自相关，记为 $R_{1,1}(\tau)$。

相关器原理如图 3-12 所示，若两个接收换能器单元接收的信号分别为 $x_1(t)$、$x_2(t)$，其中由于目标偏离法线方向，第二阵元信号相对于第一阵元信号有时延 τ，故有 $x_2(t) = x_1(t-\tau)$。当目标方向为法线方向时，$\tau = 0$，两信

号相乘积分后的 $R_{1,2}(\tau)$ 达到最大值。目标偏离越大，τ 越大，$R_{1,2}(\tau)$ 值越小，如图 3-13（a）所示，两个信号未经移相处理的相关器称为极大值相关器。若将其中一路信号移相 90°，则当 $\tau=0$ 时，相关器输出最小[见图 3-13（b）]，称为极小值相关器。

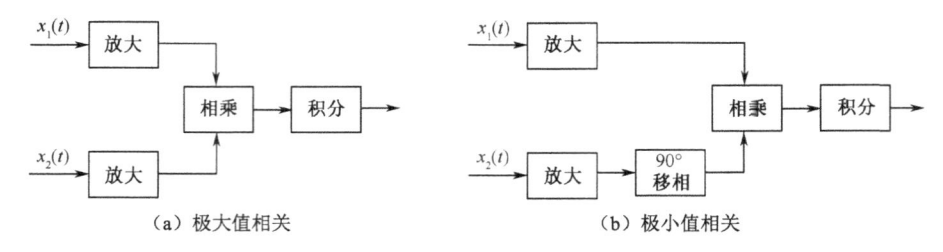

（a）极大值相关　　　　　　　　　（b）极小值相关

图 3-12　相关器原理

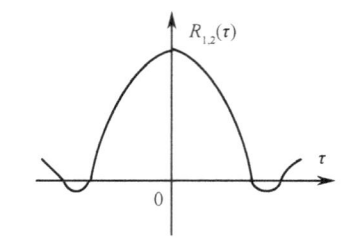

（a）极大值相关：两阵元信号间无相移　　　　（b）极小值相关：两阵元信号间相移 90°

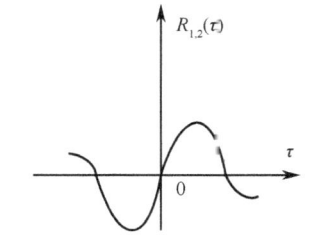

图 3-13　相关函数示意

因此，若将极大值相关器和极小值相关器输出用于控制显示屏的偏转，则当 $\tau=0$ 时，显示屏上呈现垂直线。若目标偏离法线方向，则该直线偏离垂直位置。因此，利用两个相关器的输出，可达到测向的目的。

一般来说，目标噪声是多频的，详细推导相关函数表达式有一定的困难，我们以单频信号分析，其目的是求出示波器上直线的偏离角与方位角 α 的关系。

首先考虑非极性化的情况。图 3-14 所示的两个接收阵元之间的距离为 d，接收的信号为

$$u_1 = \sin \omega t$$
$$u_2 = \sin[\omega(t-\tau)] = \sin\left(\omega t - \frac{2\pi d}{\lambda}\sin\alpha\right) = \sin(\omega t - \varphi) \tag{3-43}$$

式中，

$$\varphi = \frac{2\pi d}{\lambda}\sin\alpha$$

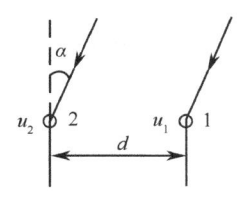

图 3-14 两个接收阵元

极大值相关器输出为

$$R_{1,2}(\tau) = \frac{1}{T}\int_0^T \sin\omega t \sin(\omega t - \varphi)\mathrm{d}t = \frac{1}{2}\cos\varphi \qquad (3\text{-}44)$$

而移相相关器输出为

$$R'_{1,2}(\tau) = \frac{1}{T}\int_0^T \sin\omega t \sin\left(\omega t - \varphi - \frac{\pi}{2}\right)\mathrm{d}t = \frac{1}{2}\sin\varphi \qquad (3\text{-}45)$$

因此

$$\varphi = \arctan\frac{R'_{1,2}(\tau)}{R_{1,2}(\tau)} = \arctan\left(\frac{2\pi d}{\lambda}\sin\alpha\right) \qquad (3\text{-}46)$$

当 α 的值极小时，

$$\varphi \approx \frac{2\pi d}{\lambda}\alpha \approx \frac{6d}{\lambda}\alpha \qquad (3\text{-}47)$$

或解出

$$\alpha \approx \frac{\lambda}{6d}\varphi \qquad (3\text{-}48)$$

上述已介绍了目前声呐系统中常见的测向方法，随着信号处理技术的发展，近年来出现了一些新的测向方法，已经应用在近代数字声呐中。

3.7 互谱法测向

基于分裂阵的互谱法测向作为提高定向精度的方法，其精度接近克拉美罗限，被广泛用于主动声呐、被动声呐的目标实时测向与跟踪。分裂阵测向的基础是一对同指向的分裂波束可等效为两个有指向性的阵元，阵元之间关于目标信号的时延差与目标信号的入射角度有关，结合基阵的几何形状估计分裂波束之间的时延差后，可以给出目标角度的精确估计。为避免三角函数多值性引起的测向模糊，通常要求尽量将波束对准目标。在对目标的跟踪过程中，一般由预成波束获得的空间能量谱给出目标初始角，其用于引导分裂波束形成。

3.7.1 分裂波束相位差

当只有两个水听器用于接收信号时，如图 3-15 所示，假设信号入射方向与基元连线的法线方向的夹角是 θ。左基元接收信号记为 $s(t)$，右基元信号比左基元信号早到达 $\tau(\theta)$，其中 $\tau(\theta) = d\sin\dfrac{\theta}{c}$（$c$ 为声速）。由此可得出两路信号延时与入射角 θ 之间的关系。

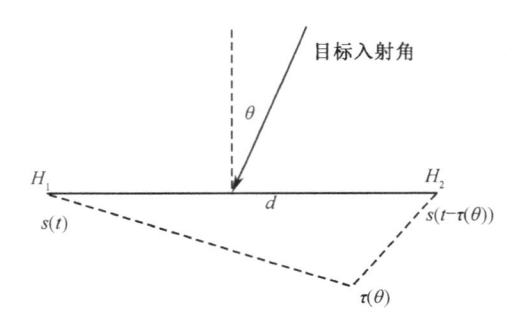

图 3-15 两个水听器用于接收信号

对于图 3-16，这是一个线列阵分裂波束定向的情况。所谓分裂波束，就是将参与形成波束的阵元分成两组，分别形成波束。此处左、右子阵阵元数相同，相互之间不发生重叠，左子阵阵元 $H_1, H_2, \cdots, H_M$，右子阵阵元 $H_{M+1}, \cdots, H_{2M}$。左波束记为 $x_l(t)$，右波束记为 $x_r(t)$。

以频率为 f 的单频信号为例，对于线列阵，假设第 i 个基元的信号是

$$s_i(t) = A_i \cos[2\pi f(t + \tau_i(\theta))] \tag{3-49}$$

式中，

$$\tau_i(\theta) = \frac{(i-1)d\sin\theta}{c} \tag{3-50}$$

d 为相邻两个基元之间的间隔，则左波束信号是

$$x_l(t) = \sum_{i=1}^{M} A_i \cos[2\pi f(t - \tau_i(\theta))] \tag{3-51}$$

第 3 章 声呐测向方法

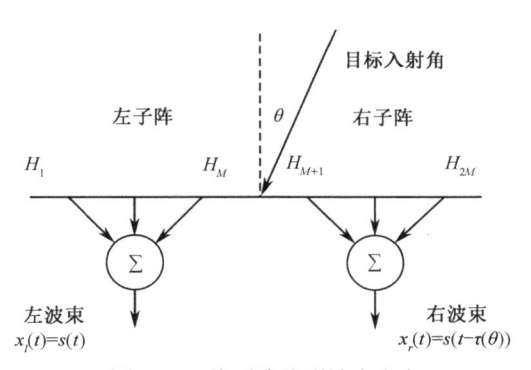

图 3-16 线列阵分裂波束定向

式（3-51）可以进一步写作

$$x_l(t) = \left(\sum_{i=1}^{M} u_i\right)\cos 2\pi ft - \left(\sum_{i=1}^{M} v_i\right)\sin 2\pi ft \qquad (3-52)$$

式中，

$$\begin{aligned} u_i &= \cos 2\pi f \tau_i(\theta) \\ v_i &= \sin 2\pi f \tau_i(\theta) \end{aligned} \qquad (3-53)$$

$$x_l(t) = A\cos(2\pi ft + \alpha) \qquad (3-54)$$

式中，

$$A = \left[\left(\sum_{i=1}^{M} u_i\right)^2 + \left(\sum_{i=1}^{M} v_i\right)^2\right]^{\frac{1}{2}}, \quad \alpha = \arctan\frac{\left(\sum_{i=1}^{M} v_i\right)}{\left(\sum_{i=1}^{M} u_i\right)}$$

类似地，可以得到右波束信号：

$$x_r(t) = B\cos(2\pi ft + \beta) \qquad (3-55)$$

式中，

$$B = \left[\left(\sum_{i=M+1}^{2M} u_i\right)^2 + \left(\sum_{i=2M}^{M} v_i\right)^2\right]^{\frac{1}{2}} \qquad (3-56)$$

$$\beta = \arctan\frac{\left(\sum_{i=2M+1}^{M} v_i\right)}{\left(\sum_{i=M+1}^{2M} u_i\right)} \qquad (3-57)$$

令 $\psi = \dfrac{2\pi d}{\lambda}\sin\theta$，则可以得到

$$\left(\sum_{i=1}^{M} u_i\right) = \sum_{i=1}^{M}\cos(i-1)\psi$$
$$\left(\sum_{i=1}^{M} v_i\right) = \sum_{i=1}^{M}\sin(i-1)\psi \quad （3\text{-}58）$$

于是

$$\alpha = \arctan\dfrac{\sin\dfrac{M}{2}\psi}{\cos\dfrac{M}{2}\psi} = M\pi\dfrac{d}{\lambda}\sin\theta \quad （3\text{-}59）$$

类似地，可以求出右波束的相位为

$$\beta = 3M\pi\dfrac{d}{\lambda}\sin\theta \quad （3\text{-}60）$$

于是，线列阵左、右两波束的相位差为

$$\varphi = \beta - \alpha = 2M\pi\dfrac{d}{\lambda}\sin\theta \quad （3\text{-}61）$$

$$\tau = \dfrac{\varphi}{2\pi f} = \dfrac{Md\sin\theta}{c} \quad （3\text{-}62）$$

与两个阵元情况相比，分裂波束输出的两个波束相当于两个具有指向性的等效阵元，等效阵元声中心间距为 Md，较两阵元间距大得多，有利于提高时延测量精度。求出 τ 后，就可以计算出 θ。设线列阵长度为 $L = 2Md$，则式（3-62）可写为

$$\sin\theta = c\dfrac{2\tau}{L} \quad （3\text{-}63）$$

分裂波束测向是基于相位法测向原理进行的，因此通过有方向性的等效阵元可以解决测向的多值模糊问题，也可以提高信噪比。

3.7.2 互谱测向原理

在分裂波束系统中，使用计算两个分裂波束信号互功率谱的方法来估计信号之间的时延 τ，进而可以计算出目标的精确方位 θ，这种方法称为互谱法精确定向，其是被动声呐中数字式声呐精确定向的一种新方法。

设一对分裂波束信号为 $x(t)$ 及 $y(t) = x(t+\tau)$，其中 τ 为相对时延，可以从

$x(t)$ 与 $y(t)$ 的互功率谱中求出。

若信号 $x(t)$ 的傅里叶变换为

$$X(f) = \int_{-\infty}^{\infty} x(t) e^{-j2\pi f t} dt \tag{3-64}$$

则 $y(t)$ 的傅里叶变换为

$$Y(f) = \int_{-\infty}^{\infty} x(t+\tau) e^{-j2\pi f t} dt = X(f) e^{j2\pi f \tau} \tag{3-65}$$

$x(t)$ 与 $y(t)$ 的互功率谱则为

$$Z(f) = X^*(f) Y(f) = |X(f)|^2 e^{j2\pi f \tau} \tag{3-66}$$

可知，τ 的信息包含于互谱 $Z(f)$ 的相角中。事实上，可定义

$$\varphi = 2\pi f \tau = \arctan \frac{\text{Im}[Z(f)]}{\text{Re}[Z(f)]} \tag{3-67}$$

此处的 $\text{Re}[\cdot]$ 和 $\text{Im}[\cdot]$ 分别表示复数的实部及虚部，因此，可求得时延 τ。这就是互功率谱求时延的机理。当 $x(t)$ 为随机信号时，同样可用互功率谱法来计算时延。

如果 $x(t)$、$y(t)$ 是均值为零的平稳随机信号，那么 $x(t)$ 与 $y(t)$ 的互功率谱为

$$K_{xy}(f) = \lim_{T \to \infty} \frac{1}{T} E[X_T^*(f) Y_T(f)] \tag{3-68}$$

式中，$X_T(f)$、$Y_T(f)$ 分别为 $x(t)$、$y(t)$ 在区间 $[0,T]$ 中截取后的傅里叶变换，即

$$X_T(f) = \int_{-\frac{T}{2}}^{\frac{T}{2}} x(t) e^{-j2\pi f \tau} dt \tag{3-69}$$

$$Y_T(f) = \int_{-\frac{T}{2}}^{\frac{T}{2}} y(t) e^{-j2\pi f \tau} dt \tag{3-70}$$

$$\varphi = 2\pi f \tau = \arctan \left\{ \frac{\text{Im}[K_{xy}(f)]}{\text{Re}[K_{xy}(f)]} \right\} \tag{3-71}$$

由式（3-69）～式（3-71）可知，通过求有限区间的 $x(t)$ 和 $y(t)$ 的互功率谱来求相位 $\varphi = 2\pi f \tau$。

在数字声呐中输入一对分裂波束信号是离散的时间序列，可以首先用 FFT 计算出两路信号的互功率谱，其次求出时延 τ 的值，最后通过分裂波束 τ 与 θ 的关系

$$\theta = \arcsin\left(\frac{2c\tau}{d}\right) \qquad (3\text{-}72)$$

求出目标的方位角。

设两个分裂波束的有限时间序列为 $x(n)$ 及 $y(n)$ $(n=0,1,\cdots,N-1)$，其 N 点 DFT 为

$$X_q(k) = \sum_{n=0}^{N-1} x(q+n) \mathrm{e}^{-\mathrm{j}2\pi n \frac{K}{N}} \qquad (3\text{-}73)$$

$$Y_q(k) = \sum_{n=0}^{N-1} y(q+n) \mathrm{e}^{-\mathrm{j}2\pi n \frac{K}{N}} \quad k=0,1,\cdots,N-1 \qquad (3\text{-}74)$$

式中，$X_q(k)$、$Y_q(k)$ 的下标 q 表示时间序列起点。当点数 N 较大时（$N \geqslant 64$），

$$Y_q(k) \approx \mathrm{e}^{\mathrm{j}2\pi \tau k f_\Delta} X_q(k) \qquad (3\text{-}75)$$

式中，$f_\Delta = \dfrac{1}{N}T_s$ 为频率间隔，$f_k = k f_\Delta$ 则为第 k 条谱线。求 $x(n)$ 和 $y(n)$ 的互功率谱，得到

$$Z_q(k) = Z_q^*(k) Y_q(k) = |X_q(k)|^2 \mathrm{e}^{\mathrm{j}2\pi \tau k f_\Delta} \qquad (3\text{-}76)$$

第 k 条谱线所对应的相角为 φ_k，则

$$\varphi_k = 2\pi \tau f_k = \arctan\left\{\frac{\mathrm{Im}[Z_q(k)]}{\mathrm{Re}[Z_q(k)]}\right\} \qquad (3\text{-}77)$$

为了得到足够准确的 τ 估计值，要求 φ_k 足够准确，首先必须有足够多的输入样本，其次进行多次 FFT，最后在各条谱线上进行平均。这就是用分段平均周期图法来求得平均互功率 $Z(k)$ 的方法。此时，相角 φ_k 为

$$\varphi_k = 2\pi \tau f_k = \arctan\left\{\frac{\mathrm{Im}[Z_q(k)]}{\mathrm{Re}[Z_q(k)]}\right\} \qquad (3\text{-}78)$$

为了求出最优 τ 的估计值 $\hat{\tau}$，分别用 3 种加权方法求出最佳 τ 值，估计出 $\hat{\tau}$。

$\hat{\tau}$ 可使用以下最小二乘法加权的方法得到：

$$\hat{\tau} = \frac{\sum\limits_{k=1}^{N-1} f_k^2 \tau_k}{\sum\limits_{k=1}^{N-1} f_k^2}, \quad \tau_k = \frac{1}{2\pi}\varphi_k \qquad (3\text{-}79)$$

可使用平均加权得到：

$$\hat{\tau} = \frac{1}{N-1} \sum_{k=1}^{N-1} \frac{\varphi_k}{2\pi \cdot f_k} \tag{3-80}$$

可按互功率谱模大小加权得到：

$$\hat{\tau} = \frac{\sum\limits_{k=1}^{N-1} |Z(k)|^2 \cdot \tau_k}{\sum\limits_{k=1}^{N-1} |Z(k)|^2} \tag{3-81}$$

根据式（3-63），把 $\hat{\tau}$ 换算成方位角 θ 的估计量 $\hat{\theta}$。

3.8 矢量水听器测向原理

声场兼有声压和振速，前者是标量场，后者是矢量场。一个声压和振速的组合水听器，可同点输出声压 p 和三维振速分量 V_x、V_y 和 V_z。有

$$\begin{cases} V_x = V\cos\theta\cos\alpha \\ V_y = V\sin\theta\cos\alpha \\ V_z = V\sin\alpha \end{cases} \tag{3-82}$$

式（3-82）中振速的模为 V，水平方位角 θ 以 x 轴为 $0°$，仰角 α 以水平面为 $0°$。

对于平面声波，若声压 $p(t)$ 为

$$p(t) = x(t) \tag{3-83}$$

则根据声学欧姆定律，有

$$\begin{cases} V_x(t) = \dfrac{1}{\rho c} x(t)\cos\theta\cos\alpha \\ V_y(t) = \dfrac{1}{\rho c} x(t)\sin\theta\text{s}\cos\alpha \\ V_z(t) = \dfrac{1}{\rho c} x(t)\sin\alpha \end{cases} \tag{3-84}$$

为书写简便，且不失一般性，忽略等式右边的声阻抗，令式（3-84）右边的常系数 ρc 为 1，于是在平面波条件下有

$$p(t) = x(t) \quad V_x(t) = x(t)\cos\theta\cos\alpha$$
$$V_y(t) = x(t)\sin\theta\cos\alpha \quad V_z(t) = x(t)\sin\alpha \tag{3-85}$$

因为声压是标量，所以一个小尺寸的声压水听器是无指向性的；振速是矢量，由式（3-85）可知，一个振速水听器具有偶极子指向性，如图 3-17 所示。振速指向性与频率无关，因此即使对于数赫兹的甚低频声波，一个小尺寸的矢量水听器也有指向性。在低频段，利用矢量水听器测定声源方向是使用矢量信号处理的优势之一。

利用 3 个振速分量的加权线性组合可以使指向性在三维空间旋转。以水平方向旋转指向性为例，有

$$V_c(t) = V_x(t)\cos\psi + V_y(t)\sin\psi$$
$$V_s(t) = -V_x(t)\sin\psi + V_y(t)\cos\psi \tag{3-86}$$

式中，ψ 称为引导方位，ψ 是 V_c 的主极大方向，也是 V_s 的指向性零点方向。在式（3-85）中，取 $\alpha = 0$，代入式（3-86），整理后得到

$$V_c(t) = V(t)\cos(\theta - \psi)$$
$$V_s(t) = V(t)\sin(\theta - \psi) \tag{3-87}$$

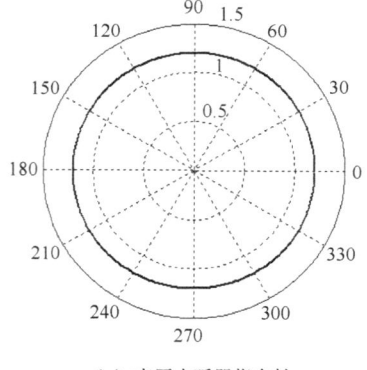

（a）声压水听器指向性 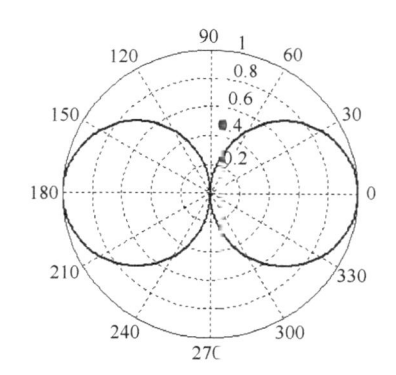　　　　　（b）振速水听器指向性

图 3-17 矢量水听器的指向性

在平面波条件下，式（3-87）变为

$$V_c(t) = x(t)\cos(\theta - \psi)$$
$$V_s(t) = x(t)\sin(\theta - \psi) \tag{3-88}$$

只要改变 ψ 值，偶极子指向性就可以在空间旋转。

平面波的声强 $|I|$ 为

$$|I| = \frac{1}{2}|V||p| = \frac{|p|^2}{2\rho c} = \frac{1}{2}\rho c |V|^2 \tag{3-89}$$

瞬时声强流 I 为

$$I = p(t)V(t) \tag{3-90}$$

瞬时声强流 I 是矢量，它的方向是声能的流向，它的模的时间平均值就是声强，它的平均值即平均声强流。

图 3-18 是平均声强器的原理框图。它由一个乘法器和一个时间积分器构成，这是时域处理方式。在各向同性声干扰场中，干扰噪声是从四面八方到达的，而且各方向到达的噪声在统计平均的意义上是等强度的，接收点的干扰的平均声强流是所有方向到达的干扰声强流矢量的合成，其合成矢量的期望值必然为零。实际上平均声强器输出的干扰声强流在零附近抖动，即在各向同性干扰噪声场中平均声强器输出的干扰背景很小。远程目标信号的声压和振速是完全相关的，使平均声强器的抗干扰效果与一个独立基元的互相关器相当。

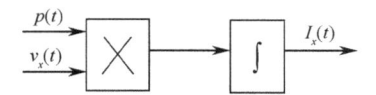

图 3-18 平均声强器的原理框图

单个矢量水听器被动探测技术有广泛的用途，如用于无线电被动式定向浮标、水雷声引信、水下信息网探测节点、海岸预警声探测器、海洋环境噪声及生物噪声监测等。因为它简单、功耗低，尤其是可以用小尺寸水听器对宽带低频声源实现高精度测向和远程探测，所以得到了广泛应用。本书对此只做基础性介绍，重点介绍的是矢量水听器测向原理。

声波是纵波，在平面波条件下，振速或声强流方向就是声源方向。声波在任何复杂的行波声场的远场均可近似为平面波，声学欧姆定律成立，目标方位即声强流方向。由图 3-19 可知，目标方位 θ 是两个声强流分量比值的反正切函数。故有

$$\theta = \arctan \frac{\overline{pv_y}}{\overline{pv_x}} = \arctan \frac{\overline{I_y}}{\overline{I_x}} \tag{3-91}$$

式中，θ 为目标在水听器坐标系中的方位，以 x 轴为 $0°$。$\overline{pv_x}$ 和 $\overline{pv_y}$ 为两个正交的平均声强流分量。式（3-91）在平面波近似条件下成立。在海洋声信道中，在近程，对于甚低频声波，式（3-88）的误差变大，因为此时声压与振速有依赖于频率的相位差。

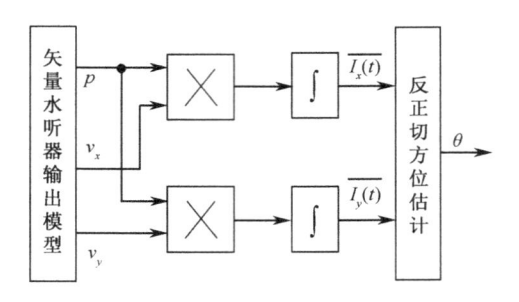

图 3-19 矢量水听器测向方法原理

与式（3-88）相对应的频域处理方法称为复声强方位估计器，图 3-20 是它的原理框图。

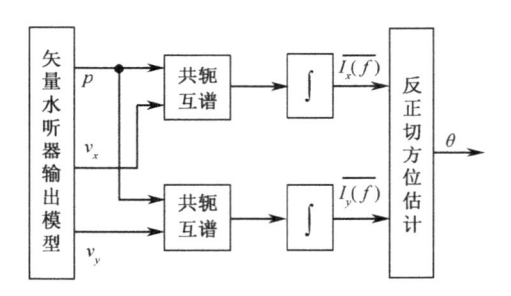

图 3-20 复声强方位估计器的原理框图

复声强方位估计器即声压与振速的互谱处理器，它的输出为互谱 $\overline{P(f)V_x^*(f)}$ 或 $\overline{P(f)V_y^*(f)}$。目标方位 $\theta(f)$ 为

$$\theta(f) = \arctan \frac{P(f)V_y^*(f)}{P(f)V_x^*(f)} = \arctan \frac{I_y(f)}{I_x(f)} \tag{3-92}$$

对于连续谱声辐射目标，方位 θ 为

$$\hat{\theta} = <\theta(f)>_f \tag{3-93}$$

式中，$<\cdot>_f$ 表示在频域的集合平均。

目标辐射噪声不是白色的，所以式（3-92）较式（3-91）有更高的测向精度。

图 3-21 是单矢量水听器探测水面船的海试结果，称为瀑布图。瀑布图的水平坐标为方位（θ），纵坐标为时间（t），它是一个方位历程，图中目标最大距离为 13.6km。目标船的质量约有 6000t，航速 9kn。海况 3 级，负梯度水文，水深 55mm。矢量水听器从试验船舷侧向下吊放 25m，由于没有减振措施，船颠簸产生的干扰是主要的干扰因素。尽管如此，单矢量水听器的探测距离仍令人满意。

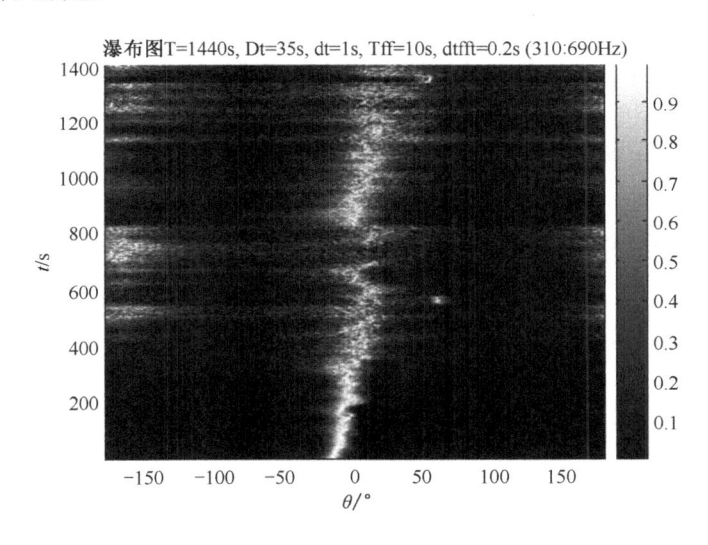

图 3-21 单矢量水听器探测水面船的海试结果

3.9 高分辨空间方位估计算法

波束形成技术对于空间信号源的角度分辨能力受到瑞利限的约束，这是因为波束形成和时间序列的周期图或加窗的傅里叶变换在理论上是一致的，都属于线性处理的范畴。为了提高角度分辨能力，在 20 世纪 60 年代末至 70 年代初，随着时域信号处理中非线性谱估计技术的发展，人们开始把最大熵法和极大似然法拓展到空域信号处理领域,得到较高的空间角度分辨能力。其中,基于阵列协方差矩阵分解的高分辨空间方位估计算法是研究较多的方法。

基于阵列协方差矩阵特征分解的高分辨空间方位估计算法是在 20 世纪 70 年代末以 Pisarenko 谐波分析方法为基础发展起来的,其代表算法是 Schmidt 提出的著名的多重信号分类(Multiple Signal Classification,MUSIC)算法,他把阵列协方差矩阵的特征值分成两部分,即信号子空间和噪声子空间,利用信号子空间和噪声子空间的正交特性来估计信号的方位。另一类基于阵列协方差矩阵特征分解的高分辨空间方位估计算法是旋转子空间不变技术(Estimating Signal Parameters via Rotational Invariance Techniques,ESPRIT)。ESPRIT 算法是 Roy 等人于 1986 年提出的,其用一种与 MUSIC 算法不同的方式进行空间源的波达方向估计。该算法只适用于一种特殊的阵列,这种阵列能够被分解成两个结构上完全相同的子阵(如等间距直线阵),这样阵列的输出就可以分成两个向量 $X(n)$ 和 $Y(n)$,且 $Y(n) = X(n+1)$。

3.9.1 MUSIC 算法

图 3-22 是一个等间距直线阵的示意,其中,θ 为平面波的入射方位,阵列法线方向为 90°,d 为相邻阵元间距。

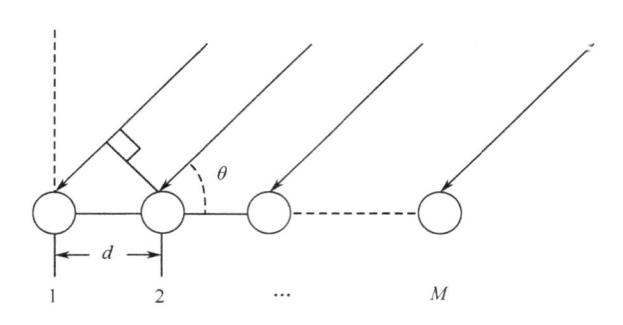

图 3-22 等间距直线阵示意

设 K 个相互独立的窄带空间信号入射到由 M 个水听器组成的阵列,阵列的方向矢量为

$$\boldsymbol{a}(\theta_k) = [1, \mathrm{e}^{-\mathrm{j}\phi_k}, \cdots, \mathrm{e}^{-\mathrm{j}(M-1)\phi_k}]^\mathrm{T} \qquad (3\text{-}94)$$

式中，$\phi_k = \dfrac{2\pi d}{\lambda}\cos\theta_k$，为相邻两阵元之间的相位差，则阵列信号方向矩阵为 $\boldsymbol{A}(\theta) = [\boldsymbol{a}(\theta_1), \boldsymbol{a}(\theta_2), \cdots, \boldsymbol{a}(\theta_K)]$。

将阵列接收到的信号源矢量记为 $\boldsymbol{S}(t) = [s_1(t), s_2(t), \cdots, s_K(t)]^\mathrm{T}$，将阵列接收到的噪声矢量记为 $\boldsymbol{N}(t) = [n_1(t), n_2(t), \cdots, n_M(t)]^\mathrm{T}$。

阵列输出可以表示为

$$\begin{aligned}\boldsymbol{P}(t) &= [\boldsymbol{p}_1(t), \boldsymbol{p}_2(t), \cdots, \boldsymbol{p}_M(t)]^\mathrm{T} \\ &= \sum_{k=1}^{K} \boldsymbol{a}(\theta_k) \boldsymbol{s}_k(t) + \boldsymbol{N}(t) = \boldsymbol{A}(\theta)\boldsymbol{S}(t) + \boldsymbol{N}(t)\end{aligned} \quad (3\text{-}95)$$

式中，符号 T 表示转置运算。

阵列协方差矩阵为

$$\boldsymbol{R}_p = \sum_{k=1}^{K} \sigma_{sk}^2 \boldsymbol{a}(\theta_k)\boldsymbol{a}^\mathrm{H}(\theta_k) + \sigma_n^2 \boldsymbol{I} \quad (3\text{-}96)$$

对 $\boldsymbol{R}_p$ 进行特征分解，并按照特征值大小降序排列得到

$$\boldsymbol{R}_p = \boldsymbol{U}_s \boldsymbol{\Sigma}_s \boldsymbol{U}_s^\mathrm{H} + \boldsymbol{U}_n \boldsymbol{\Sigma}_n \boldsymbol{U}_n^\mathrm{H} = \sum_{m=1}^{K} \zeta_m \boldsymbol{e}_m \boldsymbol{e}_m^\mathrm{H} + \sigma_n^2 \sum_{m=K+1}^{M} \boldsymbol{e}_m \boldsymbol{e}_m^\mathrm{H} \quad (3\text{-}97)$$

对比式(3-96)和式(3-97)，$\boldsymbol{R}_p$ 中较大的特征值 $\zeta_1, \cdots, \zeta_K$ 对应于信号项，而 $M-K$ 个较小的特征值 $\zeta_{K+1}, \cdots, \zeta_M$ 对应于噪声项。因此，可以将 K 个特征向量 $\boldsymbol{e}_1, \cdots, \boldsymbol{e}_K$ 构成一个子空间，称为信号子空间，将 $M-K$ 个特征向量 $\boldsymbol{e}_{K+1}, \cdots, \boldsymbol{e}_M$ 构成另一个子空间，称为噪声子空间。这两个子空间相互正交且共同构成协方差矩阵 $\boldsymbol{R}_p$ 的完整空间。

由于特征向量 $\boldsymbol{e}_1, \cdots, \boldsymbol{e}_K$ 张成的子空间和信号方向矢量张成的子空间相同，而信号子空间和噪声子空间正交，所以信号方向矢量张成的子空间也和噪声子空间正交。若用矩阵 $\boldsymbol{U}_n$ 表示 $\boldsymbol{R}_p$ 的噪声子空间，即

$$\boldsymbol{U}_n = \sum_{k=K+1}^{M} \boldsymbol{e}_k \boldsymbol{e}_k^\mathrm{H} \quad (3\text{-}98)$$

根据信号方向矢量和噪声子空间的正交特性，于是有

$$\boldsymbol{a}^\mathrm{H}(\theta)\boldsymbol{U}_n \boldsymbol{U}_n^\mathrm{H} \boldsymbol{a}(\theta) = 0 \quad (3\text{-}99)$$

定义空间谱函数为

$$P_{\text{MUSIC}}(\theta) = \dfrac{1}{\boldsymbol{a}^\mathrm{H}(\theta)\boldsymbol{U}_n \boldsymbol{U}_n^\mathrm{H} \boldsymbol{a}(\theta)} \quad (3\text{-}100)$$

声压阵 MUSIC 算法的计算步骤总结如下。

（1）根据阵列输出计算协方差矩阵 $\boldsymbol{R}_p$。

（2）对协方差矩阵 $\boldsymbol{R}_p$ 作特征分解并将特征向量按照特征值的大小排序。

（3）根据信号源的个数将特征向量分成信号子空间和噪声子空间。

（4）通过式（3-100）得到声压阵的 MUSIC 空间谱。

一个 8 元均匀直线阵的双目标 MUSIC 空间谱估计情况如图 3-23 所示，入射信号方位为 20°和 30°，可以看到 MUSIC 谱的谱峰比 CBF 谱和 Capon 谱的谱峰尖锐得多，易于分辨目标。

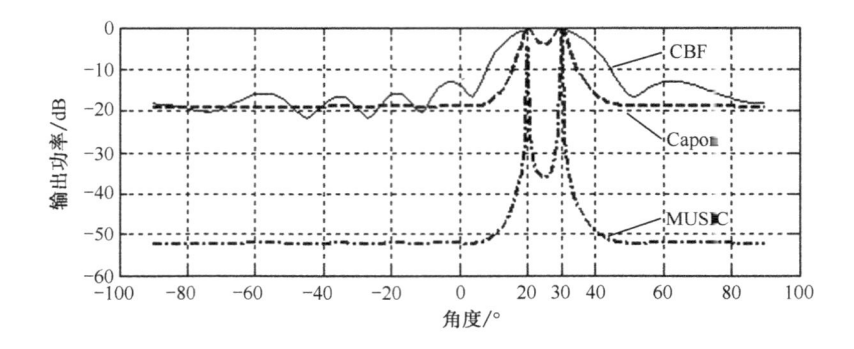

图 3-23　双目标 MUSIC 空间谱

3.9.2　ESPRIT 算法

假设有一个由 M 个阵元组成的等距线阵，如图 3-24 所示，将这个等距线阵分成两个子阵列，其中，子阵列 1 由第 1 个到第 M-1 个阵元组成，子阵列 2 由第 2 个到第 M 个阵元组成。

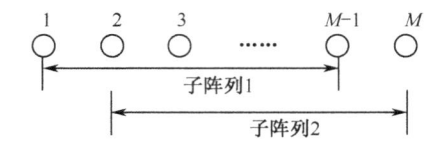

图 3-24　等距线阵分成两个子阵列

令 $M \times N$ 矩阵

$$X(t) = [x(1), x(2), \cdots, x(N)] \quad (3\text{-}101)$$

代表原阵列的观测数据矩阵，其中，$x = [x_1(n), x_2(n), \cdots, x_M(n)]^T$ 是由 M 个阵元在 n 时刻的观测信号组成的观测数据向量，而 N 为数据长度，即 $n = 1, 2, \cdots, N$。

若令

$$S = [s(1), s(2), \cdots, s(N)] \quad (3\text{-}102)$$

代表信号矩阵，其中，$s = [s_1(n), s_2(n), \cdots, s_M(n)]$ 表示信号向量，则对于 N 个快拍数据，式（3-101）可以用矩阵形式表示成

$$X(t) = [x(1), x(2), \cdots, x(N)] = AS \quad (3\text{-}103)$$

式中，A 是 $M \times K$ 阵列方向矩阵，N 为信号源个数。

J_1 和 J_2 是两个 $(M-1) \times M$ 选择矩阵，则有

$$\begin{aligned} J_1 &= [I_{M-1} \mid 0_{M-1}] \\ J_2 &= [0_{M-1} \mid I_{M-1}] \end{aligned} \quad (3\text{-}104)$$

式中，I_{M-1} 代表 $(M-1) \times (M-1)$ 单位矩阵，0_{M-1} 表示 $(M-1) \times 1$ 零向量。

用选择矩阵 J_1 和 J_2 分别左乘观测数据矩阵 X，得到

$$\begin{aligned} X_1 &= J_1 X = [x_1(1), x_1(2), \cdots, x_1(N)] \\ X_2 &= J_2 X = [x_2(1), x_2(2), \cdots, x_2(N)] \end{aligned} \quad (3\text{-}105)$$

式中，

$$\begin{aligned} x_1 &= [x_1(n), x_2(n), \cdots, x_{M-1}(n)]^T, n = 1, 2, \cdots, N \\ x_2 &= [x_2(n), x_3(n), \cdots, x_M(n)]^T, n = 1, 2, \cdots, N \end{aligned} \quad (3\text{-}106)$$

即观测数据子矩阵 X_1 由观测数据矩阵 X 的前 $M-1$ 行组成，相当于子阵列 1 的观测数据矩阵；而 X_2 则由 X 的后 $M-1$ 行组成，相当于子阵列 2 的观测数据矩阵。

令

$$A = \begin{pmatrix} A_1 \\ \text{最后一行} \end{pmatrix} = \begin{pmatrix} \text{第一行} \\ A_2 \end{pmatrix} \quad (3\text{-}107)$$

则根据等距线阵的阵列响应矩阵 A 的结构可知，子矩阵 A_1 和 A_2 之间存在以下关系：

$$A_2 = A_1 \Phi \quad (3\text{-}108)$$

容易验证

$$X_1 = A_1 S$$
$$X_2 = A_2 S = A_1 \Phi S \tag{3-109}$$

由于 Φ 是一个酉矩阵，所以 X_1 和 X_2 具有相同的信号子空间和噪声子空间，即子阵列 1 和子阵列 2 具有相同的观测空间（信号子空间+噪声子空间）。这就是等距线阵平移不变的物理解释。

把 X_1 和 X_2 合并，记为 $Y(t)$，则

$$Y(t) = \begin{bmatrix} X_1(t) \\ X_2(t) \end{bmatrix} = \begin{bmatrix} A_1 \\ A_1\Phi \end{bmatrix} S(t) + \begin{bmatrix} N_{X_1}(t) \\ N_{X_2}(t) \end{bmatrix} = \overline{A} S(t) + N_y(t) \tag{3-110}$$

式中，

$$\overline{A} = \begin{bmatrix} A \\ A\Phi \end{bmatrix} \tag{3-111}$$

$$N_y(t) = \begin{bmatrix} N_{X_1}(t) \\ N_{X_2}(t) \end{bmatrix} \tag{3-112}$$

新的输出向量 $Y(t)$ 的协方差矩阵为

$$R_{yy} = E\left[Y(t)Y^H(t)\right] = \overline{A} R_s \overline{A}^H + \Sigma_n \tag{3-113}$$

式中，R_s 是信号的协方差矩阵，Σ_n 是一个与噪声相关的对角阵：

$$\Sigma_n = E\left[N_y(t) N_y^H(t)\right] = \sigma^2 I \tag{3-114}$$

式中，σ^2 为噪声方差，而 I 为单位矩阵。对协方差矩阵 R_{yy} 进行特征分解，有

$$R_{yy} = U_s \Lambda_s U_s^H + U_n \Lambda_n U_n^H = \sum_{m=1}^{K} \zeta_m e_m e_m^H + \sum_{m=K+1}^{2M-2} \zeta_m e_m e_m^H \tag{3-115}$$

显然，协方差矩阵 R_{yy} 的 $2M-2-K$ 个最小的特征值等于 σ^2，K 个大的特征值对应的特征向量构成的信号子空间 U_s 和方向矩阵 $\overline{A}$ 张成的子空间具有相同的秩。因此，一定存在一个非奇异矩阵 T 满足

$$U_s = \overline{A} T \tag{3-116}$$

把 U_s 分解成两个 $(M-1) \times K$ 维的矩阵 U_{X_1} 和 U_{X_2}，于是有

$$U_s = \begin{bmatrix} U_{X_1} \\ U_{X_2} \end{bmatrix} = \begin{bmatrix} A_1 T \\ A_1 \Phi T \end{bmatrix} \tag{3-117}$$

矩阵 U_{X_1}、U_{X_2} 和方向矩阵 A_1 的秩相等，即

$$r(U_{X_1}) = r(U_{X_2}) = r(A_1) \tag{3-118}$$

因此，矩阵$\begin{bmatrix} U_{X_1} & U_{X_2} \end{bmatrix}$的秩为$K$，这就是说一定存在一个秩为$K$的$2K \times K$矩阵$F$和矩阵$\begin{bmatrix} U_{X_1} & U_{X_2} \end{bmatrix}$正交，即有

$$F = \begin{bmatrix} F_{X_1} \\ F_{X_2} \end{bmatrix} \quad (3\text{-}119)$$

$$0 = \begin{bmatrix} U_{X_1} & U_{X_2} \end{bmatrix} \begin{bmatrix} F_{X_1} \\ F_{X_2} \end{bmatrix} = U_{X_1}F_{X_1} + U_{X_2}F_{X_2} = A_1 T F_{X_1} + A_1 \boldsymbol{\Phi} T F_{X_2} \quad (3\text{-}120)$$

式（3-120）又可以写成

$$-A_1 T F_{X_1} F_{X_2}^{-1} = A_1 \boldsymbol{\Phi} T \quad (3\text{-}121)$$

定义一个矩阵$\boldsymbol{\Psi}$

$$\boldsymbol{\Psi} = -F_{X_1} F_{X_2}^{-1} \quad (3\text{-}122)$$

可得

$$U_{X_1} \boldsymbol{\Psi} = U_{X_2} \quad (3\text{-}123)$$

$$\boldsymbol{\Psi} = \begin{bmatrix} U_{X_1}^{\mathrm{H}} U_{X_1} \end{bmatrix}^{-1} U_{X_1}^{\mathrm{H}} U_{X_2} = U_{X_1}^{\#} U_{X_2} \quad (3\text{-}124)$$

式中，符号"#"表示矩阵的伪逆。

$$\boldsymbol{\Phi} = T \boldsymbol{\Psi} T^{-1} \quad (3\text{-}125)$$

说明矩阵$\boldsymbol{\Phi}$和矩阵$\boldsymbol{\Psi}$是相似矩阵，它们具有共同的特征值，而通过矩阵$\boldsymbol{\Phi}$的特征值可以求出目标的波达方向，因此只要求出矩阵$\boldsymbol{\Psi}$的特征值就可以求出目标的波达方向。基于声压阵基本ESPRIT算法的步骤总结如下。

（1）把子阵列1输出的$X_1(t)$和子阵列2输出的$X_2(t)$合成向量$Y(t)$。

（2）根据合成的向量$Y(t)$得到协方差矩阵R_{yy}的一个估计值。

（3）对R_{yy}进行特征分解，根据信号个数将特征向量分成信号子空间U_s和噪声子空间U_n。

（4）把信号子空间U_s分成两个矩阵U_{X_1}和U_{X_2}。

（5）计算$\boldsymbol{\Psi}$。

（6）对$\boldsymbol{\Psi}$进行特征分解，并根据$\boldsymbol{\Psi}$的特征值计算目标的波达方向。

思考题与习题

1. 根据波束形成原理思考提高测向精度的方法。
2. 若主动声呐采用听觉指示方式进行最大值测向，试分析此时的定向精度。
3. 为什么在采用相位法定向时，通常将多元阵分成两个等效二元阵使用，而不直接使用一个二元阵？
4. 分裂波束互谱测向有何特点？
5. 请说明矢量水听器的特点及其测向原理。

参考文献

[1] 李启虎. 数字式声纳设计原理[M]. 合肥：安徽教育出版社，2003.
[2] 李启虎. 声呐信号处理引论[M]. 北京：科学出版社，2012.
[3] 姚直象. 单矢量传感器及矢量阵信号处理研究[D]. 哈尔滨：哈尔滨工程大学，2006.
[4] 田坦. 声呐技术[M]. 2版. 哈尔滨：哈尔滨工程大学出版社，2011.
[5] 刘孟庵. 水声工程[M]. 杭州：浙江科学技术出版社，2002.
[6] 惠俊英，惠娟. 矢量声信号处理基础[M]. 北京：国防工业出版社，2009.
[7] HarryL. VanTrees. 最优阵列处理技术[M]. 汤俊，等译. 北京：清华大学出版社，2008.
[8] 张小飞，汪飞，等. 阵列信号处理的理论和应用[M]. 北京：国防工业出版社，2010.
[9] 杨益新，杨龙，唐建生，等. 声呐系统的波束形成与目标方位精确估计[M]. 哈尔滨：哈尔滨工程大学出版社，2018.

第 4 章

声呐测距方法

声呐系统的主要任务之一是在测向的同时完成对目标距离的测定。在主动声呐中，测定目标距离时要利用目标的回波信号或应答信号；而在被动声呐中，目标距离的测定只能利用目标发出的信号或噪声。两类声呐对目标距离的测定方法有本质上的不同，因此测距的精度也有很大差异。然而，无论使用何种测距方法，都是利用距离不同引起的信号变化间接测量的。

本章将分两节叙述声呐系统中采用的主动声呐测距和被动声呐测距的基本方法。

4.1 主动声呐测距方法

4.1.1 脉冲测距法

脉冲测距法是利用接收回波与发射脉冲信号之间的时间差来测距的方法。若有一个目标与换能器的距离为 R，则换能器发射的声脉冲经目标反射后往返传播的时间为

$$t = \frac{2R}{c} \tag{4-1}$$

因此，在已知声速 c 的情况下，可求出目标距离为

$$R = \frac{1}{2}ct \tag{4-2}$$

因此，只要测得声脉冲往返时间，便可求得目标距离。

在用幅度显示时，扫描线起始时刻与发射时刻同步，即在信号发射的同时，光点开始自左至右扫描，扫描周期等于发射脉冲的周期 T，接收信号经检波后送显，当回波信号出现时，屏上扫描线会出现相应的跳动，如图 4-1 所示。

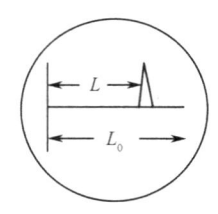

图 4-1 脉冲测距法在屏上的显示

设屏上光点移动的最大限度为 L_0，光点移动速度为 v_0，则

$$v_0 = \frac{L_0}{T} = \frac{L}{t} \quad (4\text{-}3)$$

式中，L 为出现目标信号时光点移动的长度。

由式（4-3）可知，目标距离为

$$R = \frac{1}{2}ct = \frac{1}{2}c\frac{LT}{L_0} = KL \quad (4\text{-}4)$$

式中

$$K = \frac{cT}{2L_0} \quad (4\text{-}5)$$

K 是一个比例常数，它与显示器的灵敏度、水中声速、发射脉冲周期有关。若光点在屏上以均匀速度运动，则 R 与 L 的关系为线性关系，在屏上可以直接读出距离，亦可利用计数器测出收发信号脉冲之间的时间差，算出目标距离。

利用脉冲法测距时，脉冲重复周期必须大于目标最大距离所对应的信号往返时间，否则会出现所谓的距离模糊。这是因为当信号往返时间大于脉冲重复周期时（如 $t = T + \Delta t$），屏上的目标信号将会出现在第二个扫描周期内，声呐员将不能区分目标是在 $\frac{c(T + \Delta t)}{2}$ 距离上，还是在 $\frac{c\Delta t}{2}$ 距离上。

脉冲测距法的距离分辨力与脉冲的宽度有关。距离分辨力是指在同一方向，声呐能够分辨两个目标的最小距离差。设脉宽为 τ，若有两个目标，其回波到达的时间分别为 t_1 和 t_2，如图 4-2 所示。当 $t_2 \gg t_1$ 时，可以区分出两个目标。当 t_2 逐渐减小时，$t_2 - t_1$ 逐渐减小，当 $t_2 - t_1 = \tau$ 时，第一回波与第二回波的首尾正好相连，组成一个信号，此时很难将它们区分为两个目标。因此，能分辨两个目标的条件为

$$t_2 - t_1 \geqslant \tau \tag{4-6}$$

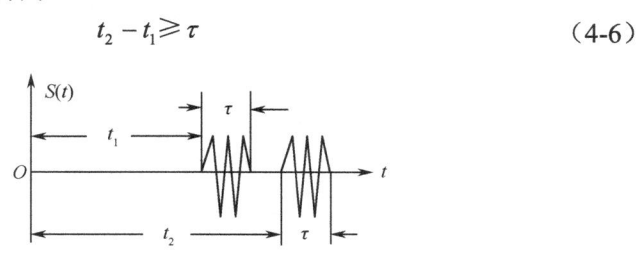

图 4-2　有两个目标时的回波信号

由式（4-4）可得到能分辨的最小目标间距为

$$\Delta R = \frac{1}{2}c(t_2 - t_1) \geqslant \frac{1}{2}c\tau \tag{4-7}$$

即距离分辨力为 $\frac{1}{2}c\tau$，该值越小，距离分辨能力越高。由此可见，要提高距离分辨能力须使脉宽 τ 减小。在关于模糊函数讨论时也说明了这一点：短脉冲的距离分辨力高。在实际使用中，由于屏上光点有一定的宽度，且由于传播造成信号展宽，距离分辨力要低于式（4-7）的值。

由式（4-4）较容易求得脉冲测距法的测距误差为

$$\Delta R = \frac{1}{2}(c\Delta t + t\Delta c) \tag{4-8}$$

相对误差为

$$\frac{\Delta R}{R} = \frac{\Delta t}{t} + \frac{\Delta c}{c} \tag{4-9}$$

可见测距误差由测时误差和声速测量误差引起。通常测时误差在脉冲测距法中不是主要误差因素，主要误差因素是声速测量误差。水中声速与水的温度、深度、盐度有关，且因时间而异，若直接简单地使用 $c=1500$m/s 则不合适。由于在垂直面内由温度梯度引起的声速梯度会使声线弯曲，在此情况下根据信号往返时间测出的单程传播的声程，并不是真正的距离。因此，要保证测距准确，应在现场检测声速。

主动声呐系统中广泛使用脉冲测距法测距，因为该方法简单易行，且可对多个目标进行测距。此外，它亦可测量静止的目标。

4.1.2 调频信号测距法

发射调频信号,利用收发信号的频差可测量目标距离。从下面的分析可知,声呐往往采用连续发射信号的方式进行调频信号测距。

1. 线性调频信号测距

设发射机连续、周期性地发射线性调频信号,则瞬时频率为

$$f_T(t) = f_a + kt \tag{4-10}$$

式中,f_a 为信号起始频率,k 为调频的斜率,有

$$k = \frac{\Delta f_m}{T} \tag{4-11}$$

Δf_m 为调频的频偏,线性调频信号的波形为

$$s_T(t) = \cos(2\pi f_a t + \pi k t^2) \tag{4-12}$$

若目标距离为 R,则接收的信号延迟了 t_0,即

$$t_0 = \frac{2R}{c} \tag{4-13}$$

目标不动时发射信号与接收信号瞬时频率的规律如图 4-3 所示。假设目标与声呐间无相对径向运动。

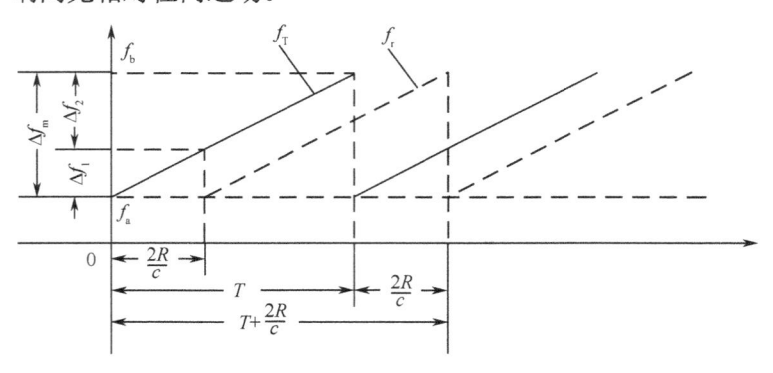

图 4-3 目标不动时发射信号与接收信号瞬时频率的规律

由图 4-3 可知,当 $\frac{2R}{c} \leq t \leq T$ 时,有

$$f_T(t) = f_a + kt$$

$$f_r(t) = f_a + k\left(t - \frac{2R}{c}\right) \tag{4-14}$$

发射信号与接收信号混频后的差频信号频率为

$$\Delta f_1 = f_T(t) - f_r(t) = k\frac{2R}{c} \tag{4-15}$$

而当 $T \leqslant t \leqslant T + \dfrac{2R}{c}$ 时，有

$$f_T(t) = f_a + k(t - T)$$

$$f_r(t) = f_a + k\left(t - \frac{2R}{c}\right) \tag{4-16}$$

此外，$f_r(t)$ 为前一周期发射后的接收信号频率。因此，发射信号与接收信号之间的差频信号频率为

$$\Delta f_2 = f_r(t) - f_T(t) = k\left(T - \frac{2R}{c}\right) \tag{4-17}$$

可见，Δf_1 与 Δf_2 均为距离 R 的函数，只要测出 Δf_1 或 Δf_2，即可推算出目标距离 R。因此，线性调频测距法的实现如图 4-4 所示。

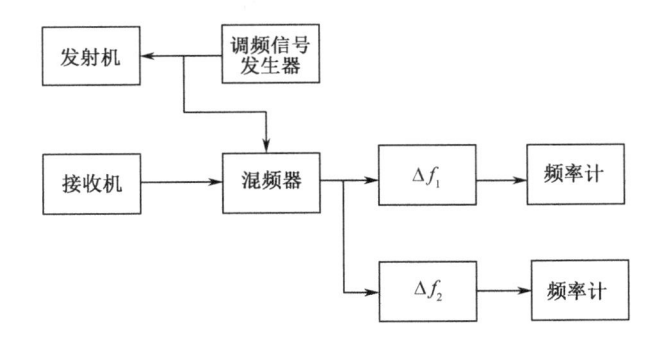

图 4-4　线性调频测距法的实现

若发射周期 T 足够大，使处在最远距离 $R_{\max}$ 的目标满足

$$\frac{2R_{\max}}{c} \leqslant \frac{T}{2} \tag{4-18}$$

或

$$T \geqslant \frac{4R_{\max}}{c} \tag{4-19}$$

由式（4-15）和式（4-17）可知，差频分量的瞬时频率将满足

$$0 \leqslant \Delta f_1 \leqslant \frac{1}{2}kT \leqslant \Delta f_2 \leqslant kT \tag{4-20}$$

在此情况下，因为 Δf_1 总是小于 Δf_2，所以若用一个截止频率为 $\dfrac{kT}{2}$ 的低通滤波器和高通滤波器分别让 Δf_1 与 Δf_2 的信号通过，即可分别测出 Δf_1 与 Δf_2，从而测出目标距离。

将式（4-15）改写为

$$\Delta f_1 = \frac{\Delta f_m}{T} \cdot \frac{2R}{c} \tag{4-21}$$

由此得到

$$\frac{\Delta f_1}{R} = \frac{2\Delta f_m}{Tc} \tag{4-22}$$

式（4-22）左边为单位距离的频率数值，用此描述距离分辨率，显然它与调频频宽 Δf_m、发射周期 T 有关。要提高距离分辨率，必须加大 Δf_m、减小 T。由式（4-19）可知，必须使 $T \geqslant \dfrac{4R_m}{c}$，这种方案才能用低通滤波器、高通滤波器分开 Δf_1 与 Δf_2。可见，提高距离分辨率与增大可测距离是矛盾的。当对最大可测距离 R_{max} 要求不高时（如对于探雷声呐），T 可取较小的值，此时仍不损失距离分辨率。

将式（4-22）写为

$$R = \frac{cT}{2\Delta f_m} \Delta f_1 \tag{4-23}$$

根据 $R = \dfrac{cT}{2\Delta f_m} \Delta f_1$，$\mathrm{d}R = \dfrac{cT}{2\Delta f_m} \mathrm{d}(\Delta f_1) + \dfrac{T\Delta f_1}{2\Delta f_m} \mathrm{d}c - \dfrac{cT\Delta f_1}{2} \dfrac{1}{(\Delta f_m)^2} \mathrm{d}(\Delta f_m)$，得到测距相对误差：

$$\frac{\mathrm{d}R}{R} = \frac{\mathrm{d}(\Delta f_1)}{\Delta f_1} + \frac{\mathrm{d}c}{c} - \frac{\mathrm{d}(\Delta f_m)}{\Delta f_m} \tag{4-24}$$

式中，第一项为测频误差，由于频率测量可以相当准确，故可忽略；第二项为声速测量误差，必要时可以修正；第三项误差在采用模拟技术时较大，这是因为调频的线性不易保证。随着数字技术的发展，产生较为精确的线性调频信号已不再是问题。

上面讨论的是目标与声呐间无相对运动的情况。当目标与声呐间有相对运动时，接收信号有多普勒偏移，接收信号为

$$s_r(t) = s_T\left[(1+\delta)\left(t-\frac{2R}{c}\right)\right]$$
$$= \cos\left[2\pi f_a(1+\delta)\left(t-\frac{2R}{c}\right) + \pi k(1+\delta)^2\left(t-\frac{2R}{c}\right)^2\right] \quad \text{(4-25)}$$

因此，求得的瞬时频率为

$$f_r(t) = \frac{1}{2\pi} \cdot \frac{\mathrm{d}\varphi(t)}{\mathrm{d}t} = f_a(1+\delta) + k(1+\delta)^2\left(t-\frac{2R}{c}\right) \quad \text{(4-26)}$$

式中，$\delta = \dfrac{2v_r}{c}$，v_r 为相对径向运动速度，且相向运动时为正。当 δ 值甚小时，$(1+\delta)^2 \approx 1$，式（4-26）可近似为

$$f_r(t) \approx f_a + k\left(t-\frac{2R}{c}\right) + \delta f_a \quad \text{(4-27)}$$

而当 δ 值不甚小时，取 $(1+\delta)^2 \approx 1+2\delta$，有

$$f_r(t) \approx f_a + k(1+2\delta)\left(t-\frac{2R}{c}\right) + \delta f_a \quad \text{(4-28)}$$

此处仅讨论 δ 值甚小的情况。由式（4-27）可知，此时接收信号频率可视为只是平移了一个 $\delta f_a = \Delta f_d$ 值，故两个差频信号为

$$\Delta f_1 = f_T(t) - f_r(t) = k\frac{2R}{c} - \Delta f_d, \quad \frac{2R}{c} \leqslant t \leqslant T$$

$$\Delta f_2 = f_r(t) - f_T(t-T) = k\left(T - \frac{2R}{c}\right) + \Delta f_d, \quad T \leqslant t \leqslant T + \frac{2R}{c} \quad \text{(4-29)}$$

由式（4-29）可知，由于 $\Delta f_1 + \Delta f_2 = kT$，两式并不独立，无法通过测量 Δf_1 和 Δf_2 解出 Δf_d（或相对速度 v_r）和 R。这意味着，对于运动目标，我们无法同时获得其多普勒信息和距离信息，所以线性调频信号测距法不适用于对运动目标的测定。

2. 三角波调频信号测距

为了解决线性调频信号存在的时延和多普勒偏移不能同时测量的问题，可以使用一种简单的方法，即采用三角波调频信号测距法进行测量，如图 4-5 所示，由瞬时频率线性上升和线性下降的两个线性调频信号组成。两个信号的调频斜率分别为 k 和 $-k$，则发射信号的瞬时频率表示为

$$f_T(t) = \begin{cases} f_{1T}(t) = f_a + kt, & 0 \leqslant t \leqslant T \\ f_{2T}(t) = f_a - k(t-2T), & T \leqslant t \leqslant 2T \end{cases} \tag{4-30}$$

当目标不动时，收发信号的频差为

$$\Delta f_1 = f_{1T}(t) - f_{1r}(t) = k\frac{2R}{c}$$
$$\Delta f_2 = f_{2r}(t) - f_{2T}(t) = k\frac{2R}{c} \tag{4-31}$$

此时，只要测出 Δf_1 与 Δf_2 中的一个，便可算出目标距离。

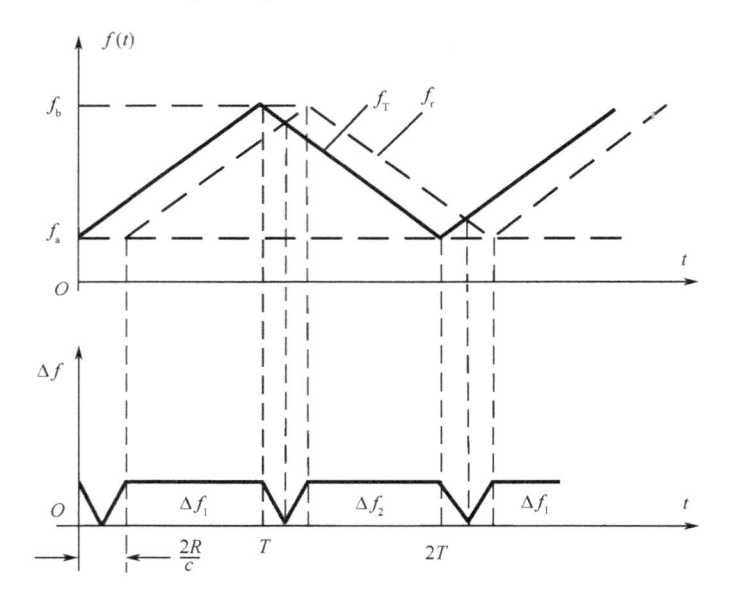

图 4-5 目标无多普勒偏移时三角波调频信号的瞬时频率和收发信号频差

当目标有多普勒偏移，但 $\delta = \dfrac{2v_r}{c}$ 甚小时，由式（4-27）可知，接收信号的两个瞬时频率为

$$f_{1r}(t) \approx f_a + k\left(t - \frac{2R}{c}\right) + \delta f_a$$
$$f_{2r}(t) \approx f_a + 2kT - k\left(t - \frac{2R}{c}\right) + \delta f_a \tag{4-32}$$

两个频差为

$$\Delta f_1 = k\frac{2R}{c} - \delta f_a$$
$$\Delta f_2 = k\frac{2R}{c} + \delta f_a \tag{4-33}$$

此时 $|\Delta f_1| \neq |\Delta f_2|$，如图 4-6 所示。这两式互相独立，因此，在测量 Δf_1 和 Δf_2 后可解得 δf_a（或 v_r）和 R 这两个未知数。事实上，将式（4-33）中的两式相加得到

$$\Delta f_1 + \Delta f_2 = k\frac{4R}{c} \tag{4-34}$$

或

$$R = \frac{c}{4k}(\Delta f_1 + \Delta f_2) \tag{4-35}$$

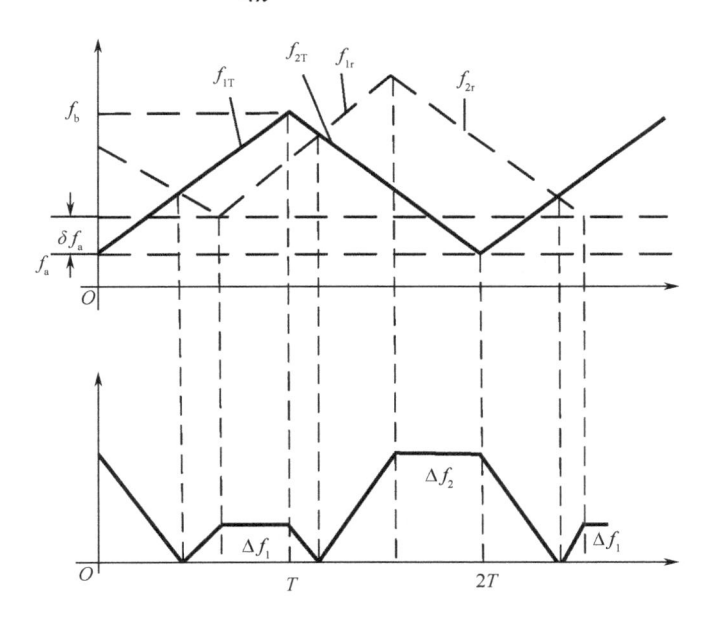

图 4-6　目标的多普勒偏移不大时三角波调频信号的瞬时频率和收发信号频差

式（4-33）中的两式相减得到

$$\Delta f_1 - \Delta f_2 = 2\delta f_a = \frac{4v_r}{c}f_a \tag{4-36}$$

当目标的多普勒偏移不太小时，由式（4-28）可知，调频斜率发生变化，从而导致问题更为复杂。利用式（4-31）得到两个频差为

$$\Delta f_1 = f_{1T}(t) - f_{1r}(t) = k\frac{2R}{c} - \delta(f_a + 2kt)$$
$$\Delta f_2 = f_{2r}(t) - f_{2T}(t) = k\frac{2R}{c} + \delta(f_a - 2kt) \quad (4\text{-}37)$$

由 $\Delta f_1 + \Delta f_2$ 得到

$$\Delta f_1 + \Delta f_2 = \frac{4kR}{c} - 4k\delta t = \frac{4kR}{c} - \frac{8v_r}{c}kt = \frac{4k}{c}(R - 2v_r t) \quad (4\text{-}38)$$

由此解出

$$R = \frac{c}{4k}(\Delta f_1 + \Delta f_2) + 2v_r t \quad (4\text{-}39)$$

由 $\Delta f_2 - \Delta f_1$ 得到

$$\Delta f_2 - \Delta f_1 = 2\delta f_a = \frac{4v_r}{c}f_a \quad (4\text{-}40)$$

解出 v_r 为

$$v_r = \frac{c(\Delta f_2 - \Delta f_1)}{4f_a} \quad (4\text{-}41)$$

可见，目标距离 R 不仅取决于 Δf_1 与 Δf_2，还与速度 v_r 有关，因此必须利用 Δf_1 与 Δf_2 之差求出 v_r，并对距离进行修正，才能得到目标距离的准确值。

Δf_1 与 Δf_2 均为时间的函数，故只能用求平均值的方法获得，图4-7为三角波调频测距框图。发射信号与接收信号经混频后用两个低通滤波器滤出 Δf_1 与 Δf_2 两个随时间而变的瞬时频率的信号，然后用两个鉴频器（频率检波器或频率电压变换器）得到两个与 Δf_1 和 Δf_2 成正比的电压。$u_1 + u_2$ 反映了 R 信息，$u_2 - u_1$ 反映了 v_r 信息，利用两个指示器指示出 R 和 v_r。

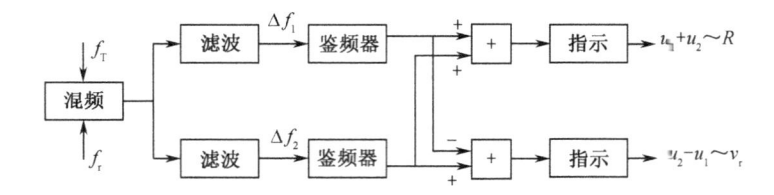

图 4-7 三角波调频测距框图

3. 阶跃调频信号测距

阶跃调频信号是信号频率在有限离散值之间作阶跃变化的信号。最简单的阶跃调频信号是只有两个离散频率的信号，如图4-8所示。

第 4 章 声呐测距方法

仍从目标不动的情况开始，说明阶跃调频测距法的原理。此时，发射信号的频率为

$$f_\mathrm{T}(t) = \begin{cases} f_0 + F_\mathrm{m}, & 0 \leqslant t \leqslant \dfrac{T}{2} \\ f_0 - F_\mathrm{m}, & \dfrac{T}{2} \leqslant t \leqslant T \end{cases} \quad （4\text{-}42）$$

式中，f_0 为中心频率，$2F_\mathrm{m}$ 为频率阶跃幅度，T 为发射周期。接收信号相对于发射信号延迟一段时间 $\dfrac{2R}{c}$。接收信号与发射信号的频差为 $|\Delta f| = 2F_\mathrm{m}$，它是周期为 $\dfrac{T}{2}$、宽为 $\dfrac{2R}{c}$ 的脉动信号。利用鉴频器检出 $|\Delta f|$，并测出脉宽，便可算出目标距离。这一脉宽不易测准，因此用测量平均差频率的方法来测量脉宽。因脉动周期为 $\dfrac{T}{2}$，故只需要在 $\dfrac{T}{2}$ 内进行平均，得到平均差频为

$$\Delta f_0 = \frac{2F_\mathrm{m} \cdot \dfrac{2R}{c}}{\dfrac{T}{2}} = \frac{8F_\mathrm{m}R}{Tc} \quad （4\text{-}43）$$

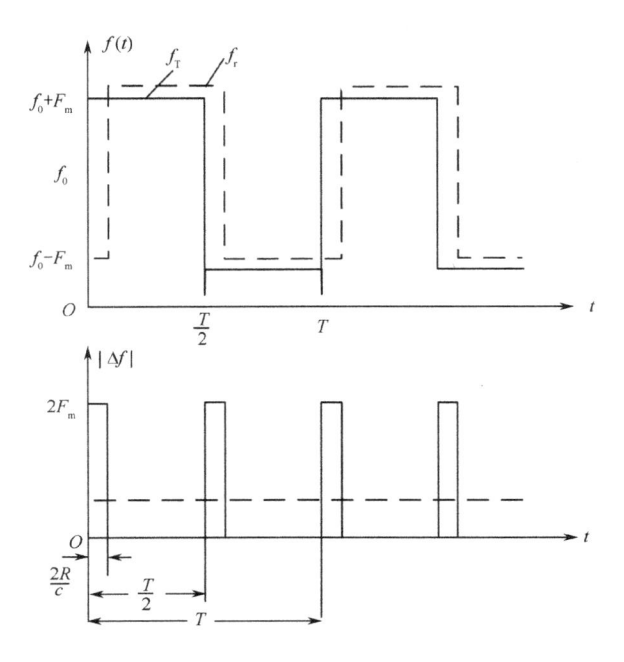

图 4-8　阶跃调频信号及收发信号的频差

因此，在已知 T、c、F_m 时，可求的目标距离为

$$R = \frac{Tc\Delta f_0}{8F_m} \tag{4-44}$$

影响阶跃调频测距精度的主要因素是平均频率测量误差，对式（4-44）求微分得到

$$dR = \frac{Tc}{8F_m}d(\Delta f_0) \tag{4-45}$$

由此可知，发射周期越大，则测距误差越大，而频率阶跃值 F_m 越大，则测距误差越小。然而，发射周期增大意味着可测距离增大，因此当差频脉动宽度为 $\frac{T}{2}$ 时，$\Delta f_0 = 2F_m$ 达到最大值，此时对应的最大探测距离为

$$R_{max} = \frac{1}{4}Tc \tag{4-46}$$

当目标运动时，阶跃调频信号收发信号频率和频差如图 4-9 所示。

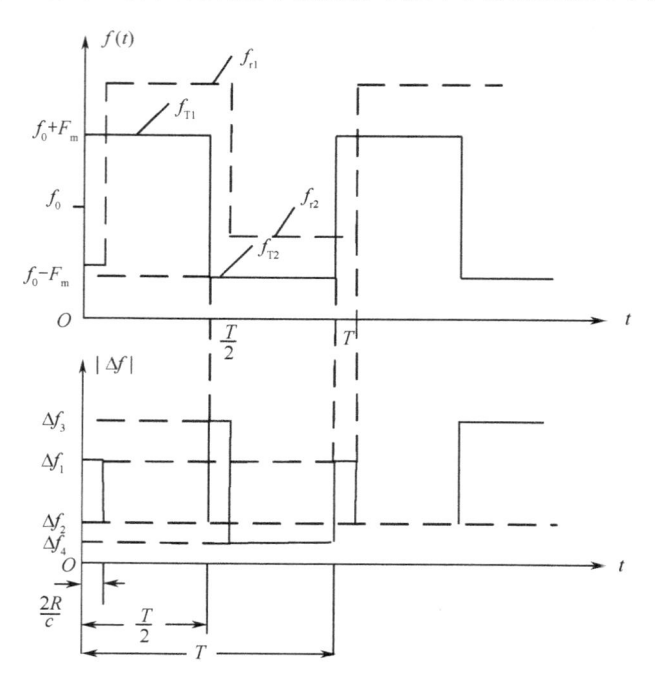

图 4-9 目标运动时阶跃调频信号收发信号频率和频差

频率表达式为

$$f_{1r} = (f_0 + F_m)\left(1 + \frac{2v_r}{c}\right)$$
$$f_{2r} = (f_0 - F_m)\left(1 + \frac{2v_r}{c}\right)$$
（4-47）

发射信号与接收信号的差频 $|\Delta f|$ 有 4 个，分别为

$$\Delta f_1 = f_{T1} - f_{r2} = (f_0 + F_m) - (f_0 - F_m)\left(1 + \frac{2v_r}{c}\right) = \frac{2v_r}{c}(F_m - f_0) + 2F_m$$

$$\Delta f_2 = f_{r1} - f_{T1} = (f_0 + F_m)\left(1 + \frac{2v_r}{c}\right) - (f_0 + F_m) = \frac{2v_r}{c}(F_m + f_0)$$

$$\Delta f_3 = f_{r1} - f_{T2} = (f_0 + F_m)\left(1 + \frac{2v_r}{c}\right) - (f_0 - F_m) = \frac{2v_r}{c}(F_m + f_0) + 2F_m$$

$$\Delta f_4 = f_{r2} - f_{T2} = (f_0 - F_m)\left(1 + \frac{2v_r}{c}\right) - (f_0 - F_m) = \frac{2v_r}{c}(f_0 - F_m)$$
（4-48）

这 4 个值均为目标径向运动速度 v_r 的函数，其平均值 Δf_0 与 v_r、R 有关，因此不能直接用平均频率法单独求得 R。

注意，只要 v_r 不太大，而 F_m 较大，Δf_1、Δf_3 与 Δf_2、Δf_4 的差别甚大，就可以用高通滤波器和低通滤波器将 Δf_1、Δf_3 与 Δf_2、Δf_4 分开。若采用一个截止频率为 F_m 的高通滤波器和低通滤波器，且当 $F_m > \frac{2v_r}{c}f_0$ 时，即可将 4 个频率分为两组。高通滤波器输出信号频率在一个周期内的平均为

$$\Delta f_0' = \frac{1}{T}(\Delta f_1 + \Delta f_3)\frac{2R}{c} = \frac{1}{T} \cdot \frac{2R}{c} \cdot 2\left(2 + \frac{2v_r}{c}\right)F_m = \frac{8R}{Tc}F_m\left(1 + \frac{v_r}{c}\right)$$
（4-49）

低通滤波器输出信号频率（Δf_2、Δf_4）在一个周期内的平均为

$$\Delta f_0'' = \frac{1}{T}(\Delta f_2 + \Delta f_4)\left(\frac{T}{2} - \frac{R}{c}\right) = \frac{1}{T} \cdot \frac{2v_r}{c} \cdot 2f_0\left(\frac{T}{2} - \frac{2R}{c}\right) = \frac{2v_r}{c}f_0\left(1 - \frac{4R}{cT}\right)$$
（4-50）

当已知 T、f_0、F_m 时，可通过式（4-49）和式（4-50），再利用测得的 $\Delta f_0'$、$\Delta f_0''$ 解得 v_r 和 R。阶跃调频信号测距原理如图 4-10 所示。阶跃调频测距法的优点是易于得到稳定的调制波形，且比三角波调频信号易于产生，其测距精度也能得到保证。

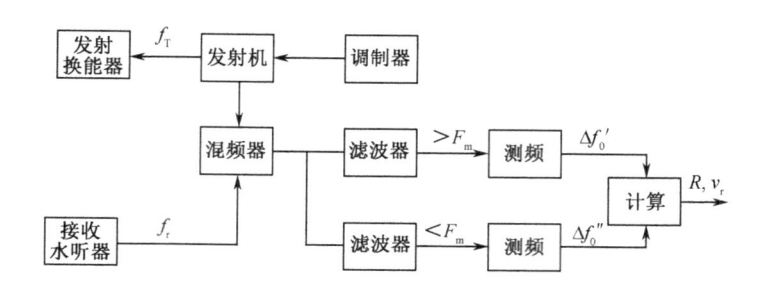

图 4-10 阶跃调频信号测距原理

4. 双曲线调频信号测距

双曲线调频信号是一种多普勒不变信号。当目标运动时，接收信号瞬时频率变化规律不变，只是有一个时延。因此，用匹配滤波器接收可得到良好的峰值，只是峰值位置有一个时延，这个时延的量值为

$$t_0 \approx \frac{\delta}{\left|\frac{m}{f_0}\right|} = \frac{\frac{2v_r}{c}}{\left|\frac{m}{f_0}\right|} \tag{4-51}$$

当单独用一个双曲线调频信号进行测距时，在未知目标多普勒偏移的情况下，测得的信号到目标的往返时间有一个与 v_r 有关的时延，从而造成测距模糊。采用发射两个相继的双曲线调频信号的方法，可以克服这一困难。这里不进行详细推导，只简述测距原理。

假设先发射一个频率随时间递增的调频信号（$m>0$），再发射一个频率随时间递减的双曲线调频信号（$m<0$），此时分别测出匹配滤波器出现极大值时的时间 t_1、t_2，则

$$t_1 = \frac{2R}{c} + \frac{\frac{2v_r}{c}}{\left|\frac{m}{f_0}\right|} \tag{4-52}$$

$$t_2 = \frac{2R}{c} - \frac{\frac{2v_r}{c}}{\left|\frac{m}{f_0}\right|} \tag{4-53}$$

式中，m 为常数，f_0 为脉宽一半处的信号瞬时频率。由于式（4-52）和式（4-53）

是独立的，故求解得到

$$R = \frac{c(t_1 + t_2)}{4} \tag{4-54}$$

$$v_r = \left|\frac{m}{f_0}\right|\frac{c(t_1 - t_2)}{4} \tag{4-55}$$

因此，在测得 t_1、t_2 之后便可直接求出目标距离。当目标无多普勒偏移时，$t_1 = t_2 = t$，显然有 $R = \frac{1}{2}ct$，与通过脉冲测距法获得的目标距离相同。

至此介绍了目前声呐中常用的调频测距方法。调频测距方法的共同优点是测量精度较高。当直接采用测量收发频差时，由于对不同距离的目标收发频差不同，可利用回波音调的变化通过听觉进行判断。当采用匹配滤波器接收时，调频测距法则因其信号处理增益，更显出其检测性能的优越性。一般来说，调频测距法（对于直接测频）适用于近距离目标检测，而且不能进行多目标的检测。此外，目标检测通常采用周期性连续发射方式，导致收发换能器无法与之共用。发射对接收的干扰始终存在，必须采取措施抑制这种干扰。

4.1.3 相位测距法

相位测距法是利用收发信号间的相位差进行测向的方法。设发射信号为

$$u_T(t) = U_1 \sin(\omega t + \varphi_0) \tag{4-56}$$

式中，φ_0 为信号的初相位。接收回波为

$$u_r(t) = U_2 \sin\left(\omega t + \varphi_0 - \omega\frac{2R}{c} + \varphi_c\right) \tag{4-57}$$

式中，φ_c 是反射引起的相位差，$\frac{2R}{c}$ 为传播延迟。收发信号间的相位差为

$$\Delta\varphi = \frac{2\omega R}{c} + \varphi_c \tag{4-58}$$

忽略 φ_c 的影响，可以得到

$$R \approx \frac{c}{2\omega}\Delta\varphi = \frac{c}{4\pi f}\Delta\varphi \tag{4-59}$$

可见，只要测得收发信号间的相位差，就可推知目标距离 R。但是，目标反射引起的相移 φ_c 一般未知，且其数值可能较大，甚至达 180°，加之当相

位大于360°时，会造成测向模糊，因此难以用式（4-59）直接测定距离，必须消除多值性和目标反射引起的相位差 φ_c 之后，方可正确测定目标距离。

采用双频载波相位测距法可以有效地解决上述问题，其原理如图4-11所示，利用两个发射机分别工作在频率 f_1 和 f_2 中，使其混频后得到一个差频信号，结果可使收发相位差在 2π 之内，避免相位多值。设发射的两个信号为

$$\begin{cases} u_{T1} = U\sin(\omega_1 t + \varphi_{01}) \\ u_{T2} = U\sin(\omega_2 t + \varphi_{02}) \end{cases} \quad (4\text{-}60)$$

两个信号在同一目标上反射后接收到的信号为

$$\begin{cases} u_{r1} = U'\sin\left[\omega_1\left(t - \dfrac{2R}{c}\right) + \varphi'_{01}\right] \\ u_{r2} = U'\sin\left[\omega_2\left(t - \dfrac{2R}{c}\right) + \varphi'_{02}\right] \end{cases} \quad (4\text{-}61)$$

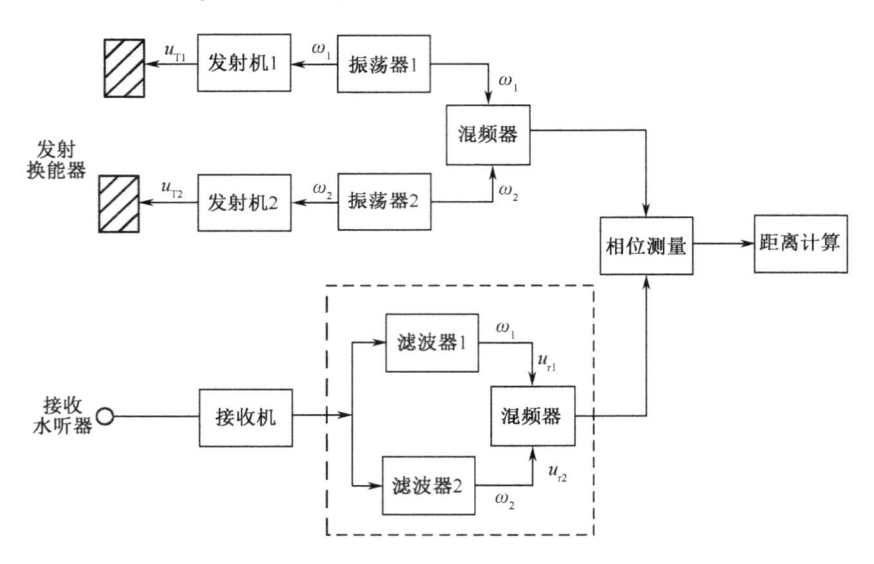

图4-11 双频载波法相位测距原理

两个回波信号的相位差为

$$\varphi_2 - \varphi_1 = (\omega_2 - \omega_1)\left(t - \dfrac{2R}{c}\right) + (\varphi'_{02} - \varphi'_{01}) \quad (4\text{-}62)$$

式中，φ'_{01}、φ'_{02} 包含了发射信号的初相、目标引起的相移。由于 $\omega_2 - \omega_1$ 的数值较小，易在最大探测距离 R_{max} 上满足

$$(\omega_2 - \omega_1)\frac{2R_{\max}}{c} < 2\pi \qquad (4-63)$$

使相位测量不产生多值。再引入一个基准信号，它由两个发射信号混频而成。混频后的信号相位为

$$(\omega_2 - \omega_1)t + \varphi_{03} \qquad (4-64)$$

对两个混频后的信号作相位比较，得到的相位差为

$$\Delta\varphi = (\omega_2 - \omega_1)\frac{2R}{c} + \varphi_{03} - (\varphi'_{02} - \varphi'_{01}) = 2\pi(f_2 - f_1)\frac{2R}{c} + \varphi_0 \qquad (4-65)$$

式中，$\varphi_0 = \varphi_{03} - \varphi'_{02} + \varphi'_{01}$。注意，目标造成的相位差均包含在 φ'_{01}、φ'_{02} 中，而 $\varphi'_{02} - \varphi'_{01}$ 中已消除了这种影响，因此可得到计算目标距离的公式为

$$R = \frac{c\Delta\varphi}{4\pi(f_2 - f_1)} \qquad (4-66)$$

对于双频载波相位测距法，因为距离的测量精度只与 $\Delta f = f_2 - f_1$ 有关，而与具体的 f_1 或 f_2 无关，所以对目标多普勒偏移不敏感。由式（4-65）亦可知，当 f_2 与 f_1 比较接近时，两个频率的信号因多普勒偏移引起的附加相位亦接近相同，因此相减后的相位差不因目标多普勒偏移而产生明显变化。

相位测距法可以测量很小的目标距离，它取决于相位测量设备的最小相位分辨率。此外，它的测量精度越高，与最大距离对应的相位差越大。虽然使用相位测距法的测量精度高，但是不能测量多个目标。若使用连续波，则当发射功率增大时，由于存在漏功率，接收机难以接收远距离目标的弱回波，从而限制了作用距离。采用脉冲发射方式可以克服上述困难。

4.2 被动声呐测距方法

4.2.1 概述

在水下航行的潜艇，为保证自身的隐蔽性，一般情况下不使用主动声呐，只有对敌舰实施鱼雷攻击前才短时间使用主动声呐，而长时间处于工作状态的声呐是被动声呐。因为被动声呐一般并不具备测距功能，所以利用被动声呐进行测距一直是水声工作者十分关心的课题。20 世纪 70 年代，国内外才开始研制被动测距声呐并装备潜艇，20 世纪 80 年代，我国已研制成功并开

始应用被动测距声呐。这种声呐除可测定有源目标方位外，还可测定其距离，为潜艇的隐蔽活动创造了有利条件。可以认为，被动测距声呐的出现是水声技术的一大突破，它是在水声信号处理技术的基础上实现的。反过来，为了实现被动声呐的精确测距，它对信号处理提出了一系列新的要求，从而又推动了水声信号处理技术的发展。

被动测距方法分为方位法和时差法，其共同点是利用间距相当长的 2 个或 3 个子阵。子阵本身具有一定的指向性，可获得好的空间处理增益。方位法被动测距原理如图 4-12 所示。A、B 为两个方向性子阵，间距为 D。利用两个子阵分别测出两个方位角 α、β。由正弦定理可知

$$\frac{r_1}{\cos\beta} = \frac{D}{\sin(\alpha-\beta)}$$
$$\frac{r_2}{\cos\alpha} = \frac{D}{\sin(\alpha-\beta)}$$

（4-67）

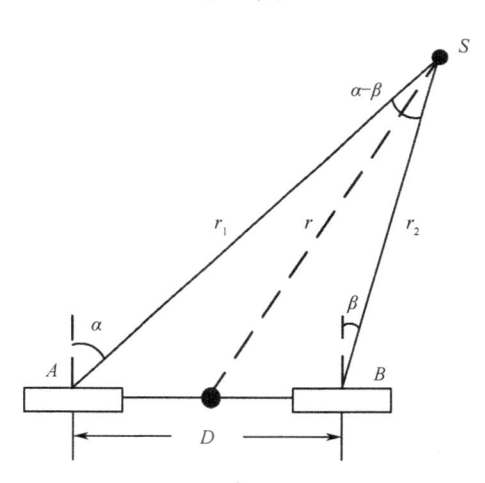

图 4-12　方位法被动测距原理

式中，r_1、r_2 为目标 S 与两个子阵声中心的距离。因此可由 α、β、D 求出 r_1、r_2，从而求得目标距离为

$$r = \frac{1}{2}\sqrt{2(r_1^2 + r_2^2) - D^2}$$

（4-68）

这一方法在远场平面波假定条件下利用各子阵测定目标方位角，即要求子阵的尺寸小于 r_1、r_2。此外，D 应足够大，否则 α 与 β 的差别太小会导致

误差加大。一般来说，这种方法的测距误差较大，因此常被另一种方法——时差法所取代。

时差法一般利用 3 个子阵，其机理是测量波阵面的曲率。此时假设目标是点源，声波按柱面波或球面波方式传播。下面的讨论将会看到这两个假设的重要性。本节其余的内容将不再讨论方位法测距，而重点讨论时差法测距。

4.2.2 被动测距几何原理

如图 4-13 所示，假设在直线上布放 3 个等间距的阵元或 3 个子阵，间距为 d。要测量的是点声源 M 与中心阵元 B 的距离和方位角 α。

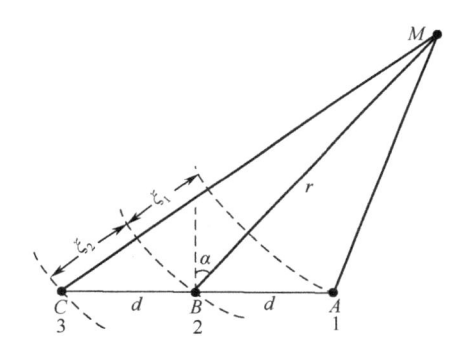

图 4-13 三元阵被动测距几何关系

点声源发出的声波到达阵元 A、B、C 的声程差 ξ_1、ξ_2 为

$$\xi_1 = MB - MA = r - MA$$
$$\xi_2 = MC - MB = MC - r \qquad (4\text{-}69)$$

将式（4-69）中的两式相减得到

$$MA + MC - 2r = \xi_2 - \xi_1 \qquad (4\text{-}70)$$

由余弦定理得到

$$MA^2 = r^2 + d^2 - 2rd\cos\left(\frac{\pi}{2} - \alpha\right) = r^2 + d^2 - 2rd\sin\alpha$$
$$MC^2 = r^2 + d^2 - 2rd\cos\left(\frac{\pi}{2} + \alpha\right) = r^2 + d^2 + 2rd\sin\alpha \qquad (4\text{-}71)$$

或写为

$$MA = r\left(1 + \frac{d^2}{r^2} - 2\frac{d}{r}\sin\alpha\right)^{\frac{1}{2}}$$

$$MC = r\left(1 + \frac{d^2}{r^2} + 2\frac{d}{r}\sin\alpha\right)^{\frac{1}{2}}$$

（4-72）

利用 $(1+x)^{\frac{1}{2}} = 1 + \frac{1}{2}x - \frac{1}{8}x^2 + \cdots$，在 $\frac{d}{r} \ll 1$ 或 $d \ll r$ 时，取到第 2 项，则式（4-72）可写为

$$MA \approx r\left[1 + \frac{1}{2}\left(\frac{d^2}{r^2} - \frac{2d}{r}\sin\alpha\right) - \frac{1}{8}\left(\frac{d^2}{r^2} - \frac{2d}{r}\sin\alpha\right)^2\right]$$

$$MC \approx r\left[1 + \frac{1}{2}\left(\frac{d^2}{r^2} + \frac{2d}{r}\sin\alpha\right) - \frac{1}{8}\left(\frac{d^2}{r^2} + \frac{2d}{r}\sin\alpha\right)^2\right]$$

（4-73）

忽略 $\frac{1}{r^3}$ 以上的高次项后，将式（4-73）的两式相加得到

$$MA + MC = 2r + \frac{d^2}{r}(1 - \sin^2\alpha) = 2r + \frac{d^2}{r}\cos^2\alpha$$

$$MA + MC - 2r = \frac{d^2}{r}\cos^2\alpha$$

（4-74）

比较式（4-70）与式（4-74）得到

$$\xi_2 - \xi_1 = \frac{d^2}{r}\cos^2\alpha \quad (4\text{-}75)$$

注意，$\xi_1 = c\tau_{12}$，$\xi_2 = c\tau_{23}$，而 τ_{12}、τ_{23} 为声程差 ξ_1、ξ_2 对应的时差，于是式（4-75）写为

$$c(\tau_{23} - \tau_{12}) = \frac{d^2}{r}\cos^2\alpha \quad (4\text{-}76)$$

由此得到目标距离 r 为

$$r = \frac{d^2\cos^2\alpha}{(\tau_{23} - \tau_{12})c} = \frac{d^2\cos^2\alpha}{\tau_d c} \quad (4\text{-}77)$$

式中，$\tau_d = \tau_{23} - \tau_{12}$，为两个时差之差。因此，当已知阵元（或子阵声学中心）间距 d、声速 c 时，测得 ξ_1、ξ_2 及角度 α 便可求出目标距离 r。

α 可利用远场平面波近似测量，因此有

$$\sin\alpha \approx \frac{\xi_1 + \xi_2}{2d} = \frac{c(\tau_{12} + \tau_{23})}{2d} \qquad (4\text{-}78)$$

4.2.3 测距误差分析

本节将从测距公式出发,研究随机因素引起的误差、系统误差及修正方法。考虑随机误差,假定各阵元布在一直线上,将式(4-77)求全微分得

$$\Delta r = \frac{\cos^2 \alpha}{\tau_d c} 2d\Delta d - \frac{d^2}{\tau_d c} 2\cos\alpha \sin\alpha \cdot \Delta\alpha - \\ \frac{d^2}{\tau_d} \cos^2\alpha \frac{1}{c^2} \Delta c - \frac{d^2}{c} \cos^2\alpha \frac{1}{\tau_d^2} \Delta \tau_d \qquad (4\text{-}79)$$

再将式(4-79)除以式(4-77),得到测距相对误差

$$\frac{\Delta r}{r} = \frac{2\Delta d}{d} - 2\tan\alpha \cdot \Delta\alpha - \frac{\Delta c}{c} - \frac{\Delta \tau_d}{\tau_d} \qquad (4\text{-}80)$$

若各项误差彼此独立,则相对均方误差为

$$\frac{\sqrt{\overline{\Delta r^2}}}{r} = \left[\frac{4\overline{\Delta d^2}}{d^2} + 4\tan^2\alpha \cdot \overline{\Delta\alpha^2} + \frac{\overline{\Delta c^2}}{c^2} + \frac{\overline{\Delta \tau_d^2}}{\tau_d^2} \right] \qquad (4\text{-}81)$$

这里 $\Delta\alpha$ 以弧度计。在式(4-81)中,第 1 项为阵元(或子阵)间距 d 的测量误差,当 d 达到几十米时,这项误差可小于 0.1%;第 2 项为角度(或方位角)测量误差引起的相对距离测量误差,当 $\alpha \leq 45°$ 时,若 $\Delta\alpha = 0.2°$,这一误差小于 0.7%,但当 α 接近 90° 时,$\tan\alpha$ 急剧增大,因此这项误差很大,目前被动测距声呐只用来在 $\alpha = \pm 60°$ 内测距;第 3 项 $\frac{\Delta c}{c}$ 为声速测量误差,通常可使其达到 0.1%,因此影响不大;第 4 项 $\frac{\Delta \tau_d}{\tau_d}$ 为时差之差测量误差,与目标距离 r 有关,r 越大,波阵面曲率半径越大,$\tau_d = \tau_{23} - \tau_{12}$ 越小。从本质上说,这是因为此时已不满足柱面波的条件。由此可知,被动测距不可能应用于远距离测距,即远距离测距是不准确的。

为说明 $\Delta\tau_d$ 的影响,单独考虑 $\Delta\tau_d$ 造成的误差。由式(4-81)和式(4-79)得到

$$\frac{\Delta r}{r} = \frac{\Delta\tau_d}{\tau_d} = \frac{\Delta\tau_d}{d^2 \cos^2\alpha} \cdot cr \qquad (4\text{-}82)$$

或
$$\Delta \tau_d = \frac{d^2 \cos^2 \alpha}{cr} \cdot \frac{\Delta r}{r} \tag{4-83}$$

例如，若 $d = 20\text{m}$，$r = 5\text{km}$，要求 $\frac{\Delta r}{r} \leqslant 15\%$。在 $\alpha = 0°$ 时要求 $\Delta \tau_d \leqslant 8\mu\text{s}$；在 $\alpha = 60°$ 时，要求 $\Delta \tau_d \leqslant 2\mu\text{s}$。这意味着要求时差测量的精度达到微秒的量级。声源信号并非规则信号，而是舰艇的远场辐射噪声，是一个随机过程，因此要达到这样高的测试精度是一项艰巨的任务。

上面考察了随机因素引起的测距误差，现在考察安装误差对测距的影响。

基阵的安装误差会造成很大的测距误差。这是因为 3 个阵元或子阵不可能被安装在一条绝对的直线上，总存在偏离值，它们之间的间距也不可能绝对相等，所以必须进行修正，以减小测距误差。

当 3 个阵元在一条直线上，但阵元位置有偏离时，如图 4-14 所示，中间阵元不在 1、3 阵元连线的中心位置，而是偏离中心位置 Δd。

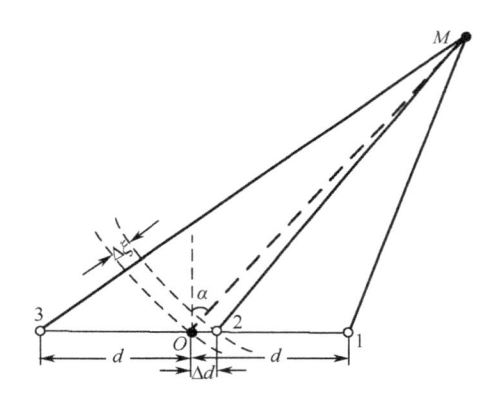

图 4-14 共线三元阵阵元位置偏差

此时，在计算距离时，若仍以 1、3 阵元连线中心为 O 点，则带来的测时误差为
$$\Delta \tau = \frac{\Delta \xi}{c} = \frac{\Delta d}{c} \sin \alpha \tag{4-84}$$

由图 4-14 可知，实测的 τ_{12} 减少了 $\Delta \tau$，而 τ_{23} 增加了 $\Delta \tau$，所以
$$|\Delta \tau_d| = |\tau_{23} - \tau_{12}| = 2\Delta \tau \tag{4-85}$$

仍以上例的参数为例。当 $\frac{\Delta r}{r} = 15\%$，$\alpha = 60°$ 时，$\Delta \tau_d$ 应小于 2μs，因此在不考虑其他因素的情况下，必须使 $\Delta \tau \leqslant 1$μs。由此要求

$$\Delta d \leqslant \frac{c\Delta \tau}{\sin \alpha} \approx 2\text{mm}$$

可见，如果安装误差为 2mm，就会带来很大的测距误差。

当 3 个阵元不在一条直线上时，考虑中间阵元在平面内有偏离，其坐标为 $B(X,Y)$。此时没有考虑垂直位置的偏离，因而不会引起程差的变化。如图 4-15 所示，B 点与 O 点（2 号阵元）的程差为

$$\Delta \xi = X \sin \alpha + Y \cos \alpha \qquad (4\text{-}86)$$

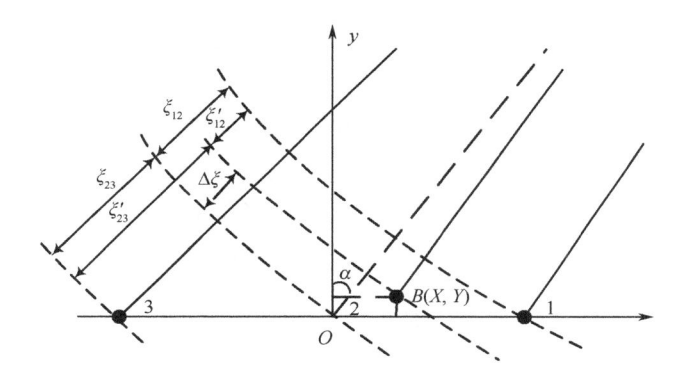

图 4-15 不共线三元阵中间阵元位置有偏离

实际上，各接收器之间的程差测量值为 ξ'_{12}、ξ'_{23}，因此

$$\xi'_{12} = \xi'_{12} + \Delta \xi$$
$$\xi_{23} = \xi'_{23} - \Delta \xi$$

得到

$$\xi_{23} - \xi_{12} = \xi'_{23} - \xi'_{12} - 2\Delta \xi = \xi'_{23} - \xi'_{12} - 2(X\sin\alpha + Y\cos\alpha) \qquad (4\text{-}87)$$

因为距离计算式（4-84）是由 ξ_{23} 和 ξ_{12} 得出的，而 $\xi_{23} = c\tau'_{23}$ 和 $\xi_{12} = c\tau'_{12}$ 才是实测值，所以距离计算公式（4-77）要修正为

$$r = \frac{d^2 \cos^2 \alpha}{c(\tau'_{23} - \tau'_{12}) - 2(X\sin\alpha + Y\cos\alpha)} = \frac{d^2 \cos^2 \alpha}{c(\tau'_{23} - \tau'_{12}) - 2\Delta \xi} \qquad (4\text{-}88)$$

由式（4-88）可知，安装误差对测距影响很大。这里要着重说明两点。第一是安装误差对测距误差的影响随着方位角 α 的增大而减小。这一结论并不是显而易见的。由式（4-86）可知，当 $\tan\alpha = \dfrac{X}{Y}$ 时，$\Delta\xi$ 很大。特别是当 $X = Y$ 且 $\alpha = 45°$ 时，$\Delta\xi$ 最大。然而并不是在 $\alpha = 45°$ 时，安装误差对计算引起的误差最大。这是因为随着 α 的增大，实际测得的 $\tau_d = \tau'_{23} - \tau'_{12}$ 减小，导致安装造成的 $\Delta\xi$ 对距离计算的贡献增大。第二是安装误差对远距离测距的影响较近距离大。这是因为远距离声波接近平面波，τ_d 会很小，而当目标方位角 α 一定时，安装误差引起的 $\Delta\xi$ 不变，使得它对距离计算的影响相对增大，从而使测距误差增大。因此，大目标方位角和远距离测距是被动测距的最不利状态。在利用式（4-88）修正距离时，必须对不同的方位角 α 进行修正。

上面在讨论安装误差时并未考虑舰船摇摆的影响。若 3 个阵元不在一条直线上，舰船又有纵横摇摆，则测距误差将进一步增大。

设舰船艏艉线在轴上，中间阵元位于点 $B(X, Y, Z)$。为简化分析，设声源与基阵在同一深度。如图 4-16 所示，在 xOy 平面内，声线与 y 轴的夹角为 α。

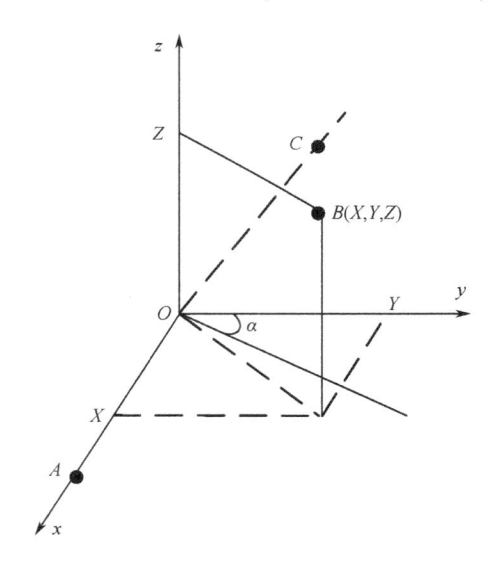

图 4-16　阵元有偏移时的阵几何

先考虑舰船有横摇的情况（见图 4-17）。舰船的横摇意味着基阵架绕 x 轴

旋转 ψ_f 角（正方向为右）。

设地球坐标为 $x'y'z'$，阵元相对地球系的位置坐标为

$$\begin{aligned} X' &= X \\ Y' &= Y\cos\psi_f + Z\sin\psi_f \\ Z' &= Z\cos\psi_f - Y\sin\psi_f \end{aligned} \qquad (4\text{-}89)$$

再考虑舰船有纵摇的情况（见图 4-18）。此时基阵架绕 y' 轴转 ψ_z（正方向为上）。设地球坐标系为 $x''y''z''$，中间阵元 B 在此坐标系的位置为

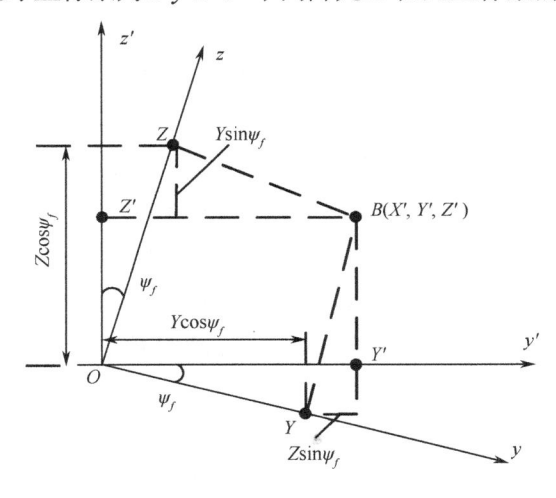

图 4-17 舰艇有横摇的情况

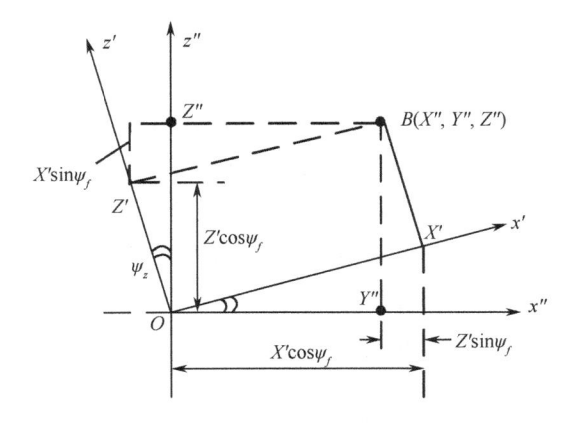

图 4-18 舰艇有纵摇的情况

$$X'' = X'\cos\psi_z - Z'\sin\psi_z$$
$$Y'' = Y'$$
$$Z'' = Z'\cos\psi_z + X'\sin\psi_z \tag{4-90}$$

将式（4-89）中的 X'、Y'、Z' 代入式（4-90），得到舰船有纵摇时中间阵元在地球坐标系 $x''y''z''$ 中的位置为

$$X'' = X\cos\psi_z - (Z\cos\psi_f - Y\sin\psi_f)\sin\psi_z$$
$$Y'' = Y\cos\psi_f + Z\sin\psi_f$$
$$Z'' = (Z\cos\psi_f - Y\sin\psi_f)\cos\psi_z + X\sin\psi_z \tag{4-91}$$

中间阵元的位置变化将会带来附加的测距误差。由于舰船摇摆，中间阵元造成的附加程差为

$$\Delta\xi' = X''\sin\alpha + Y''\cos\alpha = X\cos\psi_z\sin\alpha +$$
$$Y(\cos\psi_z\cos\alpha + \sin\psi_f\sin\psi_z\sin\alpha) +$$
$$Z(\sin\psi_z\cos\alpha - \cos\psi_f\sin\psi_z\sin\alpha) \tag{4-92}$$

修正后的测距公式仍为式（4-88），只是将式（4-92）中的 $\Delta\xi'$ 代替 $\Delta\xi$。在实际进行测距计算时，必须按测得的横摇角 ψ_f 和纵摇角 ψ_z，利用式（4-92）对每个方位角 α 进行修正。由上述分析可知，若 $X=Y=Z=0$，即当无安装误差时，$\Delta\xi = 0$，舰船摇摆不产生附加误差。若 $\psi_f = 0$，$\psi_z = 0$，则 $\Delta\xi = X\sin\alpha + Y\cos\alpha$，即仅有安装误差的情况。若既有 $\psi_f \neq 0$，$\psi_z \neq 0$，且 X、Y、$Z \neq 0$，则由安装误差引起的测距误差将进一步扩大。

4.2.4 时延估计

由上面对被动测距的基本原理和误差因素进行的分析可知，在被动测距中最重要的问题是测量子阵之间信号的时延。与主动声呐的工作方式不同，被动声呐接收的信号是远场舰船辐射噪声，它是一个随机信号，而关于利用 2 个或 3 个接收阵元估计信号时延的问题已成为水声信号处理中的一个专门研究分支，且时延估计涉及诸多数学问题，所以本节只简单介绍其相关思想。

1. 广义互相关时延估计

一个广义互相关器如图 4-19 所示。

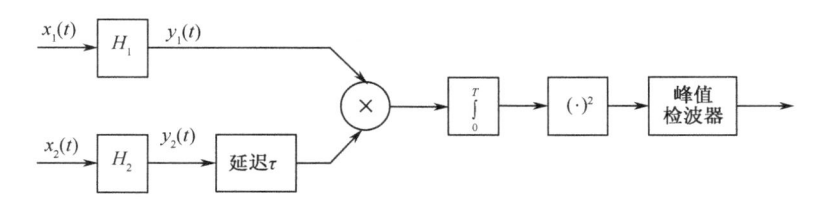

图 4-19 广义互相关器

由图 4-19 可知，广义互相关器与互相关器的区别在于，在求相关之前，两个信号 $x_1(t)$ 和 $x_2(t)$ 各自通过一个前置滤波器，即 $x_i(t)$ 先经过滤波产生 $y_i(t)(i=1,2)$，然后改变每个时延值 τ，将 $y_i(t)$ 相乘、积分和平方，找出峰值。这一峰值对应的时延即真正时延的一个估值。当对于所有频率 f，两个前置滤波器的传输函数有 $H_1(f) = H_2(f) = 1$ 时，时延的估值就是使互相关函数出现峰值的横坐标值。这种引入了前置滤波器 H_1 和 H_2 之后的互相关器称为输入 x_1、x_2 的广义互相关器。实际上，它是 y_1、y_2 的互相关器。在适当选择 H_1 和 H_2 的情况下，利用广义互相关器可以简化时延估计过程。

若将 $x_1(t)$ 与 $x_2(t)$ 的互相关函数记为 $R_{x_1,x_2}(\tau)$，则它与其傅里叶变换（x_1、x_2 的互功率谱）$G_{x_1,x_2}(f)$ 的关系为

$$R_{x_1,x_2}(\tau) = \int_{-\infty}^{\infty} G_{x_1,x_2}(f) e^{j2\pi f \tau} df \tag{4-93}$$

前置滤波器输出 y_1、y_2 的互功率谱为

$$G_{y_1,y_2}(f) = H_1(f) H_2^*(f) G_{x_1,x_2}(f) \tag{4-94}$$

式中，*表示复共轭，因此 x_1、x_2 的广义互相关为

$$R_{y_1,y_2}(\tau) = \int_{-\infty}^{\infty} \Psi_g(f) G_{x_1,x_2}(f) e^{j2\pi f \tau} df \tag{4-95}$$

式中，

$$\Psi_g(f) = H_1(f) H_2(f) \tag{4-96}$$

式（4-95）是一般的频率加权表示，因此广义互相关实际上是输入互谱加权后的傅里叶变换。选择不同的加权函数，将会影响广义互相关函数的形状。加权函数的选择原则是使广义互相关函数具有较尖的峰值。

在实际被动声呐中，由于采用数字处理，采样间隔是量化的。因此，虽然存在相关峰值，但不一定测得很准确，必须在相关峰值附近取几个样点，

通过内插等方法求出相关峰值的准确位置，从而得到对应的延迟。

2. 互谱时延估计

互谱时延估计的理论基础是两个基元接收信号的时延信息存在于互功率谱之中，具体方法参见 3.7 节。

思考题与习题

1. 一个采用 CW 脉冲的声呐，为了能分辨同一方向上相距为 10cm 的两个点目标，发射脉冲宽度最大不得超过多少？

2. 当用线性调频信号测距时，已知信号调频频偏 $\Delta F_m = 500$Hz，周期 $T=1$s。问：

（1）当本舰与目标无相对运动时，若测得接收频率与发射频率之差 $\Delta f_1 = 200$Hz，则目标距离是多少？

（2）最大可测距离是多少？

3. 三角波调频信号的调频频偏 $\Delta F_m =1000$Hz，最低频率为 $f_a =5$kHz，周期为 2s。当目标有径向运动时，测得两个接收频率与发射频率之差为 $\Delta f_1 = 300$Hz，$\Delta f_2 =400$Hz，若平均时间为 2s，求目标的距离和径向速度。若认为目标静止，则计算的距离误差是多少？

参考文献

[1] 朱埜. 主动声呐检测信息原理[M]. 北京：海洋出版社，1990.
[2] 李启虎. 数字式声纳设计原理[M]. 合肥：安徽教育出版社，2003.
[3] 李启虎. 声呐信号处理引论[M]. 北京：科学出版社，2012.
[4] 田坦. 声呐技术[M]. 2 版. 哈尔滨：哈尔滨工程大学出版社，2011.

第 5 章

声呐测速方法

目标的位置可通过前面讨论的方位和距离来确定。在海军作战中，为了指挥武器射击（特别是鱼雷和导弹的发射），更重要的是要知道目标瞬时速度和加速度，以便计算出武器射击的提前量。因此，目标速度的测定也是声呐的重要任务之一。

一般来说，目标速度是指矢量速度，通常用径向速度与切向速度两个量来描述，而利用速度的方向（与舰船艏艉线的夹角）和速度的数值亦可以描述矢量速度。

近年来，由于水下武器特别是水下导弹发射技术的发展，舰船本身，特别是潜艇本身航速的测量显得更加重要。潜艇在水下发射导弹前往往需要测量其自身对地的三维矢量速度，以便为导弹发射提供初始参数。此外，本舰速度的测量对于潜艇的导航、船只进港、船只停靠码头等亦有十分重要的意义。

速度测量的基本原理是利用速度引起的信号的某些参数的变化，一般采用间接测量的方式。例如，利用位变率、方位变化率、多普勒效应、信号音调的变化等测量目标速度；而本舰航速的声学测量，利用的则是多普勒效应或相关特性。

本章将从目标速度测量和本舰航速测量两个方面来介绍声呐测速方法。

5.1 目标速度测量

5.1.1 位变率测速法

这一方法的基本假设是在两次测量目标方位的过程中目标速度（包括航向及大小）是不变的。

首先考虑本舰（A）静止的情况，如图 5-1 所示。设正北方向为 N，目标以航向角 β 航行，β 的顺时针方向为正。要测量的是目标的速度 v 和航向角 β。

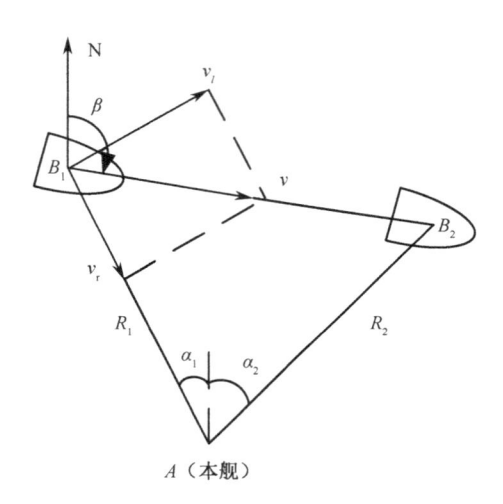

图 5-1 本舰静止时位变率测速法原理

当目标在点 B_1 时，测得目标距离为 R_1，方位角为 α_1；目标到达点 B_2 时，测得目标距离为 R_2，方位角为 α_2。当 $|\alpha_1|-|\alpha_2|$ 较小时，可求得目标径向速度为

$$v_{\mathrm{r}} = \frac{R_2 - R_1}{T} \tag{5-1}$$

式中，T 为目标从点 B_1 航行至点 B_2 的时间。目标的切向速度为

$$v_1 = R_1 \frac{\alpha_2 + |\alpha_1|}{T} = R_1 \frac{\alpha_2 - \alpha_1}{T} = R_1 \omega \tag{5-2}$$

式中

$$\omega = \frac{\alpha_2 - \alpha_1}{T} \tag{5-3}$$

ω 为目标角速度。目标速度的模为

$$|v| = \sqrt{v_r^2 + v_1^2} = \frac{1}{T}\left[(R_2 - R_1)^2 + R_1^2(\alpha_2 - \alpha_1)^2\right]^{\frac{1}{2}} \tag{5-4}$$

目标的航向角（速度方向）为

$$\beta = 180° - |\alpha_1| - \arctan\frac{v_1}{v_r} = 180° + \alpha_1 - \arctan\frac{v_1}{v_r} \tag{5-5}$$

在不能得到目标距离时，只能用式（5-3）测得目标的角速度。

当本舰运动时，利用两次测量可推算出目标速度$|v|$和航向角β。如图 5-2 所示，本舰在 A_1 点测得目标距离为 R_1，方位角为 α_1，目标以航向角 β、航速 v 经时间 T 到达 B_2 点。同时，本舰以航向角 φ、航速 v_0 到达 A_2 点。在 A_2 点测得目标距离为 R_2，方位角为 α_2。现在要测出目标速度 $\frac{B_1 B_2}{T}$ 和航向角 β。

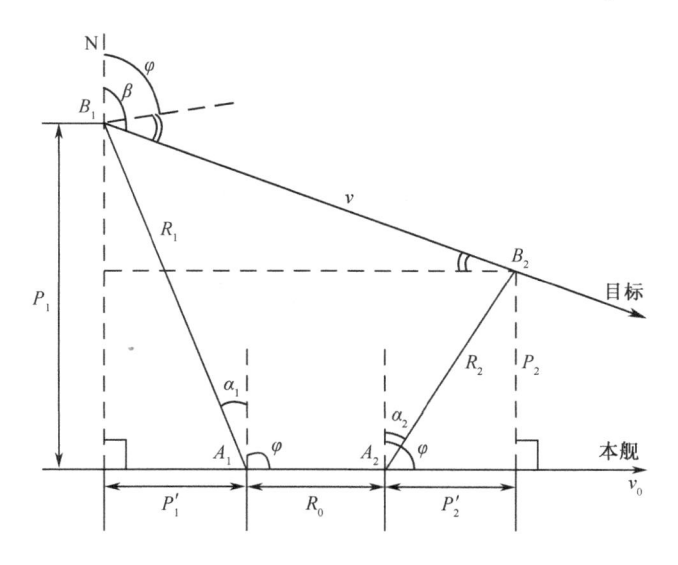

图 5-2 本舰运动时位变率测速法原理

如图 5-2 所示，记

$$P_1 = R_1 \sin(\varphi + |\alpha_1|) = R_1 \sin(\varphi - \alpha_1)$$
$$P_2 = R_2 \sin(\varphi - \alpha_2)$$
$$P_1' = R_1 \cos(180° - \varphi + |\alpha_1|) = -R_1 \cos(\varphi - \alpha_1) \quad (5\text{-}6)$$
$$P_2' = R_2 \cos(\varphi - \alpha_2)$$

则目标的航向角为

$$\beta = \varphi + \arctan \frac{P_1 - P_2}{R_0 + P_1' + P_2'} \quad (5\text{-}7)$$

将式（5-6）代入式（5-7），得到

$$\beta = \varphi + \arctan \frac{R_1 \sin(\varphi - \alpha_1) - R_2 \sin(\varphi - \alpha_2)}{R_0 - R_1 \cos(\varphi - \alpha_1) + R_2 \cos(\varphi - \alpha_2)} \quad (5\text{-}8)$$

另外，由图 5-2 可知，目标在 T 内航行的距离为 B_1B_2，根据几何关系可得

$$B_1B_2 = \left[(P_1 - P_2)^2 + (R_0 + P_1' + P_2')^2 \right]^{\frac{1}{2}} \quad (5\text{-}9)$$

将式（5-6）代入式（5-9），整理后得到 $v = \dfrac{B_1B_2}{T}$，即

$$v = \frac{1}{T} \left\{ R_1^2 + R_2^2 + R_0^2 - 2R_1R_2 \cos(\alpha_1 - \alpha_2) + 2R_0 \left[R_2 \cos(\varphi - \alpha_2) - R_1 \cos(\varphi - \alpha_1) \right] \right\}$$

（5-10）

因此，在已知 v_0、φ、T 时，测得 R_1、R_2、α_1、α_2，便可由式（5-8）、式（5-10）求得目标的航向角 β 和速度 v。各方位角 α_1、α_2 及航向角 β、φ 均以正北方向为基准，顺时针方向为正方向。

利用位变率测速法时，两点的时间间隔 T 不能太小，否则，两次测得的目标方位角 α_1、α_2 太近，会造成测速误差。

5.1.2 多普勒测速法

当目标与本舰有相对径向速度时，回波存在多普勒频移。利用这一特性测量目标径向运动速度，是声呐中常见的方法。

5.1.2.1 连续正弦波测速

连续正弦波测速原理如图 5-3 所示。发射机发射频率为 f_0 的连续正弦波,经目标反射后,接收的信号频率为 $f_0 + f_d$,其中 f_d 为多普勒频率:

$$f_d = f_0 \frac{2v_r}{c} \tag{5-11}$$

式中,v_r 为本舰与目标相对径向速度。将接收的信号与发射的信号混频后,通过滤波取出多普勒频移信号,利用频率测量装置测出 f_d,即可由式(5-11)算得径向速度为

$$v_r = \frac{c}{2} \cdot \frac{f_d}{f_0} \tag{5-12}$$

这一方法应用了连续单频正弦波,故信号在频率轴上体现为一根极窄的谱线。多普勒频率 f_d 是一个在 f_0 上的增量,故可用窄带滤波器滤出,有利于提高接收系统的输出信噪比。同时,信号是一个单频率分量信号,多普勒频率可以精确测量,从而使测速精度也很高。这种方案需要使发射换能器和接收换能器分离,且必须避免发射系统对接收系统的干扰。

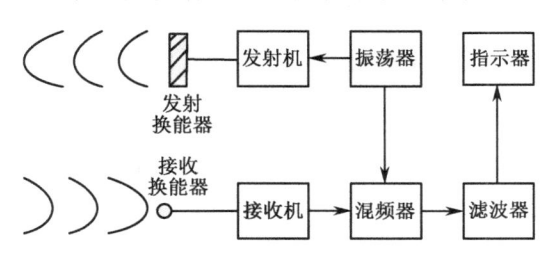

图 5-3 连续正弦波测速原理

5.1.2.2 单频脉冲测速

单频脉冲的频带宽度近似为 $\Delta f = \frac{1}{T}$(T 为脉冲宽度),而一般由于目标径向运动速度造成的多普勒频移大于此值。为了能迅速测出多普勒频移,在每个可能的接收频带内都设置一组滤波器,各对应一个径向速度。

如图 5-4 所示,若每个滤波器带宽都为 Δf_d,则对应的速度分辨率为

$$\Delta v_r = \frac{c}{2} \cdot \frac{\Delta f_d}{f_0} \tag{5-13}$$

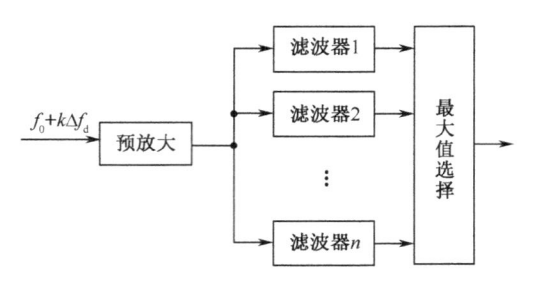

图 5-4 单频脉冲测速原理

若目标回波的频率为 f_0+kf_d，则第 k 个滤波器的输出值最大，其对应的径向速度为

$$v_r = \frac{c}{2} \cdot \frac{k\Delta f_d}{f_0} \qquad (5\text{-}14)$$

通过最大值选择，可以立即得到目标的径向速度。当采用调频信号时，滤波器组则应为匹配滤波器，以覆盖一个目标径向速度范围。

对于单频脉冲，测量回波频率还有许多其他非常规方法，如准正交采样的瞬时频率估计法、自适应陷波滤波器测频法等，可参考相应文献。

5.1.2.3 调频信号多普勒测速

在第 4 章中已介绍了利用各种调频信号测距的方法，测距与测速是同时进行的，因此对于调频信号的多普勒测速不再重复介绍。

5.2 本舰航速测量

对本舰航速的测量，特别是对地航速的测量越来越引起各国海军和航海部门的重视。大型船只在进港和停靠码头时，要求测速精度达到 0.01kn(约 5mm/s)，否则有可能会造成重大事故。对于水下航行的潜艇，导航的主要手段也是测速。特别是在水下发射导弹时，潜艇本身的速度将影响导弹的水下姿态，因此，测速显得尤为重要。传统的水压式计程仪和电磁式计程仪由于累积误差或只能测量对水的相对速度，已不能满足现代导航的要求。卫星导航则由于受卫星过顶时间的限制，不能连续测量船速。因此，利用水声信号测速是目前行之有效且受各国重视的方法。本节将介绍多普勒测速和相关测速两种声学测速方法。

5.2.1 多普勒测速

5.2.1.1 基本原理

假设船底安装了一个收发共用的换能器,船以向前的速度分量运动。换能器的一个笔形波束以俯角 α 向下发射声波(见图 5-5)照射海底。船与海底被照射区域的相对速度为 $v_x\cos\alpha$,因此,反向散射信号有一个多普勒频移

$$f_{dx}=\frac{2v_x}{c}f_T\cos\alpha \tag{5-15}$$

式中,f_T 为发射信号频率。在测量出 f_{dx} 之后,可用式(5-15)推算出径向速度 v_x。由此可知,在航速一定的情况下,发射信号频率 f_T 越高,测得的多普勒频率 f_{dx} 越大。

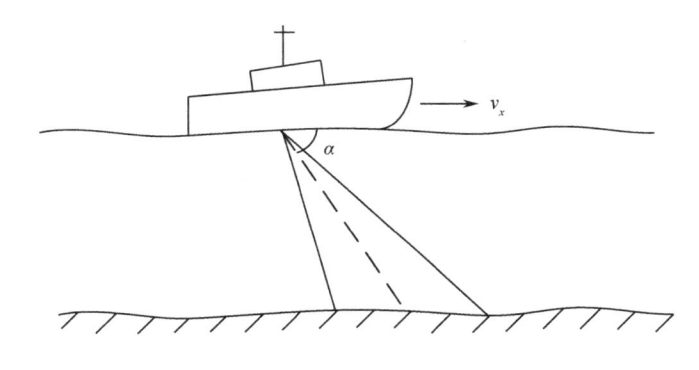

图 5-5 多普勒测速示意

若再用另一换能器向侧下方以俯角 φ 发射频率为 f_T 的信号,利用同样的原理,可测得船的横向速度 v_y,即

$$f_{dy}=\frac{2v_y}{c}f_T\cos\phi \tag{5-16}$$

5.2.1.2 测速精度分析

1. 公式简化误差

式(5-15)和式(5-16)实际上不是精确的公式。由上面讨论可知,当存在径向速度时,接收信号频率为

$$f_r=f_T\frac{1+x}{1-x} \tag{5-17}$$

式中，
$$x = \frac{v_r}{c} = \frac{v_x \cos\alpha}{c} \tag{5-18}$$

因此，多普勒频率为
$$f_d = f_r - f_T = \frac{1+x}{1-x}f_T - f_T = \frac{2x}{1-x}f_T \tag{5-19}$$

由于 x 一般较小，式（5-19）可近似为
$$f_{d1} = 2xf_T = \frac{2v_x \cos\alpha}{c}f_T \tag{5-20}$$

这种近似引入的相对误差为
$$\frac{\Delta f_d}{f_d} = \frac{f_d - f_{d1}}{f_d} = \frac{\left(\frac{2x}{1-x} - 2x\right)}{\left(\frac{2x}{1-x}\right)} = x = \frac{v_x \cos\alpha}{c} \tag{5-21}$$

例如，当 $\alpha = 60°$，$v_x = 30\text{kn}$（约为 15m/s）时，$\frac{\Delta f_d}{f_d} \approx \frac{15 \times 0.5}{1500} = 0.5\%$。

可见，采用了近似公式引入多普勒频率测量误差，因此带来测速误差。

当采用前后两个波束进行发射时，可以减小这种近似带来的误差。如图 5-6 所示，两个波束的倾角相同，当发射信号频率均为 f_T 时：Ⅰ波束和Ⅱ波束接收信号频率分别为

$$\begin{aligned} f_{rⅠ} &= \frac{1+x}{1-x}f_T \\ f_{rⅡ} &= \frac{1-x}{1+x}f_T \end{aligned} \tag{5-22}$$

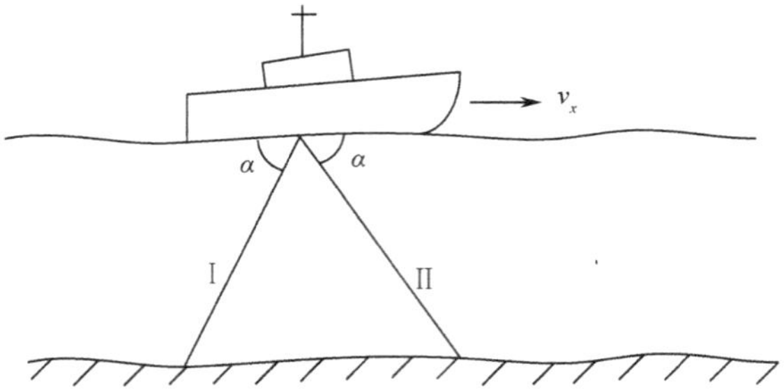

图 5-6 利用前后两个波束进行多普勒测速示意

这两个信号的频率差记为 f_d，有

$$f_\mathrm{d} = f_\mathrm{rI} - f_\mathrm{rII} = \frac{4x}{1-x^2} f_\mathrm{T} \tag{5-23}$$

近似后为

$$f_\mathrm{dI} \approx 4x f_\mathrm{T} = \frac{4v_x}{c} f_\mathrm{T} \cos\alpha \tag{5-24}$$

此时的相对误差为

$$\frac{\Delta f_\mathrm{d}}{f_\mathrm{d}} = \frac{\dfrac{4x}{1-x^2} f_\mathrm{T} - 4x f_\mathrm{T}}{\dfrac{4x}{1-x^2} f_\mathrm{T}} = x^2 = \left(\frac{v_x \cos\alpha}{c}\right)^2 \tag{5-25}$$

例如，对同样的数据，即当 $\alpha = 60°$，$v_x = 30\mathrm{kn}$（约为 15m/s）时，有 $\dfrac{\Delta f_\mathrm{d}}{f_\mathrm{d}} = 0.0025\%$。因此，利用两个波束可以使公式简化造成的测速误差减小。

2. 船有运动时的误差

当测量换能器所在的船有摇摆时，利用前后两个波束亦可减小由船运动引起的俯角变化所造成的测速误差。下面分析船有摇摆和水下起伏的影响。

当船无摇摆和水下起伏时，各个波束测得的多普勒频率为

$$\begin{aligned} f_\mathrm{dI} &= \frac{2v_x}{c} f_\mathrm{T} \cos\alpha \\ f_\mathrm{dII} &= \frac{2v_x}{c} f_\mathrm{T} \cos(180° - \alpha) \end{aligned} \tag{5-26}$$

而当船有摇摆和水下起伏时，如图 5-7 所示，假定船以换能器安装位置为中心发生纵摇，角度为 $\Delta\alpha$，同时具有垂直运动速度 v_z（正方向为上）时，前向波束测得的多普勒频移为

$$\begin{aligned} f_\mathrm{dI} &= \frac{2v_x}{c} f_\mathrm{T} \cos(\alpha - \Delta\alpha) + \frac{2v_z}{c} f_\mathrm{T} (-\cos\theta) \\ &= \frac{2v_x}{c} f_\mathrm{T} \cos(\alpha - \Delta\alpha) - \frac{2v_z}{c} f_\mathrm{T} \sin(\alpha - \Delta\alpha) \end{aligned} \tag{5-27}$$

后向波束测得的多普勒频移为

$$\begin{aligned} f_\mathrm{dII} &= \frac{2v_x}{c} f_\mathrm{T} [-\cos(\alpha + \Delta\alpha)] + \frac{2v_z}{c} f_\mathrm{T} (-\cos\theta') \\ &= -\frac{2v_x}{c} f_\mathrm{T} \cos(\alpha + \Delta\alpha) - \frac{2v_z}{c} f_\mathrm{T} \sin(\alpha + \Delta\alpha) \end{aligned} \tag{5-28}$$

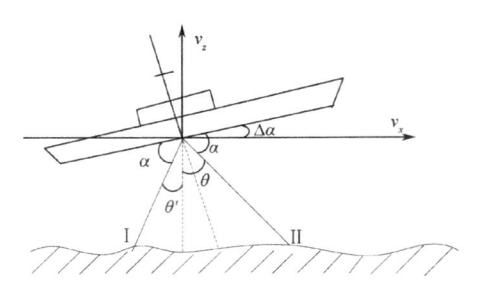

图 5-7 船存在摇摆和水下起伏

因此频率差为

$$\begin{aligned}
f_d &= f_{dI} - f_{dII} \\
&= \frac{2v_x}{c} f_T \left[\cos(\alpha - \Delta\alpha) + \cos(\alpha + \Delta\alpha) \right] + \\
&\quad \frac{2v_z}{c} f_T \left[\sin(\alpha + \Delta\alpha) + \sin(\alpha - \Delta\alpha) \right] \quad (5\text{-}29) \\
&= \frac{2v_x}{c} f_T \cdot 2\cos\alpha\cos\Delta\alpha + \frac{2v_z}{c} f_T \cdot 2\cos\alpha\sin\Delta\alpha \\
&= \frac{4v_x}{c} f_T \cos\alpha \left(\cos\Delta\alpha + \frac{v_z}{v_x}\sin\Delta\alpha \right)
\end{aligned}$$

由式（5-29）可知，在船无摇摆和水下起伏的理想情况下，即当 $\Delta\alpha = 0$，$v_z = 0$ 时，就得到式（5-24），或写作

$$f_{dr} = \frac{4v_x}{c} f_T \cos\alpha \quad (5\text{-}30)$$

当 $\Delta\alpha \neq 0$，$v_z \neq 0$ 时，多普勒频率误差为

$$\left| \frac{\Delta f_d}{f_d} \right| = \left| \frac{f_d - f_{dr}}{f_d} \right| = \left| \cos\Delta\alpha + \frac{v_z}{v_x}\sin\Delta\alpha - 1 \right| \quad (5\text{-}31)$$

若 $\Delta\alpha = 0$，即在无纵摇而有水下起伏时，有 $\frac{\Delta f_d}{f_d} = 0$，前后两个波束可抵消测量误差。若 $v_z = 0$，即有纵摇而无水下起伏时，有

$$\left| \frac{\Delta f_d}{f_d} \right| = \left| \cos\Delta\alpha - 1 \right| \quad (5\text{-}32)$$

例如，当 $\Delta\alpha = 5°$ 时，$\left| \frac{\Delta f_d}{f_d} \right| = \left| \cos\Delta\alpha - 1 \right| \approx 0.3\%$；当 $\Delta\alpha = 10°$ 时，这一误差达到 1.5%。

为了减少运动产生的误差，应尽可能在船上采取减少摇摆的措施。一种方法是将换能器安装在一个稳定的平台上，以稳定换能器的指向，但这种平台通常造价昂贵，不利于推广；另一种方法是采用测量的摇摆角修正测量值，这是一种行之有效的方法。

3. 传播声速的影响

在计算船速时，均假定声速已知，但实际上，声速是温度、盐度等因素的函数，在不同的海区、不同的季节有所区别，会造成测速误差。

一种消除声速造成测速误差的方法是，对测量换能器表面附近的声速随时进行修正。

由斯奈尔定律可知，分层介质中各层声线俯角与声速之比为常数，即

$$\frac{\cos\alpha}{c} = \frac{\cos\alpha_1}{c_1} = \cdots = 常数 \quad (5-33)$$

因此，只需要保持换能器表面附近 $\frac{\cos\alpha}{c}$ 为常数，便不会带来由于其他水层声速变化而带来的测速误差。

保持换能器表面附近 $\frac{\cos\alpha}{c}$ 为常数的方法之一是保持 c 不变。可以将换能器置于导流罩内，并在导流罩内注油，利用加热装置使油温恒定，从而保持 c 不变。

现代多普勒测速仪倾向于采用多元相控发射阵来保持 $\frac{\cos\alpha}{c}$ 为常数。如图 5-8 所示，设各阵元构成等间距线列阵，安装于水平面内。若要在 α 俯角上形成同相发射（在 α 方向形成波束），则需要在两个阵元激励信号间预先补偿的相移为

$$\varphi = 2\pi\frac{\cos\alpha}{\lambda} = 2\pi f d \frac{\cos\alpha}{c} \quad (5-34)$$

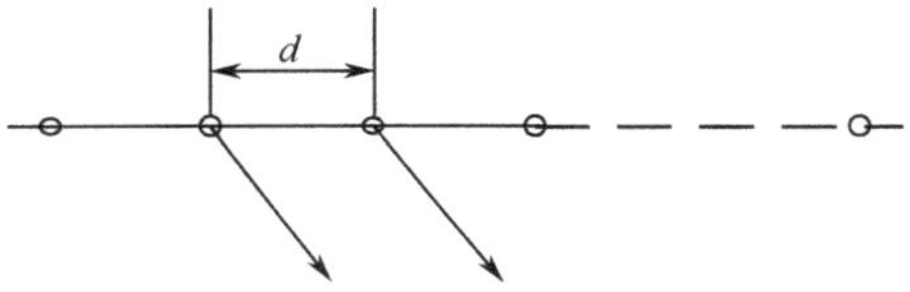

图 5-8 多元相控发射阵

因此有

$$\frac{\cos\alpha}{c} = \frac{\varphi}{2\pi f d} \tag{5-35}$$

由此可知，利用一个相控阵使 $\frac{\cos\alpha}{c}$ 只与基阵参数 φ、d、f 有关，与未知声速无关。它达到的效果与在导流罩内注油并保持恒温相同。采用多元相控发射阵时，基阵可布成平面阵，无须用多个不同指向的换能器，因而便于安装，且不影响舰的航行性能。这也正是近代多普勒测速仪采用多元相控发射阵的重要原因。

4. 频率测量与有限束宽的影响

在多普勒测速中要测量海底回波的瞬时频率，而不是平均频率，因此不能用频谱分析器。发射波束不可能很窄，总是具有一定的宽度，因此回波的多普勒频移有扩展。结果，由于测频误差造成测速误差。回波多普勒频移扩展的原因是不同角度的声线返回后有不同的多普勒频移，使接收信号频谱比发射信号频谱大。回波信号的功率谱形状与波束图大致相同，与海底散射强度随角度的变化规律有关。

由式（5-15）可得到多普勒频移扩展与波束宽度的关系为

$$\Delta f_\mathrm{d} = \frac{2v_x}{c} f_\mathrm{T} \sin\alpha \cdot \Delta\alpha \tag{5-36}$$

式中，$\Delta\alpha$ 为波束宽度的 1/2（见图 5-9），容易得到相对频移扩展为

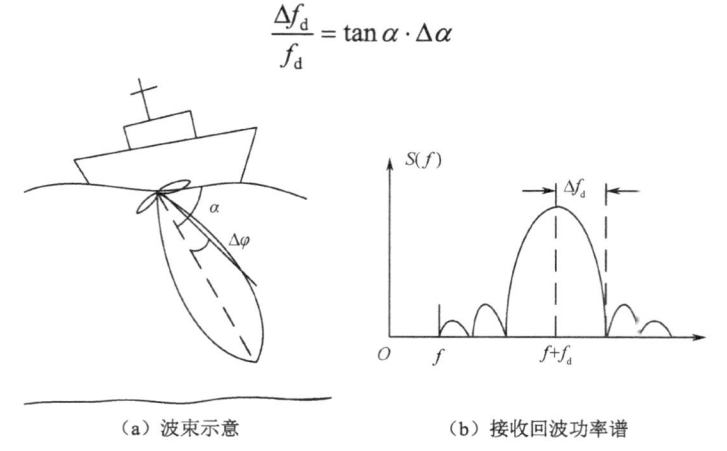

$$\frac{\Delta f_\mathrm{d}}{f_\mathrm{d}} = \tan\alpha \cdot \Delta\alpha$$

（a）波束示意　　（b）接收回波功率谱

图 5-9　多普勒频移扩展

例如，波束俯角为 60°，波束半开角为 5°，相对频移扩展为

$$\frac{\Delta f_\mathrm{d}}{f_\mathrm{d}} = \tan 60° \cdot \left(5 \times \frac{\pi}{180}\right) = 15\%$$

这是由波束宽度所引起的最大测频相对误差。瞬时频率是随机的，因此可认定测频相对误差约为最大值的 1/2，即实际测频相对误差约为 7.5%，从而带来 7.5% 的测速误差。将多次测量值进行平均，可以减小这一测频误差。假定第 i 次频率测量值为 f_i，每次测量值是相互独立且相同的随机量，其方差均为 σ^2。每次测量值的平均值记为 $\overline{f}$，即

$$\overline{f} = \sum_{i=1}^{M} f_i$$

由概率论有关知识可知，$\overline{f}$ 的方差为 $\sigma_f^2 = \frac{1}{M}\sigma^2$。

因此，M 次测量平均后误差减小 $\frac{1}{\sqrt{M}}$ 倍。

5. 噪声对测频的影响

在目前大多数多普勒测速仪中，测量瞬时频率的方法采用"过零点"法。通常是记录 N 个信号过零点的总时间，再计算频率。噪声的存在会使过零点位置发生偏移。这里用直观的办法分析信噪比与过零点位置精度的关系。

设发射信号频率为 f_T，回波频率为 $f_\mathrm{T} + f_\mathrm{d}$，测量了 N 个周期，总时间为 T，因此有

$$T = \frac{N}{f_\mathrm{T} + f_\mathrm{d}} \tag{5-37}$$

得到多普勒频率 f_d 与 T 的关系为

$$f_\mathrm{d} = \frac{N - Tf_\mathrm{T}}{T} \tag{5-38}$$

用式（5-38）对 T 微分，得到测量时间 T 的误差与多普勒频率测量误差的关系为

$$\mathrm{d}f_\mathrm{d} = -\frac{N}{T^2}\mathrm{d}T \tag{5-39}$$

另外，由式（5-15）可得测速误差与多普勒测量误差的关系为

$$\mathrm{d}f_\mathrm{d} = \frac{2f_\mathrm{T}\cos\alpha}{c}\mathrm{d}v_x \tag{5-40}$$

令式（5-39）与式（5-40）相等，得速度误差 $\mathrm{d}v_x$ 与时间误差 $\mathrm{d}T$ 的关系为（这里不考虑符号）

$$\mathrm{d}T = \frac{2T^2 f_\mathrm{T} \cos\alpha}{cN} \mathrm{d}v_x \tag{5-41}$$

一般地，与 f_T 相比，f_d 的值非常小，可作如下近似：

$$T \approx \frac{N}{f_\mathrm{T}} \tag{5-42}$$

因此，式（5-41）简化为

$$\mathrm{d}T \approx \left(\frac{N}{f_\mathrm{T}}\right)^2 \frac{2 f_\mathrm{T} \cos\alpha}{cN} \mathrm{d}v_x = \frac{2N\cos\alpha}{c f_\mathrm{T}} \mathrm{d}v_x \tag{5-43}$$

这是时间 T 内测量 N 个周期的总误差。最坏的情况是这个误差只在一个信号周期内发生，则一个周期内的相对测时误差为

$$x = \frac{\mathrm{d}T}{(1/f_\mathrm{T})} = f_\mathrm{T}|\mathrm{d}T| = \frac{2N\cos\alpha}{c} \mathrm{d}v_x \tag{5-44}$$

这是一个周期的最大允许测时误差。

例如，当 $N=16$，$\cos\alpha = 0.5$，$\mathrm{d}v_x = 0.1\mathrm{m/s}$ 时，允许的相对测时误差为 $x = 2 \times 16 \times 0.5 \times \dfrac{0.1}{1500} = 0.0011$。这意味着在一个周期内允许的最大相移误差为 $\varphi = 0.0011 \times 2\pi \approx 0.0069$（弧度）。要达到这一点，要求的信噪比很高。

若用矢量表示，可以直观地理解对信噪比的要求。如图 5-10 所示，当信号加噪声与信号正交时，带来的相移误差最大。在此例中，噪声幅度不得超过信号幅度的 0.0069 倍，其对应的信噪比为 $\dfrac{S}{N} = 20\lg\dfrac{1}{0.0069} \approx 43.2\mathrm{dB}$。

若 $N=64$，$\cos\alpha = 0.5$，$\mathrm{d}v_x = 0.1\mathrm{m/s}$，则 $x = 0.004$，$\varphi = 0.025$（弧度），此时要求信噪比为 32dB。这说明测频误差严重影响测速精度。在一定的信噪比下，增加测量周期 N，可提高测速精度。

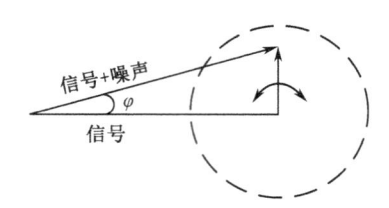

图 5-10 信号与噪声的矢量关系

由上述分析可知，为了提高测速精度，应尽可能使用长脉冲。采用一些可在低信噪比下工作的频率测量方法，是人们关心的课题。

5.2.1.3 多普勒测速仪的有关参数

在中等海深（几十米到几百米）的情况下使用多普勒测速仪，其工作频率为 100kHz～1MHz。使用较高的频率的原因是可使多普勒频移 f_d 较大。此外，使用较高的频率可使在同一束宽要求下，基阵尺寸较小。测量船工作于 200m 以内的海深时，一般测量本船相对海底的速度（底跟踪模式）；若其工作在深水中，则通常转为测量相对于某一水层（如 50m 以内）的速度。近年来，由于海洋开发与潜艇远航的需要，市面上出现了大深度多普勒测速仪，海底跟踪深度达几千米，随之而来的是频率降至几十赫兹。由于基阵尺寸到米的量级，无法安装多个互成角度的换能器阵，故多采用一个多元平面相控阵。

多普勒测速仪波束的倾角一般为 60°～70°。倾角大，底反向散射系数大，且传播时间缩短，信号衰减少。然而从得到足够多普勒频移的角度出发，多普勒测速仪的发射信号有连续正弦波、单频短脉冲和长指数衰减脉冲三种。连续正弦波的优点是接收通带窄、抗干扰性好、测频精度高，但是收发换能器不能共用，且一般难以对海底进行跟踪，回波可能是海底回波或水下不连续区的回波。单频短脉冲的优点是可以进行海底跟踪，且可共用收发换能器，然而，这种系统对幅度在一定电平以上的接收信号皆有效，因此可能丧失海底跟踪能力，而跟踪海底[1]以外的其他不均匀体。此外，短脉冲有一定的频率宽度，因此存在测频误差。长指数衰减型正弦波有其独特的优点，在多普勒测速仪中得到了成功的应用。长指数衰减脉冲的周期至少为换能器发射信号到达海底的双程传播时间，即周期 T 应满足

$$T \geqslant \frac{2R_{\max}}{c} \tag{5-45}$$

式中，$R_{\max}$ 为最大工作海深。而脉冲幅度近似与距离的平方成反比，即

$$A \propto \frac{1}{R^2} \tag{5-46}$$

利用这样的发射信号，回波幅度可以做到与海深无关，因此可不用时间

---

[1] 跟踪海底是对海底本身进行的连续测量，依靠海底回波频率变化来测量被测物相对于海底的运动速度。

增益控制电路及自动增益控制电路，而采用了一个随距离而变的"距离门"，在发射信号结束后接收机开门。如图 5-11 所示，当 R 较小时，在发射结束后开门，接收的是脉冲信号的尾部，传播衰减较小，回波仍有相当的幅度；当 R 较大时，接收的是脉冲信号的头部，但因传播衰减大，因此接收信号幅度与 R 较小时相比变化甚小。利用这种发射信号，在最大工作海深内的各个深度上均可跟踪海底。

此外，这种信号由于脉冲长、频带窄，f_d 的测量精度亦较高，而且由于在发射结束后接收机才开门，故可共用收发换能器。

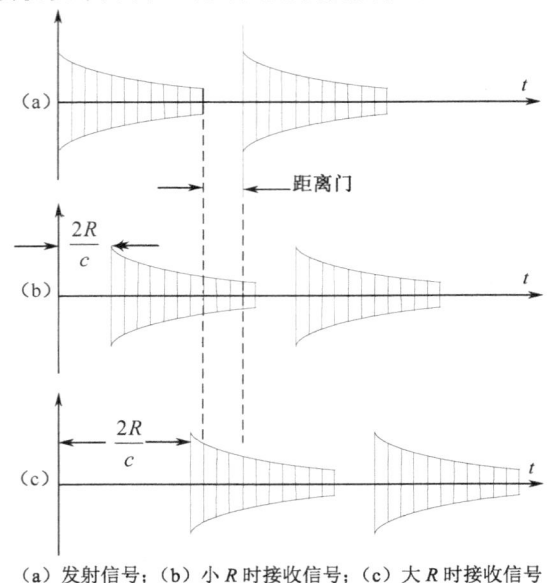

（a）发射信号；（b）小 R 时接收信号；（c）大 R 时接收信号

图 5-11 发射长指数衰减脉冲时的接收信号

5.2.2 相关测速

多普勒测速仪虽然具有测速精度高的优点，但是一般须使用较高的工作频率。若要在深海中进行工作，则必须降低工作频率，但是为了得到较窄的波束，基阵尺寸必然要大。即使使用相控阵技术，其基阵尺寸也很大，甚至达到米的量级，给安装和维修带来不便，加之多普勒测速仪为获得足够的多普勒频移，必须使波束指向斜下方，从而影响了回波强度。相关测速仪与多普勒测速仪不同，它不要求窄波束发射，也不要求波束指向斜下方，因此可用较小的换能器和较小的功率。现在，相关测速仪已越来越得到国内外相关研究者的重视。可以预料，它必将取代多普勒测速仪。

5.2.2.1 相关测速的基本原理

相关测速主要基于"波形不变"原理。相关测速原理如图5-12所示。图中，P为发射换能器，R_1、R_2为接收换能器，它们沿船艏艉线布置在一条直线上。发射换能器P与第一接收换能器R_1相距为d'，两接收换能器相距为d，船以速度v向右运动。

当发射换能器P在x_1位置时，开始发射第一波阵面（用声线表示波阵面传播方向）。当波阵面到达海底A返回到接收换能器R_1时，P已运动到x_2点，如图5-12（a）所示。当第一波阵面离开P一个时间τ后，假定第二波阵面又离开P，此时P的位置为$x_1 + \delta_x = x_1 + \tau v$，$\delta_x$为$\tau$时间内船向右运动的距离。第二波阵面经海底$A$点返回后由$R_2$接收，此时$P$已运动到$x_2 + \delta_x$位置，而$R_2$位于$x_2 - d' - (d - \delta_x)$，如图5-12（b）所示。将两个波阵面往返声线及换能器位置画在一张图时，如图5-12（c）所示。因此可知第1条声线向下的部分比第2条声线向下的部分短，而第1条声线向上返回的部分比第2条声线向上返回的部分长。可以想象，有可能找到一个条件，使两条声线双程长度相等。

若这一条件存在，则对海底其他各点也是如此。既然到海底各点都有两条双程长度相等的声线，那么两个接收换能器接收的信号包络除相差一个时差τ外，都完全相同，这就是波形不变原理。当两个信号包络只相差一个时差而形状相同时，这意味着两个信号是相关的。

两个波阵面离开P点的时差τ很小，故$\delta_x = \tau v$很小，因此，向下的第1条声线与第2条声线间的长度差可以近似为$\delta_x \cos \alpha$。同样可知向上的第2条声线比第1条声线短$(d - \delta_x) \cos \alpha'$。若满足

$$\delta_x \cos \alpha = (d - \delta_x) \cos \alpha' \tag{5-47}$$

则两信号总声线长度相同。若声波双程传播时，船移动很小，可认为$\cos \alpha = \cos \alpha'$，由式（5-47）可得

$$\delta_x \approx d - \delta_x \tag{5-48}$$

或

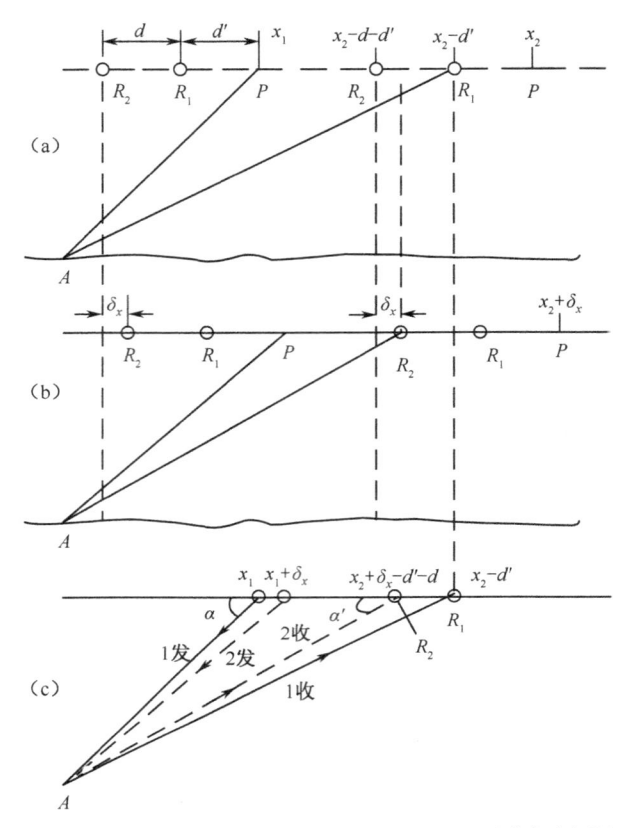

（a）第一波阵面收发声线；（b）第二波阵面收发声线；（c）两次收发时各换能器位置

图 5-12 相关测速原理

$$d = 2v\tau \tag{5-49}$$

这是相关测速的基本关系式。

根据式（5-49）可知有两种不同实现方法。

一种方法是使用如图 5-13 所示的多接收阵元—空间相关测速仪。固定接收换能器的间隔 d，寻找使两接收信号相关值最大时，两个接收信号间的延迟，这称为时间相关法，即在固定间隔 d 时做下列运算

$$R_{12}(\tau) = \frac{1}{T}\int_0^T f_2(t)f_1(t-\tau)\mathrm{d}t \tag{5-50}$$

式中，$f_1(t)$ 和 $f_2(t)$ 分别为接收换能器 R_1 和 R_2 的接收信号。此时改变 τ 值，当 $R_{12}(\tau)$ 达到其最大值 $R_{\max}$ 时，求出对应的延迟 τ_0，利用式（5-49）计算船速 v。

另一种方法是用一个发射换能器，但须用大量接收换能器。对一给定的时间延迟找出使相关值最大的接收换能器间隔 d，这称为空间相关法。如图 5-13 所示，将某一个接收换能器信号输出延迟，轮流用其他各接收换能器输出的信号与它求相关，即进行下列运算：

$$R_{ij}(\tau) = \frac{1}{T}\int_0^T f_i(t)f_j(t-\tau)\mathrm{d}t \tag{5-51}$$

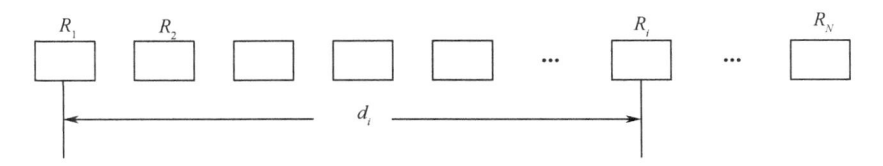

图 5-13 多接收阵元—空间相关测速仪

可以将上述两种方法结合，即 τ 和 d 均发生变化，可求出使相关值最大时的 τ 值和 d 值。

5.2.2.2 相关函数的形状

1. 时间相关函数

在接收换能器 R_1、R_2 相同的条件下，两接收换能器信号的包络相同，只相差一个时间 τ，因此相关函数形状与一个接收换能器信号的自相关函数相同。这样对接收信号的功率谱进行傅里叶变换，可求得相关函数。

发射换能器有一定的波束宽度（束宽为 Θ），故当船运动时，非垂直的声线将产生多普勒频移。向前的声线产生正多普勒频移，而向后的声线则产生负多普勒频移，使接收信号产生频率扩展。假定海底散射系数不随入射角变化，则换能器的指向性函数和船速决定了每一频率分量的幅度。-3dB 束宽处发生的多普勒频移为频率扩展范围，即

$$\Delta f \approx \frac{2v_x}{c}f_T\sin\left(\frac{\Theta}{2}\right) \tag{5-52}$$

若 $\frac{\Theta}{2}$ 较小，式（5-52）可近似为

$$\Delta f \approx \frac{2v_x}{c}f_T\frac{\Theta}{2} = \frac{v_x f_T \Theta}{c} \tag{5-53}$$

为分析简单，可认为回波包络的谱为高斯型，写为

$$S(f) = e^{\frac{-\pi^2 f^2}{\beta}} \tag{5-54}$$

式中，β 为常数。如图 5-14 所示，当 $S(f)$ 下降到最大值的 $e^{-\frac{1}{2}}$（约为 60%）时，可解得 Δf 为

$$\Delta f = \frac{1}{2\pi}\sqrt{2\beta} \tag{5-55}$$

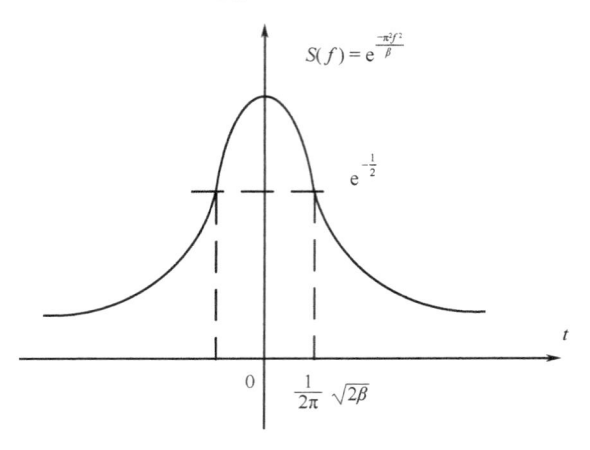

图 5-14 接收信号的功率谱

比较式（5-53）和式（5-55），可知

$$\sqrt{2\beta} = 2\pi \frac{v_x f_T \Theta}{c} \tag{5-56}$$

利用傅里叶变换可求得相关函数，并知道相关函数也是高斯型的，因为

$$R(\tau) = \int_{-\infty}^{\infty} S(f) e^{j2\pi f\tau} df = 2\int_{-\infty}^{\infty} S(f)\cos(2\pi f\tau) df = 2\int_{0}^{\infty} e^{\frac{-\pi^2 f^2}{\beta}} \cos(2\pi f\tau) df \tag{5-57}$$

令 $p = \dfrac{\pi^2}{\beta}$，$q = 2\pi\tau$，并利用关系式

$$R(\tau) = \int_0^{\infty} e^{-px^2}\cos qx\, dx = \frac{1}{2}\sqrt{\frac{\pi}{p}}e^{\frac{q^2}{4p}} \tag{5-58}$$

因此式（5-57）变为

$$R(\tau) = \sqrt{\frac{\pi}{p}} e^{\frac{q^2}{4p}} = \sqrt{\frac{\beta}{\pi}} e^{-\beta\tau^2} \tag{5-59}$$

时间相关函数如图 5-15 所示，当 $R(\tau)$ 下降为 $R(\tau)\,\mathrm{e}^{-\frac{1}{2}}$ 时，可解得相关函数宽度为

$$\Delta \tau = \frac{1}{\sqrt{2\beta}} \tag{5-60}$$

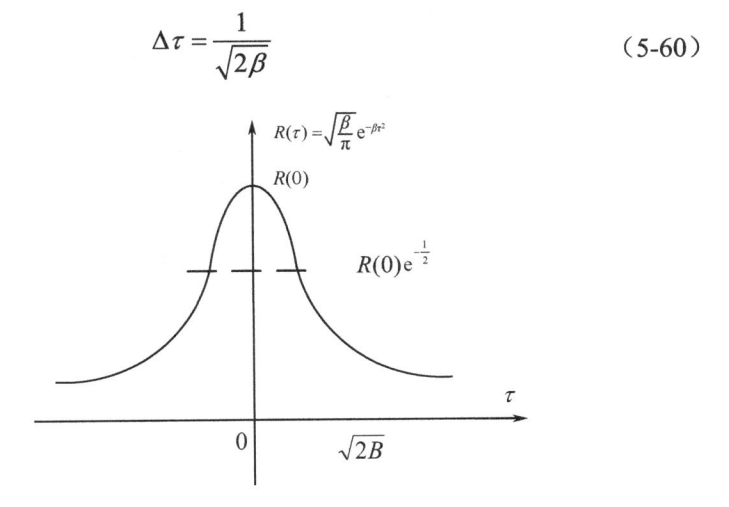

图 5-15　时间相关函数

由式（5-56）和式（5-60）可得到相关函数宽度与速度的关系为

$$\Delta \tau = \frac{1}{2\pi v_x f_\mathrm{T} \Theta} \tag{5-61}$$

若换能器长度为 D，则束宽 $\Theta \approx \dfrac{\lambda}{D} = \dfrac{c}{Df_\mathrm{T}}$，所以

$$\Delta \tau = \frac{D}{2\pi v_x} \tag{5-62}$$

式（5-62）说明，在海底散射系数不随角度变化时，相关函数宽度主要由速度 v_x 决定。当 v_x 很小时，$\Delta \tau$ 过大，相关函数很平，相关峰很宽，无法测量峰值的位置，这意味着相关性减弱。即当 v_x 太小时，R_1 与 R_2 接收的信号就不相关。此外，由式（5-62）可得知，发射换能器尺寸越小，指向性越宽，带来的多普勒频率扩展越大，因此相关峰越窄。一般的探测系统希望利用窄波束来提高性能，需要付出很大的工程代价，而相关计程仪则希望波束越宽越好，因此从这个意义上来说，这是它的一个优点。

2. 空间相关函数

将一个参考接收换能器的信号经延迟后轮流与各个接收换能器的信号求相关,得到大量相关值,这些相关值是空间相关函数的样点。

底散射体可认为类似于一个多元阵。一个长直线阵的波束图含有多个旁瓣与栅瓣,而从海底返回相关计程仪的信号随这些波瓣的位置而改变。因此,可以认为空间相关函数的宽度等于这些波瓣的平均宽度。

若发射换能器长度为 D,束宽 $\Theta \approx \dfrac{\lambda}{D}$,则被照射海底的长度为 $L = \dfrac{\lambda}{D}z$(z 为海深)。可以将被照射海底的长度视为一个线阵,它控制着反向散射角的变化。设底散射强度不随角度而变化,即海底等价均匀线阵长为 $\dfrac{\lambda}{D}z$,其束宽为

$$\Theta' = \frac{\lambda}{\dfrac{\lambda}{D}z} = \frac{D}{z} \tag{5-63}$$

这一束宽在相关计程仪接收点的水平跨度(或线度)为 $\Theta' z = D$,因此空间相关函数的宽度近似等于发射换能器的尺寸。

由上述分析可知,空间相关计程仪的空间相关函数与船速无关,而时间相关函数的宽度与速度成反比。因此,与时间相关计程仪相比,空间相关计程仪更具优越性。

5.2.2.3 相关函数峰值位置的确定

时间相关计程仪测速的关键是测出接收信号包迹相关峰位置,从而确定延迟值 τ。设 $\Delta\tau$ 是在某船速下两接收换能器时间相关函数 $R_{12}(\tau)$ 的宽度,取两个相关值 $R_{12}(\tau+\Delta\tau)$ 和 $R_{12}(\tau-\Delta\tau)$ 加以比较(见图 5-16)。若

$$\Delta R_{12}(\tau) = R_{12}(\tau+\Delta\tau) - R_{12}(\tau-\Delta\tau) = 0 \tag{5-64}$$

则说明相关峰就在 $R_{12}(\tau+\Delta\tau)$ 和 $R_{12}(\tau-\Delta\tau)$ 两个值的中间位置,所以相关峰对应的延迟为

$$\tau_0 = \frac{1}{2}(\tau+\Delta\tau+\tau-\Delta\tau) = \tau \tag{5-65}$$

如果船速较低,由式(5-39)可知,相关峰对应的值必然较大,这意味着相关峰在 τ 轴上右移,从而有

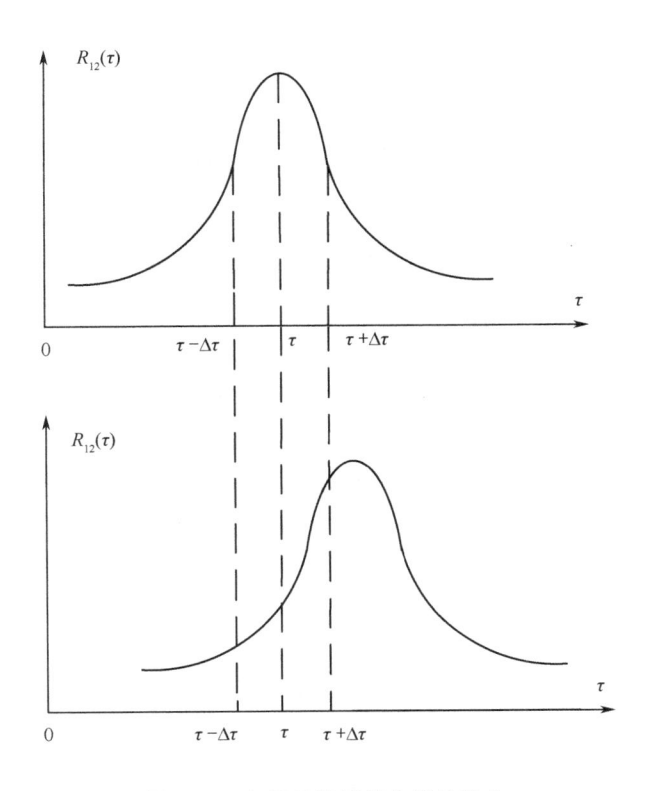

图 5-16 相关函数峰值位置的确定

$$\Delta R_{12}(\tau) = R_{12}(\tau + \Delta \tau) - R_{12}(\tau - \Delta \tau) > 0 \quad (5\text{-}66)$$

此时可用 $\Delta R_{12}(\tau)$ 值控制延迟，使 τ 加大，直至 $\Delta R_{12}(\tau)$ 趋于零。

实际上，方便的方法是按较大船速 v_x 设置 $\Delta \tau$，此时相关峰对应的延迟 τ 值较小，然后 $\Delta R_{12}(\tau)$ 调整改变 τ 值，直至 $\Delta R_{12}(\tau)$ 趋于零，从而获得所需的 τ 值。由于船速不同，时间相关峰的宽度亦不同，可在调整延迟值时适当改变 $\Delta \tau$ 值。

对于空间相关计程仪而言，其获得的空间相关函数的离散采样点是有限的。在这种情况下，首先需要对离散值较小内插，以获得空间相关函数的全部数值；其次利用求极大值的方法得到空间函数峰值位置对应的阵元间距。显然，空间相关法的计算量小于时间相关法的计算量。

思考题与习题

1. 设本舰与目标舰均匀速直线航行。本舰在 15s 内以航向角 60°航行了 80m，并两次测得目标舰的方位角和距离分别为-1°、5000m 和 2°、4810m。求目标的速度大小和目标的航向角。

2. 为什么相关计程仪在低速和浅水情况下难以达到较高的测速精度？

3. 利用一个单波束声呐测本舰航速，波束俯角为 $\alpha = 60°$。设发射信号频率 $f_T = 500\text{kHz}$，水中声速 $c = 1500\text{m/s}$。现测得多普勒频率 $f_d = 166.7\text{Hz}$，求船的水平速度。若纵倾角 $\Delta\alpha = 30°$，在不修正的情况下，带来的测速误差是多少？

参考文献

[1] 朱埜. 主动声呐检测信息原理[M]. 北京：海洋出版社，1990.

[2] 李启虎. 数字式声纳设计原理[M]. 合肥：安徽教育出版社，2003.

[3] 李启虎. 声呐信号处理引论[M]. 北京：科学出版社，2012.

[4] 田坦. 声呐技术[M]. 2 版. 哈尔滨：哈尔滨工程大学出版社，2011.

第 6 章

水声目标定位方法

广义上，一切利用水下声波进行定位的技术都应列为水声定位与导航技术这一范畴，包括目标探测定位声呐（包括主动声呐、被动声呐）、水下成像声呐和载体自身定位等，本章主要介绍水声目标定位的方法。

6.1 声呐浮标定位

被动全向声呐浮标定位是一类特殊的目标定位方法。被动全向声呐浮标是可由反潜飞机空投到指定海域的声呐器材。它可以全向侦听水中的声信号，并对接收到的信号进行低频分析（LOFAR）或噪声解调（DEMON）处理，给出信号谱图的瀑布式显示。由于它只使用单个被动全向水听器，无法确定信号的方向和距离。但是，被动全向声呐浮标操作简单，成本低廉，可以同时使用多枚。若按一定几何方式布设多枚被动全向声呐浮标，则可以使用一些特殊的方法确定目标的位置。相关方法主要有 LOFAR 法、CODAR（相关显示和分析记录）法、HYFIX（双曲线定位）法。

6.1.1 LOFAR 法

用 FFT 分析仪分析声呐接收信号功率谱随时间的变化，输出至显示屏进行调亮（B 式）显示，横轴为频率，纵轴为时间，亮度表示强度，也可以用硬复制机记录，如图 6-1 所示。这种图形被称为 LOFAR 图。

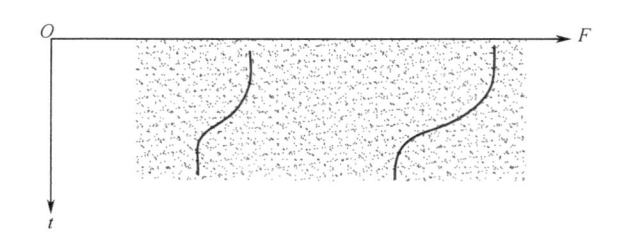

图 6-1　LOFAR 图

由于潜艇噪声线谱成分的频率是未知的，需要先用宽的量程（直流为 1kHz 或 2kHz）进行谱分析，发现线谱后，再在线谱频率附近用 ZOOM-FFT 的方法进行精确的谱分析。目前使用的分辨力最高可达 0.01Hz，利用它可以观察到线谱频率随时间的变化情况。

下面讨论用 LOFAR 图来定位的方法，常用的方法有 3 种：线谱幅度定位法、线谱多普勒定位法、干涉谱定位法。

6.1.1.1　线谱幅度定位法

线谱幅度定位法是一种依据低频谱线幅度确定目标位置的定位方法。具体做法是：首先，将 3 枚全向浮标排列成三角形，三角形的每个顶点上各有 1 枚全向浮标，若目标处于三角形范围之中或在附近，3 枚全向浮标就都能收到其辐射噪声；其次，对每枚全向浮标接收到的信号进行 LOFAR 分析，得出每枚全向浮标在 LOFAR 图中对应同一目标的同一频率谱线的幅度；再次，根据接收信号强度与目标距离的平方成反比的原理，确定目标到各个水听器的距离的比例；最后，以几何作图方式求出目标的位置。

这种定位处理比较简单，但由于不能保证潜艇的辐射噪声是各向同性的，加之各水听器接收信号的幅度可能受到声传播因素的影响，实际的定位精度比较差，所以这种方法一般只在初始估计时使用。

6.1.1.2　线谱多普勒定位法

线谱多普勒定位法也称最近点法，是一种利用多普勒现象实现目标定位的方法。当目标在浮标附近（在其作用距离之内）通过时，LOFAR 图上的目标线谱的频率会发生变化。若目标运动是从逐步接近浮标到逐步远离浮标，则目标线谱频率会从高于其真值逐步变化到低于其真值。这样，根据线谱频率变化的幅度和速度便可确定产生零多普勒的时间和距离，即目标最接近浮标位置的时间和距离。若将多枚浮标分开布设收听同一目标信号，则由各浮标的多普勒最接近点估值可求得目标的运动轨迹。

当潜艇向本舰运动（在附近穿过本舰）时，多普勒频移由正变到负，如图 6-2（a）所示。

测量 Δf 和 $0.8\Delta f$ 之间的时间 Δt，可以估计目标速度 v 及最近点距离 d，它们的关系为

$$v = \frac{\Delta f c}{2f} \cdot \frac{c}{2f} \tag{6-1}$$

由图 6-2（b）可知

$$d = \cos\theta \frac{v\Delta t}{2} \tag{6-2}$$

式中，θ 按 $\sin\theta = 0.8$ 取值，则

$$d = 0.3 v\Delta t$$

例如，线谱频率 $f = 375\text{Hz}$，$\Delta f = 1\text{Hz}$，$v = 4\text{kn}$（约为 2m/s）。若 $\Delta t = 830\text{s}$，则 $d = 500\text{m}$。

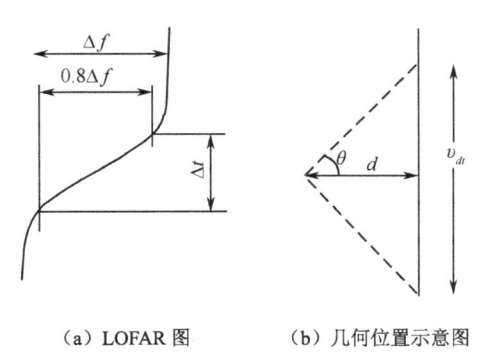

（a）LOFAR 图　　（b）几何位置示意图

图 6-2　多普勒定位法

6.1.1.3　干涉谱定位法

当海况良好时，在海洋的混合层声道中，由于海面反射和直达声的干涉，出现了如图 6-3 所示的近场干涉图：

干涉极小点的距离由式（6-3）给出：

$$r = \frac{2h_1 h_2}{nc} f \quad (n = 1, 2, \cdots) \tag{6-3}$$

(a) 噪声干涉示意

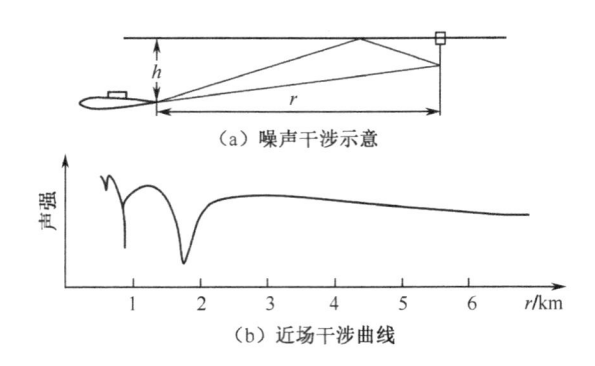

(b) 近场干涉曲线

图 6-3　近场干涉图

当潜艇以恒定速度 v 沿固定深度在距水听器 d 处穿过时，LOFAR 图上将显示出如图 6-4 所示的图形。

由于干涉而出现的极小点在 LOFAR 图上的宽带噪声背景上将会出现双曲线形暗线，在暗线位置线谱曲线也将中断。

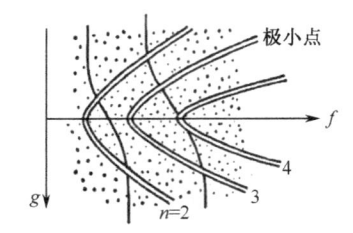

图 6-4　干涉谱定位法的 LOFAR 图

图 6-5 为这些双曲线的参数，由图 6-5（a）可知，当

$$r^2 = d^2 + v^2 t^2 \tag{6-4}$$

时，极小点方程为

$$d^2 + v^2 t^2 = \left(\frac{2h_1 h_2}{nc}\right)^2 f^2$$

$$\frac{f^2}{a^2} - \frac{f^2}{b^2} = 1 \tag{6-5}$$

式中，$a = \dfrac{ncd}{2h_1 h_2}$，$b = d/v$。

显然，这是一个双曲线方程。

第 6 章 水声目标定位方法

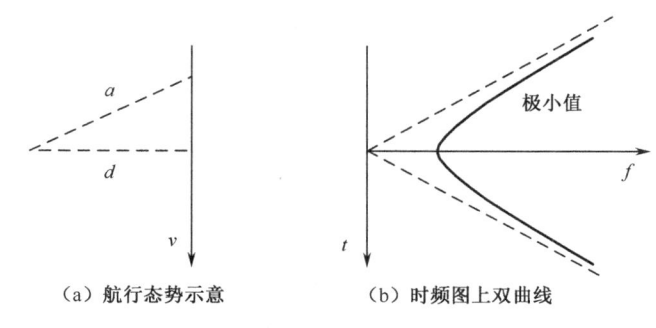

(a) 航行态势示意 (b) 时频图上双曲线

图 6-5 双曲线参数

艇速 v 可由曲线谱的多普勒频移计算得出

$$v = \frac{c}{2} \cdot \frac{\Delta f}{f} \tag{6-6}$$

$$h_1 = n \frac{\dfrac{cv}{2h_2}b}{a} \tag{6-7}$$

$$d = \frac{1}{n}\left(\frac{2h_1 h_2}{c}\right) a \tag{6-8}$$

这样，由 LOFAR 图可计算出潜艇艇速及穿过水听器时的最近距离和深度。

6.1.2 CODAR 法

CODAR 法利用一对以间隔 d 布设的浮标计算它们接收同一宽带声源信号的相关函数，并由此确定时延 τ，再按方位估计中提到的时延公式计算声源的方向。利用式（6-9）来计算目标方位（已知两个水听器连线的方位）：

$$\theta = \arcsin \frac{c\tau}{d} \tag{6-9}$$

CODAR 法的测向原理如图 6-6 所示。

用 A 型显示器显示相关曲线可得出当前的方位角 θ（见图 6-6），用 B 型显示器可显示 τ 随时间的变化趋势。

当利用一对浮标确定方向时，存在无法判断声源在基线哪一侧的问题，但可以利用辅助的窄带方式帮助解决这类问题。

若再采用一对与此对浮标相垂直的浮标，同样用相关法求得目标方向，则两个方向的交点便是目标的位置，如图 6-7 所示。两对水听器浮标连线中

心位置分别为 $B_1(x_1,y_1)$、$B_2(x_2,y_2)$，分别测量目标方位 θ_1、θ_2（以正北方向为基准，顺时针方向为正）。

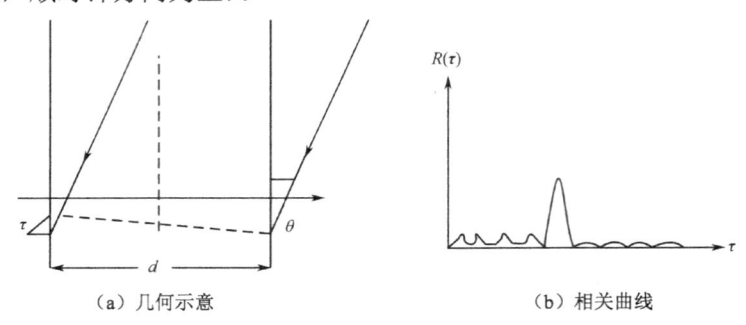

（a）几何示意　　　　　　　　（b）相关曲线

图 6-6　CODAR 法的测向原理

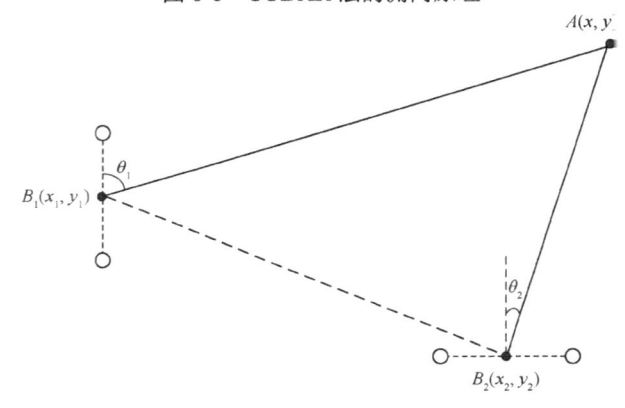

图 6-7　正交水听器对交叉点定位

利用几何原理就可以计算出目标 A 的位置：

$$\begin{cases} x = \dfrac{(y_2 - y_1) + x_1 \cot\theta_1 - x_2 \cot\theta_2}{\cot\theta_1 - \cot\theta_2} \\ y = \dfrac{(x_2 - x_1) + y_1 \tan\theta_1 - y_2 \tan\theta_2}{\tan\theta_1 - \tan\theta_2} \end{cases}$$

为了与环境匹配，相关运算的中心频率、带宽和积分时间均是可变的。

6.1.3　HYFIX 法

HYFIX 法是利用双曲线定位原理实现定位的处理方法。当潜艇运动状态突然发生变化时（如加速、减速等），LOFAR 图上对应的目标线谱也会突然出现变化。通常将 3 个水听器的 LOFAR 图并列显示在显示器上，当潜艇变速而使线谱频率发生变化时，读出这 3 张 LOFAR 图上同一条线谱发生频率变化的时间差，并用双曲线来确定目标的位置。

6.2 多平台联合定位

基于多个平台测得的目标方位角对目标进行定位是一种最基本的多平台联合定位方法。纯方位测量被动定位主要根据两个以上阵元同时测得的目标方位，用三角交汇及加权综合的方法计算目标位置。

纯方位测量被动定位的基本原理如图 6-8 所示。设目标位于 S 处，浮标 1 和浮标 2 的大地坐标分别为 (x_1, y_1)、(x_2, y_2)，两个浮标之间的连线（基线）长度为 d，基线与正北方向的夹角分别为 α_1 和 α_2。大地坐标取"北东地"坐标，传感器的 X 轴方向在安装时校正为与正北方向一致，Y 轴方向校正为与正西方向一致。两个浮标测得的目标与两个浮标的连线长度分别为 r_1 和 r_2，与 X 轴夹角（目标方位角）分别为 β_1 和 β_2，目标对基线的视角为 ψ。

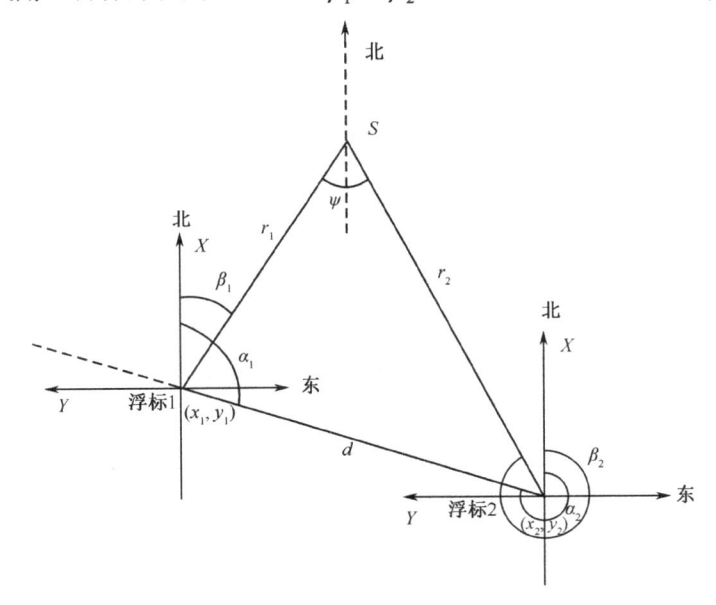

图 6-8　纯方位测量被动定位的基本原理

设 $\alpha_2' = 2\pi - \alpha_2$，$\beta_2' = 2\pi - \beta_2$，则有
$$\psi = \beta_1 + \beta_2' \tag{6-10}$$

由三角形正弦定理得
$$\frac{d}{\sin\psi} = \frac{r_2}{\sin(\alpha_1 - \beta_1)} = \frac{r_1}{\sin(\pi - \alpha_1 - \beta_2')} = \frac{r_1}{\sin(\alpha_1 + \beta_2')} \tag{6-11}$$

从而进一步得到
$$\begin{cases} r_1 = \dfrac{d\sin(\alpha_1 + \beta_2')}{\sin(\beta_1 + \beta_2')} \\ r_2 = \dfrac{d\sin(\alpha_1 - \beta_1)}{\sin(\beta_1 + \beta_2')} \end{cases} \tag{6-12}$$

这样，目标 S 的大地坐标 (x,y) 可表示为
$$\begin{cases} x = x_1 + r_1\cos\left(\dfrac{\pi}{2} - \beta_1\right) \\ y = y_1 + r_1\sin\left(\dfrac{\pi}{2} - \beta_1\right) \end{cases} \tag{6-13}$$

或
$$\begin{cases} x = x_2 - r_2\cos\left(\dfrac{\pi}{2} - \beta_2'\right) \\ y = y_2 + r_2\sin\left(\dfrac{\pi}{2} - \beta_2'\right) \end{cases} \tag{6-14}$$

基线长度 d 的值可由两个浮标的 DGPS 数据计算得到，β_1 和 β_2 可由组合传感器测得的传感器坐标系方位加上罗经数据计算得到。这样按式（6-13）或式（6-14）计算即可确定目标的位置。为提高定位精度，可以采用多个浮标构成的测量阵，如一个四元浮标阵可以进行两两组合，每两个浮标分别对目标进行定位，将多种组合的定位结果进行加权综合，得到最后的定位结果。

对于定点目标，按上述原理来定位计算是可行的。但是对于运动目标，各阵元在同一时刻测得的目标方位角并不是目标在同一位置（时刻）形成的，因此用各阵元在各相同时刻测得的目标方位角算出的目标轨迹与真实轨迹相比是有偏差的。因此，在进行定位计算时，还须采用一定的算法以减小这种偏差。

假设一个四元浮标阵是边长为 5km 的正方形。采用矢量水听器测量目标方位，它的测向精度可达到 1°～2°。矢量水听器测得的目标方位是以其水

听器坐标系为基准的,再加上罗经数据和阵元的 DGPS 数据,可将水听器所测的目标方位转换为以测量阵测量基线为基准的目标方位角。DGPS 测量精度很高,误差约为 2m,而基线长度为数千米,所以基线长度的测量值的相对误差不足千分之一,这是不重要的误差。为简化误差分析,假定基线长度没有测量误差,对目标的定位误差主要由方位角的测量误差产生。假设目标沿某一轨迹匀速航行,航速为 40kn,轨迹的起始时刻为零,轨迹解算结果如图 6-9 所示。

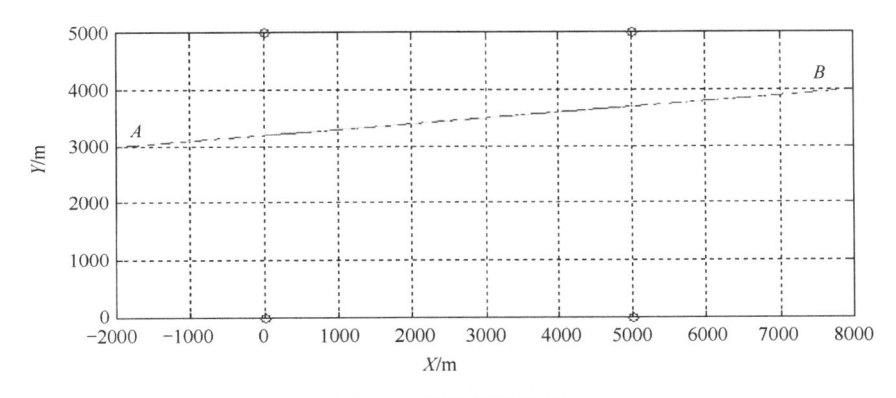

图 6-9 轨迹解算结果

纯方位被动定位系统基于三角交汇原理,通过矢量水听器测得的方位角与基线长度共同对目标定位。因此,方位测量误差、基线长度测量误差、基线长度及目标所在位置成为影响被动定位精度的主要因素。

纯方位被动定位系统是利用目标辐射噪声、线谱或有规信号,通过测量目标相对于各阵元的方位来对目标进行定位的。它的优点是不需要与目标合作,也不需要在目标上加装设备,使用方便,适用于水下靶场;它的缺点在于定位精度较差,需要通过后置处理(如卡尔曼滤波)来提高精度,而且定位算法较复杂。

6.3 单平台被动定位

传统的三子阵定位法虽已在实际工程中得到应用,但其定位性能和作用距离都有很大的局限性。随着理论与技术的发展及需求的牵引，各种定位方法应运而生，归纳起来有两大类，即目标运动分析（Target Motion Analysis，TMA）和匹配场处理（Matched-Field Processing，MFP）。TMA 方法技术成熟、实现方式灵活、实用性强，还在不断地发展和完善，在目前的技术条件下，有较好的工程可实现性；MFP 方法是信号处理方法与信道传播特性相结合的结果，对于解决低频、较远距离的目标定位问题有着很好的发展前景，随着研究的深入，MFP 方法正逐步走向实用阶段，但仍有许多问题尚待解决。

6.3.1 目标运动分析

对一个运动的目标，声呐连续地测量它的方位，得到一个方位序列。仅以方位序列的信息来估计目标的距离和航迹，称为单站纯方位被动测距法。该方法要求较高的方位测量精度（0.1°～0.3°）和精确已知的本艇航迹，并要求声呐平台（本艇）做折线航行。通常，该方法需要约 20min 的测量时间，测距作用距离达 20～25km，测距精度达 15%。该方法利用了检测能力较强的被动测向声呐，所以作用距离较远，但测出距离所需的时间太长，尤其是该算法有 15%～20%的概率产生发散，无法得到目标距离。由于以上原因，该方法虽然在各国声呐系统中都被作为测距方法之一，但仍不能令人满意。

继纯方位目标运动分析后，人们开始进行方位/频率目标运动分析研究，其优点是无须本艇机动就可估计目标的位置和其他运动参数。现有的常用 TMA 方法，均以纯方位 TMA 为基础，并辅以频率、多普勒信息、距离、相位信息、多观测站等进行联合估计。目前，国内纯方位跟踪定位系统的数学模型包括两类，即确定性参数算法模型和滤波估计算法模型。国外的研究主要集中在最小二乘滤波、最大似然估计和卡尔曼滤波三方面。基于声场分析的匹配场定位与目标运动分析相结合是水下被动定位技术发展的新趋势。

6.3.1.1 纯方位 TMA

纯方位 TMA 也称被动纯方位跟踪（BOT），是研究最早、最多，应用也最广泛的一种 TMA 方法。因为方位参数是辐射源最可靠的参数之一，特别是在现代战争的复杂环境下，方位参数几乎成了唯一可靠的参数，所以，利用方位信息进行目标运动分析的研究具有十分重要的军事意义。

纯方位 TMA 需要解决的问题是如何利用被动声呐观测到的目标方位信息来估计目标的运动要素（如距离、航速、航向等参数），并且主要研究领域是二维平面内的目标航迹估计。同时，由于测量方程的非线性，BOT 也是 TMA 领域难度最大的一个方面，目前的研究方向主要是系统的可观测性判据、不同的估计算法及性能比较、测量方程的线性化等问题。

当利用单基阵进行纯方位 TMA 时，如果基阵和目标在运动要素估计期间做匀速直线运动，那么目标运动要素是不可测的，因此要求在估计期间基阵所在平台至少进行一次机动，虽然这种机动是必要但不充分的，但在一定程度上解决了 TMA 系统的可观测性问题。对于匀速直线运动的目标，观测平台机动 N 次，等效于 N 个不同位置上的观测平台观测同一个目标，换句话说，就是利用 N 维方位信息来完成 BOT。这启发我们可以利用多维信息来解决 TMA 系统的可观测性。在复杂多变的实际海战环境下，往往不允许平台执行机动，因此，寻求多维信息和建立基于多维信息的 TMA 算法是两个关键问题。

TMA 方法的研究者们在这两个问题方面已经进行了卓有成效的工作，包括利用方位—多普勒频率测量的 TMA 技术，利用阵元信号进行空间—时间累积（Space-Time Integration，STI）的 TMA 技术，利用方位—时延差测量的 TMA 技术，利用多基阵方位测量进行融合的 TMA 技术。

6.3.1.2 利用方位—多普勒频率测量的 TMA

在被动声呐观测目标所得的众多参数序列中，除目标方位外，目标辐射信号的频率是另一个重要的测量参数。该频率包含了目标和观测器之间由于相对运动而引起的多普勒频移，因此，其实质上包含了目标运动的状态信息，在一定条件下是可以计算出来的。我们知道，鱼雷运动辐射噪声信号中含有丰富的线谱成分，而对某些鱼雷辐射噪声信号的分析表明，在 1kHz 以上的频率范围内，这些噪声中还含有较稳定的线谱信号，这种信号还是连续的，并且因为鱼雷和本舰之间的快速相对运动而产生的多普勒频率是相当可观的，所以，对多普勒频率的研究有助于提高被动定位的精度。

对于利用方位—多普勒频率测量的 TMA，人们首先关心的是它的可观测性问题，当目标和观测平台在同一个平面内进行匀速直线运动时，通过方位和频率测量，目标的轨迹是可观测的，唯一的条件是方位变化率不为零。

PLE（伪线性估计）算法、MLE（最大似然估计）算法和 MIV（辅助变量法）算法是较常用于方位－多普勒频率测量的 TMA 方法。PLE 算法取线谱频率的倒数作为状态分量，采用加权最小二乘估计解线性方程组，以实现状态估计。MLE 算法直接取线谱频率作为状态分量，建立最大似然估计的最小代价函数，结合高斯－牛顿迭代算法对状态进行估计。MIV 算法利用一个辅助变量来渐进地消除估计误差，以得到渐进无偏估计。三者比较而言，MLE 算法是最优的，在一阶近似情况下是无偏有效估计，但它采用高斯－牛顿法，收敛时间较慢，且它对初值的选取较为敏感，因此须结合 PLE 算法使用。PLE 算法是有偏的，但由于稳定性好且算法简单，经常作为其他方法的初始化算法。MIV 算法的估计性能介于 MLE 算法和 PLE 算法之间，是一种简单且能得到渐进无偏估计的估计算法。

　　利用方位－多普勒频率测量的纯方位 TMA 较单基阵纯方位 TMA 有更宽容的可测性条件、更快速的收敛性及更高的参数估计精度。同时，在实际声呐中，一般可以获得鱼雷信号的多个辐射频率的线谱，每根线谱都含有目标的多普勒信息，所以对所有观测到的线谱都进行估计，可以更有效地提取目标运动信息并提高跟踪质量。

6.3.1.3　利用阵元信号进行空间—时间累积的 TMA

　　纯方位 TMA 和利用方位－多普勒频移的 TMA，在算法实现之前，都要先得到方位／频率的测量值。一般通过对波束形成后的信号进行频谱分析来获得方位和频率的估计值，但对于被动声呐而言，由于信号经过复杂的海洋传播，造成能量起伏、信噪比下降，甚至可能出现信号能量低于检测门限的情况，就使得谱峰的自动跟踪和检测变得非常困难。另外，在检测过程中，要求在积分时间内目标方位处于一个波束范围内，多普勒频移的变化不能超过一个 FFT 的频率间隔，这样积分时间受到限制，检测性能难以提高，当信噪比较低时，通过检测谱峰得到的方位和频率估值会存在许多野值。

　　利用阵元信号进行空间—时间累积（STI）方法就是针对上述问题而提出的一种解决方法。该方法将信号检测与参数估计综合在统一的信号处理框架中，直接以接收水听器的接收信号为输入，利用时空累积得到长时间平均的二维方位－频率谱，通过自动搜索谱峰得到目标参数的估计。该方法充分利用了方位和频率信息，不需要本舰机动，仅要求本舰与目标之间保持相对运动。

研究表明，STI 方法在低信噪比情况下，大大提高了信号检测和跟踪能力，并且方法明确，信号处理框架清晰，在某些情况下确实是一种很好的 TMA 方法。但所有这些优点的获得，都是以时间累积和大的运算量为代价的。在实践中应合理选取积分时间长度，并有效利用某些先验信息来简化搜索过程。STI 在拖曳线列阵的被动测距估计中具有一定的应用前景。

6.3.1.4　基于方位—时延差测量的 TMA

利用大型舰艇的艏端阵和拖曳线列阵分别提供的方位数据可以进行双基阵纯方位 TMA。艏端阵的方位测量精度高，拖曳线列阵的方位测量精度低，两者差距很大，故双基阵纯方位 TMA 的精度不能令人满意。利用艏端阵的方位数据及互相关器测出的目标信号到达两声呐的时延差来实现 TMA，可以提高 TMA 的精度。

基于方位—时延差测量的 TMA 的估计性能与两声呐的测向测时精度、观测平台间距、目标相对运动的方向有关。另外，观测平台间的非刚性连接对估计性能也有影响。综合来看，此方法定位精度较高、容易实现，适合主动形式和被动形式的多平台系统，具有一定的实际意义。

6.3.2　匹配场处理

匹配场被动定位是 20 世纪 80 年代发展起来的一种被动定位技术。在声源、信道和接收阵三者之中，如果已知两者，就可以根据接收阵的实际测量声场（已受信道影响）与接收阵处的理论预测声场（信道影响由模型模拟）的匹配性对第三者进行参数估计，这就是匹配场处理。

利用匹配场被动定位方法进行被动定位时，主要解决三个问题：一是水声信道模型的选定，选定的信道模型能否精确地描述声场将直接决定定位结果的精度；二是匹配函数的确定，匹配函数应该在计算的声场分布与实际采样的声场分布匹配最好时呈现出最大值或最小值；三是搜索方法的选择问题，应选择一个可以保证精度同时速度较快的全局搜索方法。

已有的各种匹配场处理算法通常将声源定位问题（距离/深度二维定位）作为广义的波束形成问题来处理。在波束的形成中，传感器阵的输入数据向量被作为来自多个不同方向的信号方向向量的加权和来处理。与之不同的是，在 MFP 中，传感器阵的输入数据向量表现为简正波或特征声线的相干叠加，它们不是以声源方向为变量的，而是以声源距离 r 和深度 z 为变量的。

声源的简正波幅度系数向量为

$$S \triangleq [U_1(Z_\delta), U_2(Z_\delta), \cdots, U_M(Z_\delta)]^T \qquad (6-15)$$

N 元垂直线列阵接收的简正波幅度系数矩阵（$N \times M$）为

$$T = \begin{bmatrix} U_1(Z_1) & U_2(Z_1) & \cdots & U_M(Z_1) \\ U_1(Z_2) & U_2(Z_2) & \cdots & U_M(Z_1) \\ \vdots & \vdots & \ddots & \vdots \\ U_1(Z_N) & U_2(Z_N) & \cdots & U_M(Z_N) \end{bmatrix} \qquad (6-16)$$

简正波幅相加权矩阵（$M \times M$）为

$$A = \mathrm{diag}\left[\frac{\mathrm{e}^{\mathrm{j}\bar{K}_n r}}{\sqrt{\bar{K}_n r}}\right], \quad n = 1, 2, \cdots, M \qquad (6-17)$$

归一化接收信号向量可表示为

$$a(r, Z_\delta) = TAS \qquad (6-18)$$

此向量由声场模型和设定的声源位置 (r, Z_δ) 获得，实际上是一个随声源位置 (r, Z_δ) 变化的扫描向量，采用类似于波束形成的方法，定义一个 (r, Z_δ) 二维模糊表面 $B(r, Z_\delta)$，对采样数据进行扫描，以寻求最佳匹配点，该点即估计的声源位置。

于是有常规的 MFP 算法：

$$B_{\mathrm{CMFP}}(r, Z_\delta) = a^H(r, Z_\delta) R a(r, Z_\delta) \qquad (6-19)$$

式中，R 为垂直线列阵接收数据的采样协方差矩阵。引入高分辨技术，有最小方差 MFP 算法

$$B_{\mathrm{MVMFP}}(r, Z_\delta) = [a^H(r, Z_\delta) R^{-1} a(r, Z_\delta)]^{-1} \qquad (6-20)$$

可见，其他高分辨算法，包括子空间分析类算法、自适应算法等均有可能应用。

匹配场被动定位技术是以声场分析为基础的，按照声场分析模型又可以分为简正波理论和射线理论两大研究方向。射线理论基于声线的多通道结构，与简正波理论相比，其有简便、直观的特点。

信道匹配是水声信号传播特性的一个研究分支。浅海或者深海甚低频声传播，特别适合简正波匹配场理论。早期人们认为匹配场被动定位有如下局

限：①运算量大；②对环境参数有很强的依赖性，容易产生模型失配；③噪声影响大；④一般需要布放较大尺度的垂直阵；⑤对高速目标的跟踪存在较大困难。随着理论与试验的深入，现在匹配场被动定位/跟踪在国内外均已进入实际应用阶段。

思考题与习题

1. 被动全向声呐浮标定位的精度如何？
2. 影响纯方位定位精度的因素有哪些？
3. 简述基于目标运动分析进行定位的要点。

参考文献

[1] 李启虎. 数字式声纳设计原理[M]. 合肥：安徽教育出版社，2003.

[2] 李启虎. 声呐信号处理引论[M]. 北京：科学出版社，2012.

[3] 田坦. 声呐技术[M]. 2版. 哈尔滨：哈尔滨工程大学出版社，2011.

[4] 毛卫宁. 水下被动定位方法回顾与展望[J]. 东南大学学报（自然科学版），2001（6）：129-132.

[5] 孙仲康，郭富成，冯道旺. 单站无源定位跟踪技术[M]. 北京：国防工业出版社，2008.

[6] 赵振东. 浅海声场干涉结构与宽带声源测距研究[D]. 青岛：中国海洋大学，2009.

[7] 马远良. 匹配场处理——水声物理学与信号处理的结合[J]. 电子科技导报，1996（4）：9-12.

[8] 理查德·P. 霍奇思. 水声学——声呐分析、设计与性能[M]. 于金花，等译. 北京：海洋出版社，2017.

第 7 章

声呐目标跟踪方法

在检测到目标后，一般会对感兴趣的目标持续进行跟踪，并实时估计其位置和运动参数，对于目标识别还需要获取跟踪目标的辐射噪声。通常，被动声呐只跟踪目标方位，而主动声呐还需要跟踪目标的距离和速度。在声呐接收机中，目标跟踪是通过精测跟踪处理系统实现的。

在现代声呐的目标跟踪系统中，通常有半自动跟踪和全自动跟踪两种方式。被动声呐跟踪目标最常用的方式是半自动跟踪，这种方式实际上是在人工录取（手动跟踪）之后，再进行自动跟踪的，而当目标丢失后，再由人工取消。全自动跟踪方式要求声呐在无人值守的情况下自动检测并跟踪目标，所以它实际上是一种目标入侵报警子系统。

被动声呐一般只跟踪目标的方位，要求计算出精确的目标方位值。老式被动声呐普遍采用相幅法来实现精确测量，故测量精度较低。现代数字声呐广泛采用幅度比较法和分裂波束互谱法来实现方位精测，与相幅法相比，测量精度大大提高。主动声呐目标跟踪要同时对目标的方位、距离和速度（多普勒频率）进行跟踪，所以使用主动声呐进行目标跟踪时，除了要精测目标方位，还要精测距离和多普勒频率，同时还要有适当的跟踪算法。老式主动声呐只有简单的手动跟踪装置，摇动手轮使波束对准目标获得目标方位，移动距离指针对准回波脉冲获得目标距离，一般不检测多普勒频率。现代数字式主动声呐普遍设置目标回波精测系统，分别精确测量目标回波的方位、距离和多普勒频率等参数，而且还要采用卡尔曼滤波算法实现目标的自动跟踪。

第 7 章 声呐目标跟踪方法

7.1 主动声呐目标跟踪方法

主动声呐应用卡尔曼滤波算法实现回波目标自动跟踪录取从如下两方面进行。一方面，在每个接收周期内，要对主动声呐接收机输出的信号进行目标回波捕捉，也就是要在一定干扰背景下检测出目标回波，并估计目标的方位、距离及速度（多普勒频率）3 个参数。另一方面，录取目标后，对其进行跟踪。

7.1.1 目标参数估计

主动声呐回波目标参数有方位、距离及速度（多普勒频率）3 个，一般采用窄带谱分析系统来测定回波信号的多普勒频率，采用分裂波束正交相关测向法来估计回波信号的方位，同时，还要测出回波出现时间来确定目标的距离。

用这种方法测得回波目标的方位、距离参数的技术被称为相位相关接收技术，其原理如图 7-1 所示。相位相关接收是在分裂波束的基础上实现的，对从波束形成器送来的左、右波束信号 $L(t)$ 和 $R(t)$ 分别进行前置处理、手控衰减、窄带带通滤波和自动增益控制。

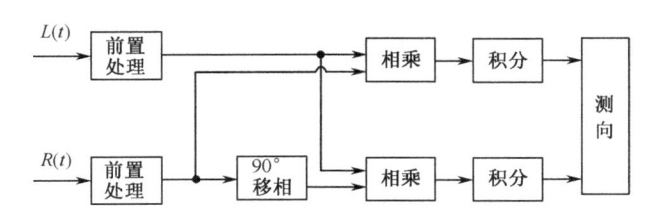

图 7-1 相位相关接收技术原理

$R(t)$ 的信号分成两路，一路直接与 $L(t)$ 相乘、积分，得到 cos 相关输出，另一路经 90°移相后与 $L(t)$ 相乘、积分，得到 sin 相关输出。

对于 cos 相关通道，设左路输入乘法器信号为

$$L(t) = A\cos(\omega t) \tag{7-1}$$

则右路输入乘法器信号为

$$R(t) = B\cos(\omega t - \varphi) \tag{7-2}$$

cos 相关通道乘法器输出为

$$Y_c(t) = A\cos\omega t \cdot B\cos(\omega t - \varphi) = \frac{AB}{2}\cos\varphi + \frac{AB}{2}\cos(2\omega t - \varphi) \tag{7-3}$$

对于 sin 相关通道，右路输入乘法器信号为

$$R(t) = B\sin(\omega t - \varphi) \tag{7-4}$$

sin 相关通道乘法器输出为

$$Y_s(t) = A\cos\omega t \cdot B\sin(\omega t - \varphi) = \frac{AB}{2}\sin(2\omega t - \varphi) - \frac{AB}{2}\sin\varphi \tag{7-5}$$

经积分后，滤除了高频分量，分别得到幅度正比于 $\cos\varphi$、$\sin\varphi$ 的直流值。

cos 相关通道积分器输出为

$$Z_c(t) = C\cos\varphi \tag{7-6}$$

sin 相关通道积分输出为

$$Z_s(t) = C\sin\varphi \tag{7-7}$$

此时 φ 值为左右二个分裂波束信号的相位差：

$$\varphi = \arctan\frac{Z_s(t)}{Z_c(t)} \tag{7-8}$$

已知相位差为 φ，可算出目标入射方位角 α 为

$$\alpha = \arcsin\frac{\lambda\varphi}{2\pi d} \approx \frac{1}{2\pi}\frac{\lambda\varphi}{d} \tag{7-9}$$

另外，从回波出现时间可求出回波目标的距离，从而测得了目标的方位、距离 2 个参量。

7.1.2 目标跟踪

主动声呐目标跟踪最常用的算法是卡尔曼滤波算法，它是一种递推滤波方法，成功应用于卫星、导弹等运动方程已知的目标跟踪。随着快速数字计算技术的发展，卡尔曼滤波算法在技术上的实现也变得容易了。

离散时间系统的状态方程为

$$X(k+1) = \boldsymbol{\Phi}(k)X(k) + G(k)U(k) + V(k) \tag{7-10}$$

式中，$\boldsymbol{\Phi}(k)$ 为状态转移矩阵，$\boldsymbol{X}(k)$ 是 k 时刻的状态，$\boldsymbol{G}(k)$ 为输入控制项矩阵，$\boldsymbol{U}(k)$ 是输入或控制信号，$\boldsymbol{V}(k)$ 是零均值高斯白噪声序列。

量测方程是

$$\boldsymbol{Z}(k+1) = \boldsymbol{H}(k+1)\boldsymbol{X}(k+1) + \boldsymbol{W}(k+1) \tag{7-11}$$

式中，$\boldsymbol{H}(k)$ 为量测矩阵，$\boldsymbol{W}(k)$ 是零均值高斯白噪声序列。

假定系统 $\boldsymbol{X}(0)$ 初始状态是高斯分布的，具有均值 $\hat{\boldsymbol{X}}(0|0)$ 和协方差 $\boldsymbol{P}(0|0)$，并假定两个噪声序列和初始状态是无关的，则由线性系统估计理论，可以导出卡尔曼滤波算法。

卡尔曼滤波算法的基本思想是建立在线性系统空间状态模型上的递推无偏最小均方误差估计，它包括滤波和预测两大部分。事实上，滤波的目的就是对目标过去和现在的状态进行平滑处理，预测则是估计目标未来时刻的运动状态。这里首先给出卡尔曼滤波算法的滤波流程，如图 7-2 所示。

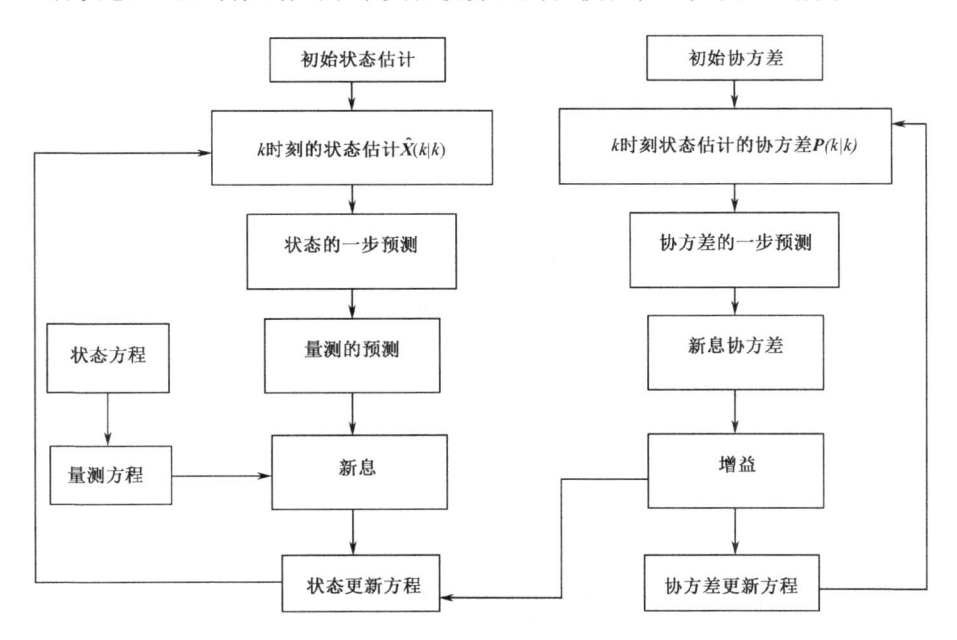

图 7-2 卡尔曼滤波算法的滤波流程

从卡尔曼滤波算法的流程图可以看出，状态估计的初始化问题是运用卡尔曼滤波的一个重要的前提条件，只有进行了初始化，才能利用卡尔曼滤波对目标进行跟踪。

可以看到，当已知初始状态 $\hat{X}(k|k)$，便可以通过状态预测公式预测下一步状态 $\hat{X}(k+1|k)$：

$$\hat{X}(k+1|k) = \boldsymbol{\Phi}(k)\hat{X}(k|k) + \boldsymbol{G}(k)\boldsymbol{U}(k) \tag{7-12}$$

再通过

$$\hat{Z}(k+1|k) = \boldsymbol{H}(k+1)\hat{X}(k+1|k) \tag{7-13}$$

计算量测预测值。

另外，由式（7-10）利用 $X(k)$ 可以求得 $X(k+1)$，从而根据式（7-11）计算出 $Z(k+1)$，利用式（7-13）可以得到新息，即量测残差为

$$\boldsymbol{v}(k+1) = \boldsymbol{Z}(k+1) - \hat{\boldsymbol{Z}}(k+1|k) \tag{7-14}$$

下面再看已知初始协方差 $P(k|k)$，我们能得到什么结果。首先利用状态初始协方差 $P(k|k)$ 预测下一步协方差 $P(k+1|k)$：

$$\boldsymbol{P}(k+1|k) = \boldsymbol{\Phi}(k)\boldsymbol{P}(k|k)\boldsymbol{\Phi}'(k) + \boldsymbol{Q}(k) \tag{7-15}$$

然后通过

$$\boldsymbol{S}(k+1) = \boldsymbol{H}(k+1)\boldsymbol{P}(k+1|k)\boldsymbol{H}'(k+1) + \boldsymbol{R}(k+1) \tag{7-16}$$

计算新息协方差 $S(k+1)$，从而计算出滤波增益：

$$\boldsymbol{K}(k+1) = \boldsymbol{P}(k+1|k)\boldsymbol{H}'(k+1)\boldsymbol{S}^{-1}(k+1) \tag{7-17}$$

至此，不仅可以得到滤波协方差矩阵：

$$\boldsymbol{P}(k+1|k+1) = \boldsymbol{P}(k+1|k) - \boldsymbol{K}(k+1)\boldsymbol{S}(k+1)\boldsymbol{K}'(k+1) \tag{7-18}$$

而且根据新息 $\boldsymbol{v}(k+1)$，还可以得到状态更新方程：

$$\hat{\boldsymbol{X}}(k+1|k+1) = \hat{\boldsymbol{X}}(k+1|k) + \boldsymbol{K}(k+1)\boldsymbol{v}(k+1) \tag{7-19}$$

这样就完成了一个卡尔曼滤波的循环过程，并且为下一步循环提供了新的状态估计值。

7.2 被动声呐目标跟踪方法

当被动声呐用全景显示器发现目标（搜索工作方式）之后，还须进行方位精测。现代数字声呐设有多个跟踪精测通道，可同时跟踪多个目标，并精确测定其方位。最常用的跟踪精测目标方位的方法有两种，一种是振幅比较

法，另一种是分裂波束互谱法。

7.2.1 振幅比较法

振幅比较法在原多波束搜索定向基础上进行。首先，在目标出现方位上确定三个相邻波束。如图 7-3 所示，测出三个波束的输出值 R_{i-1}、R_i、R_{i+1}。比较三个波束的输出值 R_{i-1}、R_i、R_{i+1} 即可算出目标偏离第 i 波束法线方向的偏差角 $\Delta\theta$。

当 $R_{i-1}=R_{i+1}\approx 0$，而 R_i 有最大值 $R_{i\max}$ 时，可确定目标正好在波束法线方向上，$\Delta\theta\approx 0$，这时目标的精确方位为 $\theta=i\alpha$。

当 $R_{i+1}\approx 0$ 或很小时，$R_i \geqslant R_{i-1}$，则 $|\Delta\theta|\leqslant\dfrac{\alpha}{2}$。若 $R_i \leqslant R_{i-1}$，则 $|\Delta\theta|\geqslant\dfrac{\alpha}{2}$，且此时方向偏左。当 $R_{i-1}\approx 0$ 或很小时，$R_i \geqslant R_{i+1}$，则 $|\Delta\theta|\leqslant\dfrac{\alpha}{2}$。若 $R_i \leqslant R_{i+1}$，则 $|\Delta\theta|\geqslant\dfrac{\alpha}{2}$，且此时方向偏右。通过比较三个波束的输出值 R_{i-1}、R_i、R_{i+1} 可知目标偏离角 $\Delta\theta$ 的大小和方向。

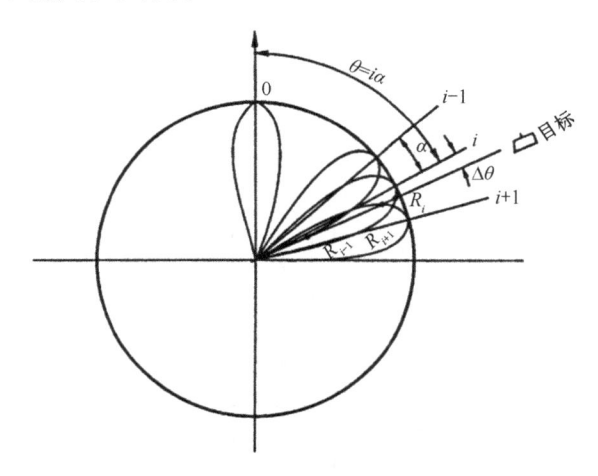

图 7-3 在目标附近的相邻三个波束关系

当 $0\leqslant\Delta\theta\leqslant\dfrac{\alpha}{2}$ 时，在测知相邻三个波束的输出值 R_{i-1}、R_i、R_{i+1} 后，可用下述方法计算出目标偏差角 $\Delta\theta$。我们可把一个波束的方向性函数近似地

看作二次函数（抛物线）$y = ax^2 + bx + c$。这样相邻三个波束的方向性曲线如图 7-4 所示。将中间波束 i 的方位值 x 设为 0，则 $i-1$ 波束的方位值为 $x = -\alpha$，$i+1$ 波束的方位值为 $x = \alpha$。当目标以 $\Delta\theta$ 方位入射时，分别以三个波束中获得的波束值 y 相应为 R_{i-1}、R_i、R_{i+1}，如图 7-4 所示。接下来在目标入射方位 $\Delta\theta$ 作一个内插波束，它在 $x=0$、$x=\alpha$、$x=-\alpha$ 三个方位上的 y 值分别为 A、B、C。由于相同函数关系，$A = R_i$、$B = R_{i+1}$、$C = R_{i-1}$。已知内插波束函数 $y = ax^2 + bx + c$ 的三点函数值 A、B、C，即可求出该内插波束函数的三个系数 a、b、c 均值，从而可以通过式（7-20）求出最大值点 x 的坐标 $x_{\max}$，即目标偏差角 $\Delta\theta$：

$$\Delta\theta = x_{\max} = -\frac{b}{2a} = \frac{a}{2} \cdot \frac{R_{i+1} - R_{i-1}}{2R_i - (R_{i+1} + R_{i-1})} \quad (7\text{-}20)$$

进而可求得目标精确方位：

$$\theta = i\alpha + \Delta\theta \quad (7\text{-}21)$$

测得目标精确方位后，即可对目标实现跟踪计算。当 $|\Delta\theta| > \frac{\alpha}{2}$ 时，且方向偏左，$\Delta\theta$ 为负值，则下一次跟踪计算时波束号 $i-1$。若方向偏右，$\Delta\theta$ 为正值，则下一次跟踪计算时波束号 $i+1$。在数字声呐中，改变波束号 i 即可使相应波束对准目标，实现方位自动跟踪。

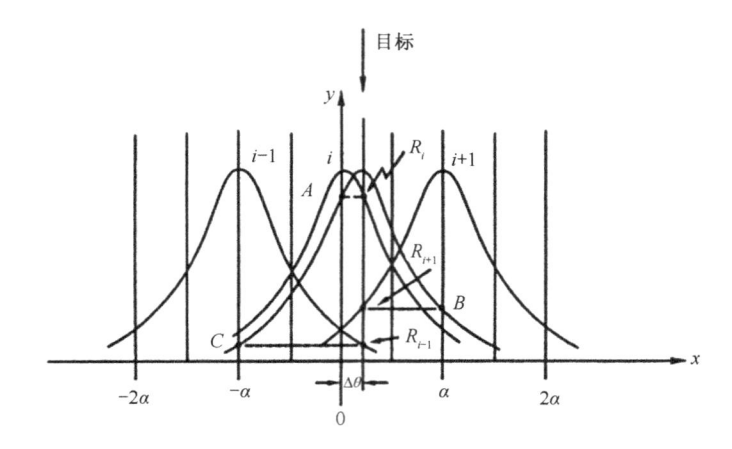

图 7-4 相邻三个波束方向性曲线

7.2.2 分裂波束互谱法

在分裂波束系统中,通过计算两个分裂波束信号的互功率谱来估计信号之间的时延 τ,进而计算出目标的精确方位,称为互谱法精确定向,具体方法见 3.7.2 节。

为了实现波束跟踪,可把 $\hat{\theta}$ 值与相邻两合波束之间的波束间隔值 α 进行比较,当 $\hat{\theta} > \dfrac{\alpha}{2}$ 时,则根据 θ 的正负方向,在下一次精测方位运算时改换合波束号:当 $\hat{\theta}$ 左偏时,合波束号为 $i-1$;当 $\hat{\theta}$ 右偏时,合波束号为 $i+1$。

综合上述过程可知,分裂波束互谱法精确定向全由数字运算来实现。所以只要运算速度足够快,就可以用同一硬件实时跟踪几个目标。

另外还要说明一点,3.7.2 节从 $Z(k)$ 中求 φ_k 的运算中必须进行一次反正切运算,可以采用式(7-22)进行计算。

设 $a = \arctan x$,当 $0 \leqslant x \leqslant 1$ 时,令

$$a = x - \frac{1}{5}x^2 \tag{7-22}$$

此时,近似程度可满足实际需要,误差小于 3%。

7.2.3 线谱跟踪

在被动声呐应用中,谱估器的输出通常被送至二维显示器,显示器采用调亮制示波器或电化纸记录器,其水平轴代表频率,垂直轴代表时间,借以显示出功率谱的不同频率分量随时间变化的历程,这样的显示图形称为 LOFAR 图。声呐操作员观察 LOFAR 图,注意其是否出现了最亮点的有规律轨迹。若能辨认出这样的轨迹(这当然以轨迹亮度超过必要的门限值为前提),则判断线谱存在,并以最亮点(谱估计峰值)所在频率作为线谱频率的估计值。声呐操作员还可以根据线谱频率的时变规律(最亮点轨迹的形状),测定目标舰艇的运动参数,或者根据线谱结构的特征辨识目标的类型。声呐操作员除了可以直接从 LOFAR 图上判别和跟踪线谱,还可以采用自动跟踪器。自动跟踪器接在谱估器上之后,按照一定的跟踪算法排除噪声引起的虚假峰值,同时对某些瞬间靠拢在一起的两个峰值加以鉴别。谱估器输出经过自动跟踪器加工后显示出来的 LOFAR 图将有清晰的线条。无论声呐是由声呐操

作员判断，还是采用自动跟踪器显示，线谱跟踪性能均主要取决于谱估器本身的性能。

由此可知，线谱跟踪的基本要求如下。

（1）谱估器峰值轨迹相对于附近区域有足够的亮度，这意味着线谱跟踪是在线谱检测的基础上进行的，特别是当线谱具有时变性质时，也应有足够优秀的检测性能。

（2）线谱频率估计精度要高。这对目标舰艇运动参数的测量精度有直接影响。

（3）分辨力良好。能够区分原来靠得很近的线谱或鉴别由于时变规律不同在某些瞬间靠拢在一起的线谱。在跟踪问题中，线谱具有时变性质，观察时间不可能太长，因此对分辨力的要求则显得比较突出。

思考题与习题

1. 分裂波束是声呐中常用的方法，简述其原理及在声呐跟踪目标时的应用。
2. 影响分裂波束互谱法被动声呐目标跟踪精度的因素有哪些？请简要分析。
3. 如何才能更好地让声呐稳定跟踪目标？

参考文献

[1] 李启虎. 数字式声纳设计原理[M]. 合肥：安徽教育出版社，2003.
[2] 李启虎. 声纳信号处理引论[M]. 北京：科学出版社，2012.
[3] 田坦. 声呐技术[M]. 2版. 哈尔滨：哈尔滨工程大学出版社，2011.
[4] 理查德·P. 霍奇思，于金花，等译. 水声学——声呐分析、设计与性能[M]. 北京：海洋出版社，2017.

第 8 章

水声侦察原理

此处所说的水声侦察是指对来自其他平台上声呐的发射信号进行捕获和参数估计，完成该功能的声呐称为侦察声呐，其采用被动工作方式。

虽然可以认为主动声呐信号的捕捉问题仍属于检测的范畴，但由于主动声呐信号自身的特点，信号的捕捉方法有别于舰船辐射噪声的检测。

与主动声呐接收的目标回波信号不同，侦察声呐的脉冲信号具有明显的特点，它是随机出现的，具有未知的频率、未知的脉冲宽度和未知的幅度。主动声呐信号处理中采用的匹配滤波处理不再适用于侦察声呐，而侦察声呐捕捉信号要采用特殊的方法。

传统被动声呐用于舰船辐射噪声检测的方法，不能简单地用于主动声呐信号的检测，如由于脉冲时间较短，较长的时间积累显然不会带来增益。

本章主要介绍使用水听器捕捉主动声呐信号并给出大致方位的方法，同时也介绍测定被捕捉信号脉宽和中心频率的方法。因为接收到的侦察脉冲仅有从声源到接收机的单程传播损失，而主动声呐探测接收机所在位置的目标时，有声源到目标的双程传播损失，所以在同等条件下，侦察声呐作用距离比对方主动声呐作用距离远，这对远程警戒有重要意义。

8.1 主动声呐信号捕捉

8.1.1 主动声呐信号捕捉理论依据

侦察声呐必须有能力检测和识别由水面舰艇、潜艇和直升机等探测平台声呐发射的脉冲，以及自导鱼雷声呐发射的脉冲。这要求侦察声呐的基阵和处理器必须采用宽谱接收，要在1~20kHz接收主动声呐的搜索信号，在20~100kHz接收鱼雷自导信号。

1. 信号检测

假设要捕获的主动声呐信号是中心频率为4kHz的单频信号，发射声功率为1kW（200.5dB），如果聚集系数是20dB，那么声源级为220dB左右。根据声呐方程，可以大致估计该信号的单程传播距离。中心频率为4kHz频点的背景噪声NL=61dB，接收机带宽为100Hz，则总的背景噪声为61+20=81（dB）。设对主动声呐信号的捕捉需要检测阈DT=10dB，那么优质因数FOM=220-91=129（dB）。在此优质因数下，对该信号的发现距离超过50km。因此，就发射功率和声源级来说，有可能远距离探测到主动声呐信号，甚至用单水听器就可以做到这一点。

2. 方位测量

信号方位的测量要求与基阵孔径有关。以被动测距声呐基阵为例，如果基阵孔径是40m，那么捕捉信号的时间精度应在μs量级，要使到这一点是有难度的；但如果基阵的孔径是100m，那么捕捉信号的时间精度达到5μs即可，要做到这一点还是有可能的。

3. 频率检测

对于单频信号，用FFT分析，只要时间足够长，就可以把信号从背景噪声中分辨出来并估计频率。对于频率为300Hz的单频信号，采样率为5kHz时，进行1024点FFT时的频率分辨力是Δf=4.9Hz。这时，对于信噪比为

−20dB 的单频信号，用 1024 点 FFT 无法分辨，但用 16 次 FFT 的累加信号就可以分辨信号与噪声了。这一结果完全可以用于捕捉主动声呐信号。

8.1.2 时频联合捕捉信号

主动声呐信号的捕捉是一个具有相当难度的课题，它需要较高的信噪比以保证较低的虚警概率，因为低信噪比会导致过量的虚警，增加操作员和指挥员的负担。由于不知道主动声呐信号的到达时间，捕捉系统必须始终处于工作状态。

用 3 个水听器捕捉主动声呐信号的流程如图 8-1 所示。采用 3 个相距较远的无指向性水听器，每个水听器独立进行信号的记录和分析。确定一个原则：3 个水听器中至少有 2 个水听器捕捉到信号，才开始真正的信号捕捉工作；否则，系统仍处于捕捉待机状态。

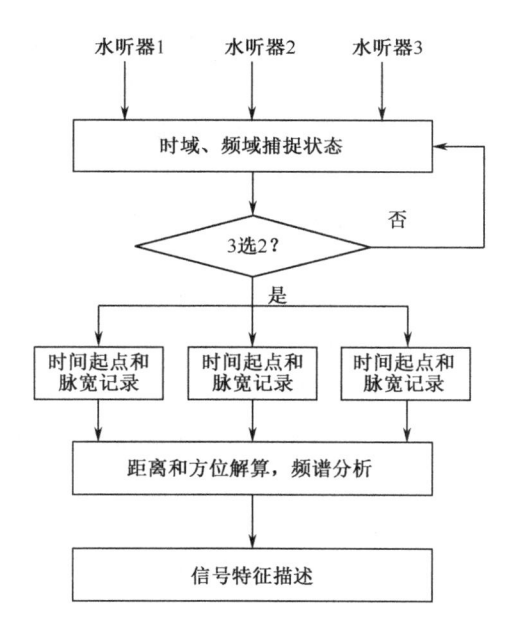

图 8-1 用 3 个水听器捕捉主动声呐信号的流程

根据侦察功能的要求，希望系统能在较宽的频带范围内捕捉信号。因此，要想在信号刚出现时就立即记录主动声呐信号是不可能的，整个捕捉过程要分为频域捕捉和时域捕捉两个阶段。

大致的捕捉过程如下。

用较高的采样率,例如,f_s=125kHz(125000Hz),T_s=8μs 对信号进行采样。然后在极短的时间内进行 1024 点的 FFT。这时,频率分辨单元的宽度是

$$\Delta f = \frac{125000\text{Hz}}{1024} \approx 122 (\text{Hz})$$

如果在连续几次的分析中发现某一分辨单元处,如第 15 号谱线[122×14=1708(Hz)]连续出现异常高的幅值,那么立即开始存储信号,记录采样的时间起点,并转入时域捕捉。时域捕捉并不针对所有频率分辨单元的信号,而是在 1708Hz 附近构造一个带宽为 122Hz 的 FIR 滤波器。如果所接收的信号确实是频率在 1708Hz 附近的单频信号,那么经过此 FIR 滤波器的时域信号,信噪比会大大高于水听器所接收的原始宽带信号。

时域捕捉系统确定时间起点和终点后,就可以算出信号脉宽,然后再对所存储的信号进行必要的频域分析,就能输出信号的特征。同时,根据 3 个水听器记录的时间起点和计算出的时延差,就可以按照三子阵被动测距的方法给出所捕捉信号的方位和大致距离。因为 T_s=8μs,所以这种系统的估计误差是较大的,但远程侦察的目的还是可以实现。图 8-2 为单水听器时域信号和频域信号捕捉流程。

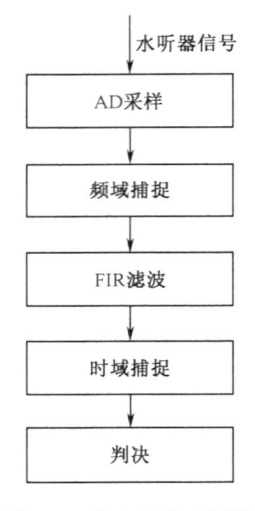

图 8-2 单水听器时域信号和频域信号捕捉流程

下面分析使用频域捕捉和时域捕捉的方法会有多大的增益。

为简单起见,假设主动声呐信号是单频信号,那么接收信号的形式为

$$x(t) = A\cos(2\pi f_0 t + \varphi) + n(t) \quad (8\text{-}1)$$

式中,φ 为随机相位。

以 T_s 为间隔对 $x(t)$ 进行采样,得到 N 个样本序列 $x(k)(k=0,1,\cdots,N-1)$。$x(k)$ 的 DFT 为

$$X(l) = \sum_{k=0}^{N-1} x(k)\exp\left(-\frac{\mathrm{j}2\pi kl}{N}\right) \quad (8\text{-}2)$$

频率分辨力为 $\Delta f = \dfrac{f_s}{N}$，当 f_s=125000Hz，N=1024 时，$\Delta f \approx 122$Hz。

输入信号原始信噪比为

$$\text{SNR} = \dfrac{\dfrac{A^2}{2}}{\sigma_n^2} \qquad (8\text{-}3)$$

式中，$\sigma_n^2 = E\left[n^2(l)\right]$ 为噪声功率。

在 f_0 附近的频率分辨单元中噪声功率为 $D_n = \dfrac{\sigma_n^2}{\dfrac{f_s}{2}} \times \Delta f$。

所以，增益为

$$G = \dfrac{\sigma_n^2}{D_n} = \dfrac{\dfrac{f_s}{2}}{\Delta f} = \dfrac{N}{2} \qquad (8\text{-}4)$$

当 N=1024 时，G=512，相当于 $10\lg 512 = 27$（dB）。增加积累次数，利用噪声的不相关特性，可使增益进一步提高。

图 8-3 给出了主动声呐信号频域捕捉的流程。对每路信号都设立 3 个存储器，进行数据重叠采样，重叠量为 3/4，在图 8-3 中表示为 RG_1，RG_2，RG_3。之所以进行重叠采样，是因为被捕捉的脉冲信号可能是一个相当窄的脉冲，如果进行不重叠采样，可能会损失过多的时间样本。例如，T_s=8μs，1024 点样本长为 8.192 ms，如果要用 3 个不重叠采样才能确定是否出现被捕捉信号，那么将会需要 16.384ms，这个量对短脉冲来说，也许就丧失了捕捉时间。

以 10dB 作为跳变的捕捉阈，如果有某一条谱线连续 5 次跳变值在 10dB 以上，那么存储 l_0，作为 FIR 滤波的引导信号，同时开始记录脉宽起点，然后立即转入时域捕捉。在转入时域捕捉之后，由于信噪比提高了，就有可能准确记录脉冲的宽度。图 8-4 是主动声呐信号时域捕捉的流程。

时域捕捉的关键是确定脉冲下降的后沿，我们仍旧用连续 5 次跳变值与阈值比较的办法。

时域捕捉有可能中断，因为有可能不出现连续 5 次跳变值小于阈值的情况。这时，如果脉宽记数已经太多，则认为时域捕捉失败，应重新转入频域捕捉。

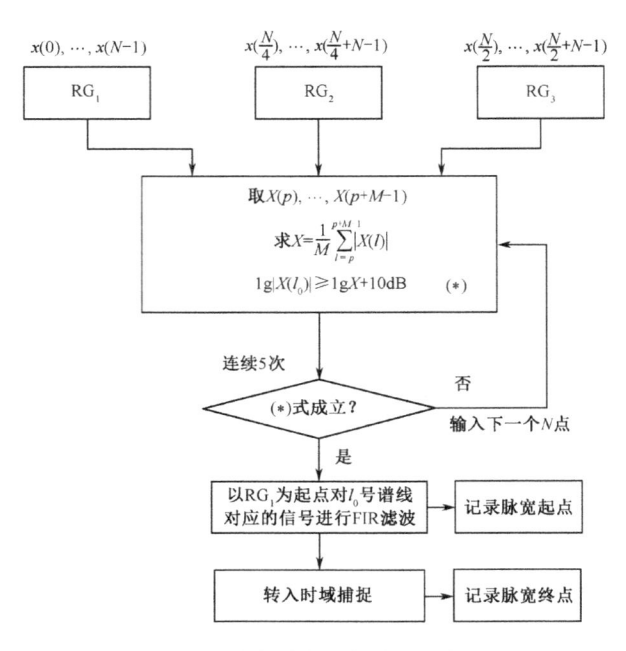

图 8-3　主动声呐信号频域捕捉的流程

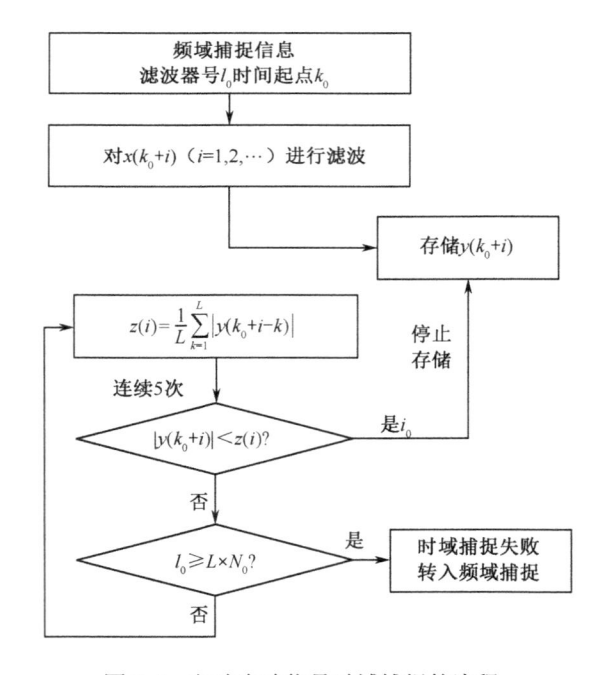

图 8-4　主动声呐信号时域捕捉的流程

8.2 主动声呐信号参数

在捕捉到信号之后，通常至少有几十毫秒的信号可供分析，足够用来提取信号特征。

8.2.1 主动声呐信号描述

一般从时域和频域分析信号特征。

1. 时间函数

窄带信号是主动声呐常采用的信号形式，可以表示为

$$s(t) = \begin{cases} a(t)\cos[2\pi f_0 t + \varphi(t)], & t \in [0,T] \\ 0, & \text{其他} \end{cases} \qquad (8\text{-}5)$$

式中，$a(t)$ 是幅度调制，$\varphi(t)$ 是相位调制，f_0 是载频，T 是脉冲宽度。

因为窄带信号的 $a(t)$ 相对于 f_0 变化速度较慢，所以 $a(t)$ 又称为信号的包络。有时，还用到信号的瞬时频率 $f(t)$ 的概念，它定义为信号相位函数的导数：

$$f(t) = \frac{1}{2\pi}\frac{\mathrm{d}}{\mathrm{d}t}[2\pi f_0 t + \varphi(t)] = f_0 + \frac{1}{2\pi}\frac{\mathrm{d}}{\mathrm{d}t}\varphi(t) = f_0 + F(t) \qquad (8\text{-}6)$$

式中，$F(t)$ 称为频率调制。

2. 频谱函数

信号的频谱是信号时间波形 $s(t)$ 的傅里叶变换，即

$$S(\omega) = \int_{-\infty}^{+\infty} s(t)\mathrm{e}^{-\mathrm{j}2\pi ft}\mathrm{d}t = \int_{-\infty}^{+\infty} s(t)\mathrm{e}^{-\mathrm{j}\omega t}\mathrm{d}t \qquad (8\text{-}7)$$

它是复数，一般写作

$$S(\omega) = |S(\omega)|\mathrm{e}^{\mathrm{j}\psi(\omega)} \qquad (8\text{-}8)$$

式中，$|S(\omega)|$ 称为信号的幅度谱，而 $\psi(\omega)$ 则称为信号的相位谱。通常将信号幅度谱下降到最大值的 0.707（−3dB）处的频带宽度称为信号的带宽。

8.2.2 几种主动声呐信号

1. 单频矩形（CW）脉冲信号

单频矩形脉冲的时间函数可以表示为

$$s(t) = \begin{cases} A\mathrm{e}^{\mathrm{j}2\pi f_0}, & t \in [0, T] \\ 0, & 其他 \end{cases} \quad (8\text{-}9)$$

CW 脉冲信号的时间函数的实部如图 8-5 所示。

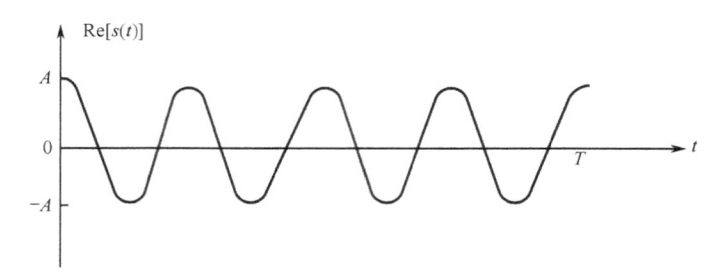

图 8-5　CW 脉冲信号的时间函数的实部

CW 脉冲信号的频谱函数为

$$S(f) = AT\frac{\sin[\pi(f-f_0)T]}{\pi(f-f_0)T} \quad (8\text{-}10)$$

CW 脉冲信号的频谱如图 8-6 所示。

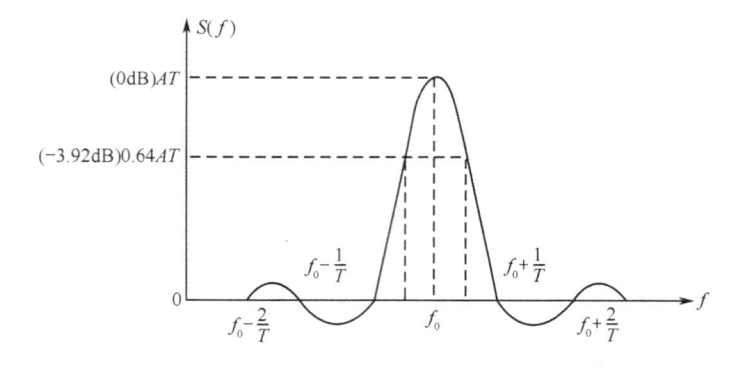

图 8-6　CW 脉冲信号的频谱

2. 线性调频（LFM）脉冲信号

LFM 脉冲信号的时间函数可表示为

$$s(t)=\begin{cases}A\exp[\mathrm{j}(2\pi f_0 t+\pi kt^2)], & t\in\left[-\dfrac{T}{2},\dfrac{T}{2}\right]\\ 0, & \text{其他}\end{cases} \quad (8\text{-}11)$$

其瞬时频率为

$$f(t)=\frac{1}{2\pi}\frac{\mathrm{d}}{\mathrm{d}t}\varphi(t)=f_0+kt \quad (8\text{-}12)$$

式中，$k=\dfrac{F}{T}$ 为信号频率变化率，或称为调频斜率；F 为信号的调频宽度。

LFM 脉冲信号实部的波形及瞬时频率如图 8-7 所示。

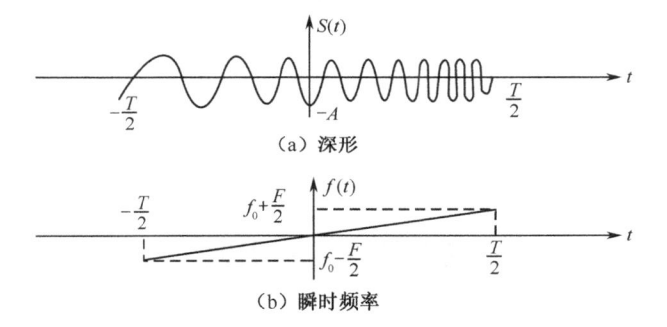

图 8-7 LFM 脉冲信号实部的波形及瞬时频率

3. 双曲线调频信号

双曲线调频信号是一种多普勒不变信号，其时间函数为

$$s(t)=\begin{cases}A\exp\left[\mathrm{j}\left(2\pi\dfrac{f_0^2}{m}\right)\ln\left(1-\dfrac{m}{f_0}t\right)\right], & t\in\left[-\dfrac{T}{2},\dfrac{T}{2}\right]\\ 0, & \text{其他}\end{cases} \quad (8\text{-}13)$$

将式（8-13）对数展开，可得

$$s(t)=A\exp\left[\mathrm{j}\left(2\pi f_0 t+\pi mt^2+2\pi\dfrac{m^2 t^3}{3f_0}+\cdots\right)\right] \quad (8\text{-}14)$$

当忽略 t^3 以上各项的值时，就可得到线性调频信号的表达式。可见，线性调频信号是双曲线调频信号的一种特例。

双曲线调频信号的频率为

$$f(t) = \frac{1}{2\pi}\frac{\mathrm{d}}{\mathrm{d}t}\varphi(t) = \frac{1}{2\pi}\frac{\mathrm{d}}{\mathrm{d}t}\left[-\left(2\pi\frac{f_0^2}{m}\right)\ln\left(1-\frac{m}{f_0}t\right)\right] = \frac{f_0}{1-\frac{m}{f_0}t} \quad (8\text{-}15)$$

其具有双曲线函数的形式，它为瞬时频率（见图 8-8）：

$$\frac{\mathrm{d}t}{\mathrm{d}f} = \frac{f_0^2}{mf^2}$$

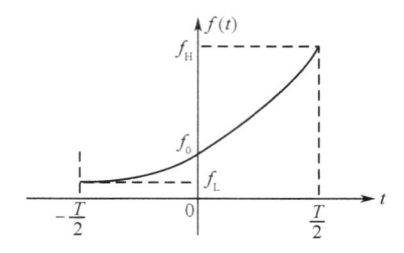

图 8-8　双曲线调频瞬时频率

思考题与习题

1. 水声侦察与主动声呐探测有何区别？
2. 水声侦察要分析的脉冲参数有哪些？

参考文献

[1] 李启虎. 数字式声纳设计原理[M]. 合肥：安徽教育出版社，2003.
[2] 李启虎. 声呐信号处理引论[M]. 北京：科学出版社，2012.

第 9 章

水下目标非声探测

目前对潜艇实施探测的主要手段是声学探测,但随着潜艇消声降噪技术的发展,单纯利用声学手段探测潜艇无法满足现代反潜作战的需求,为提高探测潜艇的能力和效率,发展非声探测潜艇技术受到诸多国家的重视。非声探测技术是利用潜艇目标导致的光、电、磁、废气、核辐射等水下、水面和水上物理场的变化来实现对潜艇的探测。主要包括雷达探测、目力检测(视觉观察)、无线电技术侦测、磁场探测、电场探测、温度场探测、激光探测、废气探测、核辐射探测、利用海洋微生物的探测等。

9.1 水下目标非声探测手段

9.1.1 雷达探潜技术

雷达也被称为"无线电定位",是一种利用电磁波探测目标的电子设备。雷达通过发射电磁波对目标进行照射,并接收其回波,由此获得目标到电磁波发射点的距离、距离变化率(径向速度)、方位、高度等信息。

雷达被应用于潜艇探测中,其开始时间没有比声呐晚很多。早在第二次世界大战期间,它便和声呐、探照灯一起并称为反潜战的三大王牌技术,为击败使用"狼群"战术的德国潜艇做出了突出贡献。早期的雷达波长较长,以米波雷达为主,此频谱特性决定了它能够发现水面航行状态的潜艇(通过探测潜艇金属艇体后的反射的回波信号）和通气管状态下的潜艇（接近水面）。

现代雷达波长较短，电磁波进入水中后能量衰减得很快，在水中传播距离极短，远不能和声呐相比。因此，通过岸基或机载雷达发现和探测隐藏在海中较深处的潜艇是不现实的。虽然雷达波无法探测水下目标，但是潜艇也不能永远潜伏在水下。未采用 AIP 技术的常规动力潜艇，在水下航行时无法启动柴油机，只能依靠电池动力驱动螺旋桨推进器，如果潜艇的运行时间较长，电池电力就会耗尽，此时潜艇必须浮出水面，然后启动柴油机，用它带动发电机为电池充电，这时可以用雷达探测到潜艇。在进行通信和观察时，潜艇也会把相应设备伸出水面，这时同样可以用雷达探测，这样潜艇就难逃反潜机的"法眼"。现代机载反潜雷达，依靠的依旧是与第二次世界大战时期类似的方式，如搭载机载反潜雷达的固定翼反潜飞机。P-8 反潜机头部的 AN SPY-10 反潜雷达（见图 9-1）利用的就是这一原理。

图 9-1　P-8 反潜机头部的 AN SPY-10 反潜雷达

部分潜艇上安装有小型的辅助潜用雷达，它主要用于在潜艇进出港时进行辅助导航，因为潜艇不同于水面舰艇，其航行视野狭窄，操纵相对困难，在进出港时很容易发生与其他舰船碰撞、与岸堤擦碰的事故，有了用于辅助导航和测距的雷达，就能降低此类事故发生的概率。出于隐蔽性考虑，潜艇在开放水域不使用雷达，甚至部分潜艇不安装雷达。

但也有少数潜艇"特立独行"，如巴基斯坦海军就选择为其升级的"阿戈斯塔 90B"常规潜艇安装潜用雷达。这种又名为"鹰眼"雷达的新型潜用雷达采用低功率、脉冲多普勒发射技术，由于其功率低，本身就降低了被敌人发现的风险，因为大多数被动侦测雷达的接收机设置有频率门限，低功率信号低于频率门限时不会被接收机接收，自然不会暴露。此外，该雷达还采用了与F-22数据链类似的"低可截获"技术，从而进一步降低了雷达信号暴露的可能性，能在不降低目标探测性能的同时降低潜艇被探测到的风险。

同时，"鹰眼"雷达改装、使用起来也很方便。"鹰眼"雷达的接收机采用固态电子技术，可靠性高、维护成本低，位于潜艇耐压壳体内，可充分利用现有舱壁基础设施、天线旋转驱动器和波导接插件。更重要的是，"鹰眼"雷达具有很强的探测能力，有了"鹰眼"雷达，"阿戈斯塔90B"常规潜艇就相当于多了一只"眼睛"，比仅安装声呐的潜艇拥有更强的目标探测能力。"鹰眼"雷达采用多普勒回波处理技术，探测目标更多、时间更早、距离更远。与此同时，"鹰眼"雷达还特别适合海洋作战环境，在强烈的海杂波环境中的可见度约为30dB，即使在极端恶劣的气象条件下仍能识别小型、低雷达散射面积目标。鹰眼"雷达"上安装的一系列电子滤波器使该雷达能轻易区分目标和海洋、雨水等背景噪声。有了"潜用雷达+声呐"这一组合，"阿戈斯塔90B"比同类潜艇的探测能力强很多，能够比敌军潜艇和舰船更早发现对方，这对于潜艇而言，就意味着获胜和生存概率大幅提升。当然，潜艇上安装的探潜雷达，其使用时机和探测距离肯定要受很大的限制，更多时候还是处于辅助地位，这是由雷达波的物理特性和本质规律决定的。

9.1.2　磁探仪探潜技术

潜艇外壳和艇上设备大量采用铁磁材料，在地磁作用下形成由固定磁场和感应磁场组成的潜艇磁场。磁场异常探测（MAD）可以通过检测潜艇磁场导致的地磁异常，发现在水下航行的潜艇。早在第二次世界大战期间，同盟国就在关键航道上布置了磁探仪，用于监视德国潜艇的活动。战后，随着磁场探测技术的飞速发展和探测精度的不断提高，有效探测距离不断增加。

针对潜艇自身的磁异常会引起地磁场扰动的特点，可以利用磁探仪探测安静型潜艇。由于潜艇是用磁性金属制造的，其存在必定会引起地磁场异常。磁探仪就是靠探测地磁场的异常来判断水下是否有潜艇存在。只要磁探仪与地磁场的距离在其作用范围内，无论是静止还是移动的潜艇都能被探测到。此外，由于地球南北磁极的作用，潜艇在良好消磁的情况下，在浅水层机动，存在南北航向被磁探仪探测宽度概率大、东西航向被磁探仪探测宽度概率小的问题。

磁探仪即磁异探针，是当今实用的最重要反潜装备之一。现代反潜机使用的磁探仪原理并不复杂，但其结构却相当精密。为了减小飞机本身对于磁异探针的干扰（飞机的外壳也是磁体），固定翼反潜机通常把磁探仪安装在远离机体的尾部等处（见图9-2），因此磁探仪也常被人们形象地称为"磁异探针"，反潜直升机则通过吊放电缆将磁探仪探头拖在机体下方且远离机体的位置。

图 9-2 固定翼反潜机尾部长长伸出的磁异探针

航空磁探测技术是现代战争中探测潜艇的重要方法之一，从技术角度来看，其历史可以划分为三个阶段：第一阶段，从 20 世纪 40 年代末到 70 年代中期，先后采用磁通门磁强计、质子磁强计和光泵磁强计测量总磁场强度；第二阶段，从 20 世纪 70 年代中期到 90 年代中期，除测量总磁场强度外，还利用光泵磁强计测量地磁场模量的水平和垂直梯度；第三阶段 从 20 世纪 90 年代中期至今，超高灵敏度的超导量子干涉仪 SQUID 磁强计配合惯性姿态控制系统，被用于磁场的分量测量（航空矢量磁测）和航空全张量磁力梯度测量。

9.1.3 尾迹探潜技术

潜艇在水下航行时，潜艇的螺旋桨、舵、排出的废气等会产生尾迹，尾迹探潜技术是一种新型的潜艇探测技术。潜艇的尾迹主要分为气泡尾迹、水动力尾迹和热尾迹三大类。

1. 气泡尾迹

潜艇在水下航行时，其螺旋桨对海水的搅拌会使尾流中产生一定数量的气泡，从而形成气泡尾迹，气泡尾迹的探测手段为声探测。气泡分布的水平尺度由潜艇尾流的水平尺度和气泡上升到海面时间段内潜艇的航程决定，可供探测利用的尾流水平尺度可能很大，便于声呐探测。

2. 水动力尾迹

水动力尾迹主要包括伯努利"水丘"、开尔文尾迹、内波尾迹、涡尾迹、湍流尾迹等。通常水动力尾迹可通过机载、星载雷达等遥感手段探测。

伯努利"水丘"为潜艇上方水面的隆起，由潜艇运动产生的近场表面波引起。开尔文尾迹是潜艇后方呈现的"V"形尾迹，由横波和散波组成，其包络在 19.5°夹角内，是潜艇水下运动对远场水面产生的影响。伯努利"水丘"和开尔文尾迹与潜艇的速度和下潜深度密切相关，两种尾迹会随着潜艇潜深的增加和航速的降低而迅速减小，因此并不适合作为广域监视对象。

内波尾迹是潜艇水动力尾迹的主要研究内容之一，是潜艇在水下航行时破坏密度跃层引起的物理现象。海水密度在垂直方向并非均匀分布，而是近似层化分布，潜艇在海洋中航行时的扰动和航行的尾流影响了海水的原有分层结构，从而产生内波。内波是一种周期性振荡，能量以波的形式由扰动处向远处传播。内波会对水面水波的图像进行调制，影响水面入射微波后的散射性质，从而引起合成孔径雷达图像的明显变化。当潜艇驶过密度跃层内的某一点后，在 10~100min 的时间内存在潜艇引起的内波振动，水面上的线状内波尾迹可能长达数千米。内波尾迹的图像特点与开尔文尾迹相似，也是"V"形线，只是内波的"V"形尾迹是窄亮线加上暗中央尾线，一般情况下夹角的一半为 2°~8°。合成孔径雷达（SAR）可以有效地监视海面波浪特征和海面粗糙度的变化，可以成功检测内波尾迹。早在 1978 年，美国就将 SAR 雷达装在 Seasat 卫星上，并成功拍摄了内波尾迹的 SAR 照片。其后，俄罗斯也发表文章，宣称自己掌握了使用 SAR 雷达检测水下潜艇的技术。1992 年，美俄举行了联合试验，通过 ERS-1 卫星验证了 SAR 雷达间接探潜的能力。美国的"长曲棍球"侦察卫星（见图 9-3），是当今世界上最先进的军用雷达侦察卫星之一，可以探测潜艇的航迹及水下机动产生的内波。

图 9-3 "长曲棍球"侦察卫星

3. 热尾迹

核动力潜艇通过汽轮机将核燃料产生的热能转化为动力和电能。根据熵增定律，汽轮机的做功过程会向外界排放废热。事实上，在核燃料产生的热能中，超过 75% 将作为废热被排放到海水中；再加上艇上各种电子设备工作散热产生的热量，核动力装置产生的热功率除一小部分转化为潜艇的动能和尾涡湍动能外，绝大部分最终都将以冷却水的形式排放到海水中。装机容量为 190MW 的核潜艇，其冷却水排放的废热可达 88MW。这些以冷却水形式排放到海水中的废热在潜艇尾部形成温度较高的热尾迹，然后在浮升力的作用下向海面浮升。

除核动力潜艇外，AIP 潜艇也存在热尾迹问题。AIP 潜艇在 AIP 航态下采用 AIP 动力系统提供动力，同时以冷却水的形式排放废热。目前，已经实现装备应用的 AIP 动力系统主要是瑞典的斯特林热机（SEAIP）、法国的闭式循环汽轮机（MEAIP）和德国的燃料电池（FCAIP）。其中燃料电池的效率略高，可达 60%；斯特林热机和闭式循环汽轮机的效率均在 35% 左右。斯特林热机和闭式循环汽轮机在工作中不但要排放废热，而且需要排放燃料燃烧产生的废气。废气的主要成分是微溶于海水的二氧化碳，此外还包括少量不溶

第9章 水下目标非声探测

于水的氧气和一些惰性气体。这些废气将大大加强热尾迹的浮升能力。因此，虽然 AIP 动力系统的热功率远小于核动力潜艇，但是其热尾迹问题也不可忽视。

当潜艇潜深较浅时，热尾迹可能直接浮升至海面，形成长达数百米的"热斑"；当潜艇潜深较深时，因为海水表层水温通常较高，且热尾迹在浮升到一定高度后，与周围水体的温差已经很小，所以不会在海面形成可观察的红外特征。但是，热尾迹通常会产生 50～100m 的浮升高度，因此在浮升过程中会产生远超于潜艇尾涡尺度的水体运动。

红外探测仪是将入射的红外辐射信号转变成电信号输出的仪器。红外辐射是波长介于可见光与微波之间的电磁波，人眼无法察觉。若要察觉红外辐射的存在并测量其强弱，必须把它转变成可以察觉和测量的其他物理量。红外探测仪也能用来侦测潜艇，当常规潜艇在水中航行的时候，就会在水下一定深度的水层中造成水流扰动，从而造成特定水层水温异常升高或降低，这就使得潜艇经过的航路上，出现一条水温变化的航迹，这一航迹用肉眼无法观测，但在红外探测仪的"火眼金睛"下则明察秋毫。美国利用卫星侦察潜艇的项目早在 20 世纪 90 年代就已经取得相当大的成果，当时的红外卫星试验已经可以在太空中侦测到深度 25m 以下的海域中 0.006℃ 的微小温度变化，这表明卫星和反潜飞机使用高灵敏度红外探测仪来探测潜艇的航迹水温变化是完全可行的。

早在 1988 年，俄罗斯研究人员就指出，对于潜艇而言，热尾迹红外探测是一种有效的非声探测方法。美国最新的 KH-12 型红外监视卫星能从距地面 350km 的高空分辨出地面上尺寸在 0.1～0.15m、温差 0.02℃ 的目标红外特征。进入 21 世纪以来，为实现对关键海域的全时监测，美国开始发展"天基红外探测系统"（SBIRS）项目，该项目的首颗地球同步轨道卫星已于 2011 年 5 月发射升空。

另外，有研究者指出，由于热尾迹与周围水体存在明显的温差，可以通过蓝绿激光雷达（LINDAR）检测水下的热尾迹。海水在激光的照射下会产生强烈的罗曼散射，散射光的强度与水温具有密切关系。因此，即使热尾迹没有浮升至海面，也可以通过 LINDAR 检测到潜艇在水下排放的热尾迹。澳大利亚的研究结果表明，使用 LINDAR 可以准确检测到水深 50m 以下、温差 0.1℃ 的热尾迹。

9.1.4 激光探潜技术

大部分光在海水中的衰减非常大,而在所有光中,蓝绿光(波段为 0.47~0.58μm)的衰减远小于其他光,可以看作是海洋为蓝绿光提供了一个"透光窗口",此现象为利用光波进行水下探测与水下通信奠定了基础。温度和盐度对光波的波速基本没有影响,光探测具有很好的方向性,故利用光波进行目标定位时,定位结果比较准确。除此之外,利用光波还可进行二维强度成像和多光谱摄像,且得到的图像的分辨率较高,操作者可利用图像判断目标类型,激光雷达成像探潜效果如图 9-4 所示。

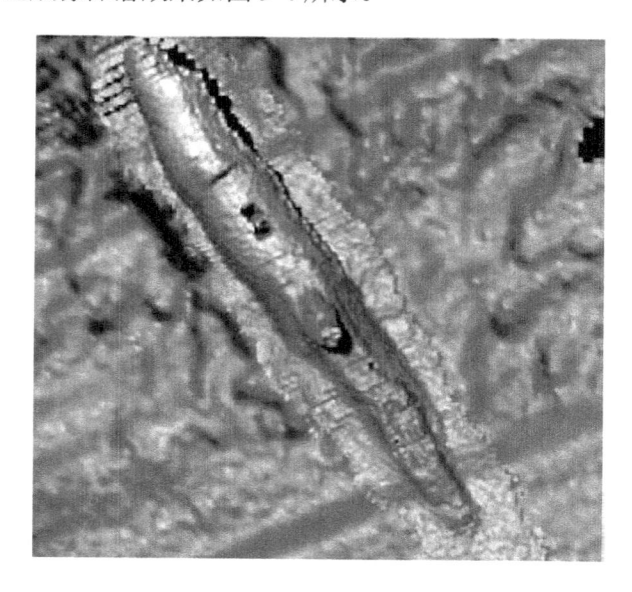

图 9-4 激光雷达成像探潜效果

1987 年,美国国际研究远景规划局将蓝绿激光探潜列为正在进行的几项非声波探潜技术计划之一。1990—1991 年海湾战争期间,美国海军将命名为"魔灯"的 ML-30 型蓝绿激光探测系统装在"弗里兰"号护卫舰上的 SH-2F "海妖"直升机上,在海湾进行探测水雷试验。之后,美国海军投入 1060 万美元研制比 ML-30 型更先进的 ML-90 型"魔灯"蓝绿激光探测系统,并在 1993 年夏天进行试验。与此同时,美国海军陆战队为实现对海滩和两栖登陆区域的雷场警戒,投资 1260 万美元研制可装在战斗机、直升机及无人驾驶飞机上的"魔灯"改进型，即 ML（A）型的蓝绿激光探测系统。苏联也是较早研究蓝绿激光探潜技术的国家之一。早在 20 世纪 80 年代，就有报道称苏联已能从时速为每小时 160km 的低空飞行飞机上利用激光扫描技术探测水下目标。1993 年，美国《世界武器评论》报道：俄罗斯已在图 95"熊 IV"型轰炸机的头部安装了蓝绿激光潜艇探测系统，以搜索沿海潜艇、小型潜艇和水雷。由此可见，美国、俄罗斯两国已逐步完成了蓝绿激光探潜/探雷系统的原理研究，并且将小批量该类设备形成装备，并投入部队使用。

虽然光波具有很多优点，但是它在海水中的衰减仍很大，且对海水的水质要求较高，海水中的悬浮颗粒、浮游生物等都会使光波产生严重的散射现象。因此，机载激光的探测深度有限，在清澈的海域，可见光的穿透深度大约为水下 100m。例如，美国"先进防御研究项目机构"开发的激光雷达系统利用波长为 510nm 的蓝绿激光进行水下目标探测，探测结果显示其最大可探测深度达到 200m。随着条纹管激光成像雷达等新型技术的发展，雨、雾等天气对激光探测的影响有望降低，这有助于提高激光探测的性能。

9.1.5 电场探潜技术

潜艇通常由多种金属材料制成，不同种类的金属在海水中会呈现不同的电极电位。海水是电解质，不同类型的金属与海水共同组成了腐蚀原电池，电位低的金属为阳极，电位高的金属为阴极。以钢和铜为例，钢板为阳极，铜板为阴极，钢板则受到腐蚀。为避免阳极被腐蚀，广泛采取阴极保护措施，使被保护的金属变为阴极从而得到保护。由于腐蚀原电池和阴极保护措施均会使潜艇周围的海水产生电流，电流通过海水在艇壳和螺旋桨之间形成回路，回路的电阻抗因螺旋桨轴承的旋转呈现周期性，因此导致海水中电流被调制，时变电流产生的电磁波由艇壳向外传播，形成了极低频电场，如图 9-5 所示。

极低频电场因主轴和螺旋桨转动而产生，在潜艇航行时不可避免。极低频电磁波的频率较低，相对其他电磁波衰减要小，且受海况等条件的影响小，使利用极低频电磁波进行潜艇探测具有可行性，但由于检测技术的制约，目前的探测距离约 1km。

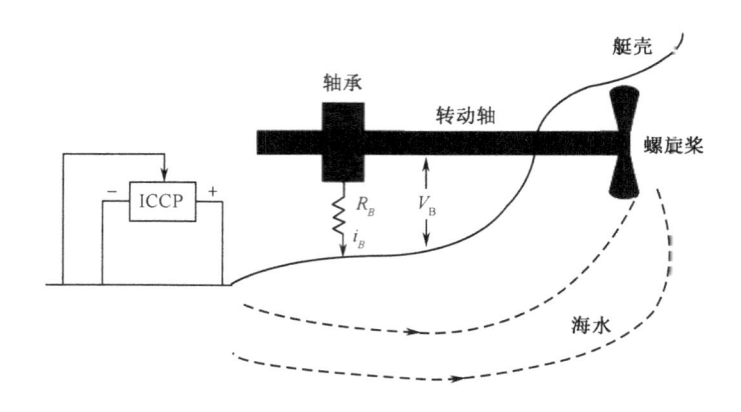

图 9-5 轴转动调制轴上防腐电流产生轴频电场示意

9.1.6 生物光尾迹探潜技术

海洋内存在一种发光细菌,在某些生理条件下发光细菌可发射出波长在 450~490nm 的可见光。发光细菌在海洋内分布非常广,潜艇航行时辐射的电磁波、声波等会激发海域内发光细菌的荧光变化,在海面上可观察到明显的荧光轨迹。潜艇航行会使海水形成涡旋,也会刺激发光细菌发光形成光尾迹,荧光轨迹在潜艇通过后约 15min 才会消失,这些轨迹可以为潜艇探测提供依据。

由于可见光的波长位于近紫外线波段,利用紫外线照射海面时,发光细菌只有被潜艇激发后,才散发出可见光。反潜机通过不断用紫外光束照射海水表面,并由接收机接收对海水表层发光细菌发散的可见光,再根据检测到的荧光判断潜艇有无和潜艇方位。生物探测的作用范围广,但由于其信号较弱,白天和月光较强的夜晚基本无法检测到光尾迹,而且空气中的粒子也会对紫外线产生较强的散射作用,导致部分紫外线不能照射到海面上。

9.1.7 其他探潜技术

除上述探测手段外,目前还可以利用核潜艇的核辐射、废气等实现探潜。

核辐射探潜技术的原理是:核潜艇反应堆运行时其周围会产生核辐射,并伴有一些放射性物质排出,核辐射线与海水中的离子相互作用,产生可见的蓝色光,用光学仪器探测可见的蓝色光,或利用核辐射探测设备感知海水中放射性污染的变化情况。

废气探潜技术利用潜艇在水面或通气管状态航行时，其内燃机工作产生的一氧化碳（将在低空停留约 3h）进行探潜。由此，美国海军和英国海军的反潜飞机均装备了废气分析仪。废气探潜技术隐蔽性高，但受风力等气象条件的影响较大，英国的反潜飞机能在迎风方向发现距飞机 50km 外，处于通气管状态航行的潜艇。

红外探潜技术除了利用红外探测热尾迹，还可直接对潜艇进行探测。舰艇在水面航行时，太阳光作用在舰艇处于水面以上部分的金属表面，产生红外辐射，从而被反潜机上装备的红外探测器探测到。由于红外辐射强度与舰艇水面以上部分的金属表面温度密切相关，其探测性能有限。

9.2 声与非声联合探潜手段

随着潜艇减震、降噪、消声、消磁技术的广泛应用，无磁性艇壳材料的采用，以及各种声对抗武器的升级，潜艇的隐蔽性与机动能力进一步增强。探潜与反潜成了当今世界上最大的技术难题之一。为应对潜艇威胁及解决反潜探测难题，各国海军更加重视研究新的水下目标探潜手段，甚至不惜投入大量资金研制声与非声探潜技术。

其中由卫星主导的"天基非声反潜探测"系统虽然具有广阔的发展前景，且卫星具有居高临下的优势，但是受复杂海况条件及新型潜艇噪声低、深潜和机动样式等多种因素影响，卫星等非声探潜在实际应用中仍有很大难度和不确定因素。比如风、浪、雨、雪、冰、雾、霾和潮汐等恶劣气象条件很容易掩盖潜艇的行踪，潜艇增大下潜深度，选择适宜隐蔽的水层和航向，以及降低航速机动，就不会产生内波。利用这些自然因素和机动措施，雷达、蓝绿激光、红外探测等非声探测技术效率将大大降低。随着潜艇下潜深度的增加和速度的降低，再加上航向和水层的选择，潜艇运动产生海洋内波的条件被破坏，卫星遥感和磁异探潜也难有作为。因此，虽然卫星反潜技术具有可行性（卫星能够探测到潜艇形成的尾迹），但是其无法长时间进行跟踪。另外，由于卫星反潜技术还面临一些技术难关，在非声探潜上投入大量资金未必可取。

从技术前景看，声与非声探潜技术各有优势和短板，要取长补短，使各种技术齐头并进，共同发展综合反潜探测网。只有将各种非声呐探测技术与传统声呐技术结合起来，才能开发出更好的潜艇或反潜探测技术。

思考题与习题

1. 非声探潜手段有哪些，各自有何特点？
2. 在声与非声探潜技术结合方面你有哪些考虑？

参考文献

[1] 陈允锋，刘伟. 非声探潜新技术浅析[J]. 光纤与电缆及其应用技术，2016（6）：29-32，36.

[2] 迟国仓. 非声探潜也"疯狂"[J]. 兵工科技，2017.

[3] 梅凤华，侯旺. 非声探潜技术在航空尾迹探潜上的应用[J] 电光与控制，2017，24（7）：62-65.

下篇

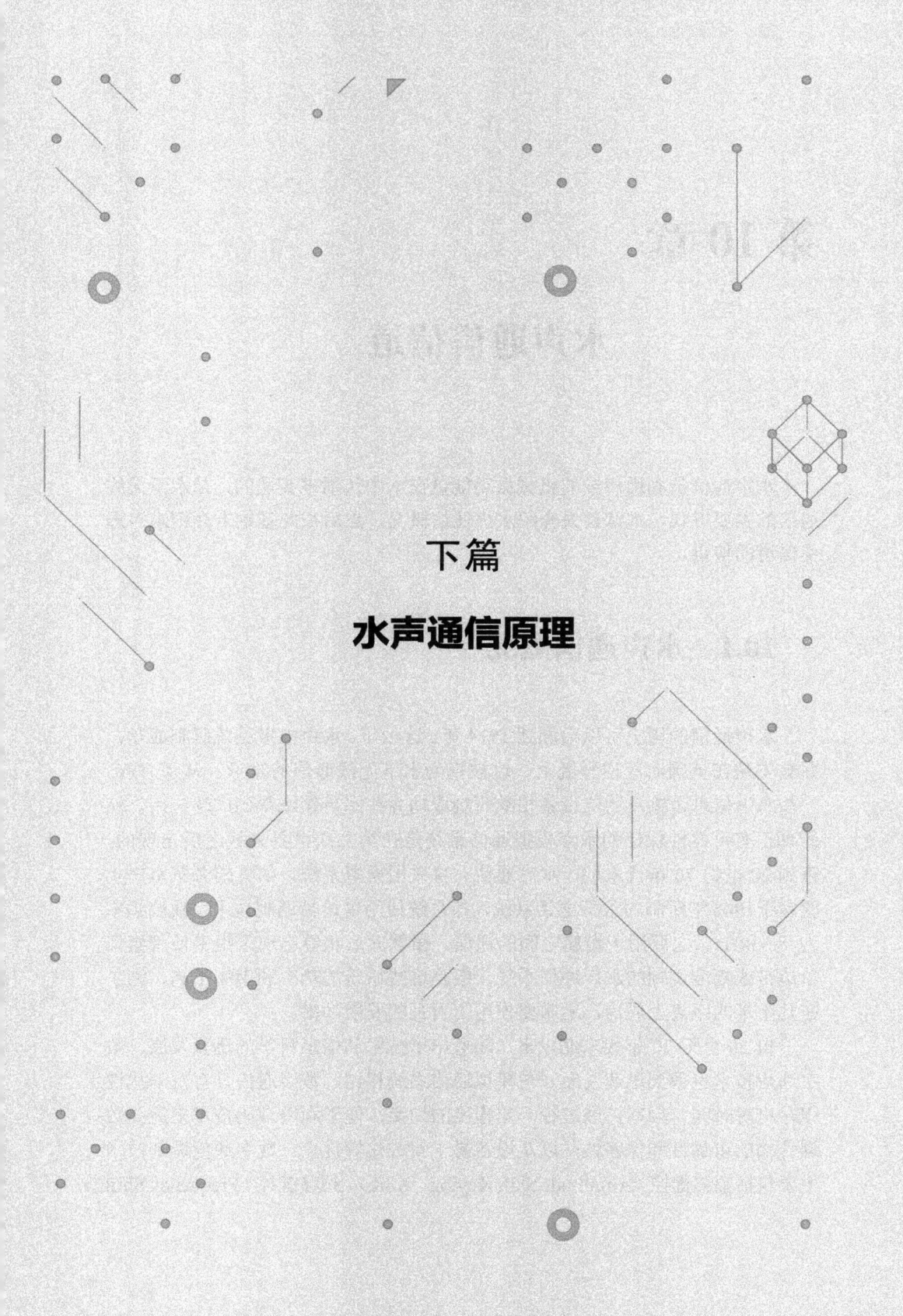

水声通信原理

第 10 章

水声通信信道

水声通信是利用声波的机械振动能量在水中传播来实现的，是水下无线通信的主要方式。本章首先介绍水声通信概况，然后在此基础上介绍水声通信信道的特点。

10.1 水声通信概况

水声通信的历史可以追溯到 1914 年。这一年，水声电报系统研制成功，并被安装在英国海军巡洋舰上，这被视为水下无线通信的雏形。从那时起，一些水下信息传输及通信设备相继研制成功并在军事领域得到广泛应用。然而真正有可靠性保证的水声模拟通信系统是在第二次世界大战之后出现的，直到 20 世纪 70 年代末期，水声通信一直采用模拟系统，如美国海军水声实验室于 1945 年研制的水下电话系统，该系统使用单边带调制技术，载波频率为 8.33kHz，主要用于潜艇之间的通信。虽然此后相继出现了很多使用模拟单边带或幅度调制的水声通信系统，但是这些系统的功率利用率不高，为了在几千米的距离上通信，通常要使用上百瓦的发射功率。

自 20 世纪 70 年代末期以来，随着电子技术和信息科学的迅猛发展，数字通信技术也得到迅速发展。与模拟通信系统相比，数字通信具有抗干扰性强，可对时间、频率扩展进行一定程度的均衡，便于利用编码技术来提高数据传输的可靠性和保密性，以及设备易于集成化等优点。数字通信调制技术主要包括幅移键控（Amplitude Shift Keying，ASK）、频移键控（Frequency Shift

Keying，FSK）、相移键控（Phase Shift Keying，PSK），以及由此派生出的其他技术。

ASK 是指用数字基带信号控制载波幅度进行信息传递的一种调制技术。由于水声信号幅度起伏而造成多级 ASK 在解调时难以设置适当的检测阈值，水声通信中的 ASK 大多使用通断键控方式。该技术的功率利用率极低，抗多途干扰能力也很弱，因此只适用于一些对通信速率要求不太高的场合。

FSK 系统作为一种能量检测（非相干检测）系统，对水声信道的时间和频率扩展有很强的适应能力。在相当长的时间内，FSK 调制技术被认为是水声通信中的最佳调制技术。FSK 的不足之处在于其需要较宽的频带宽度，频带利用率低，以及要求有较高的信噪比。当存在多普勒频移时，必须设置一定的频率冗余度，这样就不能充分利用有限的水声信道带宽。另外，FSK 调制虽然解决了载波相位恢复的问题，但是并没有解决多途引起的码间干扰问题。一些系统采用在连续的码元间插入一定的间隔来消除码间干扰，导致了通信速率降低。

PSK 调制技术在 20 世纪 80 年代初开始应用于水声通信，有差分相移调制和绝对相移调制之分，是发展速度最快、取得成果最多的一种技术。PSK 具有较高的能量和频谱效率，但多途现象使其面临载波恢复的难题。在相干接收发展中，具有里程碑意义的是在接收机中使用了判决反馈均衡器和数字锁相环。然而，水声信道的复杂性又使这一机制面临着众多的理论和技术难题，深海信道的多途时延扩展达几百毫秒至数秒，而在浅海通常小于 100ms，自适应均衡技术大多仅适用于小的多途时延扩展情况而无法在深海中应用。目前，PSK 在实际应用中还仅局限于深水垂直信道及近距离水平信道等多径效应影响较小和较为稳定的水声信道。

20 世纪 90 年代至今，水声通信领域的研究重点转向高速相位相干通信技术。近年来，新技术发展迅速，如正交幅度调制、多载波正交频分复用、跳频、扩频技术、空间分集、时反及自适应均衡技术等。

现在，水声通信技术已发展到网络化阶段，水声通信的未来就是由移动节点和静止节点共同构成的水声数据通信网。自 1998 年开始，美国海军多次进行海洋万维网试验。海洋万维网是一个由浮标网关、潜艇、无人潜航器、船基、飞机、卫星等构成的大范围立体化通信网络，通过浮标网关与陆地互联网相连。对海洋万维网的研究推进了可部署自主分布式系统等水下信息作战系统的研制。欧洲共同体（现"欧盟"）也制定了一系列的水声通信网络研究计划。研究水声通信网络具有重大意义，有利于形成真正覆盖全球的立体信息网。

世界上水声通信的研究主要集中在美国、英国、日本、法国等发达国家的大学和科研机构，国外的一些公司也开发了许多应用产品。我国在这方面的研究起步相对较晚。自 20 世纪 80 年代中期以来，第一批研究单位包括哈尔滨工程大学、中国科学院声学研究所和厦门大学；进入 20 世纪 90 年代后，国内一些科研单位开展了大量水声通信的研究工作，在水下图像传输、语音通信、自适应均衡技术纠错编码、扩频通信、水雷远程遥控、通信网络等许多方面均取得了一定成果。例如，2016 年哈尔滨工程大学研制了国际上首创的具有全双工通信能力和组网能力的水声通信机，解决了过去水下声通信中收发不能同时工作的问题；再如，2016 年，中国科学院声学研究所研制的水声通信设备成功实现了赤道深海潜标观测数据无线实时传输，改变了科研工作者一年后才能获得潜标观测数据的工作模式，实现了物理海洋观测数据的实时获取，对提高海洋气候和环境预报的精度有重要意义。值得一提的是，获得 2017 年度国家科学技术进步奖一等奖的"蛟龙号"载人潜水器（以下简称"蛟龙号"），是由国内近百家科研院所联合攻关研制而成的。其中，先进的水声数字通信和海底微地形地貌探测能力是"蛟龙号"的 4 个技术亮点之一，"蛟龙号"水声通信机首次实现了 7000m 级深度的彩色图像、数据、文字和语音的水声通信传输。

纵观世界水声通信近几十年的发展历程，水声通信的发展总是由无线电通信的发展带动的，困扰水声通信的许多重要难题由于水声信道不同于无线电信道的特殊性和复杂性，至今仍然没有得到很好地解决，特别是对于浅海水平信道中高数据率的信息传输问题，相关研究机构还须投入更大的努力，寻找新的技术突破点。

10.1.1　水声通信系统基本组成

10.1.1.1　模拟水声通信系统

模拟水声通信系统的组成如图 10-1 所示。与无线电通信系统不同的是，水声通信广泛使用发射换能器，发射换能器在水声通信系统中的地位类似无线电设备中的天线，是在海水中发射和接收声波的声学系统，能实现电信号与声波信号之间的能量转换。对发射换能器的要求是能有大功率的输出和一定的工作频带宽度，为此需要对其进行阻抗匹配设计，对频率特性进行补偿扩展，从而增加工作带宽。

对于语音通信而言，目前的水声通信系统大多采用单边带调制模拟通信方式，而对于报文信息则采用频移键控的调制方式，已调信号经过发射机推动发射换能器，把电信号转换为声波信号辐射出去。发射机一般包括功率放大器和阻抗匹配电路。声波在水声信道中传播，到达接收端，接收水听器将接收到的声波信号转换为电信号，通过接收机进行滤波放大和自动增益控制，再经解调电路识别出信息。

信道是以传输介质为基础的信号通道，水声信道是指以声波为信息载体，借助海水介质的无线传输通道。海水介质及海底、海面等边界条件具有复杂多变的传输特性，因此水声信道对信号的传输有严重的影响。

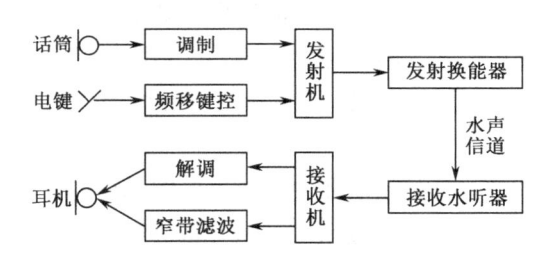

图 10-1　模拟水声通信系统的组成

10.1.1.2　数字水声通信系统

由于海洋水声信道的极端复杂性，模拟水声通信系统在实际应用场景的通信质量难以保证，收听到的语音信号不清楚。因此，自 20 世纪 70 年代以来，很多国家都开始研究数字通信技术。采用数字通信方式有以下优点。

（1）系统本身的抗干扰能力强，因为数字信息的多级传输不会造成误差累积。

（2）有利于进行各种数字信号处理以提高抗衰落和抗干扰能力，如在时域（多途）和频域（多普勒扩展）中的信道畸变进行各种均衡补偿。

（3）差错可控，即可采用信道纠错编码技术来提高信息传输的可靠性。

（4）采用加密技术可增强系统的通信保密性。

（5）易与计算机技术、数字存储技术、数字交换技术等结合，便于各种系统的互通互联、信息中继、多路复用等。

（6）有利于利用微电子技术的成果实现系统集成化。

数字水声通信系统是数字通信系统在水声信道的一种特殊应用，其基本组成与一般的数字通信系统大同小异，如图10-2所示。

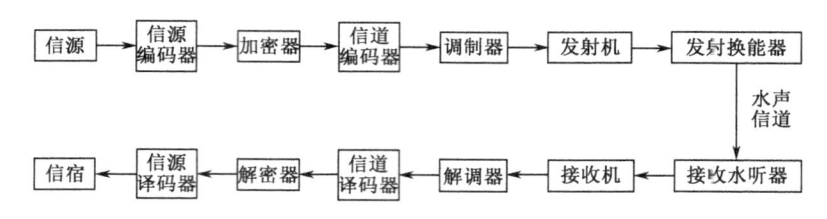

图 10-2　数字水声通信系统的基本组成

在数字通信中，信源输出的模拟信号或数字信号需要变成二进制数字信号进行传输。这种将模拟或数字信源的输出有效地变成二进制数字序列的过程，称为信源编码；反之，将信道中传输的二进制数字序列转换为模拟或数字信宿输出的过程称为信源译码。完成上述功能的器件称为信源编码器/信源译码器。在某些数字通信系统中，如图像传输系统，信源编码除要将模拟信号转换成二进制数字信号外，还要完成数据压缩的任务，以便数字通信系统在有限的时间内传输动态图像显示所需的大量数据。

由于信道中噪声和干扰的影响，数字信号在传输过程中可能发生差错，导致信息传输质量下降，因此，为了使这种差错控制在允许的范围内，需要采用差错控制技术。纠错编码技术就是其中的一种，相应的实现电路称为纠错编码器/纠错译码器，属于信道编码/信道译码范畴。信道编码技术主要研究检错、纠错的概念及其基本实现方法。信道编码器根据输入的信息码元产生相应的监督码元或冗余码元来控制差错，而信道译码器则需要根据这些码元对信息进行检错或纠错。

信道编码器输出的信号是数字基带信号，不能将它直接送至信道中传输（基带传输），是因为基带传输常使用有线信道，传输距离有限，而进行远距离无线信号的传输需要将数字基带信号调制到载波上。调制的作用就是将数字基带信号变换为适合在信道中传播的频带信号；反之，从已调载波信号变换出基带信号的过程称为解调。调制与解调是数字通信系统的核心，是最基本也是最重要的技术之一。

同步是数字通信系统中必不可少的一部分，所谓同步，就是要使通信系统的收发两端在时间和频率上保持步调一致，其包括载波同步、位同步、帧同步等。数字通信离不开同步，同步性能的好坏，直接影响着水声通信系统的性能。

在保密通信中要增加加密器/解密器。通信中的保密问题，无论在军事中，还是在经济生活中，都显得越来越重要，保密通信已成为数字通信的重要技术之一。

1. 数字水声通信中的调制解调和信号接收技术

目前，用于水声通信的解调方式大致分为非相干方式和相干方式，并由此将水声通信系统分为非相干通信系统和相干通信系统两种。

非相干方式抗信道起伏能力强，接收端易于解调，且算法稳定性好。非相干方式多采用多进制频移键控调制方式，接收端采用基于能量检测的非相干检测方法，通信的可靠性高。非相干方式的主要缺点是带宽利用率较低，很难获得高的数据传输速率。

相干方式的带宽利用率、通信速率都较高，在高速率水声通信上一般采用相干方式。发送端发送多进制相移键控或多进制正交幅度调制已调信号，接收端采用二阶数字锁相环和自适应均衡器，可以获得比非相干方式高得多的数据传输速率。接收端为了提高通信的可靠性，通常还需要用到均衡、分集、时反等技术。此外，为有效对抗海洋水声通信信道的多途干扰，相干方式多采用扩频通信技术。

2. 数字水声通信中的编译码技术

要获得满足水声通信工程应用需求的误码率，通常需要采用信道纠错编码技术。

在加性高斯白噪声信道条件下，Turbo 码和低密度校验（Low Density Parity Check，LDPC）码是两种几乎接近香农理论极限的纠错编码方式。Turbo 码的主要优点是编码过程比较简单、码率固定（1/2 或 1/3）、在码长较小的情况下具有较好的性能。LDPC 码的优点是码率可以任意设置、译码算法比较简单、码长较大时性能更好、可以明确纠错结果是否有误码等。目前，数字水声通信中较为常用的是卷积码和 Turbo 码，LDPC 码的应用还在研究探索中。除此之外，还有 Pattern-时延差编码、RS 码、串行级联码、TCM 码等编码方案可供选择。

10.1.2 水声通信系统的主要性能指标

通信的任务是快速、准确地传递信息。评价一个通信系统的主要性能指标是系统的有效性和可靠性。有效性是指在有限时间、给定信道内所传输信息内容的多少，即传输的速度问题；可靠性是指接收信息的准确程度，即传输的质量问题。对于模拟通信系统来说，有效性可用单位时间内所传消息包含的信息量来衡量，而可靠性则可用收发信号间的均方误差来衡量。对于数字通信系统来说，有效性可用码元速率和频带利用率（或称频谱效率）来衡量，而可靠性则可用差错率或误码率来衡量。

10.1.2.1 有效性

1. 码元速率

码元速率是指单位时间内通信系统传输的码元数，记为 R_E，单位为 Baud（波特），码元速率又称传码率或者波特率。

数字信号有二进制和多进制之分，码元速率与进制数无关，只与传输的码元时间 T（单位 s）有关，即

$$R_B = \frac{1}{T} \tag{10-1}$$

2. 信息速率

信息速率是指单位时间内通信系统传输的信息量，记为 R_b，单位为 bps（比特每秒）。信息速率又称为传信率或比特率。

根据信息量的定义，每位码元或符号都含有一定比特的信息量。设 H 为信源中每位码元所含的平均信息量（熵），则码元速率和信息速率之间有确定的关系，即

$$R_b = R_B H \tag{10-2}$$

当每位码元都等概率传送时，信息量有最大值 $H = \log_2 M$，当信息速率达到最大时，即

$$R_b = R_B \log_2 M \tag{10-3}$$

式中，M 为码元的进制数。对于二进制码元（$M=2$），码元速率和信息速率在数值上是相等的。

不同传输速率的通信信号会受到不同信道传输特性的影响，如在浅海水平方向传输的水声信道中，多径效应会使高速率传输的信号中出现码间干扰，造成信号的严重失真；在深海垂直信道中，这种信号失真则少得多。因此，水声通信系统能够达到的传输速率与其所处的信道环境有很大关系。

3．频带利用率

因为水声通信系统能够达到的传输速率与其所处的信道环境有很大关系，所以当比较不同通信系统的有效性时，单纯关注它们的传输速率是不够的，还应该关注在一定的传输速率下所占信道的频带宽度，因此，应使用频带利用率衡量数字通信系统传输效率，即数字通信系统在每单位频带内允许的码元传输速率，记为 η_B，单位为 Baud/Hz，即

$$\eta_B = \frac{R_B}{B} \tag{10-4}$$

式中，B 为数字信号占用的系统带宽。

10.1.2.2 可靠性

衡量数字通信系统可靠性的指标是差错概率，差错概率也有几种不同的定义。

1．码元差错概率（误码率）

码元差错概率（误码率）是指通信系统所传输的码元总数目中发生差错的码元数目所占的比例，记为 P_e，即

$$P_e = \frac{错误码元数}{传输总码元数} \tag{10-5}$$

2．信息差错概率（误比特率）

信息差错概率（误比特率）是指通信系统所传输的信息（比特）总数目中发生差错的信息（比特）数目所占的比例，记为 P_b，即

$$P_b = \frac{错误比特数}{传输总比特数} \tag{10-6}$$

在二进制码元的情况下，误码率和误比特率在数值上相等。

影响误码率的因素有两个，一是系统设计不完善，二是存在各种干扰和噪声。关于前者的影响，原则上可以通过正确的设计消除，而关于后者的影响，则总是无法避免的。通信系统通常采用差错控制技术来降低误码率，以提高可靠性。

10.1.3 水声通信声呐方程

水声通信声呐方程是将海水介质和设备的作用综合起来考虑的一个关系式，可以作为通信声呐设计、已有声呐的通信距离，以及通信速率和误码率等性能预估的参考。噪声背景下的通信声呐方程为

$$(DT)_i = SL - TL - NL \tag{10-7}$$

式中，$(DT)_i$ 为声呐接收机输入检测阈，即声呐接收机在一定 P_e 条件下能正确判别信源信息所需的最小输入信噪比。不同用途的水声通信有不同的 P_e 要求，如未经数据压缩的图像、图像文本通信，P_e 约为 $5×10^{-2}$；而语音通信 P_e 约为 $5×10^{-4}$，因此所要求的 $(DT)_i$ 也有所差异。民用水声通信和军用水声通信对 $(DT)_i$ 的要求也有所不同，特别是后者，如需要保密通信，要求的 $(DT)_i$ 就特别低，以使信号隐蔽在噪声背景中。

SL 为声源级，表示离声源声中心 1m 处最大方向声强与参考声强之比的 dB 值，一般在较远距离处进行声强的测量，而后折算到 1m 的距离。

TL 为传播损失，包括几何扩展损失和声吸收、声散射损失。一般情况下，吸收效应远大于散射效应，且后者很难预估，故只考虑几何扩展和声吸收。

NL 为噪声谱级，包括海洋环境噪声和舰船自噪声。在声呐方程预估中，常把它作为均匀各向同性加性噪声处理。

10.2 水声通信信道

水声通信信道包括海洋水体、海面、海底，是比无线电通信信道更复杂的信道，因此许多在无线电通信或其他领域已经比较成熟甚至已经得到成功应用的理论和技术在声呐中的应用都难以达到预期效果，其中一个重要的影

响因素就是信道。

海洋水声信道是有损的、非均匀介质的有限空间，声信号在海洋中传播时将产生时间、频率扩展和衰减效应，折射、反射和散射效应，波导效应，多途效应，起伏效应等多种物理效应，这些效应使声信号能量产生衰减，波形发生畸变，导致声呐设备性能下降，进行水下通信时，对目标的探测和参数估计达不到理想的效果，水声通信信道是至今还存在的难度最大的无线通信信道。

10.2.1 水声通信信道的特点

水声通信信道的主要特点为声传播损失、多途效应、海洋环境噪声、声传播起伏、多普勒效应等。

1. 传播损失

传播损失包括几何扩展损失、介质吸收损失和散射损失。

传播损失决定了水声通信的最大作用距离和最高工作频率。要增大作用距离，只能使用较低的工作频率，但这种做法严重限制了通信系统的带宽，从而限制了系统的传输速率。造成水声信道带宽受限的另一个原因是水声换能器带宽的限制。

通常，水声通信的低频带频率小于 15kHz，中频带频率为 15～150kHz，高频带频率为 150～1500kHz。作用距离为 1～10km 的系统通常使用上限 10～100kHz 的频率，此时系统多工作在浅海；远距离通信的首选频率为 0～20kHz。目前，水声通信中使用的频段有着明显向低频扩展的趋势，低频通信是最有实用前途的一种通信手段之一。

2. 多途效应

大量研究表明，多途效应是水声信号在海洋声信道中传播时发生畸变的根本原因。所谓多途传播，简单地说就是在声源和接收器之间存在不止一条声波传播路径。在经典射线声学中，对声场的描述是由声线来传递声能量的，从声源出发的声线按一定的路径到达接收点，接收到的声场是所有到达声线的叠加。

多途效应在时域上造成接收信号幅度的衰落并导致码间干扰，在频域上使信号产生频率选择性衰落。多途结构的时—空—频变特性是抗多途的本质障碍。对于水声通信而言，多途效应的存在带来的不完全是负面影响。当通信距离增加时，必须利用多途径信号才能有效通信，其技术关键是能设计出合理的方案，选择一条有效的途径，同时摒弃其他途径产生的干扰。

3. 海洋环境噪声

海洋环境噪声是水声通信的主要干扰因素，影响水声通信系统的作用距离、接收信噪比、工作信号频率、系统带宽、发射功率和可靠性等。海洋环境噪声的来源有多种，可分为人为噪声和自然噪声。不同噪声源呈现不同的方向特性和频谱特性。人为噪声主要是指远处航船产生的噪声和工业噪声。自然噪声主要是指地震活动、风动海面、降雨、分子热运动、海洋生物活动、潮汐、涌浪等产生的噪声。由于潮汐、地震等频率很低（低于10Hz），远远低于水声通信所用的频率，不会对水声通信造成影响。

4. 声传播起伏

海洋环境是非常复杂的，其中存在种类繁多的随机不均匀性。水声信道具有随机特性的主要原因如下。

（1）海水湍流运动造成非均匀水团，有时称为温度微结构。这些水团具有不同的温度和线度，在海水空间随机分布，声波在这类介质中传播时会产生随机反射和折射。

（2）内波和潮汐的随机扰动，内波和潮汐引起的声场起伏周期较长（几分钟甚至几小时），一般大于水声通信时间，所以不考虑内波和潮汐的影响。

（3）水声信道的上边界（海面）随机时变、空变运动，水声信道的下边界（海底）随机不平整，造成声传播起伏。

（4）海水中随机游动的鱼虾和浮游生物群使声波发生随机散射。

（5）收发换能器随机摇摆。

由于存在海洋介质的随机不均匀性及随机不平整界面，当声波传播时发生散射，即能量在空间的各方向上重新再分配。这种散射将引起以下3种重要的且值得研究的问题。

（1）随机散射，将使声场的有规分量有所衰减。例如，海水介质不均匀性的散射将使声场衰减；不平表面的散射将使镜反射方向的能量有所降低。如果把不平表面视为具有等效反射系数的平表面，则相应的等效反射系数将会降低。

（2）随机散射声场叠加到平均场（有规分量）上，使信号场产生了起伏，导致相干性有所减弱。

（3）反向散射产生的混响背景干扰是主动声呐很难克服的一种干扰；而界面的"前向"随机散射，导致信道的多途结构产生了剧烈起伏。

5. 多普勒效应

声波在海水中传播的多普勒频移是一个在零点几赫兹到几百赫兹范围内变化的随机数。在海洋环境下，由于洋流和波浪等的作用，接收机和发射机的运动都是不可避免的。在实际工作环境下，多普勒效应不可忽略。因为水声通信的调制频率比较低，一般在 8～12kHz，所以即使是几十赫兹的频移，都会对信号的解调产生严重的影响。正是由于这个原因，在实际的接收系统中，总有一级系统要对接收信号进行多普勒频移修正。

10.2.2 水声通信信道对水声通信的影响

10.2.2.1 声传播损失对水声通信的影响

水声信道中声能的几何扩展和吸收引起的声传播损失，使声场中的平均声强随通信距离的增加而剧烈地衰减，为了达到预定的通信距离，须发射较大的声功率。这是因为当声强衰减足够大后，接收机输入信噪比过分下降而使通信误码率提高，导致其不能正常工作。一般而言，这是水声通信距离较近的主要原因。

海中声吸收及散射效应形成了水声通信的严格带限特异性，制约了通信速率的提升，并使某些先进通信技术（如扩频通信体制）的应用受到限制。

海中声吸收衰减 $TL_\alpha = \alpha r$ 随着工作频率 f 和通信距离 r 的提高而迅速增大，如表 10-1 所示。声吸收系数 α 的值对应于温度 T=15℃、盐度 S_y=30‰和酸碱值 pH=8.3。

表 10-1　不同工作频率和通信距离的声吸收衰减

f/kHz＼TL$_\alpha$/dB＼r/km	1	5	10	20	50	100
2	0.19	0.98	1.96	3.92	9.3	19.6
4	0.31	1.55	3.09	6.18	15.5	30.9
8	0.59	2.94	5.88	11.8	29.4	58.8
14	1.31	6.53	13.1	26.1	65.3	130.1
20	2.38	11.9	23.8	47.6	119	238

由表 10-1 可知，对于较远距离的水声数字通信，必须选择较低的工作频率。如当 f=4kHz，通信距离 r=50km 和 r=100km 时，TL$_\alpha$ 分别为 15.5dB 和 30.9dB；如取 f=14kHz，则 TL$_\alpha$ 分别达到 65.3dB 和 130.1dB，因此，若要以增加声功率的方法来抵偿这样大的 TL$_\alpha$ 增量是不可能的。

由此得出的结论是：水声数字通信机的频带宽度受到严格的限制，如水声通信机的频带选取 2~4kHz，对于 r=50km，其上、下边频 TL$_\alpha$ 之差只有约 5dB，即使 r=100km，这个值也只有 11.3dB，那么在电路上就可设法适应该频带，例如使上边频声功率适当提高，并配以幅度均衡回路。但如果接收机的频带加宽（如 2~8kHz），则 r=50km 和 r=100km 的上下边频 TL$_\alpha$ 之差分别为 19.6dB 和 39.2dB，那么就很难设计一个能够适应该频带的电路，且随着 f 的提高，上述 TL$_\alpha$ 的差值将更大，例如，当上下边频取 8~14kHz 时，虽然同为 6kHz 带宽，但 r=50km 和 r=100km 的上下边频 TL$_\alpha$ 之差却分别达到 35.9dB 和 71.3dB。

由此可见，在通信距离较远的情况下，通信机的工作频率应选取得较低，而且其频宽应较窄，如 r=50km，使工作频带取在 4~6kHz 就比较适合。这就是水声通信信道声吸收效应形成的严格频带限制的特异性。

随着 f 的提高，海中声的散射和起伏效应将加剧，水声通信信道的带限作用将更加突出。水声通信信道的严格频带限制的特异性，限制了通信速率的提高。

由香农定理可知，增加接收机的带宽可提高其有效通信速率，而且由此建立了扩频通信体制。显然，水声通信信道的频带限制与扩频是相互矛盾的，因此限制了扩频通信体制在水声数字通信中的应用。

当 r 较近时，就可选用较宽的工作频带。如当 r =1km 时，频带可达几十千赫兹，即使 r =5km，频带仍可取在 10kHz 以上，水声通信信道的频带限制的特异性明显弱化了，这也反映了水声数字通信可以降低通信距离，提高通信速率。要同时兼顾通信距离 r 和通信速率 R' 的高指标要求是有一定困难的。美国学者根据多年的试验结果，提出了水声通信速率 R'（单位：kbps）和距离 r（单位：km）的乘积上限 $R'r \leqslant 40$，而且一般很难达到其上限。如要求 R'=1kbps，通信距离就只能小于甚至远小于 40km。

10.2.2.2 多途效应对水声通信的影响

多途传播是水声通信信道最本质的特征。从多途结构的成因可知，它源于声的折射和界面的限制，而使声的几何扩展小于均匀、无界声场的球面衰减规律。

在深海声信道中，声波的传播折向于声速最小值的声道轴上，形成了小于球面衰减规律的传播损失。不同折射路径的声波各具有不同的传播时间和能量，因此在时域上就形成了多途结构。

在浅海声信道中，声波经过海面、海底的单次或多次的反复反射后，在接收点叠加。在脉冲声源的激励下，接收的信号是多途结构的。

多途效应对水声数字通信的影响具有双重性。水声信道中出现的多途传播，在于海面、海底的声反射和分层介质的声折射对球面扩展规律的约束。接收点接收的多途结构等效于无须附加功耗的时间分集信号。若能对各阶多途取样后进行最佳合并，则可利用多途能量，较大限度地提高水声接收机的输出信噪比，从而提高整机的性能。

1. 多途效应的负面影响

（1）通常采取的提高发射声功率等措施，对抗多途干扰无效。

由多途的成因可知，多途强度和直达波强度均与发射声功率 W_a 成正比，特别是较远距离通信（如距离为 10km 以上），这时接收到的信号是复杂而多变的多途结构，提高 W_a 并不能提高信号和多途的强度之比。

由海面、海底反射形成的多途，信号的谱扩展不明显，与直达信号的频谱特性基本一致，常用的滤波器无法分离。因此，即使选取最佳频率的方法也无法抗多途干扰。

对于主动声呐，当混响干扰大于噪声干扰而迫使主动声呐在混响背景下进行信号检测时，混响限制距离可能就是其探测距离的极限。同样，对于水声通信，当需要在多途干扰背景下进行信号检测时，若处理不当，多途限制距离也可能就是最大通信距离的极限。

（2）抗多途效应产生的码间干扰是最困难的核心问题。

在水声通信中，从实用方面考虑，要求有一定的通信速率。水声通信信道多途最大时延 T_M 可能达到几十毫秒甚至秒的量级，通常不允许等待多途下降至检测阈以下，再重新发射信息码元，因为这样设计的方案，通信速率 $R'_b = \dfrac{1}{T_M}$，可能只有几比特/秒。一旦在 T_M 中重复发射信息码元，随机分布的多途就将与随后到达的码元重叠。特别是高阶多途的振幅不一定比第一阶多途振幅小，如图 10-3 所示，通常幅度被判决无效。因此，信息的正确检测就极其困难了。假设通信距离较远，直达波已不存在，但却存在 n' 阶多途随机分布，即接收到的信号是 n' 阶多途的随机叠加，而其中只有一个是该时刻需要检测的信号。此时，在通常时—频域判决可能无效的条件下，必须寻找新的抗多途码间干扰的方案。

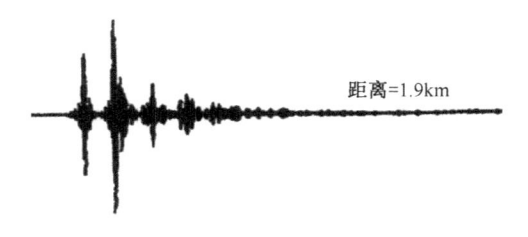

图 10-3 波形的多途时间结构

（3）水声通信信道多途结构的随机时—空—频变特性，是抗多途及利用多途能量的本质障碍。

海洋通信环境的复杂多变及多样性，反映着水声通信信道多途结构的复杂性。如果这样的复杂性是时不变的，或者比起水声通信时间（如几分钟）来说，其变化的速率是缓慢的，就可把信道视为是时不变的，原则上总可以设法与之匹配，无非是增加信号处理的复杂性。例如，深海水声信道，就有较稳定的多途结构，虽然多途结构是复杂的，但是仍然可取得良好的信道匹配效果。

如果在多途结构复杂的基础上再加上快速、强烈的随机时—空—频变特异性，那么抗多途甚至利用多途能量的设想就很难实现。

多途结构的时—空—频变特性反映着海洋通信环境的多变性和水声通信机工作条件的多样性：不同的季节和时间有不同的声速分布，也有不同的海浪起伏特性；不同的海区有不同的水深、底质和海底地貌；因为发射—接收换能器所处深度和通信距离也不同，所以不同场合使用不同的水声通信机；不同的工作频率有不同的传播损失和界面的反射、散射特性。

多途结构将随着上述通信环境和工作条件的变化而变化。特别是在移动通信条件下，多途结构的变化将更加快速而剧烈。如发射—接收换能器深度改变，穿越声速跃层，多途结构存在较大的相对时延，其波形可能变得"面目全非"。如图 10-4 所示，声源和接收点的水平距离为 1.9km，信号的中心频率为 3kHz，带宽为 1/3 倍频程。当声源和接收器同时位于跃变层之上，声源深度和接收深度均为 7m 时，信号由一串近似相等时间间隔的波包组成，其波包间隔约为 7.5ms，波形呈现出梳状结构；当声源和接收器分别在跃变层之上和之下时，即声源深度为 7m、接收深度为 25m 时，信号的波包显得更为紧密，在 7.5ms 的间隔中又夹了一个波包；当声源和接收器同时位于跃变层之下，声源深度和接收深度均为 25m 时，脉冲能量较为集中，不存在上述梳状结构，并且与上述两种波形相比，其存在一个较大的时延，延迟时间约为 30ms。通信位置及距离改变可能使舰船越过起伏大的海底；舰船航速、航向的改变还将引起多普勒频移的变化。

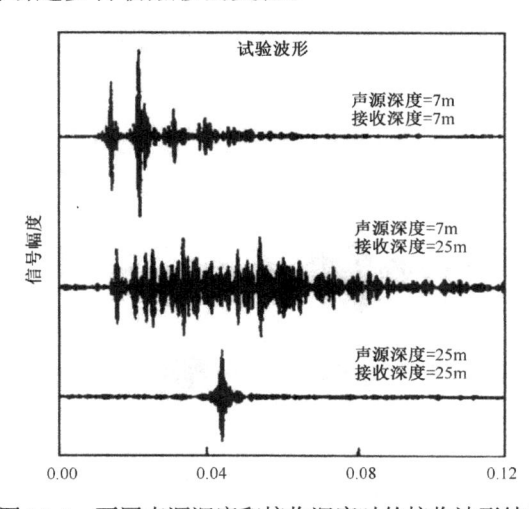

图 10-4 不同声源深度和接收深度时的接收波形结构

显然，若要与复杂而多变的水声通信信道的多途结构相适配，则应实现高鲁棒性的水声通信，这是水声通信信号处理中具有挑战性的问题。

（4）从水声数字通信信号处理角度看，几种多途结构下的信号检测具有困难性。

多途结构具有彼此重叠的密集型分布（见图10-4中间波形），这时多途难以分离和处理。

多途结构包括的脉冲数较多，而且各阶多途的幅度较为均匀，如图10-5所示。此记录来自黄海负跃层海区，发射—接收换能器处于跃层上，通信距离为16km。由图10-5可见，8阶多途的幅度变化不大，因此振幅判决方案将失效。如何消除7阶多途的码间干扰而正确地检测相应发射信息时刻的码元，就很困难了。

图10-5 幅度分布较为均匀的多途结构

多途结构中各阶多途振幅的分布，随着工作频率 f 的改变而改变。当 f 较高时（如8kHz以上），多途最大值前移，通常在第一阶多途；当 f 降低时，多途振幅最大值就向较高阶（如第三阶等）多途移动。这样，对于有较大带宽的水声通信机，如采用扩频通信体制的跳频，不同的频码有不同的多途结构，而且，不同 f 的同阶多途幅度差异可能还较大（见图10-6），因此信号的检测就较困难。

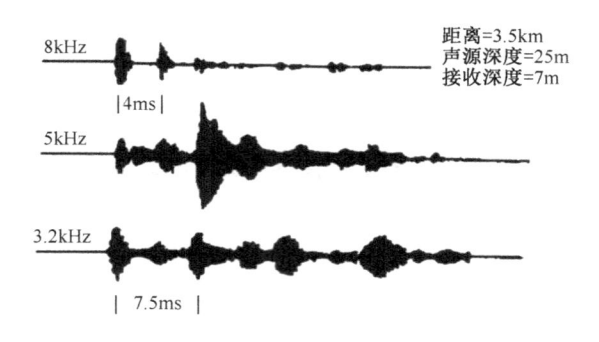

图10-6 不同 f 的多途结构

对于要求较远距离的水声通信，采用的工作频段就较低，因而多途总时延就较长，如几百毫秒。如何在此类强多途背景下进行一定速率的信号检测也是一个困难的问题。

2. 利用多途能量的可行性

如何充分利用多途结构中各阶多途具有的能量，以提高接收机输出信噪比，是水声数字通信信号处理的核心问题。

实际上，可以把接收到的多途结构看作发射机发送的时间分集信号。图 10-5 所示的多途近似为 8 个等间隔、等宽度的时间分集信号，只是经信道传播后而有时—幅域的起伏。如果能在抑制多途干扰的基础上，对这些"时间分集"信号取样后进行适宜合并，那么有望获得多途传输条件下，接近于最大输出信噪比准则下的最佳信号检测。

在无线电通信中，这样的信号处理方案称为多途传输条件下的路径分集，或 Rake 接收技术。显然，常用的 Rake 接收技术不能适应水声通信信道复杂而多变的多途结构，但若做自适应工作方式的修正，有望适应随机时—空—频变的多途结构，获得利用多途能量的理想效果。

对于低速率水声通信的特殊情况，可以使发射脉冲信号的重复周期 T 大于多途最大时延 T_M，这时信号与多途自行分离，接收的信号等效于重复周期已知的时间分集信号，就易于对其取样与合并，从而达到利用多途能量的目的。

10.2.2.3 声传播起伏对水声通信的影响

本节讨论声信号在随机不均匀信道中的传播起伏，以进一步接近水声通信信道的实际条件。声信号起伏对水声通信会产生如下影响。

1. 声信号振幅起伏

声信号振幅起伏，使水声数字通信的某些码元的幅度明显衰落，等效于接收机输入信噪比的下降，以至低于振幅检测门限而丢失，整机误码率将升高，甚至造成通信失效。

引起声信号振幅起伏的原因主要有以下两个。

（1）海水随机不均匀性引起的声振幅起伏。

在通信距离较远和通信频率较高这两种情况下，振幅起伏的影响非常严重。通信距离较远时,信号有较大的传播损失,在此弱信号前提下,再加上信号振幅起伏依距离的积累作用,将使输入信噪比明显下降,造成误码率的较大幅度升高。通信频率较高,传播损失就较大,加上信号振幅起伏随工作频率的提高而加剧,同样将使输入信噪比下降,这也说明高频只适宜于短距离通信。

（2）海面、海底的声反射与散射。

海面和海底有规的声反射与直达声波叠加产生相干声源的干涉效应,以及不同阶多途叠加的干涉效应,是声信号振幅强衰落的重要原因,如图10-7所示。

图 10-7　海面反射波与直达波干涉记录

界面的随机散射,使声场的有规分量衰降,增加传播损失。随机散射叠加于有规分量上,使信号产生起伏,相干性也有所减弱。

在较远的通信条件下,接收到的信号往往是由多途转化而来的。由于海面和海底的随机不平整性和水介质的随机不均匀性,接收到的多途信号的振幅必然是随机起伏的,而且起伏的强弱与界面特性、工作频率和入射角等有关,从而增加了抗多途和利用多途能量的难度。

2. 声信号相位起伏

声信号相位起伏,使以相位正确判断为基础的相干检测,如 PSK 和扩频中的直扩等方案的应用受到限制,因此不宜采用。在相关接收的信号处理中,相位起伏的失相关,也将使其检测性能下降。同样,对水声通信中同步信号的精确检测这个关键技术,能否采用相干检测方案,也须慎重考虑。声信号相位起伏的主要原因有以下两个。

（1）海水介质随机不均匀性引起的声信号相位起伏。

在一定条件下,相位起伏与振幅起伏有一致的规律。因此,相位起伏对于距离较远、工作频率较高和速率较高的水声数字通信的影响更为突出。特别是高频的水声通信，相位随时间的变化越快速，相位的跟踪就越困难。这也是相干检测较适宜于低频（因而也是低速率）水声数字通信的原因之一。

（2）海面、海底反射引起的相位起伏和突变。

海面声反射波的附加相移与海面起伏波高、工作频率和掠射角成比例，因此，海面反射的相移是一个随机量。对于平静海面，信号相位有 180°的反相突变。

海底声反射的相位变化规律更为复杂，不同的底质、底貌有不同的吸收系数和反射相移，而且反射相移还与掠射角及工作频率密切相关。显然，海底反射声波的相移也是一个随机量。

如上所述，海面、海底的相继反射，是水声通信信道多途的基本成因。不同阶的多途对应于不同海面、海底相继反射的次数，因而有不同的相移（海面反射的奇数次可能为偶数次的反相相位），并经不均匀水介质随机相移至接收点。另外，由于通信机均有一定的频带宽度，在多进制频移键控和扩频通信体制中，频带就更宽了。显然，不同频率的相移也不同。要对具有如此复杂而多变相位起伏的多途信号进行相干检测是极为困难的。

3. 信号的频率起伏

对于定点水声通信，介质随机不均匀引起的频移在几赫兹量级，海面反射引起的频移也在相似的量级。然而在移动水声通信中，将产生较大的频移，甚至可与接收机的带宽相比拟。大多数水声通信信号处理方案如匹配滤波器，均无频移的适应性，因此，要采用抗频移的措施，以避免过分地增加接收机带宽带来的负面（如 NL 提高）影响。问题在于多普勒频移不但与通信双方相对航速、航向有关，而且与工作频率有关。对于频带较宽的接收机，不同频率间产生的相对频移就不能忽略不计。如何校正较快舰载移动水声通信中信号频率的起伏，也是一个较复杂的问题。

4. 水声通信信道信号起伏的时—空—频变特性

水声通信信道的随机参变特性，加大了适应信号起伏的困难。例如，不同季节、时间的海浪状态不同，海水介质的湍流特性和热微结构也有差异；由于不同海区的底质成分、结构等不同，反射和吸收特性也就不同；而不同的通信距离和工作频率有不同的振幅、相位和频移起伏特性。

需要特别指出的是,水声通信信道信号起伏的时间相关性、空间相关性,虽然具有显著的时—空—频变特性,但是从试验获得的数据表明,均明显强于对应频段海洋噪声的时—空相关性,这为水声通信信号的时—空相关检测方案的采用提供了前提条件。

10.2.2.4 海洋环境噪声对水声通信的影响

海洋环境噪声对水声通信的影响,可以类比于无线电信道中各类噪声对无线电通信的影响。而且,一般情况下也可认为是加性噪声,抗噪方案的设计相对容易。

下面,除讨论上述两类信道中噪声对通信影响的共同特性外,重点介绍水声信道中噪声对水声通信影响的特异性。

(1)在噪声背景检测条件下,水声通信信道中的噪声与信号叠加,组成了通信接收机的输入信噪比。信号能否被正确地检测,不仅与输入信号的幅度等参量有关,还取决于现场的 NL。在水声通信信道特异性的讨论中,已知此类信道中 TL 较大、NL 较高,加上发射功率的限制,水声通信机往往被迫在微弱的信号条件下工作。当信噪比过小时,通信的误码率就会上升,以至通信的性能急剧恶化。可见,对海洋噪声规律的研究与对信号传播规律的研究具有同样重要的意义。

(2)由于水声通信信道的严带限作用,水声通信机的频带宽度 B 一般较窄,在此频带中,可把噪声谱级的分布视为均匀的。由于水声信道中频带宽度 B 的增加而导致的 NL 的提高是限制较高通信速率水声通信的原因之一。

(3)水声信道中的 NL 随着工作频率的降低而提高。在水声通信的频带中,频程每下降 1 倍,NL 提高 5~6dB。这使依靠降低工作频率以提高通信距离受到一定的限制。相反,对于近距离的水声通信,可以通过提高工作频率来降低 NL,从而达到补偿因高频引起大的声吸收而导致的 TL 提高。这是水声通信机最佳工作频率选择的依据之一。

(4)舰船自噪声的影响是高性能的水声移动通信较难实现的主要原因。就自噪声而言,NL 随着航速的提高而提高。因此较高航速下的输入信噪比将明显下降,或者需要考虑最高航速的限制以保持接收机预期的输入信噪比,避免通信的失效,否则就要缩短通信距离以适应。

(5)水声通信信道的 NL 具有随机时—空—频变特性,如现场风速和航运状况的变化、噪声传播条件的改变,以及可能出现的降雨和生物噪声等间歇性的噪声。冬季声传播条件优于夏季,有的海区冬季海洋环境噪声比夏季高了约 7dB。因此,要像预报水声信道中信号的随机时—空—频变那样来预报具体通信海域的 NL,以此作为水声通信机设计和具体运用的参考。

(6)舰船自噪声存在的有规线状谱,可能对通信信号产生附加调制而导致信号严重失真。

10.2.3 应对水声通信信道影响的对策

10.2.3.1 应对海中声传播损失的对策

1. 提高发射声功率 W_a

提高发射声功率 W_a 可补偿声传播损失 TL,以保证信号检测所需的输入信噪比,从而使其达到所需的通信距离,并以预定的通信速率和误码率重建信源信息。但提高 W_a 是存在限制的,其限制因素如下。

(1)能耗限制。特别是使用电池的水声通信机,如潜水员用的通信机,即长期工作在水下的海洋自动观测站及水声网络水下节点之间的通信机,均有严格的能耗限制,须解决低 W_a 条件下的较远距离通信的难题。

(2)空化限制。当发射器功率增大到一定程度后,换能器表面及其邻近的水介质开始形成空化气泡,从而形成产生空化气泡云的散射和吸收的声能损失,并导致发射器表面腐蚀、声阻抗降低和指向性变坏等现象。

(3)隐蔽通信的限制。在军用通信范围内,隐蔽通信极为重要,有时不得不以降低 W_a 来缩短通信距离为代价,换取信号被截获概率的下降。

2. 降低工作频率

降低工作频率,不但可有效地减小 TL_α,等效于提高 W_a,而且一般没有上述大功率辐射存在的限制。对于远距离通信,TL_α 可能起着传输衰减的主导作用,应优先考虑采用此方案。

降低工作频率也有一定的限制,如下。

(1)降低工作频率,信号衰减变缓,海面、海底的反射系数升高,接收到的多途干扰的幅度也就升高,时延加长,明显加大了抗多途的难度,如果处理不当,就会严重影响整机的性能。

(2) 工作频率的下降将使换能器的指向性降低，从而引起 SL 和指向性指数 DI 的相应下降，因此整机的信噪比也下降；否则，就要增加换能器的线度，体积、重量也相应增加。

(3) 降低工作频率，海洋环境噪声和舰船自噪声的 NL 均上升，如果工作频率由 8kHz 降至 2kHz，那么深海风浪噪声谱级会增大 10dB 左右，舰船自噪声谱级也可能有这种数量级的增加。

由此可见，对于某一确定性能指标的水声数字通信机，有一个最佳频率选择的问题。一般来说，当 r 较远时，工作频率宜相应下降；r 较近时，工作频率提高所增加的 TL_α 可能小于工作频率下降所提高的 NL，应选择较高的工作频率；而在 r 减少时 f 提高，由于 TL_α 对 f 相对不敏感，可容许选用较宽的工作频带（如 10kHz），因此通信速率将较高，可达到 1kbps 以上。

3. 选择适宜的带宽

水声通信信道具有严格带限的特异性，为使接收频带的上、下边频有差别不太大的幅值分布，并使 NL 相应下降，以适应较远距离的水声通信，应取较窄的带宽并相应地降低通信速率。但某些通信机为了获得较高的通信速率，需要加大带宽或提高信道通带利用率。为解决通信距离和速率相互制约的矛盾，必须采取数据压缩、高分辨率的谱分析及抗多途的频码压缩等有效措施，以使带宽保持在适宜的范围。当采用扩频通信体制以换取抗干扰、隐蔽通信和实现码分多址通信等优越性能时，应采取宽容的设计策略，对通信声呐参数的选取进行必要的折中，并采用自适应振幅均衡等措施，实现对信道和换能器不均匀频响的实时补偿，以提高水声通信的稳定性和可靠性。

4. 适应声场时变、空变特性可能的措施

对民用通信声呐（或军用通信声呐的某些特定情况），一方面，在条件允许的情况下，应选择有利的季节和海区，在优良的海洋环境下，如工作于表面声道和深海声道的会聚带区域等进行水声通信；另一方面，应尽可能避开恶劣的通信条件，如采取改变发—接换能器深度等措施，以免落入声影区中，否则通信质量将急剧恶化，以致于不能成功进行通信。

进行声场预报，要做到心中有数。可根据现场海洋条件（如海区的声速剖面、水深、底质性质和分布以及可能的海况预报）和水声通信机工作条件

（如工作频带、水声通信机换能器深度等）进行较准确的 TL 预报，以此作为水声通信机通信距离等指标预估的参考。

10.2.3.2 应对多途效应负面影响的对策

1. 降低通信速率 R'

如果对通信速率 R' 要求不高（如某些文本通信），但对鲁棒性却有较高的要求，可降低 R'，使信号脉冲持续时间或重复周期大于信道多途最大时延 T_M，此时就可消除多途产生的码间串扰。

一般情况下，可利用水声通信信道具有一定频带宽度的优势，适当加大水声通信机的频带，以提高 R'。

2. 提高工作频率 f

由多途产生的机理可知，由于工作频率 f 的提高，TL 加大，海面、海底的反射损失也提高，于是多途最大延时 T_M 缩短。特别是 f 的提高，幅度大的多途往前移，只要采用适宜的幅度判决方式，就可消除随后的多途干扰。当然，f 的提高意味着通信距离的缩短，因此要依据通信机的实际要求合理安排。

3. 适当提高发射—接收换能器的指向性以缩短 T_M

一般情况下，通信双方彼此的方位未知，水声通信机换能器的水平方向就应取无指向性，但垂直方向却可有一定的锐度。这时可理解为对应于大掠射角的高阶虚源不存在，因此 T_M 下降了。

对于水声网络水下节点和海洋要素自动观测站等定点数据通信，应仔细进行换能器指向性的设计（包括使用水听器阵列和自适应波束形成技术），以获得适宜的指向性，使 T_M 下降。而且尖锐指向性的采用将使 SL 明显提高，NL 明显降低，从而降低声源的发射功率，以适应电池供电条件下长期工作的能耗限制。当然，对于舰载水声通信机，要根据舰船摇摆性能（是否安装稳定平台）设计相应的指向性，以免引起信号出现太大的起伏。

4. 海洋声学环境和通信工作状态选择的可能性

由于水声通信信道的多途结构具有时—空—频变特性，若能在时间、海区及工作状态上进行适当的选择，可提高水声数字通信的性能。对于水声网络和海洋要素自动观测站等布设的海区，要仔细地了解、预报该海区的多途结构，并以此作为设计相应抗多途方案的数据基础。如果能使水声通信机工作在深水状态，如水面指挥船与深潜器、水下自治机器人之间的通信，那么在适宜指向性换能器的支持下，多途干扰基本上可以不考虑。

10.2.3.3　应对水声数字通信信号起伏的可能对策

1. 适当提高 SL

适当提高 SL，使得因起伏导致有较大衰落的那些码元仍有较大的输入信噪比，可以满足接收机对其预置的要求。

2. 降低工作频率 f

工作频率 f 的降低将带来以下情况：①导致 TL 下降，等效于输入信噪比的提高；②海水随机不均匀性引起的信号振幅和相位的起伏将下降；③海面声反射造成的起伏将下降，声信号的有规分量加强，同时，海底反射信号的起伏减弱；④多普勒频移成比例地减小；⑤信号相位的跟踪变得容易，较利于采用相干检测方案。

然而，降低 f 所获得的优点，是要付出代价的。如 f 的降低意味着通信速率的降低，而且 f 的降低，将使多途幅度加大，总时延加长，可能造成抗多途干扰的实际困难。

总之，水声数字通信机工作频率的选取较为复杂，而且涉及整机性能，要根据最佳频率选取原则最终确定。

3. 采取一定的宽容设计策略，以适应随机时—空—频变的信号起伏

对水声通信信道复杂而多变的声信号起伏特性，很难进行理论分析和估算，实验研究也都具有区域性或季节性，不具有普遍性，为水声数字通信信号处理设计及具体参量的选取带来困难。由于小掠射角数据测量困难，只能以外推方式表示，而实际较远距离的水声通信均工作在小掠射角范围内。

为了提高水声通信机的可靠性，应尽可能避免数字通信中的"门限效应"，当信噪比下降到一定程度时，通信质量就会急剧恶化，因此，在设计中对水声通信声呐中的参量值预置要留有余量，以适应水声信道中意外剧烈的起伏。当然，这样的设计策略将使整机的高端指标（如最大通信距离、最大通信速率）有所下降。

4. 选择适宜的信号调制方式

选择适宜的信号调制方式是从根源上应对水声通信信道随机起伏的措施之一。

在水声通信信道剧烈起伏的条件下，ASK、正交幅度调制等方案不宜采用，最好选择与信道起伏相对不敏感的频率调制方式，而且相干解调方式的选用也要慎重。一般来说，在强多途背景下，特别是把多途作为信号处理的较远通信条件的背景下，采用非相干检测方案有更高的鲁棒性。

10.2.3.4　对海洋环境噪声干扰的对策

（1）设计适宜的滤波器，以滤掉接收机频带外的噪声。如在移动水声通信中使用，频带的设计要注意多普勒频移的影响。对于定点通信，换能器摇摆和海流形成的频移，一般只有几赫兹的量级，可不予考虑。

对于工作频带较宽的水声数字通信机，如扩频中的跳频，为避免因带宽 B 的增加而使 NL 过度提高，可采用跟踪滤波器以与每个跳频频码适配，可使 NL 明显下降。

（2）设计适宜的接收换能器的指向性，可获较大的指向性指数 DI（或阵列工作下的空间处理增益 GS）。如果通信双方彼此的方位未知，原则上，水平方向应为无方向性，但却可仔细地设计垂直方向上的指向性。对于工作在深海通信状态的垂直或近似垂直向下的良好通信条件下的换能器，就可使其指向性近似于垂直向下，这样能有效地抑制海面风浪噪声和舰船自噪声。

（3）选择最佳工作频率时，应考虑 NL 随工作频率的提高而下降的规律，尤其是在近距离通信条件下，应选择较高的工作频率，这时，高频下 NL 的下降可能大于高频吸收引起的传播损失 TL 的增加。具体的选择可由通信声呐方程折中运算优化后决定。

（4）NL 具有时—空变特性，若条件允许，应选择较低 NL 的海洋通信环境，最好能把 NL 的预报作为水声通信设计和使用的参考。

提高 SL、选用适配的滤波器和选择最佳工作频率是应对海洋环境噪声有效的对策。从这个意义上说，关于海洋环境噪声背景下信号的检测只涉及通信距离远与近的问题，而不存在多途背景下的通信有效或失效问题。

思考题与习题

1. 简述水声数字通信系统的组成。
2. 试说明水声信道的特点。
3. 分析水声信道对通信的影响及应对措施。

参考文献

[1] 朱敏，张同伟，杨波，等. 蛟龙号载人潜水器声学系统[J]. 科学通报，2014，59(35)：3462-3470.

[2] 许天增，许鹭芬. 水声数字通信[M]. 北京：海洋出版社，2010.

[3] 朱昌平，韩庆邦，李建，等. 水声通信基本原理与应用[M]. 北京：电子工业出版社，2009.

[4] 殷敬伟. 水声通信原理及信号处理技术[M]. 北京：国防工业出版社，2011.

[5] 张歆，张小蓟. 水声通信理论与应用[M]. 西安：西北工业大学出版社，2012.

第 11 章

水声信源编码

11.1 概述

信源编码的作用是把信源发出的消息变换成由二进制码元（或多进制码元）组成的代码组，这种代码组就是基带信号。同时，信源编码可以压缩信源的冗余度（多余度），以提高通信系统传输消息的效率。信源编码可分为无失真信源编码（一般称为香农第一定理）和限失真信源编码（一般称为香农第三定理），前者主要用于离散信源或数字信号，后者主要用于连续信源或模拟信号，如语音、图像等信号的数字处理。从提高通信系统有效性的意义上说，信源编码器的主要指标是它的编码效率，即理论上能达到的码率与实际达到的码率之比。一般来说，效率越高，编译码器的代价也将越大。信源译码把信道译码输出的代码组变换成信宿所需要的消息形式，它的作用相当于信源编码的逆过程。

信道编码的作用是在信源编码输出的代码组上有目的地增加一些监督码元，使之具有检错或纠错的能力。信道译码器也具有检错或纠错的能力，它能将落在其检错或纠错范围内的错传码元检出或纠正，以提高传输消息的可靠性。信道中的干扰常使通信质量下降，对于模拟信号而言，表现为收到的信号的信噪比下降；对于数字信号而言，表现为误码率增大。信道编码的主要方法是增大码率或频带，即增大所需的信道容量。这恰与信源编码相反。信道编码定理（包括离散和连续信道）又称香农第二定理。香农第一、第二和第三定理是信息论的基础理论,香农三大定理是存在性定理,虽然并没有指明具体的编码方法,但是也为通信信息的研究指明了方向。

本节主要介绍信源编码技术,通信系统中若接收端要求无失真复制信源输出的消息,这时信源编码是无失真编码。只有对离散信源可以实现无失真编码,离散信源的无失真编码实质上是一种统计匹配编码。对于连续信源,其输出量为无限大,因此不可能实现无失真的信源编码,这时可以采用限失真信源编码。下面分别进行介绍。

11.2 信源编码定理

编码实质上是对信源的原始符号按一定的数学规则进行的一种变换。

为了分析方便和突出问题的重点,当研究信源编码时,可将信道编码和译码视为信道的一部分,以突出信源编码。同样,研究信道编码时,可将信源编码和译码视为信源和信宿的一部分,以突出信道编码。

图 11-1 为无失真信源编码器。它的输入是信源符号集 $X = \{a_1, a_2, \cdots, a_n\}$,同时存在另一符号集 $Z = \{b_1, b_2, \cdots, b_m\}$,通常元素 $b_j(j=1,2,\cdots,m)$ 适合在信道中传输,称为码符号(或码元)。编码器就是将信源符号 $a_i(i=1,2,\cdots,n)$ 变换成由码符号 $b_j(j=1,2,\cdots,m)$ 组成的长度为 l_i 的一一对应序列 $Y_i(i=1,2,\cdots,n)$,即
$a_i(i=1,2,\cdots,n) \leftrightarrow Y_i = \left(b_{i_1}, b_{i_2}, \cdots, b_{i_{l_i}}\right), b_{i_k}(k=1,2,\cdots,l_i) \in Z$。

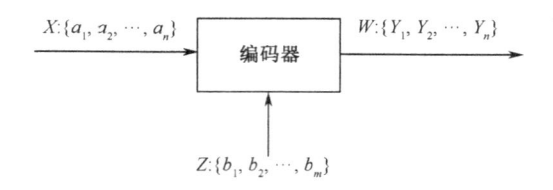

图 11-1 无失真信源编码器

通常将码符号序列 Y_i 称为码字,将长度 l_i 称为码字长度或码长,将码字的集合 W 称为码或码组。由此可见,编码实际上就是从信源符号到码符号的映射。对于无失真编码,要求映射必须是一一对应的和可逆的。

下面，对码的一些定义进行说明。

（1）二元码。

若码符号集为 $Z=\{0,1\}$，所得码字都是一些二元序列，称为二元码。

若将信源通过二元信道进行传输，为使信源适合信道传输，应将信源符号变换成由"0,1"符号组成的码符号序列，这种编码所得的码为二元码。二元码是二元数字通信和计算机系统中的常用码。

（2）等长码。

若一组码中所有码字的码长都相等，则称为等长码。

（3）变长码。

若一组码中所有码字的码长各不相同，即任意码字由不同长度的码符号序列组成，则称为变长码。

（4）非奇异码。

若一组码中所有码字都不相同，即不同信源符号映射到不同的码符号序列，则称为非奇异码。

（5）奇异码。

若一组码中有相同的码字，即信源符号与码符号序列不满足一一映射关系，则称为非奇异码。

（6）码的 N 次扩展码。

假设信源 X 中的符号 a_i 经编码器一一变换成码 W 中的码字 Y_i，则码 W 的 N 次扩展码是码组中所有 N 个码字组成的码字序列的集合。因此，N 次扩展码的码字与 N 次扩展信源的信源符号序列一一对应。

假设信源通过二元信道进行传输，经"0,1"码符号变换后，所得码组为码 1 和码 2，码组中的码字与信源符号一一对应，如表 11-1 所示。

表 11-1　信源符号及编码

信源符号	信源符号出现概率	码 1	码 2
a_1	$P(a_1)$	00	0
a_2	$P(a_2)$	01	01
a_3	$P(a_3)$	10	001
a_4	$P(a_4)$	11	111

在表 11-1 中，码 1 是等长非奇异码，码 2 是变长非奇异码，码 2 的二次

扩展码如表 11-2 所示。

表 11-2 码 2 的二次扩展码

信源符号	码字	信源符号	码字
a_1a_1	00	a_3a_1	0010
a_1a_2	001	a_3a_2	00101
a_1a_3	0001	a_3a_3	001001
a_1a_4	0111	a_3a_4	001111
a_2a_1	010	a_4a_1	1110
a_2a_2	0101	a_2a_2	11101
a_2a_3	01001	a_4a_3	111001
a_2a_4	01111	a_4a_4	111111

（7）唯一可译码。

若码的任意一串有限长的码符号序列只能被唯一地译成所对应的信源符号序列，则称为唯一可译码；否则，就称为非唯一可译码。

如果要编的码是唯一可译码，不但要求编码时不同的信源符号变换成不同的码字，而且还必须要求任意有限长的信源序列所对应的码符号序列各不相同，即要求码的任意有限长 N 次扩展码都是非奇异码。这样，才能把码符号序列唯一地分割成一个个对应的信源符号，从而实现唯一译码。

例如，表 10-2 中的码 1 是唯一可译码，而码 2 是非唯一可译码。对于码 2，其有限长的码符号序列能译成不同的信源符号序列。若接收码符号序列为 001，可译成 a_3 或 a_1a_2，译码并不唯一。

下面将分别讨论等长码和变长码的最佳编码问题，也就是是否存在一种唯一可译编码方法，使平均每个信源符号所需的码符号最短，即寻找无失真信源压缩的极限值。

11.2.1 等长码编码定理

通常，若要实现无失真编码，则要求编码为唯一可译码，以避免非唯一可译码产生的错误与失真。若等长码是非奇异码，则其任意有限长 N 次扩展码也是非奇异码。因此等长非奇异码是唯一可译码。

在表 11-3 中，码 1 是等长非奇异码，为唯一可译码。码 2 为非唯一可译码，因为信号源符号 a_2 和 a_4 都对应于同一码字 11，当接收到码序列 11 后，既可译成 a_2，也可译成 a_4，不能唯一译码。

表 11-3 信源符号的两种编码

信源符号	码 1	码 2
a_1	00	00
a_2	01	11
a_3	10	10
a_4	11	11

因此，若对信源 X 进行等长编码，必须满足

$$n \leqslant m^l \tag{11-1}$$

式中，n 为信源符号数，l 为等长码的码长，m 为码符号个数。

在表 11-3 中，信源 X 共有 $n=4$ 个信源符号，现进行二元等长编码，其中码符号个数 $m=2$，由式（11-1）可知，信源 X 存在唯一可译等长码的条件是码长 l 不小于 2。

同理，若对信源 X 的 N 次扩展信源进行等长编码，其 N 次扩展信源 $X^N = \{s_1, s_2, \cdots, s_{n^N}\}$ 共有 n^N 个符号，其中 $s_i = (a_{i_1}, a_{i_2}, \cdots, a_{i_N})$，而 $(a_{i_k} \in X, k=1,2,\cdots,N)$ 是长度为 N 的信源符号序列。由式（11-1）可知，若要求等长码编码为唯一可译码，则等长码码长 l 须满足

$$n^N \leqslant m^l \tag{11-2}$$

式（11-2）表明，只有编码后等长码的码符号序列数（m^l）不小于编码前 N 次扩展信源的符号数（n^N），才可能存在等长非奇异码。

式（11-2）两边取对数，得

$$N \log_2 n \leqslant l \log_2 m，即 \frac{l}{N} \geqslant \frac{\log_2 n}{\log_2 m} \tag{11-3}$$

特别地，若 $N=1$，则有

$$l \geqslant \frac{\log_2 n}{\log_2 m} = \log_m n \tag{11-4}$$

可见式（11-4）与式（11-1）是一致的。在式（11-3）中，$\frac{l}{N}$ 是平均每个信源符号所需要的码符号个数。因此，对于等长唯一可译码，每个信源符号

至少需要用 $\log_m n$ 个码符号来变换，也就是说，每个信源符号所需最短码长为 $\log_m n$ 个。

例如，英文电报有 32 个符号（26 个英文字母加上 6 个字符），即 $n=32$，若采用二元符号编码（$m=2$），则每个信源符号编码码长 $l \geq \log_2 32 = 5$。也就是说，每个英文电报符号至少要用 5 位二元符号编码。

考虑到实际中英文电报符号信源的出现概率及符号之间的依赖性，平均每个英文电报符号所提供的信息约等于 1.4 比特，比 5 位二元码符号所能载荷的最大信息量 5 比特小很多，所以编码的信息传输效率低。

因此，若考虑信源符号的出现概率，以及信源符号之间的依赖关系，则等长编码中每个信源符号平均所需的码长可以进一步减少，从而提高编码效率。当对码长为 N 的信源符号序列进行编码时，对于无用的符号组合（非典型序列）不编码。这相当于在 N 次扩展信源中去掉一些出现概率为零（或任意小）的符号序列，以减小编码所需的码字个数。这样使得平均每个信源符号所需的码符号个数大为减少，提高传输效率。这会引入一定的误差，但当 N 足够大时，错误概率可以任意小，即可做到几乎无失真编码。

等长码编码定理给出了信源进行等长编码所需码长的理论极限值。

定理 1（等长信源编码定理）：一个熵为 $H(X)$ 的离散无记忆信源，若对信源长为 N 的符号序列进行等长编码，设从 m 个字母的码符号集中，选取 l 位码元组成码字，则对于任意 $\varepsilon > 0$，只要满足

$$\frac{l}{N} \geq \frac{H(X)+\varepsilon}{\log_2 m} \tag{11-5}$$

式中，$H(X) = \sum_{i=1}^{n} P(a_i) I(a_i)$，信息量 $I(a_i) = -\log_2 P(a_i)$，$P(a_i)$ 为信源符号 a_i 的概率。

当 N 足够大时，可实现几乎无失真编码，即译码错误概率任意小；反之，若

$$\frac{l}{N} \leq \frac{H(X)-2\varepsilon}{\log_2 m} \tag{11-6}$$

则不可能实现无失真编码，当 N 足够大时，译码错误概率近似等于 1。

由等长信源编码定理可知，平均每个信源符号所需要的二元码符号的理论极限值由信源熵决定。

因此，式（11-5）可改写为

$$l\log_2 m > NH(X) \tag{11-7}$$

不等式左边表示编码长为 l 的码符号序列能载荷的最大信息量，右边表示长为 N 的信源序列平均携带的信息量。因此，只要码字传输的信息量大于信源序列携带的信息量，总可实现几乎无失真编码。

为了衡量各种实际等长编码方法的编码效果，定义编码效率 η，有

$$\eta = \frac{H(X)}{R''}, \ R'' = \frac{l}{N}\log_2 m \tag{11-8}$$

式中，R'' 表示编码后平均每个信源符号能载荷的最大信息量，可视为编码后信源的信息传输率。

由此可见，最佳等长编码的效率接近 1。

一般而言，在已知信源熵 $H(X)$ 和信息方差 $D[I(a_i)]$ 的条件下，信源序列长度 N 与最佳编码效率 η 和允许的错误概率 δ 有关，如式（11-9）所示。

$$N \geqslant \frac{D[I(a_i)]}{H^2(X)} \frac{\eta^2}{(1-\eta)^2 \delta} \tag{11-9}$$

由式（11-9）可知，若要求容许的错误概率越小，编码效率越高，则信源序列长度 N 越长，从而增加系统编码、译码的复杂性和延时性。在实际情况下，要实现几乎无失真的等长编码，N 可能会大到难以实现的程度，现举例进行说明。

设离散无记忆信源概率分布为

$$\begin{bmatrix} X \\ P(a) \end{bmatrix} = \begin{bmatrix} a_1 & a_2 \\ \dfrac{3}{4} & \dfrac{1}{4} \end{bmatrix}$$

其信息熵为

$$H(X) = \frac{1}{4}\log_2 4 + \frac{3}{4}\log_2 \frac{4}{3} = 0.811 \ （比特/信源符号）$$

其自信息的方差为

$$D[I(a_i)] = \sum_{i=1}^{1} p_i (\log_2 p_i)^2 - [H(X)]^2$$

$$= \frac{1}{4}\left(\log_2 \frac{1}{4}\right)^2 + \frac{3}{4}\left(\log_2 \frac{3}{4}\right)^2 - (0.811)^2$$

$$\approx 0.4715$$

若对信源 X 采取等长二元编码,要求编码效率 $\eta=0.96$,允许错误概率 $\delta \geqslant 10^{-5}$,则信源序列长度 N 应满足

$$N \geqslant \frac{0.4715}{(0.811)^2} \frac{(0.96)^2}{0.04^2 \times 10^{-5}} \approx 4.13 \times 10^7$$

即信源序列长度需要长达 4130 万以上,才能实现给定要求的编码,这在实际中是很难实现的。因此,需要研究变长码的编码方式,往往在 N 不是很大时变长码就可编出效率高且无失真的码。

11.2.2 变长码编码定理

同样地,变长码也必须是唯一可译码,才能实现无失真编码。对于变长码,要想满足唯一可译性,不但码本身必须是非奇异的,而且其任意有限长 N 次扩展码也都必须是非奇异的。

表 11-4 为信源符号不同变长码编码方式。

表 11-4 信源符号不同变长码编码方式

信源符号	信源符号概率	码 1	码 2	码 3	码 4
a_1	1/2	0	0	1	1
a_2	1/4	11	10	10	01
a_3	1/8	00	00	100	001
a_4	1/8	11	01	1000	0001

在表 11-4 中,码 1 为非唯一可译码,因为信源符号 a_2、a_4 对应同一码字 11。尽管码 2 本身是非奇异码,但由于其扩展码为奇异码(如接收码符号 010 可译为 $a_1 a_2$,也可译为 $a_4 a_1$),为非唯一可译码。码 3、码 4 本身及有限长 N 次扩展码均为非奇异码,因此码 3、码 4 为唯一可译码。

观察码 4 可以发现,每个码字都以符号"1"截止。因此,在接收码符号序列过程中,只要出现"1",就知道一个码字已经结束,可立即将接收到的码符号序列译成对应的信源符号。码字中的符号"1"起逗点的作用,称为逗点码或即时码。

而对于码 3,当收到一个或几个码符号后,不能即时判断码字是否已经终结,需要等待下一个或几个码符号收到后才能做出判断。例如,当收到两个码符号"10"时,不能判断码字是否终结,必须等下一个码符号到达后才

能决定。如果下一个码符号是"1",则表示前面已经收到的码符号"10"为一码字,把它译成信源符号 a_2;如果下一个符号仍是"0",则表示前面收到的码符号"10"并不代表一个码字。这时真正的码字可能是"100",也可能是"1000",具体是什么码字,还须等待下一个符号到达后才能做出决定,因此,码 3 为非即时码。

比较码 3 和码 4 可知,在码 3 中,信源编码码字是其他码字的前缀,如 a_3 的码字 100 以 a_2 的码字 10 为前缀,而码 4 则不同,没有任何完整的码字是其他码字的前缀。因此,即时码也称为前缀条件码。

即时码的一种简单构造方法是树图法,即可以用码树来描述码字集合。例如,表 11-4 中的码 4 可用图 11-2 所示的码树图来表述。

所谓树,既有根、枝,又有节点。在图 11-2 中,最上端 A 点为根,从根出发向下伸出树枝,树枝的数目等于码符号的总数 m,分别从左向右标以码符号"$0,1,\cdots,m$"标记,此处为二元编码,

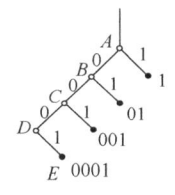

图 11-2 码 4 的码树图表示

$m=2$,因此伸出两条树枝,分别记为"0,1"。树枝的尽头为节点,从节点出发再伸出 m 条树枝,依次下去构成一棵树。当某一节点被安排为码字后,它就不再继续伸枝了,此节点称为终端节点(用粗黑点表示)。而其他节点称为中间节点,中间节点不安排为码字(用空心圈表示)。码字由从根出发到终端节点走过的路径所对应的码符号组成。

在树图法中,由于从根到每一个终端节点所走的路径不同,且中间节点不安排为码字,所以一定满足即时码条件。任一即时码都可用树图法表示。需要注意的是,当码字长度给定时,树图法得到的即时码不唯一。在图 11-2 中,若将"0,1"码符号从右向左标号,得出另一组 4 个码字的即时码 $W = \{0,10,110,1110\}$。

另外,码树图还可用来译码。当接收到一串码符号序列后,首先从树根出发,根据接收到的第一个码符号来选择应走的第一条路径,若为中间节点,则再根据接收到的第二个码符号来选择应走的第二条路径。依次继续下去,直至走到终端节点。据此可判断出所接收的码字,从而将接收到的一串码符号序列译成对应的信源符号序列。

即时码的条件是满足克拉夫特不等式,即式(11-10)。

对于码符号集为 $Z=\{b_1,b_2,\cdots,b_m\}$ 的任意 m 元即时码，其码字为 $W=\{Y_1,Y_2,\cdots,Y_n\}$，对应的码长为 $l_1,l_2,\cdots,l_n$，则必定满足

$$\sum_{i=1}^{n} m^{-l_i} \leqslant 1 \tag{11-10}$$

反之，若码长满足不等式（11-10），则一定存在具有这样码长的 m 元即时码。

式（11-10）中是克拉夫特不等式，是 1949 年由 L. G. Kraft 证明的即时码码长必须满足的条件。1956 年，麦克米伦（B. McMillan）证明对于唯一可译码码长也满足此不等式。因此，在码长的选择条件上，即时码与唯一可译码是一致的。

由前面分析可知，同一信源编成同一码符号的即时码或唯一可译码不唯一，可以有多种。从高效率信息传输的观点考虑，当然希望选择由短的码符号组成的码字，即用码长作为选择准则，为此引入码的平均长度 $\bar{L}$，即

$$\bar{L} = \sum_{i=1}^{n} p(Y_i)\, l_i = \sum_{i=1}^{n} p(a_i)\, l_i \tag{11-11}$$

式中，$\bar{L}$ 的单位是码符号/信源符号，表示每个信源符号编码平均所用的码元数。从工程角度来看，总希望通信设备经济、操作简单，并且单位时间内传输的信息量越大越好。当信源给定时，信源的熵 $H(X)$（比特/信源符号）就确定了，平均每位码元携带的信息量即编码后信道的信息传输率（又称码率）为

$$R = \frac{H(X)}{\bar{L}} \quad (\text{比特/码符号}) \tag{11-12}$$

若传输一个码符号平均需要 t 秒，则编码后信道每秒钟传输的信息量为

$$R_t = \frac{H(X)}{t\bar{L}} \quad (\text{比特/秒})$$

由此可见，码的平均长度越短，信道的信息传输效率就越高。为此，需要寻找平均码长 $\bar{L}$ 为最短的唯一可译码（称为紧致码或最佳码），这也是信源编码的基本问题。香农第一定理（无失真变长信源编码定理）给出了紧致码的平均码长 $\bar{L}$ 可能达到的理论极限。

定理 2（无失真变长信源编码定理，即香农第一定理）：离散无记忆信源 X 的 N 次扩展信源 $X^N = \{s_1, s_2, \cdots, s_{n^N}\}$，$s_i = (a_{i_1}, a_{i_2}, \cdots, a_{i_N})$，$(a_{i_k} \in X, k=1,2,\cdots,N)$，其熵为 $H_N(X) = NH(X)$，以码符号集 $Z=\{b_1,b_2,\cdots,b_m\}$ 对 N 次扩展信源进行

编码，总可以找到一种编码方法，构成唯一可译码，使信源 X 中每个信源符号所需的平均码长 $\bar{L}$ 满足

$$\frac{H(X)}{\log_2 m} \leqslant \bar{L} < \frac{H(X)}{\log_2 m} + \frac{1}{N} \tag{11-13}$$

$$\bar{L} = \frac{\bar{L}_N}{N}, \quad \bar{L}_N = \sum_{i=1}^{n^N} p(s_i)\lambda_i$$

式中，$\bar{L}$ 是信源 X 中单个信源符号所需的平均码长，$\bar{L}_N$ 为无记忆扩展信源 X^N 中每个符号 s_i 的平均码长，λ_i 为 s_i 所对应的码字长度。

定理 2 指出，信源的信息熵是无失真信源压缩的极限值。要做到无失真信源编码，每个信源符号编码平均所需的最少码元数（m 元）就是信源的熵值（以 m 进制信息量为单位测度）。若编码的平均码长小于信源的熵值，则唯一可译码不存在，在译码时必然会带来失真或差错。通过对扩展信源进行变长编码，当 $N \to \infty$ 时，平均码长 $\bar{L} = \dfrac{\bar{L}_N}{N}$ 可达到这个极限值。

由式（11-13）可知

$$R = \frac{H(X)}{\bar{L}} \leqslant \log_2 m \tag{11-14}$$

当 $N \to \infty$ 时，式（11-14）等号成立。此时信道的信息传输率 R 等于无噪无损信道的信道容量 C，信息传输效率最高。因此，无失真信源编码的实质就是对离散信源进行适当地变换，解除或降低信源符号间的相关性，使变换后新的码符号信源尽可能独立，为等概率分布。从而使新信源的每个码符号平均所含的信息量达到最大，即信道的信息传输率 R 达到信道容量 C，实现信源与信道理想的统计匹配，这就是香农第一定理的物理意义。因此，无失真信源编码定理通常又称为无噪信道编码定理。

设离散无记忆信源概率分布为

$$\begin{bmatrix} X \\ P(a) \end{bmatrix} = \begin{bmatrix} a_1 & a_2 \\ \dfrac{3}{4} & \dfrac{1}{4} \end{bmatrix}$$

其信息熵为

$$H(X) = \frac{1}{4}\log_2 4 + \frac{3}{4}\log_2 \frac{4}{3} = 0.811 \quad （比特/信源符号）$$

用二元码符号（0,1）构造一个即时码，即 $s_1 \to 0$，$s_2 \to 1$。

平均码长为 $\bar{L}=1$（二元码符号/信源符号）。

编码的效率为 $\eta = \dfrac{H(X)}{\bar{L}} = 0.811$。

信道信息传输率为 $R=0.811$（比特/二元码符号）。

根据香农第一定理，为了提高传输效率，可对无记忆信源 X 的二次扩展信源 X^2 进行编码，如表 11-5 所示。

表 11-5 二次扩展信源及其某一即时码编码

s_i	$P(s_i)$	即 时 码
a_1a_1	9/16	0
a_1a_2	3/16	10
a_2a_1	3/16	110
a_2a_2	1/16	111

二次扩展信源即时码的平均长度为

$$\bar{L}_2 = \dfrac{9}{16}\times 1 + \dfrac{3}{16}\times 2 + \dfrac{3}{16}\times 3 + \dfrac{1}{16}\times 3 = \dfrac{27}{16}$$（二元码符号/二个信源符号）

则信源 X 中单个符号的平均码长为

$$\bar{L} = \dfrac{\bar{L}_2}{2} = \dfrac{27}{32}$$（二元码符号/信源符号）

其编码效率为 $\eta_2 = 0.811 \times \dfrac{32}{27} \approx 0.961$

信道信息传输率为 $R_2=0.961$（比特/二元码符号）

可见，虽然编码复杂了一些，但信息传输率由 0.811 提高到 0.961。

用同样方法可进一步对信源 X 的三次扩展信源和四次扩展信源进行编码，可求出

其编码效率分别为 $\eta_3 = 0.985$，$\eta_4 = 0.991$；信道的信息传输率分别为 $R_3=0.985$（比特/二元码符号），$R_4=0.991$（比特/二元码符号）。

与前述等长码编码相比可知，对于同一信源，要求编码效率达到 96%，变长码只需要对二次扩展信源（$N=2$）进行编码，而等长码则要求 N 大于 4.13×10^7。因此，用变长码编码时，N 不需很大，不仅能达到相当高的编码效率，还可实现无失真编码。随着扩展信源次数的增加，编码的效率越来越接近于 1，编码后信道的信息传输率 R 也越来越接近于无噪无损二元对称信

道的信道容量 C（1 比特/二元码符号），达到信源与信道匹配，使信道得到充分利用。所以，变长码更具实用价值。

11.2.3 限失真信源编码定理

对于连续信源，其绝对熵为无限大，若要实现无失真传输，要求信息传输速率 R 为无限大。而实际信道带宽总是有限的（如水声通信信道由于其复杂性，可用带宽一般只有几千赫兹到几十千赫兹，且随通信距离增加而减少），加之数据压缩本身带来的误差，使信息传输存在一定的失真。由于人的听觉、视觉等感官系统特性，一般并不要求完全无失真地恢复消息，在保证一定质量（保真度）的条件下即可近似地再现原来的消息。例如，根据人耳接收带宽和分辨率有限的特点，可以将频谱范围为 20Hz～8kHz 的话音信号去掉低频和高频成分，保留 300～3400Hz 带宽范围内的信号。

因此，限失真信源编码的基本问题是，在允许一定程度失真的条件下，能够把信源信息压缩到什么程度，即最少需要多少比特数才能描述信源，以实现快速地传输信息。限失真信源编码定理给出了限失真条件下，信息传输速率的极限值。

定理 3（限失真信源编码定理，即香农第三定理）：设 $R(D)$ 为离散无记忆平稳信源的信息率失真函数，并且有有限的失真测度。对于任意 $D \geqslant 0$，$\varepsilon > 0$，$\delta > 0$ 及任意足够长的码长 l，一定存在一种信源编码 W，其码字个数为

$$M = e^{\{l[R(D)+\varepsilon]\}} \tag{11-15}$$

编码后码的平均失真度为

$$d(W) \leqslant D + \delta$$

特别地，若采用二元编码，信息率失真函数 $R(D)$ 单位为比特，则式（11-15）可写为

$$M = 2^{\{l[R(D)+\varepsilon]\}} \tag{11-16}$$

香农第三定理指出，当编码后的信息传输率 $R\left[R = \dfrac{\log_2 M}{l} = R(D) + \varepsilon\right]$ 大于信息率失真函数 $R(D)$ 时，只要码长足够长，在允许失真限度 D 范围内总可以找到一种编码方法；反之，若信息传输率小于 $R(D)$，则无论采用什么样的

编码方法，译码平均失真一定会超过失真限度 D，即不能在保真度准则下再现信源消息。

注意，信息率失真函数 $R(D)$ 的物理意义是：对于给定信源，在平均失真不超过失真限度 D 的条件下，信源容许压缩的最小值，或者是信源信息压缩后的最小平均信息量。信息率失真函数给出了失真限度小于 D 时所必须具有的最小信息率 $R(D)$。

11.3 常用无失真信源编码

香农第一定理揭示了无失真信源编码的实质就是对离散信源进行适当的变换，使变换后新的码符号信源（信道的输入信源）尽可能为等概率分布，使信道的信息传输率和信道容量相等，实现信源与信道理想的统计匹配。基于此，只要寻找到去除相关性或改变概率分布不均匀性的方法和手段，就能找到编码的具体方法和实用的码结构。常用的无失真信源编码方法主要有香农编码、费诺编码、Huffman 编码、游程编码及其改进等。

11.3.1 香农编码

设信源符号集 $X=\{a_1,a_2,\cdots,a_n\}$，信源符号 a_i 的信息量为 $I(a_i)=-\log_2 P(a_i)$，则根据香农第一定理，选择每个码字的长度 l_i 满足

$$I(a_i) \leqslant l_i < I(a_i)+1, \forall i \tag{11-17}$$

就可以得到香农编码。香农编码法冗余度略大，实用性不强，但有重要的理论意义。编码过程如下。

（1）将 n 个信源消息符号按其出现的概率大小依次排列，如下。

$$P(a_1) \geqslant P(a_2) \geqslant \cdots \geqslant P(a_n)$$

（2）确定满足下列不等式的整数码长。

$$-\log_2 P(a_i) \leqslant l_i < -\log_2 P(a_i)+1$$

（3）为了编成唯一可译码，计算第 i 个消息的累加概率为

$$P_i = \sum_{k=1}^{i-1} p(a_k)$$

（4）将累加概率 P_i 变换成二进制数。

（5）取 P_i 二进数的小数点后，l_i 位即为该消息符号的二进制码字。

例如，设信源共有 7 个符号消息，香农编码过程如表 11-6 所示。

表 11-6 香农编码过程

信源符号	信源符号概率	累加概率	$I(a_i)$	码字	码长
a_1	0.20	0	2.34	000	3
a_2	0.19	0.2	2.41	001	3
a_3	0.18	0.39	2.48	011	3
a_4	0.17	0.57	2.56	100	3
a_5	0.15	0.74	2.74	101	3
a_6	0.10	0.89	3.34	1110	4
a_7	0.01	0.99	6.66	1111110	7

以 $i=4$ 为例，有

$$-\log_2 0.17 \leqslant l_4 < -\log_2 0.17 + 1，\quad l_4 = 3$$

累加概率 $P_4=0.57$，变换成二进制为 $0.100\cdots$，因为 $l_4=3$，所以第 4 个消息的编码码字为 100。其他消息的码字可用同样方法求得，如表 11-6 所示。该信源共有 5 个三位的码字，各码字之间至少有一位数字不相同，故是唯一可译码。信源符号的平均码长为

$$\bar{L} = \sum_{i=1}^{7} P(a_i) l_i = 3.14 \text{（码元/符号）}$$

平均信息传输率为

$$R = \frac{H(X)}{\bar{L}} = 0.831 \text{（比特/码元）}$$

11.3.2 费诺编码

费诺码属于概率匹配编码，其编码过程如下。

（1）将 n 个信源消息符号按其出现的概率大小依次排列，如下。

$$P(a_1) \geqslant P(a_2) \geqslant \cdots \geqslant P(a_n)$$

（2）将依次排列的信源符号按概率值分为两大组，使两个组的概率之和近于相同，并对两个组分别赋予一个二进制码元 0 和 1。

（3）将每一大组的信源符号进一步分成两组，使划分后的两个组的概率

之和近于相同，并分别赋予两个组一个二进制符号 0 和 1。

（4）如此重复，直至每个组只剩下一个信源符号。

（5）信源符号所对应的码字即为费诺码。

设信源共有 7 个符号消息，费诺编码过程如表 11-7 所示。

表 11-7 费诺编码过程

信源符号	信源符号概率	第一次分组	第二次分组	第三次分组	第四次分组	码字	码长
a_1	0.20	0	0			00	2
a_2	0.19		1	0		010	3
a_3	0.18			1		011	3
a_4	0.17	1	0			10	2
a_5	0.15		1	0		110	3
a_6	0.10			1	0	1110	4
a_7	0.01				1	1111	4

该费诺码的平均码长为

$$\overline{L} = \sum_{i=1}^{7} P(a_i) l_i = 2.74 \text{（码元/符号）}$$

平均信息传输率为

$$R = \frac{H(X)}{\overline{L}} = 0.953 \text{（比特/码元）}$$

显然费诺码要比上述香农码的平均码长小，消息传输速率大，表明编码效率高。

11.3.3 哈夫曼编码

哈夫曼编码充分利用信源概率分布特性进行编码，是一种最佳的逐个符号编码方式，其编码过程如下。

（1）将 n 个信源消息符号按其出现的概率大小依次排列，如下。

$$P(a_1) \geqslant P(a_2) \geqslant \cdots \geqslant P(a_n)$$

（2）取两个概率最小的字母分别配以 0 和 1 两码，并将这两个概率相加作为一个新字母的概率，与未分配的二进符号的字母重新排队。

（3）对重排后的两个概率最小符号重复步骤（2）的过程。

第 11 章　水声信源编码

（4）不断重复上述过程，直到最后两个符号配以 0 和 1。

（5）从最后一级开始，向前返回得到各个信源符号所对应的码元序列，即相应的码字。

设信源共有 7 个符号消息，哈夫曼编码过程如表 11-8 所示。

表 11-8　哈夫曼编码过程

信源符号 a_i	信源符号概率 $P(a_i)$	编码过程	码字	码长
a_1	0.20		10	2
a_2	0.19		11	2
a_3	0.18		000	3
a_4	0.17		001	3
a_5	0.15		010	3
a_6	0.10		0110	4
a_7	0.01		1110	4

该哈夫曼码的平均码长为

$$\bar{L} = \sum_{i=1}^{7} P(a_i)\, l_i = 2.72 \ （码元/符号）$$

平均信息传输率为

$$R = \frac{H(X)}{\bar{L}} = 0.9596 \ （比特/码元）$$

由此可见，哈夫曼码的平均码长最小，消息传输速率最大，编码效率最高。

哈夫曼编码方法得到的码并非是唯一的。造成非唯一的原因如下。

（1）每次对信源缩减时，赋予信源最后两个概率最小的符号，可以任意使用 0 和 1，因此可以得到不同的哈夫曼码，但不会影响码字的长度。

（2）对信源进行缩减时，两个概率最小的符号合并后的概率与其他信源符号的概率相同时，这两者在缩减信源中进行概率排序，其位置放置次序可以是任意的，故会得到不同的哈夫曼码。此时将影响码字的长度，一般将合并的概率放在上面，这样可获得较小的码方差。

例如，对于有离散无记忆信源：

$$\begin{pmatrix} X \\ P \end{pmatrix} = \begin{pmatrix} a_1 & a_2 & a_3 & a_4 & a_5 \\ 0.4 & 0.2 & 0.2 & 0.1 & 0.1 \end{pmatrix}$$

可有两种哈夫曼编码方法，如表 11-9 和表 11-10 所示。

表 11-9 哈夫曼编码方法（一）

信源符号	信源符号概率	编码过程	码字	码长
a_1	0.4		1	1
a_2	0.2		01	2
a_3	0.2		000	3
a_4	0.1		0010	4
a_5	0.1		0011	4

表 11-10 哈夫曼编码方法（二）

信源符号	信源符号概率	编码过程	码　字	码　长
a_1	0.4		00	2
a_2	0.2		10	2
a_3	0.2		00	2
a_4	0.1		010	3
a_5	0.1		011	3

表 11-9 和表 11-10 给出的哈夫曼码的平均码长相等：

$$\overline{L} = \sum_{i=1}^{5} P(a_i) l_i = 2.2 \text{（码元/符号）}$$

传输速率也相等：

$$R = \frac{H(X)}{\overline{L}} = 0.965 \text{（比特/码元）}$$

但是两种码的质量不完全相同，可用码方差来表示：

$$\sigma^2 = E\left[(l_i - \overline{L})^2\right] = \sum_{i=1}^{5} P(x_i)(l_i - \overline{L})^2 \qquad (11\text{-}18)$$

表 11-9 中哈夫曼码的方差为 1.36，表 11-10 中哈夫曼码的方差为 0.16。由此可见，第二种哈夫曼编码方法得到的码方差要比第一种哈夫曼编码方法得到的码方差小许多，故第二种哈夫曼码的质量更好。

从上述例子看出，进行哈夫曼编码时，为得到码方差最小的码，应使合并的信源符号位于缩减信源序列尽可能高的位置上，以减少再次合并的次数，充分利用短码。

哈夫曼码是用概率匹配方法进行信源编码的。它有两个明显的特点：一是哈夫曼码的编码方法保证了概率大的符号对应于短码，概率小的符号对应于长码，充分利用了短码；二是缩减信源的最后两个码字总是最后一位不同，从而保证了哈夫曼码是即时码。

哈夫曼变长码的效率是相当高的，它可以单个信源符号编码或用较短的信源序列编码，对编码器的设计来说也将简单得多。但是应当注意，要达到很高的效率仍然需要按长序列来计算，这样才能使平均码字长度降低。然而，对于某一个信源符号而言，有时可能还会比定长码长。例如，在上面的例子中，信源符号有 5 个，采用定长码方式可用 3 个二进制符号组成码字，而用变长码时，有的码字却长达 4 个二进制符号。所以编码简单化的代价是要有大量的存储设备来缓冲码字长度的差异，这也是码方差小的码质量好的原因。设一秒钟送一个信源符号，输出的码字有的只有一个二进制符号，有的却有 5 个二进制符号，若希望平均每秒输出 $\bar{L}$=2.61 个二进制符号以压缩信息率（与 3 个符号的定长码相比），则必须先把编成的码字存储起来，再按 $\bar{L}$ 的信息率输出，输出和输入保持平衡。当存储量不够大时，就可能有时取空、有时溢出。例如，信源常发出短码时，就会出现取空，也就是说还没有存入就要输出。常发出长码时，就会溢出，就是存入太多，以致于存满了还未取出就要再存入。所以应估计所需的存储器容量，才能使上述现象发生的概率小至可以接受的程度。

哈夫曼编码在实际中已有所应用，但它仍存在一些分组码所具有的缺点。例如，概率特性必须精确地测定，它若略有变化，则需要更换码表。

思考题与习题

1. 简述等长码编码的特点。
2. 简述变长码编码的特点。
3. 简述哈夫曼编码的原理。

参考文献

[1] 许天增，许鹭芬. 水声数字通信[M]. 北京：海洋出版社，2010.

[2] 朱昌平，韩庆邦，李建，等. 水声通信基本原理与应用[M]. 北京：电子工业出版社，2009.

[3] 殷敬伟. 水声通信原理及信号处理技术[M]. 北京：国防工业出版社，2011.

[4] 张歆，张小蓟. 水声通信理论与应用[M]. 西安：西北工业大学出版社，2012.

[5] 曹雪虹，张宗橙. 信息论与编码[M]. 北京：清华大学出版社，2009.

第 12 章

水声信道编码

12.1 概述

水声信道非常复杂，存在强多径效应、多普勒频移、信号衰落大、起伏效应严重、频带受限、海洋噪声影响大等诸多不利因素，因此，信息传输的有效性和可靠性较低。特别需要注意的是，多径效应造成的码间干扰是影响数字传输系统性能的主要因素，抑制多径传播引起的码间干扰是水声通信系统的主要任务。除依靠先进的调制解调技术、信道均衡技术等来应对多径效应等的影响外，本节讨论的各种信道编码技术亦是保证通信系统可靠性和有效性的重要附加手段。

水下声信号在传输过程中会受到干扰。干扰分为乘性干扰和加性干扰，乘性干扰引起的码间串扰可以采用均衡的方法予以纠正；加性干扰的影响则要采用其他方法解决，首先要从调制、解调、发送功率等方面来考虑，仍不能满足要求时，就要考虑采用差错控制的手段。

在差错控制的诸多手段中，多数要求在接收端检查有无错码，这就要求发送端在发送码元中加入一些差错控制码元（监督码元），而通过这种冗余，在接收端就可以发现甚至纠正错码。

香农有噪信道编码定理指出，只要信息率低于信道容量，就存在一种纠错编码方法，使译码的差错概率任意小。纠错编码理论就是研究如何设计性能接近编码定理的编码和译码的方法与理论,以实现数据能无误地通过信道进行传输。因此,纠错编码也常被称为信道编码。

远距离的水声信道是多径衰落加高斯白噪声信道,水声信道无失真传输信息所需的信噪比要比单纯加性高斯白噪声信道要大得多,如果水声通信要求的误码率 $P_e=10^{-6}$,则所需要的输入信噪比为几十分贝,这个数量级是绝大多数水声信道所不能达到的,针对水声信道的多径传播特性,采用分集接收与合适的调制解调技术、信道均衡技术等可以在一定程度上提高通信的可靠性,如果希望在一定信噪比的情况下,进一步降低远程水声通信的误码率,就必须采用纠错编码技术。纠错编码技术对改善远程水声通信的质量是有条件的,这个条件就是信道原始的误码率不能高于某一门限值(误码率范围为 $10^{-1}\sim 10^{-2}$),仿真与试验证明,传输特性非常差的信道,采用差错控制技术不仅无益还有害,所以纠错编码技术必须结合一定的调制解调技术、信道均衡技术等,使信道的原始误码率满足纠错码译码器的输入要求,否则就会"越纠越错"。

纠错编码技术的发展经过了以下 4 个阶段:①20 世纪 50 年代至 60 年代初,提出了各种有效的编码方法,奠定了线性分组码理论基础,如汉明码、戈莱码、循环码、BCH 码、RS 码、卷积码等;②20 世纪 60 年代至 70 年代初,提出了各种有效的译码方法;③20 世纪 70 年代至 80 年代,构造了代数几何码,如 Goppa 码;④20 世纪 80 年代后,提出了更接近香农极限的串行级联码、纠错码与调制解调技术结合的网格 TCM 编码、Turbo 码,以及 LDPC 码等。

12.2 信道模型和信道容量

12.2.1 信道模型

信道是通信系统必不可少的组成部分,信道中的噪声是不可避免的。研究信道和噪声是研究通信问题的基础。

信道是信号的传输通道,一般指传输介质,大体上可分为有线信道与无线信道两类。有线信道包括对称电缆、同轴电缆及光缆等,无线信道包括地波传播、短波电离层反射、超声波或微波视距中继、人造卫星中继及各种散射信道等,水声信道也属于一种无线信道。信道的这种分类是直观的,从研究消息传输的角度来看,信道的范围还可以扩大,除包括传输介质外,还可以包括有关的变换装置(如发送设备、接收设备、馈线与天线、调制器、解调器等)。通常称这种扩大范围的信道为广义信道,而称传输介质为狭义信道。在讨论信道的一般原理时采用广义信道。不过,狭义信道(传输介质)是广义信道十分重要的组成部分,通信效果的好坏,在很大程度上取决于狭义信道的特性,因此,在研究信道的一般特性时,传输介质仍是讨论的重点。为了叙述方便,常把广义信道简称为信道。

从信道编码的角度看,工作人员通常对信号在信道中具体如何传输的物理过程并不感兴趣,而仅对传输的结果感兴趣:输入什么信号、得到什么信号、如何从得到的信号中恢复出输入的信号、差错概率是多少。为了集中注意力研究以上问题,把信道编码器、信道解码器之间的所有部件看成是一个"黑箱",像研究多端口网络那样把问题归结为输入、输出和转移概率矩阵三个要素,如图 12-1 所示。

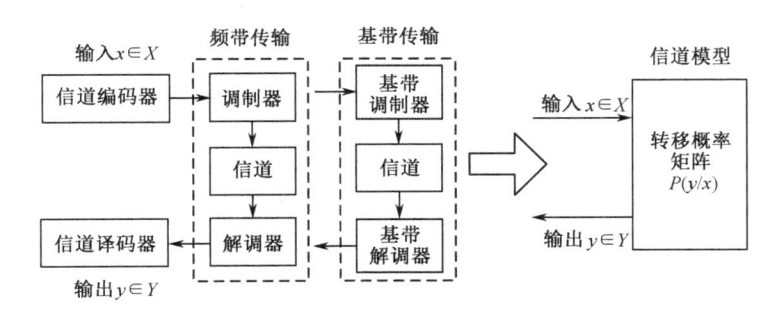

图 12-1 信道模型

根据功能分类,广义信道可以划分为调制信道与编码信道。所谓调制信道是指图 12-2 中调制器输出端到解调器输入端的部分,从调制与解调的角度来看,调制器输入端到解调器输出端的所变换装置及传输介质,无论其过程如何,只不过都是对已调信号进行某种变换。通常只需要关心变换的最终结果,而无须关心其详细的物理过程。因此,研究调制与解调时,采用这种定义是方便的。

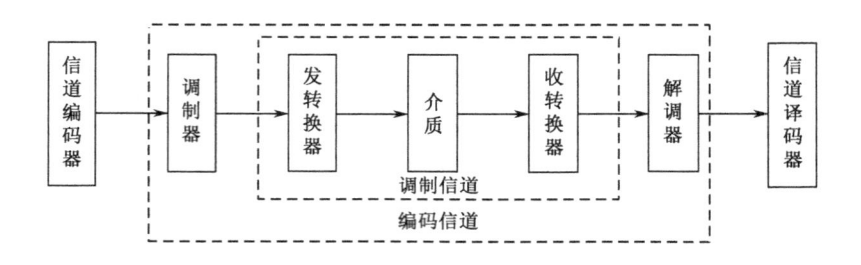

图 12-2　调制信道与编码信道

同理，在数字通信系统中，如果仅着眼于讨论编码与译码，采用编码信道的概念是十分有益的。所谓编码信道是指编码器输出端到译码器输入端的部分。这样定义是因为从编码的角度来看，编码器的输出是某一数字序列，而译码器的输入同样也是某一数字序列，它们可能是不同的数字序列。因此，从编码器输出端到译码器输入端，可以用一个对数字序列进行变换的方框对其加以概括。当然，根据研究的对象和关心的问题不同，也可以定义其他范畴的广义信道。

为分析信道的一般特性及其对信号传输的影响，在信道定义的基础上引入了调制信道与编码信道的数学模型。

1. 调制信道模型

在具有调制与解调过程的任何一种通信方式中，调制器输出的已调信号即被送入调制信道。对于研究调制与解调的性能而言，可以不考虑信号在调制信道中做了什么样的变换，以及选用什么样的传输介质，通常只需要关心已调信号通过调制信道后的最终结果，即只需要关心调制信道的输出信号与输入信号之间的关系。

对调制信道进行大量的考察之后，可以发现它具有如下共性。

（1）有一对（或多对）输入端和一对（或多对）输出端。

（2）绝大多数的信道是线性的，即满足叠加原理。

（3）信号通过信道具有一定的延迟时间，而且它还会导致（固定的或时变的）损耗。

（4）即使没有信号输入，在信道的输出端也仍有一定的功率输出（噪声）。

根据上述共性，可以用一个二对端（或多对端）的时变线形网络来表示调制信道。这个网络称为调制信道模型，如图 12-3 所示。

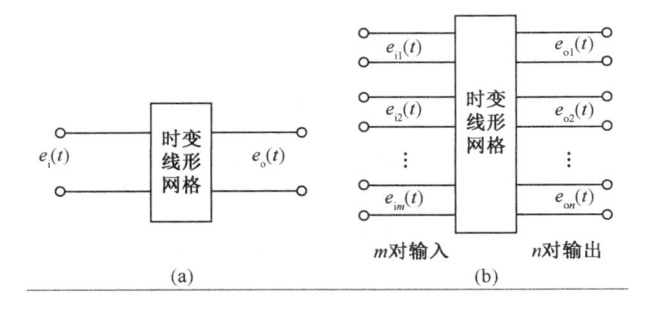

图 12-3 调制信道模型

对于二对端的信道模型，其输出与输入的关系为

$$e_o(t) = f[e_i(t)] + n(t) \quad (12\text{-}1)$$

式中，$e_i(t)$ 表示输入的已调信号；$e_o(t)$ 表示信道总输出波形；$n(t)$ 表示加性噪声（或称加性干扰）。这里 $n(t)$ 与 $e_i(t)$ 无依赖关系，即 $n(t)$ 独立于 $e_i(t)$。

$f[e_i(t)]$ 表示已调信号通过网络发生的（时变）线性变换。假定能把 $f[e_i(t)]$ 写成 $k(t)e_i(t)$，其中，$k(t)$ 依赖于网络的特性，反映出网络特性对 $e_i(t)$ 的作用。$k(t)$ 的存在对于 $e_i(t)$ 来说是一种干扰，式（12-1）可表示为

$$e_o(t) = k(t)e_i(t) + n(t) \quad (12\text{-}2)$$

式（12-2）即为二对端信号的一种数学模型。

由以上分析可知，信道对信号的影响可归纳为两点：一点是乘性干扰 $k(t)$，另一点是加性干扰 $n(t)$。如果了解 $k(t)$ 与 $n(t)$ 的特性，就能清楚信道对信号的具体影响。信道的不同特性反映在信道模型上仅表现为 $k(t)$ 和 $n(t)$ 的不同。

通常乘性干扰 $k(t)$ 是一个复杂的函数，它可能包括各种线性畸变。同时，由于信道的延迟特性和损耗特性随时间进行随机变化，$k(t)$ 往往只能用随机过程来表述。不过，大量观察表明，有些信道的 $k(t)$ 基本不随时间变化，也就是说，信道对信号的影响是固定的或变化极为缓慢的，而有些信道则不然，它们的 $k(t)$ 是随机快速变化的。因此，在分析乘性干扰 $k(t)$ 时，可以把信道粗略分为两大类：一类称为恒（定）参（量）信道，即它们的 $k(t)$ 可看作不随时间变化或基本不变化的；另一类则称为随（机）参（量）信道，它是非恒参信道的统称，或者说，它的 $k(t)$ 是随机快速变化的。

2. 编码信道模型

编码信道模型与调制信道模型有明显的不同。调制信道对信号的影响是通过 $k(t)$ 及 $n(t)$ 使已调信号发生模拟性的变化,而编码信道对信号的影响则是一种数学序列的变换,即把一种数学序列变换成另一种数学序列。因此,有时把调制信道视为一种模拟信道,而把编码信道看作一种数学信道。由于编码信道包含调制信道,它要受调制信道的影响。不过,从编码和译码的角度来看,这个影响已反映在调制器的输出数学序列中,即输出数字将以某种概率发生差错。显然,如果调制信道越差,即特性越不理想和加性噪声越严重,那么发生错误的概率将会越大。因此,编码信道模型可用转移概率来描述。例如,无记忆二进制编码信道模型如图 12-4 所示。这里,假设解调器每位输出码元的差错发生是相互独立的,或者说,这种信道无记忆,即某位码元的差错与前后码元是否发生差错无关。在这个模型里,$P(0/0)$、$P(1/0)$、$P(0/1)$ 及 $P(1/1)$ 称为信道的转移概率。其中,$P(0/0)$ 与 $P(1/1)$ 是正确转移概率,而 $P(1/0)$ 与 $P(0/1)$ 是错误转移概率。

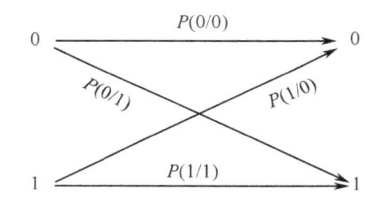

图 12-4 无记忆二进制编码信道模型

根据概率的性质可知

$$P(0/0) = 1 - P(1/0)$$
$$P(1/1) = 1 - P(0/1)$$

(12-3)

转移概率完全由编码信道的特性所决定,一个特定的编码信道有确定的转移概率。但应该指出,转移概率一般需要对实际编码信道做大量的统计分析才能得到。

由无记忆二进制编码信道模型可以很容易地推出无记忆多进制编码信道模型。图 12-5 给出了一个无记忆四进制编码信道模型。

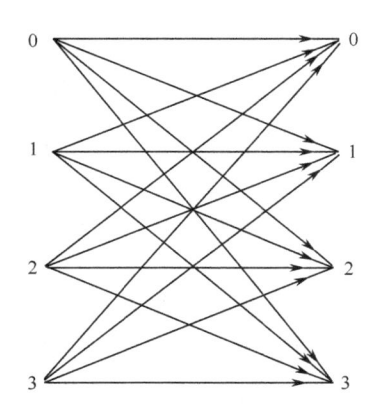

图 12-5 无记忆四进制编码信道模型

需要指出的是，如果编码信道是有记忆的，即信道中码元发生差错的事件是非独立事件，那么编码信道模型要复杂得多，信道转移概率表示式也变得很复杂。此处就不再进一步讨论了。

12.2.2 信道容量

定义信道容量的意义是确定有扰噪声信道中可靠通信系统信息传输速率的上限值。

假设信道输入字符集为 $X=\{x_0,x_1,\cdots,x_{q-1}\}$，输出字符集是 $Y=\{x_0,x_1,\cdots,x_{Q-1}\}$，信道转移概率 $P(y_j/x_i)$ 已定，则信道传输的信息量为

$$I(X;Y)=\sum_{i=0}^{q-1}\sum_{j=0}^{Q-1}P(x_i)P\frac{y_i}{x_i}\log_2\frac{P\frac{y_i}{x_i}}{P(y_j)} \quad (12\text{-}4)$$

式中，$P(y_j)$ 可利用式（12-4）计算得到：

$$P(y_j)=\sum_{i=0}^{q-1}P(x_i)P\frac{y_i}{x_i} \quad (12\text{-}5)$$

所以信道传输信息量 $I(X;Y)$ 的大小由输入符号的概率 $P(x_i)$ 决定，其中最大值定义为信道容量 C，即

$$C=\max_{P(x_i)}I(X;Y) \quad (12\text{-}6)$$

C 的单位是信道上每传送一个符号（每使用一次信道）所能携带的比特数，即比特/符号。

若输入量是离散的，则输出量是连续的，典型的是加性高斯白噪声信道。一个受加性高斯白噪声干扰的带限连续信道的容量由香农于 1948 年给出，即

$$C = B\log_2\left(1 + \frac{P_S}{Bn_0}\right) = B\log_2\left(1 + \frac{P_S}{P_N}\right) = B\log_2(1 + \mathrm{SNR}) \quad （12\text{-}7）$$

式中，P_S 为信号平均功率，B 为信道带宽，n_0 为白噪声功率谱密度，P_N 为噪声平均功率。

这就是著名的香农公式。根据香农公式，当带宽一定时，信道容量随信噪比 SNR 的增加而增加，因此，增大信号功率、减小信道噪声可以增加信道容量。另外，如果 SNR 固定，信道容量会随带宽的增加而增加。

从香农公式还可以看出，对于给定的信道容量 C，带宽 B 和信噪比 SNR 存在着互换的关系，即若要减小带宽，则必须发送较大的信号功率；若有较大的传输带宽，则在同样信道容量的情况下能够用较小的信号功率来传送，这表明宽带系统具有较好的抗干扰性。扩频通信就是利用这个原理将所需传送的信号扩频，使之远远大于原始信号带宽，以增强抗干扰能力。

利用关系式 $\ln(1+x) \approx x$（x 很小时），可得极限情况，即 $B \to \infty$ 时，无限带宽加性高斯白噪声模拟连续信道的容量

$$C_\infty = \frac{S}{n_0 \ln 2} = 1.44 \frac{S}{n_0} \quad （12\text{-}8）$$

如果以最大速率即信道容量 C 来传递信息，每传输 1 比特信息所需的能量为 E_b，总的信号功率是

$$S = CE_b \quad （12\text{-}9）$$

将式（12-9）代入式（12-10），等式两边再除以 B，得

$$\frac{C}{B} = \log_2\left(1 + \frac{CE_b}{Bn_0}\right) \quad （12\text{-}10）$$

式中，$\dfrac{C}{B}$ 代表归一化的信道容量，即单位带宽的信道容量。为了说明归一化信道容量与达到该容量所需信噪比 $\dfrac{E_b}{n_0}$ 的关系，将式（12-10）改写为

$$\frac{E_b}{n_0} = \frac{2^{\frac{C}{B}} - 1}{\frac{C}{B}} \quad （12\text{-}11）$$

当 $\frac{C}{B}=1$ 时（每赫兹传输 1 比特），$\frac{E_b}{n_0}=1$，即要求的信噪比为 0。当 $\frac{C}{B}\to 0$ 时，有

$$\frac{E_b}{N_0}=\frac{2^{\frac{C}{B}}-1}{\frac{C}{B}}=\ln 2 \Rightarrow -1.6(\mathrm{dB}) \qquad (12\text{-}12)$$

这说明当 $\frac{E_b}{N_0}$ 为-1.6dB 时，归一化信道容量 $\frac{C}{B}=0$，信道完全丧失了通信能力，把-1.6dB 称作香农限，是所有编码方式所能达到的理论极限。

12.3 信道编码基本原理

12.3.1 信道编码定理

1. 错误概率和译码规则

受噪声或干扰的影响，在有噪信道中传输消息会发生错误。为了减少错误、提高可靠性，首先就要分析错误概率与哪些因素有关，有没有办法加以控制，能控制到什么程度等问题，这就是信道编码定理所研究的内容。

由信道模型分析可知，错误概率与信道统计特性有关。信道的统计特性可由信道的传递（转移概率）矩阵描述。当确定了输入和输出的对应关系后，也就确定了信道矩阵中哪些是正确传递概率，哪些是错误传递概率。但通信过程一般并不是在信道输出端就结束了，还要经过译码过程（或判决过程）才到达消息的终端（收信者）。因此，译码过程和译码规则对系统的错误概率影响很大。

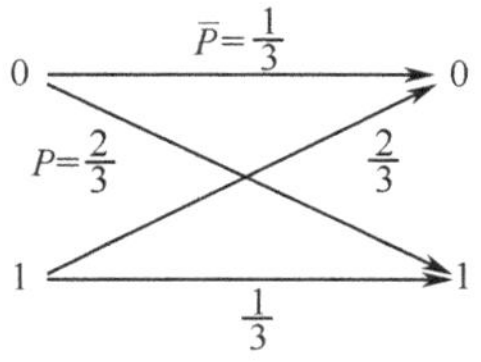

假设存在一个二元对称信道，其传输特性如图 12-6 所示。一般二元对称信道输出端的译码器将接收到的符号"0"译成发送的符号"0"，接收到的符号"1"译成发送的符号"1"。如果按此译码规则，则对发送符号"0"来说，译对

图 12-6 二元对称信道（一）

的可能性只有 $\frac{1}{3}$（发送符号为"0"，接收符号为"0"）；译错的概率 $P_e^{(0)}$ 为 $\frac{2}{3}$（发送符号为"0"，接收符号为"1"）。由于信道对称，对发送符号"1"来说，译错的概率 $P_e^{(1)}$ 也是 $\frac{2}{3}$。平均错误概率为

$$P_E = P(0)P_e^{(0)} + P(1)P_e^{(1)} = \frac{2}{3} \quad \text{（假设输入端符号等概率分布）}$$

反之，若译码器采用另一种译码规则，将输出端接收符号"0"译成符号"1"，"1"译成符号"0"，则译错的可能性减小为 $\frac{1}{3}$，译对的可能性增大为 $\frac{2}{3}$。

可见，错误概率既与信道的统计特性有关，也与译码的规则有关。

下面定义译码规则。设离散单符号信道的输入符号集为 $A = \{a_i\}, i = 1, 2, \cdots, r$，输出符号集为 $B = \{b_j\}, j = 1, 2, \cdots, s$。制定译码规则就是设计一个函数 $F(b_j)$，对于每个输出符号 b_j，确定一个唯一的输入符号 a_i 与其对应（单值函数），即

$$F(b_j) = a_i \quad \begin{matrix}(i = 1, 2, \cdots, r)\\ (j = 1, 2, \cdots, s)\end{matrix} \qquad (12\text{-}13)$$

因为 s 个输出符号中的每个都可以被译成 r 个输入符号中的任何一个，所以共有 r^s 种译码规则可供选择。

一个很自然的选择是译码规则使平均错误概率为最小。首先必须计算平均错误概率。

在确定译码规则 $F(b_j) = a_i$ 后，若信道输出端接收到的符号为 b_j，则必然会译成 a_i，若发送端发送的就是 a_i，则认为译码正确；若发送的不是 a_i，则认为译码错误。那么，收到符号 b_j 条件下译码的条件正确概率为

$$P[F(b_j)|b_j] = P(a_i|b_j)$$

令 $P(e|b_j)$ 为条件错误概率，其中 e 表示除 $F(b_j) = a_i$ 外的所有输入符号的集合。条件错误概率与条件正确概率之间关系为

$$P(e|b_j) = 1 - P(a_i|b_j) = 1 - P[F(b_j)|b_j] \qquad (12\text{-}14)$$

经过译码后的平均错误概率 P_E 应是由条件错误概率 $P(e|b_j)$ 对 Y 空间取平均值得到的，即

$$P_E = E[P(e|b_j)] = \sum_{j=1}^{s} P(b_j) P(e|b_j) \qquad (12\text{-}15)$$

P_E 表示经过译码后平均接收到一个符号所产生的错误大小，也称为平均

错误概率。

观察式（12-15）可知，其右边是非负项之和，可选择译码规则使每一项为最小，即可使 P_E 最小。因为 $P(b_j)$ 与译码规则无关，所以只要设计译码规则 $F(b_j) = a_i$，使条件错误概率 $P(e|b_j)$ 最小。

由式（12-14）可知，$P(e|b_j)$ 最小，对应 $P[F(b_j)|b_j]$ 最大。即选择译码函数为

$$F(b_j) = a^*, \quad a^* \in A, b_j \in B \tag{12-16}$$

并使之满足条件

$$P(a^*|b_j) \geq P(a_i|b_j), \quad a_i \in A, a_i \neq a^* \tag{12-17}$$

这就是说，如果采用这样一种译码函数，它会将每个输出符号均译成具有最大后验概率的输入符号，那么信道错误概率最小。这种译码规则称为"最大后验概率准则"或"最小错误概率准则"。

若已知信道的传递概率 $P(b_j|a_i)$ 与输入符号的先验概率 $P(a_i)$，根据贝叶斯定律，式（12-17）可写成

$$\frac{P(b_j|a^*)P(a^*)}{P(b_j)} \geq \frac{P(b_j|a_i)P(a_i)}{P(b_j)}, \quad a_i \in A, a_i \neq a^*, b_j \in B \tag{12-18}$$

通常 $P(b_j) \neq 0, b_j \in B$，则最大后验概率准则可表示为选择译码函数

$$F(b_j) = a^*, \quad a^* \in A, b_j \in B$$

使之满足

$$P(b_j|a^*)P(a^*) \geq P(b_j|a_i)P(a_i), \quad a_i \in A, a_i \neq a^* \tag{12-19}$$

若输入符号的先验概率 $P(a_i)$ 均相等，则式（12-19）可写成选择译码函数

$$F(b_j) = a^*, \quad a^* \in A, b_j \in B \tag{12-20}$$

并满足

$$P(b_j|a^*) \geq P(b_j|a_i), \quad a_i \in A, a_i \neq a^* \tag{12-21}$$

这样定义的译码规则称为最大似然译码准则。在输入符号等概率时，这两个译码准则是等价的。根据最大似然译码准则可以直接从信道矩阵的传递概率中选定译码函数。也就是说，收到 b_j 后，译成信道矩阵 P 的第 j 列中最大元素所对应的信源符号。

最大似然译码准则不依赖先验概率 $P(a_i)$，当先验概率为等概率分布时，它使错误概率 P_E 最小。若先验概率不相等或未知时，仍可采用这个准则，但不一定使 P_E 最小。

2. 错误概率和编码方法

消息通过有噪信道传输时会发生错误，而错误概率 P_E 与译码规则有关，但一般当信道给定即信道矩阵给定时，无论采用什么译码规则，P_E 都不会等于或趋于零（除特殊信道外）。

例如，对于如图 12-7 所示的二元对称信道，若选择最佳译码规则，有

$$F(b_1 = 0) = (a_1 = 0)$$
$$F(b_2 = 1) = (a_2 = 1)$$
（12-22）

则总的平均错误概率为

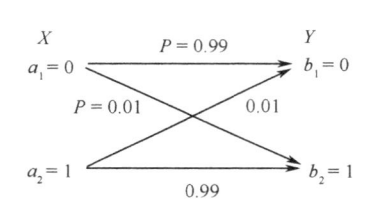

$$P_E = 0.01 = 10^{-2} \quad（输入等概率） \quad （12-23）$$

图 12-7 二元对称信道（二）

对于一般的数据传输系统来说（如数字通信、数据传输等），这个错误概率已经相当大了。一般要求系统的错误概率为 $10^{-9} \sim 10^{-6}$，有的甚至要求更低的错误概率。

那么，在上述统计特性的二元信道中，能否有办法使错误概率降低呢？根据实际经验，只要在发送端把消息重复发几遍，也就是增加消息的传输时间，就可使接收端接收消息时错误减小，从而提高了通信的可靠性。

例如，在二元对称信道中，当发送消息"0"时，不是只发 1 个"0"而是连续发 3 个"0"；同样，当发送消息"1"时，也连续发送 3 个"1"。这是一种最简单的重复编码，它将长度 $n=1$ 的二元序列变成长度 $n=3$ 的二元序列（称为码字），于是信道输入端有"000"和"111"两个码字。但在输出端，由于信道干扰的作用，码字中的码元（二元符号）都可能发生错误，则有 8 个可能的输出序列。显然，这样一种信道也可视为 3 次无记忆扩展信道，其输入是在 8 个可能出现长度为 3 的二元序列中选两个（000,111）作为消息（称许用码字），而输出端 8 个可能的输出符号（000,001,010,011,100,101,110,111）都是接收序列。假设输入等概率，采用最大似然译码规则，译码后的错误概

率为

$$P_E = \sum_{Y, X-a^*} P(a_i)P(b_j|a_i)$$
$$= \frac{1}{2}[P^3 + \overline{P}P^2 + \overline{P}P^2 + \overline{P}P^2 + \overline{P}P^2 + \overline{P}P^2 + \overline{P}P^2 + P^3] \quad (12\text{-}24)$$
$$= P^3 + 3\overline{P}P^2 \approx 3 \times 10^{-4} (P = 0.01)$$

也可以采用"择多译码"的译码规则，即根据输出端接收序列中"0"多还是"1"多来译码。若输出端接收序列中有两个以上是"0"，则译码器就判决为"0"；若有两个以上是 1，则判决为 1。根据"择多译码"规则，同样可得到

$$P_E = 错3位码元的概率 + 错2位码元的概率$$
$$= C_3^3 P^3 + C_3^2 \overline{P}P^2 = P^3 + 3\overline{P}P^2 \approx 3 \times 10^{-4} (P = 0.01)$$

可见，"择多译码"准则与最大似然译码准则是一致的。

与原来单次编码的 $P_E = 0.01$ 比较，简单重复的编码方法(此处重复 3 次，码元 $n=3$)，已把错误概率降低了接近两个数量级。根据编码和译码规则，输入消息码字(000)和 4 个接收序列(000,001,010,100)对应，而输入码字(111)与另外 4 个接收序列(011,101,110,111)对应。当传送消息码字(000 或 111)时，若码字中有 1 位码元发生错误，译码器还能正确译出所传送的码字。但若传输中发生两位或 3 位码元错误时，译码器就会译错。所以简单三次重复编码方法可以纠正发生一位码元的错误，译错的可能性变小了，因此错误概率降低。

显然，若多次重复编码，可进一步降低错误概率 P_E，但同时也会降低信息传输率 R。这个矛盾是否能够解决，即能否找到一种更好的编码方法，使错误概率相当低，信息传输速率却保持在一定水平呢？从理论上讲这是可能的。这就是香农第二编码定理，也称为有噪信道编码定理。

3. 有噪信道编码定理

有噪信道编码定理（香农第二编码定理）：每个信道具有确定的信道容量 C，在有扰信道中只要信息的传输速率 R 小于信道容量 C，总存在一种信道编码，若用最大似然译码，则随码长的增加其误码率可任意小，而且传输速率 R 可以接近信道容量 C，但若 $R>C$，则在传输过程中必定带来不可纠正的错误，不存在使差错概率任意小的编码。

这就是说，可以通过编码使通信过程在实际应用中发生错误，或者使错

误控制在允许的数值之下。香农的这一理论为通信差错控制奠定了理论基础，但这只是一个存在性定理，并没有给出编码的具体方法。

12.3.2 差错控制编码

差错控制编码的基本方法是：在发送端，给要传送的信息序列按照事先约定好的规律增加一些码元，称之为监督码元，使信息序列与监督码元之间具有某种相关性；在接收端，按照事先约定好的规律检验信息序列与监督码元之间的关系。如果数字信号在传输的过程中发生了错误，那么信息序列与监督码元之间的关系就被破坏。根据被破坏的情况，可以发现错误或纠正错误。有些编码方式能够发现错误，有些编码方式不但能够发现错误，而且能纠正错误。

按照加性干扰引起的错码分布规律不同，信道可分为随机信道、突发信道和混合信道。在随机信道中，错码是随机出现的，称为随机错码，且随机错码之间通常统计独立。在突发信道中，错码是成串集中出现的，称为突发错码。混合信道中，随机错码和突发错码均存在，且不能忽略。对于不同类型的信道，要采用不同的差错控制方式。不同的差错控制编码也要与相应的差错控制方式配合使用。常用的差错控制方式有 3 种：检错重发（又称自动请求重发，Automatic Repeat reQuest，ARQ）、前向纠错（Forward Error Correcion，FEC）、混合纠错（Hybrid Error Correcion，HEC），如图 12-8 所示。

1. ARQ 方式

发送端发送出可以发现错误的码字，在传输到接收端并被译码后，若没有发现错误，则输出；若发现错误，则自动请求发送端重发，直到正确接收到码字。可见，自动请求重发方式需要双向信道。一个是信息流动的正向信道，另一个是传送请求重发指令的反向信道。自动请求重发方式发出的码字只需能够发现错误即可，所以需要的监督码元很少。这种方式对各种信道都能进行检测，并且解码电路很简单。但是 ARQ 方式因为需要双向信道，所以不能用于单向信道系统和网络中的广播系统。当干扰很大时，由于不断有错码，需要不断重发，使通信效率降低，甚至不能通信而使系统出现死锁。因为重发时会产生延迟，所以 ARQ 不适合要求严格的实时系统。

（a）检错重发示意

（b）前向纠错示意

（c）混合纠错示意

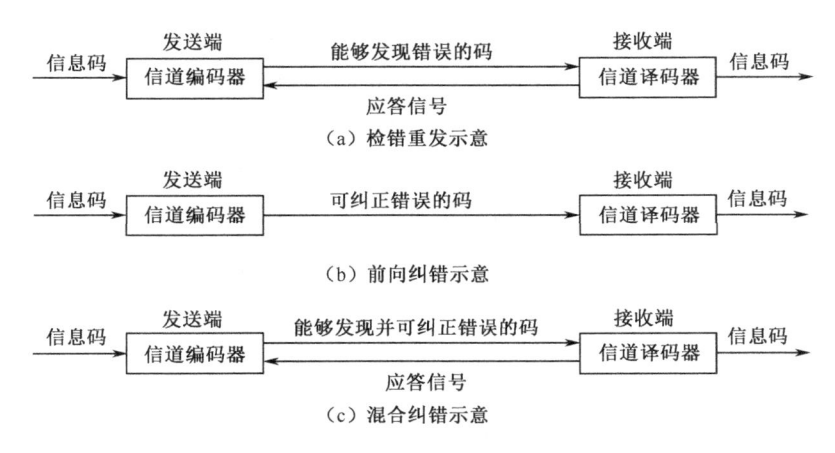

图 12-8　常用的差错控制方式

常用的 ARQ 系统有 3 种类型，即停止等待 ARQ、连续 ARQ、选择重发 ARQ。

（1）停止等待 ARQ。停止等待 ARQ 是最简单的 ARQ 系统，这种系统每发送完一个分组就停止发送，并等待接收端的应答信号，待收到接收端的确认应答后，再发送下一个分组。若收到的是否认应答，则重发原分组。停止等待 ARQ 操作简单，所需缓冲器容量小，但是在等待应答时花费了时间，没有传输数据，因此传输效率很低。停止等待 ARQ 不适合工作在高速传输系统中，也不适合用于信号往返延迟较大的场合。

（2）连续 ARQ。连续 ARQ 以全双工方式工作，需要有一定的缓冲器容量。这种系统两端同时发送信息，发送端连续发送数据，并接收应答信号，接收端连续接收数据并发送应答信号。发送的每个分组可以分配一个顺序号。若发送端收到的都是确认应答，则发送端按顺序号连续发送分组。若发送端收到了否认应答，则发送端取出否认应答所含的顺序号，并返回至接收端希望收到的分组的顺序号，从该顺序号开始，按顺序连续发送分组。所以连续 ARQ 重发时要将错误分组及其以后的分组全部重发。比如，发送端连续发送分组，并不断收到确认应答，如果传输中出现错误，假设发完 9 号分组后收到否认应答，该否认应答表示 5 号分组有错，希望重新收取 5 号分组，则发送端返回至 5 号分组，并按顺序从 5 号分组开始重发数据。连续 ARQ 在信道好、误码率低时传输效率很高。当信道差、误码率高、信号往返延迟较大时，由于重发的分组太多，其传输效率较低，不宜使用。

（3）选择重发 ARQ。选择重发 ARQ 是由连续 ARQ 发展而来的，其以全双工方式工作，需要有较大的缓冲器容量，其工作过程类似于连续 ARQ。但在发送端重发时，不是将错误分组及其以后的分组全部重发，而是仅重发出错的分组，这就要求对分组顺序进行管理，需要复杂的控制和大容量的缓冲器，增加了系统的复杂程度。但与其他 ARQ 系统相比，选择重发 ARQ 在信道差、误码率高时性能较好。

2. FEC 方式

使用 FEC 方式时，发送端发出的码字不但能够发现错误，而且能够纠正错误。当接收端译码后，若没有错误，则直接输出。若有错误，则在接收端自动纠正后再输出。这种方法不需要反向信道，实时性好，传输效率高，但纠错编译码方法复杂，所以所需设备较复杂。

3. HEC 方式

HEC 方式是将 ARQ 方式和 FEC 方式结合使用。一般的纠错编码能够检错和纠错的位数都是很有限的。比如，一种纠错编码能纠正一个码字内的两位错，检出三位错。当码组中出现两位以下错码时，它能自动纠正错码。当码组中出现两位以上错码时，它不能自动纠正。所以在传输错码较少时，采用前向纠错方式，自动纠正错码。在错码较多时，采用 ARQ 方式自动请求重发。这种方式综合了 ARQ 方式和 FEC 方式的优点。这样既有利于提高通信的可靠性，又有利于提高系统的传输效率。

差错控制编码也称纠错编码。从概念上分析纠错编码的基本原理，可以把纠错能力的获取归结为两条，一条是利用冗余度，另一条是噪声均化（随机化）。

1）利用冗余度

冗余度就是在信息流中插入冗余比特，这些冗余比特与信息比特之间存在着特定的相关性。这样，在传输过程中即使个别比特遭受损伤，也可以利用相关性从其他未受损的冗余比特中推测出受损比特的原貌，保证了信息的可靠性。举例来说，如果用 2 比特表示 4 种意义（如晴、云、阴、雨 4 种天气），那么无论如何也不能发现差错，因为如果有一信息 01 误成 00，根本无法判断这是在传输过程中由 01 误成 00，还是原本发送的就是 00。但是，如果用 3 比特来表示 4 种意义（称为许用码组），那就有可能发现差错，因为 3 比特的 8 种组合能表示 8 种意义，用它代表 4 种意义则会剩余 4 种冗余组合（称为禁用码组），如果传输差错使收到的 3 比特组合落入 4 种冗余组合之一，就可断定一定有差错比特发生了。至于信息流中加多少冗余、加什么样的相关性最好，正是纠错编码技术所要解决的问题，但其中必须有冗余，这是纠错编码的基本原理。

为了传输这些冗余比特，必然要动用冗余的资源。这些资源可以是以下 4 个。

（1）时间。比如一个比特重复发几次、一段消息重复发几遍，或根据接收端的反馈重发受损信息组，如 ARQ 系统。

（2）频带。插入冗余比特后传输效率下降，要保持有用信息的速率不变，最直接的方法就是提高码元传递速率（波特率），结果就占用了更大的带宽。

（3）功率。采用多进制符号，比如用一个八进制 ASK 符号代替一个四进制 ASK 符号来传送 2 比特信息，可腾出位置另传 1 冗余比特，但为了维持信号集各点之间的距离不变，八进制 ASK 符号的平均功率肯定比四进制时要大，这就是动用冗余的功率资源来传输冗余比特。

（4）设备复杂度。加大码长 n，采用网格编码调制，是在功率、带宽受限信道中实施纠错编码的有效方法，代价是算法复杂度会提高，须动用设备资源。

2）噪声均化

纠错编码的第二条基本原理是噪声均化，或者说让差错随机化，以使噪声更符合编码定理的条件从而得到符合编码定理的结果。噪声均化的基本思想是设法将危害较大的、较为集中的噪声干扰分摊开来，使不可恢复的信息损伤最小。这是因为噪声干扰的危害大小不仅与噪声总量有关，还与它们的分布有关。集中的噪声干扰（突发差错）的危害甚于分散的噪声干扰（随机差错）。噪声均化正是将差错均匀分摊给各码字达到提高总体差错控制能力的目的。

噪声均化的方法主要有 3 个。

（1）增加码长 N。例如，某二进制对称信道，误码率 P_e=0.01，假如编码后的纠错能力是 10%，即在长度 N 的码字中，只要差错码元位数小于等于 N

的 10%，就可以通过译码加以纠正。若码长 N=10，则码字中多于 1 位码元出错时就会产生译码差错，差错概率为

$$P_e = 1 - \sum_{m=0}^{1} \binom{10}{m} P_e^m (1-P_e)^{10-m} \approx 4.27 \times 10^{-3}$$

如果保持码率 R 不变，将码长增加到 N=40，那么当码字中多于 4 位码元出错时就会产生译码差错，差错的概率为

$$P_e = 1 - \sum_{m=0}^{4} \binom{40}{m} P_e^m (1-P_e)^{40-m} \approx 4.92 \times 10^{-5}$$

从本例可知，只要将码长由 10 增加到 40，译码误差的概率就可以下降两个数量级。增加码长可使译码误差减小的原因是：码长越大，具体每位码字中误码元的比例就越接近统计平均值，换言之，噪声按平均数被均摊到各码字上。如果真的均摊了，译码就不会发生任何差错，因为信道的差错概率（P_e=1%）远远小于编码后的纠错能力 10%。

（2）卷积。上面的例子都是把信息流分割成 K 位一组，每组再编成 N 长的码字，也就是说相关性仅限于加在各个码字内，而码字之间是彼此无关的。后来，卷积码的出现改变了这种状况，卷积码在一定约束长度内的若干码字之间也加入了相关性，译码时不是根据单个码字，而是根据一串码字来做判决。如果再加上适当的编译码方法，就能够使噪声分摊到码字序列，而不是一个码字上，达到噪声均化目的。

（3）交错（或称交织），是对付突发差错的有效措施。突发噪声使码流产生集中的、不可纠的差错，若能采取某种措施，对编码器输出的码流与信道上的符号流做顺序上的变换，则信道噪声造成的符号流中的突发差错，有可能被均化而转换为码流上随机的、可纠正的差错。带交错器的传输系统如图 12-9 所示。

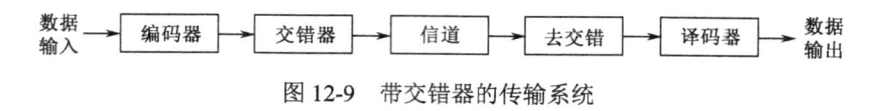

数据输入 → 编码器 → 交错器 → 信道 → 去交错 → 译码器 → 数据输出

图 12-9 带交错器的传输系统

交错的效果取决于信道噪声的特点和交错方式。最简单的交错器是一个 $n \times m$ 的存储阵列，码流按行输入后按列输出。适用于码长 N=7 的 5×7 行列交错器工作原理示意如图 12-10 所示。从图中可以看出，码流的顺序 1,2,3,…,

7, 8, …，通过交错器后变为 1, 8, 15, 22, 29, 2, …。假设信道中产生了 5 个连续的差错，如果不交错，这 5 个差错集中在 1 个或 2 个码字上，很可能就不可纠。采用交错方法，去交错后差错分摊在 5 个码字上，每个码字仅有 1 个差错。

图 12-10 5×7 行列交错器工作原理示意

12.4 常用信道编码技术

12.4.1 线性分组码

1. 基本概念

按照预定的线性运算规则（可由线性方程组来规定），把 k 位信息码组变换成 $n(n>k)$ 位码字，其中 $n-k$ 位附加码元是由信息码元的线性运算产生的，这样的码字称为线性分组码。

长度为 n 的二进制分组码有 2^n 种可能的组合，选择其中的 2^k 种构成一个许用码的码集 C，其余 2^n-2^k 个码组不予使用，称为禁用码组。这样，在信息传输发生错误（只要不错为另一个许用码组）的情况下，信源发送的许用码组到达接收端后变成了禁用码组，由此可以发现传输错误，即经过编码后的码字具有了检错能力。

编码就是将 k 比特信息组一一对应地映射到许用码码集中，不同的编码算法对应不同的映射方法，把这样得到的分组码称为 (n, k) 码，其结构如图 12-11 所示。$\dfrac{k}{n}$ 表示码字中信息位所占的比重，称为编码效率。相应地，监督码元数 $\dfrac{n-k}{k}$ 称为冗余度。

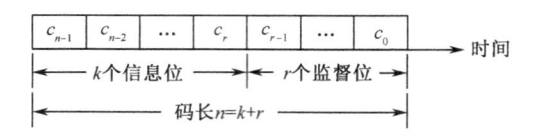

图 12-11 分组码结构

决定分组码纠错能力的一个重要参数是码字的汉明重量（组成该码字的非零元素的个数），简称码重。对码集的所有码字进行统计可得该码的重量分布情况。在非零码字中，重量最小者称为该码的最小汉明重量。如果码集的所有码字都具有相同的重量，这种码就叫做恒重码。5 码元的国内电报码和 7 码元的国际电报码都是采用恒重码，接收端通过检测非零元素的个数来判断码字是否出错。

在分组码中，把两个码字中对应码位上不同的位数定义为两码字的汉明距离，简称码距。在一种编码中，任意两个许用码字间距离的最小值，即码字集合中任意两码字间的最小距离，称为这一编码的最小汉明距离，通常以 d_{min} 表示。对于线性码而言，其最小汉明距离 d_{min} 与最小汉明重量相等。最小汉明距离 d_{min} 决定了分组码的纠错、检错能力，分组码的最大检错能力是 $d_{min}-1$，最大纠错能力是 $\text{INT}\left[\dfrac{d_{min}-1}{2}\right]$，INT[•]表示取整。

2. 编码方法

在 (n,k) 线性分组码中，设 $\boldsymbol{M}=(m_1,m_2,\cdots,m_k)$ 是输入编码器的信息组，则编码器输出的码字 $\boldsymbol{C}$ 为

$$\boldsymbol{C}=\boldsymbol{MG} \tag{12-25}$$

式中，$\boldsymbol{G}$ 为该 (n,k) 线性分组码的生成矩阵，即

$$\boldsymbol{G}=\begin{bmatrix} g_{11} & g_{12} & \cdots & g_{1n} \\ g_{21} & g_{22} & \cdots & g_{2n} \\ \vdots & \vdots & \ddots & \vdots \\ g_{k1} & g_{k2} & \cdots & g_{kn} \end{bmatrix} \tag{12-26}$$

生成矩阵 $\boldsymbol{G}$ 建立了信息码与生成码之间的一一对应关系，它起着编码器的变换作用。

应当指出，生成矩阵 $\boldsymbol{G}$ 的选择不是唯一的，各种形式的不同生成矩阵仅

表示消息与码字之间不同的一一对应关系。

式（12-27）中的 G_1 和 G_2 都可作为同一个（6,3）码的生成矩阵，对应的码字如表 12-1 所示。

$$G_1 = \begin{bmatrix} 1 & 0 & 1 & 0 & 1 & 1 \\ 1 & 1 & 0 & 1 & 0 & 1 \\ 1 & 1 & 1 & 0 & 0 & 0 \end{bmatrix}$$

$$G_2 = \begin{bmatrix} 1 & 0 & 0 & 1 & 1 & 0 \\ 0 & 1 & 0 & 0 & 1 & 1 \\ 0 & 0 & 1 & 1 & 0 & 1 \end{bmatrix}$$

（12-27）

表 12-1 中所示的码，虽然用不同形式的生成矩阵表示，但是都属于同一个 (n,k) 码的码字空间，因此它们的检错能力和纠错能力是一样的。但是，它们之间还是有区别的。用 G_2 生成的码，其前 k 位与消息完全相同，这种码称为系统码。

表 12-1 用不同的生成矩阵得到的线性分组码

消息	用 G_1 生成的（6,3）码	用 G_2 生成的（6,3）码
000	000000	000000
001	111000	001101
010	110101	010011
011	001101	011110
100	101011	100110
101	010011	101011
110	011100	110101
111	100110	111000

系统码的生成矩阵可用分块矩阵表示为

$$G = \begin{bmatrix} I_k & Q \end{bmatrix}$$

（12-28）

式中，I_k——$k \times k$ 阶单位方阵；

Q——$k \times (n-k)$ 阶阵。

由此生成矩阵 G 生成的码称为系统码，否则称为非系统码。

显然在系统码的码组 $C = (c_1, c_2, \cdots, c_n)$ 中，前 k 位 $(c_1, \cdots, c_k)$ 为信息位，后 $n-k$ 位 $(c_{k+1}, \cdots, c_n)$ 为码字的监督位。因为监督元和信息元之间是线性关系，所以每个码字中 $r = n-k$ 个监督元和信息元之间的关系为

$$C_r = MQ \tag{12-29}$$

令 $H = [-Q^T \quad I_{n-k}] = [-P \quad I_{n-k}]$，符号 T 表示转置，负号在二进制码情况下可省略，因为模 2 减法和模 2 加法是等同的，所以有如下关系：

$$HG^T = 0^T \quad GH^T = 0 \tag{12-30}$$

C 代表由 G 生成的任一码字，则有

$$HC^T = 0^T \quad CH^T = 0 \tag{12-31}$$

因此，可根据式（12-31）检验任何一个码字 C 是否属于许用码组，若 C 不满足式（12-31），则不属于许用码组。H 称为 (n,k) 线性码的一致监督（校验）矩阵，线性码的生成矩阵 G 与监督矩阵 H 之间可以直接相互转换。

校验矩阵 H 除用来校验码字外，还与码的最小距离、码的纠错能力发生一定关系。H 是 $(n-k) \times n$ 矩阵，可将它视为 $n-k$ 个行矢量的排列 也可将它视为 n 个列矢量的排列，写成

$$H = \begin{bmatrix} h_{11} & h_{12} & \cdots & h_{1n} \\ h_{21} & h_{22} & \cdots & h_{2n} \\ \vdots & \vdots & \ddots & \vdots \\ h_{n-k,1} & h_{n-k,2} & \cdots & h_{n-k,n} \end{bmatrix} \tag{12-32}$$

由于 $CH^T = 0$，n 个列矢量是线性相关的。

如果分组码的最小距离等于 d_{min}，说明码集里重量最小的那个码字有 d_{min} 位非零码元，若将最小重量的码字代入式（12-31），那么等式左边将有 d_{min} 个列矢量，右边为 0。由此可以断言，H 矩阵至少要有 d_{min} 个列矢量才能线性相关，而 $d_{min}-1$ 个列矢量必定是线性无关的，因为若 $d_{min}-1$ 个 H 的列矢量线性相关，则必然存在一个重量为 $d_{min}-1$ 的码字，这与最小距离 d_{min} 的假设相悖。

由于 H 是 $(n-k) \times n$ 矩阵，其秩最大是 $n-k$，即最多有 $n-k$ 个列矢量线性无关，在寻找"好"码时希望 d_{min} 越大越好，等效于 H 中线性无关的列矢量越多越好，而线性无关的列矢量最多有 $n-k$ 个，于是得出以下关系式：

$$d_{min} - 1 \leq n-k \text{ 即 } d_{min} \leq n-k+1 \tag{12-33}$$

这就是说，二进制 (n,k) 线性码最小距离 d_{min} 的上边界是 $n-k+1$。如果设计的 (n,k) 线性码的 d_{min} 达到了 $n-k+1$，那么就是达到了设计性能的极点。因此，$d_{min} = n-k+1$ 的码称为极大最小距离码，这从 d_{min} 的角度看是最"好"的码。

下面通过一个例子来说明生成矩阵和监督矩阵的构造方法。设（7,4）分组码规定监督关系中校正子（伴随式）S_1、S_2、S_3值与错码位置的对应关系如表12-2所示。当然，也可以规定成另一种对应关系，不影响讨论的一般性。

表12-2 校正子与错码位置的对应关系

$S_1S_2S_3$	错码位置	$S_1S_2S_3$	错码位置
001	c_0	101	c_4
010	c_1	110	c_5
100	c_2	111	c_6
011	c_3	000	无错码

由表12-2可见，仅当一位错码的位置在c_2、c_4、c_5、c_6时，校正子S_1为1；否则，S_1为零。因此，c_2、c_4、c_5、c_6这4位码元构成偶数监督关系：

$$S_1 = c_6 + c_5 + c_4 + c_2 \tag{12-34}$$

式中，"+"表示模2加法。同理，c_1、c_3、c_5、c_6构成偶数监督关系，c_0、c_3、c_5、c_6构成偶数监督关系，如式（12-35）和式（12-36）所示。

$$S_2 = c_6 + c_5 + c_3 + c_1 \tag{12-35}$$

$$S_3 = c_6 + c_4 + c_3 + c_0 \tag{12-36}$$

在发送端编码时，信息位c_3、c_4、c_5、c_6值取决于输入信号，是随机的。监督位c_0、c_1、c_2应根据信息位的取值由监督关系确定，即监督位应使S_1、S_2、S_3值为0（表示编成的码组中应无错码），由此得

$$\begin{cases} c_6 + c_5 + c_4 + c_2 = 0 \\ c_6 + c_5 + c_3 + c_1 = 0 \\ c_6 + c_4 + c_3 + c_0 = 0 \end{cases} \tag{12-37}$$

式（12-37）经过移项运算，解出监督位为

$$\begin{cases} c_2 = c_6 + c_5 + c_4 \\ c_1 = c_6 + c_5 + c_3 \\ c_0 = c_6 + c_4 + c_3 \end{cases} \tag{12-38}$$

线性码是指信息位和监督位满足一组线性代数方程式的码。式（12-37）就是这样一组线性方程式实例，可改写为

$$\begin{cases} 1 \cdot c_6 + 1 \cdot c_5 + 1 \cdot c_4 + 0 \cdot c_3 + 1 \cdot c_2 + 0 \cdot c_1 + 0 \cdot c_0 = 0 \\ 1 \cdot c_6 + 1 \cdot c_5 + 0 \cdot c_4 + 1 \cdot c_3 + 0 \cdot c_2 + 1 \cdot c_1 + 0 \cdot c_0 = 0 \\ 1 \cdot c_6 + 0 \cdot c_5 + 1 \cdot c_4 + 1 \cdot c_3 + 0 \cdot c_2 + 0 \cdot c_1 + 1 \cdot c_0 = 0 \end{cases} \tag{12-39}$$

式（12-39）可表示成如下矩阵形式：

$$\begin{bmatrix} 1110100 \\ 1101010 \\ 1011001 \end{bmatrix} \begin{bmatrix} c_6 \\ c_5 \\ c_4 \\ c_3 \\ c_2 \\ c_1 \\ c_0 \end{bmatrix} = \begin{bmatrix} 0 \\ 0 \\ 0 \end{bmatrix} \quad （12\text{-}40）$$

式（12-39）可简记为式（12-40）所示的形式，即 $\boldsymbol{HC}^\mathrm{T} = \boldsymbol{0}^\mathrm{T}$ 或 $\boldsymbol{CH}^\mathrm{T} = \boldsymbol{0}$。此时，监督矩阵 $\boldsymbol{H}$ 为

$$\boldsymbol{H} = \begin{bmatrix} 1110100 \\ 1101010 \\ 1011001 \end{bmatrix} \quad （12\text{-}41）$$

同理，式（12-38）可表示成矩阵形式：

$$\begin{bmatrix} c_6 c_5 c_4 c_3 c_2 c_1 c_0 \end{bmatrix} = \begin{bmatrix} c_6 c_5 c_4 c_3 \end{bmatrix} \begin{bmatrix} 1000\,111 \\ 0100\,110 \\ 0010\,101 \\ 0001\,011 \end{bmatrix} \quad （12\text{-}42）$$

式（12-38）可简记为式（12-42）所示形式，即 $\boldsymbol{C} = \boldsymbol{MG}$。此时，生成矩阵 $\boldsymbol{G}$ 为

$$\boldsymbol{G} = \begin{bmatrix} 1000\,111 \\ 0100\,110 \\ 0010\,101 \\ 0001\,011 \end{bmatrix} \quad （12\text{-}43）$$

比较式（12-40）和式（12-42）可知，监督矩阵 $\boldsymbol{H}$ 表示为矩阵 $\boldsymbol{P}$ 与 3 阶单位矩阵 $\boldsymbol{I}_3$ 的组合，生成矩阵 $\boldsymbol{G}$ 可表示为 4 阶单位矩阵 $\boldsymbol{I}_4$ 与矩阵 $\boldsymbol{Q}$ 的组合，即 $\boldsymbol{H} = [\boldsymbol{P} \quad \boldsymbol{I}_{n-k=3}]$，$\boldsymbol{G} = [\boldsymbol{I}_{k=4} \quad \boldsymbol{Q}]$，且 $\boldsymbol{Q} = \boldsymbol{P}^\mathrm{T}$，监督矩阵 $\boldsymbol{H}$ 和生成矩阵 $\boldsymbol{G}$ 为典型矩阵。

3. 译码方法

设 k 位信息编成 n 位线性分组码 $\boldsymbol{C} = (c_1, c_2, \cdots, c_n)$ 后送入信道，经传输，接收端的收码是 $\boldsymbol{R} = (r_1, r_2, \cdots, r_n)$。显然，发码与收码的差异是由信道干扰产

生的，定义差错图案 E 为

$$E=(e_1,e_2,\cdots,e_n)=R-C \quad (12\text{-}44)$$

对于二进制码，模 2 加与模 2 减是等同的，$E=R+C=R-C$。

利用 $CH^T=0$，有 $RH^T=(C+E)H^T=EH^T$，若收码无误，必有 $R=C$，$E=0$，$EH^T=0$，此时 $RH^T=0$。若信道中产生差错，即 $E\neq 0$，必有 $RH^T=EH^T\neq 0$。在 H^T 固定的前提下，RH^T 仅与差错图案 E 有关，而与发送码 C 无关。定义伴随式 S 为

$$S=(s_1,s_2,\cdots,s_{n-k})=RH^T=EH^T \quad (12\text{-}45)$$

伴随式反映信道对码字造成干扰。差错图案 E 是 n 维矢量，伴随式 S 是 $n-k$ 维矢量，因此不同的差错图案 E 可能有相同的伴随式 S。

通过伴随式 S 找到 E，进而译码的过程为：

$$RH^T=S\Rightarrow E\Rightarrow C=R+E \quad (12\text{-}46)$$

实际上，可以预先把不同 S 下的方程组解出来，把各种情况下的最大概率译码输出列成一个码表，在实时译码时就不必再去解方程，只要像查字典那样查一下码表即可。

4. 码距与纠检错能力的关系

定理 1：(n,k) 线性码为检测 e 个错码的充要条件是最小码距

$$d_{\min}\geqslant e+1 \quad (12\text{-}47)$$

可由图 12-12（a）简单证明。设一个码组 A 位于 0 点，若码组 A 中发生一个错码，可认为 A 的位置将移动至以 0 点为圆心，以 1 为半径的圆上某点，但其位置不会超出此圆。同理，若码组 A 中发生 e 个错码，则其位置不会超出以 0 点为圆心，以 e 为半径的圆。因此，若最小码距 $d_{\min}$ 不小于 $e+1$［如图 12-12（a）中的 B 点］，在半径为 e 的圆上及圆内就不会有其他码组，码组 A 不会变成其他准用码组。若一种编码的最小码距为 $d_{\min}$，则能检测 $d_{\min}-1$ 个错码。

定理 2：(n,k) 线性码能纠 q 个错误的充要条件是最小码距

$$d_{\min}\geqslant 2q+1 \quad (12\text{-}48)$$

可由图 12-12（b）来说明。图中码组 A 或 B 若发生不多于 q 个错码，则其位置均不会超出以码组 A、B 为圆心，半径为 q 的圆，要求这两个圆是不重叠的（最小间距为 1）。这样，判决时若接收码组落于以 A 为圆心的圆上就判

决收到的是码组 A，若落于以 B 为圆心的圆上就判决为码组 B，就能够纠正 q 个错码。因此，为纠正 q 个码，最小码距 $d_{\min}$ 应不小于 $2q+1$。

定理3：(n,k) 线性码能在发现 e 个错误的同时纠 q 个错误（$e>q$）的充要条件是最小码距

$$d_{\min} \geqslant q+e+1 \qquad (12\text{-}49)$$

可由图 12-12（c）来阐述。为了在可以纠正 q 个错码的同时检测 e 个错码（$e>q$），须使某一码组（码组 A）发生 e 个错误之后所处的位置，与其他码组（码组 B）的纠错圆圈的距离至少等于1，否则将落在该纠错圆上，从而发生错误地纠正。因此，要求最小码距 $d_{\min}$ 应不小于 $q+e+1$。

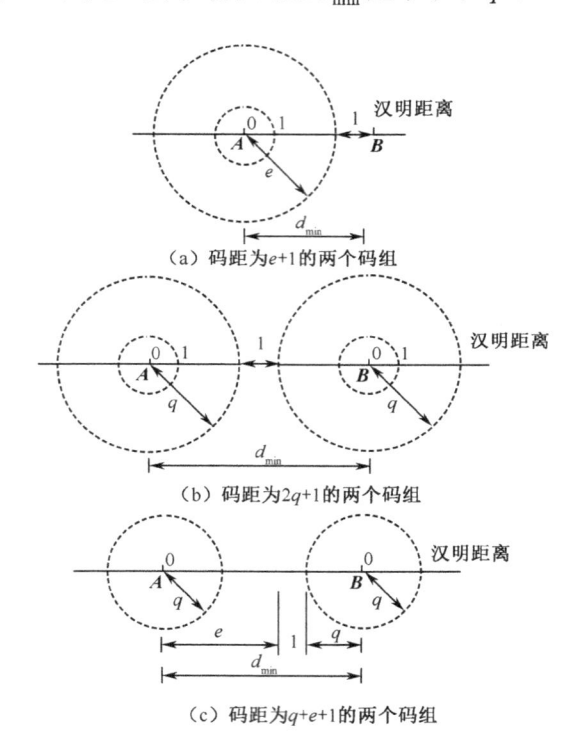

(a) 码距为 $e+1$ 的两个码组

(b) 码距为 $2q+1$ 的两个码组

(c) 码距为 $q+e+1$ 的两个码组

图 12-12　码距与检纠错能力关系

12.4.2　循环码

对一个线性分组码，若将其中任意一个 n 维非全零码字 $\boldsymbol{C}=(c_{n-1},c_{n-2},\cdots,c_0)$

循环右（或左）移 i 位得到的码仍然属于该线性码，则该线性码称为循环码。

根据循环码的定义，n 重形式的码字循环左移 1 位可表示为

$$(c_{n-1},c_{n-2},\cdots,c_0) \rightarrow (c_{n-2},\cdots,c_0,c_{n-1}) \tag{12-50}$$

码字 C 移 n 位后又回到码字 C，一个码字的移位最多能得到 n 个码字。因此"循环码字的循环仍是码字"并不意味着循环码集可以从一个码字循环得到。循环码的特点是：若将码字分成若干组，每组中任一码字的码元循环移位后仍是这组的码字。

为了便于用代数的理论分析计算循环码，把循环码中的码字用多项式来表示，称为码多项式。它把码字中各码元的取值作为码多项式的系数。

对于码字矢量 $C = (c_{n-1}, c_{n-2}, \cdots, c_0)$，可以用码多项式表示为

$$C(x) = c_{n-1}x^{n-1} + c_{n-2}x^{n-2} + \cdots + c_1 x + c_0 \tag{12-51}$$

码多项式的系数取 0 或 1，运算时其系数的运算为模 2 运算。对于模 n 运算，如果一个整数 m 可以表示为

$$\frac{m}{n} = Q + \frac{p}{n} \tag{12-52}$$

式中，Q 为整数，p 为 m 被 n 除后所得的余数。那么

$$m \equiv p \quad (\text{模 } n) \tag{12-53}$$

在多项式中同样可以进行类似的按模运算，如

$$\frac{F(x)}{N(x)} = Q(x) + \frac{R(x)}{N(x)} \tag{12-54}$$

式中，$N(x)$ 为幂次为 n 的多项式，$Q(x)$ 为商，$R(x)$ 为幂次低于 n 的余式，多项式的系数在二元域上。所以

$$F(x) \equiv R(x) \quad [\text{模 } N(x)] \tag{12-55}$$

循环码的码多项式符合如下定理。

定理 1：若 $T(x)$ 是长为 n 的循环码中某个许用码组的码多项式，则 $x^i T(x)$ 在模 x^n+1 运算下，也是该循环码中一个许用码组的码多项式。

定理 2：在循环码 (n,k) 中，$n-k$ 次幂的码多项式有且仅有一个，用 $g(x)$ 表示，称这唯一的 $n-k$ 次多项式 $g(x)$ 为循环码的生成多项式。$g(x)$ 的常数项不为零，是循环码中幂次最低的码多项式。所有的码多项式都可以被 $g(x)$ 整除。

定理 3：循环码 (n,k) 的生成多项式 $g(x)$ 是 x^n+1 的一个因式。

$x^n+1 = h(x) g(x)$，$h(x)$ 为循环码的一致校验多项式。对 x^n+1 进行因式分解，

从中找出一个最高次幂为 n-k 次,且常数项不为零的因式作为生成多项式 $g(x)$。

例如,对于(7,3)循环码,$g(x)$的最高次幂为 4。这样,可以从(x^7+1)中分解得到 $g(x)$。

$$(x^7+1) = (x+1)(x^3+x^2+1)(x^3+x+1)$$

生成多项式可选为

$$g_1(x) = (x+1)(x^3+x^2+1) = x^4+x^2+x+1$$

或

$$g_2(x) = (x+1)(x^3+x+1) = x^4+x^3+x^2+1$$

两种生成多项式分别产生两种(7,3)循环码。

1. 循环码的编码

对 (n, k) 循环码,通过对(x^n+1)进行因式分解选择出生成多项式 $g(x)$,就可由信息码编出相应的循环码字。设信息码多项式 $M(x)$ 为

$$M(x) = m_{k-1}x^{k-1} + m_{k-2}x^{k-2} + \cdots + m_1 x + m_0 \qquad (12\text{-}56)$$

循环码的任何码多项式都可以被 $g(x)$ 整除,即 $T(x)=I(x)g(x)$。用 $x^{n-k}M(x)$ 除以 $g(x)$,得到

$$\frac{x^{n-k}M(x)}{g(x)} = q(x) + \frac{r(x)}{g(x)} \qquad (12\text{-}57)$$

所得的余式 $r(x)$ 的最高次幂为 $n-k-1$ 次,将 $r(x)$ 作为监督位的多项式,与 $x^{n-k}M(x)$ 模 2 相加,形成新的多项式:

$$T(x) = x^{n-k}M(x) + r(x) = g(x)q(x) \qquad (12\text{-}58)$$

所以 $T(x)$ 能被 $g(x)$ 整除,其最高次幂为 $n-1$。$T(x)$ 的前一部分为连续 k 位信息码,后一部分为 $r=n-k$ 位的监督码。$T(x)$ 为循环码的码多项式,而且是系统码。

2. 循环码的解码

循环码的解码分检错和纠错两种情况。只进行检错的解码原理很简单,它是利用任何码多项式都可以被生成多项式 $g(x)$ 整除的原理实现的。设发送码字为 $T(x)$,接收到的码多项式为 $R(x)$,做除法有

$$\frac{R(x)}{g(x)} = q'(x) + \frac{r'(x)}{g(x)} \qquad (12\text{-}59)$$

若余式 $r'(x)$ 为零，接收码字 $R(x)$ 能被整除，则 $R(x)=T(x)$，判断无错码。若余式 $r'(x)$ 不为零，即接收码字 $R(x)$ 不能被整除，则 $R(x) \neq T(x)$，判断有错码。可以通过 ARQ 差错控制方式使发端重发，得到正确的码字。

若要纠正错误，则需要知道错误图样 $E(x)$，以便纠正错误。原则上，纠错解码可按以下步骤进行。

(1) 用生成多项式 $g(x)$ 除以接收码字 $R(x)=T(x)+E(x)$，得到余式 $r'(x)$。

(2) 按余式 $r'(x)$ 用查表的方法或通过某种运算得到错误图样 $E(x)$。

(3) 从 $R(x)$ 中减去 $E(x)$，得到纠错后的原发送码字 $T(x)$。

步骤（1）与检错解码相同，用除法器就可实现。步骤（3）做减法也较简单。但步骤（2）可能需要较复杂的设备，并且在计算余式和决定错误图样 $E(x)$ 时，需要把接收码组 $R(x)$ 暂时存储起来。

循环码是十分重要的线性分组纠错码，是线性分组码中主要、有用的一类，目前对它的研究和应用也较多。循环码的特点有两个：第一，用反馈线性移位寄存器可以很容易地实现其编码和伴随式计算；第二，由于循环码有许多固有的代数结构，可以找到各种简单实用的译码方法。目前，发现的许多线性分组码都与循环码密切相关。循环码纠错能力强、编码解码设备简单，在实际中的应用较为广泛。

12.4.3 BCH 码

霍昆格姆（Hocquenghem，1959）、博斯和查德胡里（Bose，Chaudhuri，1960）提出 BCH 码，能纠正多个随机错误，是循环码中的一大子类，它可以是二进制码，也可以是非二进制码。二进制本原 BCH 码具有下列参数：

$$n = 2^m - 1$$
$$n - k \leqslant mq \quad (12\text{-}60)$$
$$d_{\min} = 2q + 1$$

式中，m（$m \geqslant 3$）和纠错能力 q（$q < 2^{m-1}$）是任意正整数。BCH 码是针对如何构造一个循环码以满足纠错能力为 q 的要求这一问题提出的。

BCH 码的基本特点是其生成的多项式 $g(x)$ 包含 $2q$ 个连续幂次的根 $\beta, \beta^2, \cdots \beta^{2q}$，这 $2q$ 个元素也是任意码字的根，即

$$C(\beta^i) = c_{n-1}(\beta^i)^{n-1} + c_{n-2}(\beta^i)^{n-2} + \cdots + c_1(\beta^i) + c_0 = 0 \quad (12\text{-}61)$$

式中，$i=1, 2, \cdots, 2q$。可以将这些不同 i 值的方程组写成矩阵形式：

$$\begin{bmatrix} \beta^{n-1} & \beta^{n-2} & \cdots & 1 \\ (\beta^2)^{n-1} & (\beta^2)^{n-2} & \cdots & 1 \\ \vdots & \vdots & \ddots & \vdots \\ (\beta^{2q})^{n-1} & (\beta^{2q})^{n-2} & \cdots & 1 \end{bmatrix} \begin{bmatrix} C_{n-1} \\ C_{n-2} \\ \vdots \\ 1 \end{bmatrix} = 0 \quad （12\text{-}62）$$

式（12-62）就是以矩阵形式给出的 BCH 码的定义，即 $\boldsymbol{HC}^\mathrm{T} = 0$。每个 β^i 对应一个最小多项式 $m_i(x)$，$g(x)$ 的 $2q$ 个根包含在 $\prod_{i=1}^{2q} m_i(x)$ 中，同时 $g(x)$ 还必须是码字中的一个最低次码多项式，因此，$g(x)$ 是 $m_1(x), m_2(x), \cdots, m_{2q}(x)$ 的最小公倍式。由以上关系及循环码的知识可知

$$m_i(x) \mid g(x) \mid C(x) \mid (x^n + 1) \quad （12\text{-}63）$$

式中，"|" 表示整除，$C(x)$ 是码多项式。

若可以把 $x^n + 1$ 分解为 n 个根的乘积，即

$$x^n + 1 = (x + \alpha^0)(x + \alpha^1)(x + \alpha^2) \cdots (x + \alpha^{n-1}) \quad （12\text{-}64）$$

式中，α 称为本原元，此时 $\beta = \alpha^j (1 \leqslant j \leqslant n-1)$，则得到本原 BCH 码，否则为非本原 BCH 码。本原 BCH 码的码长 $n = 2^m - 1$，而非本原 BCH 码的码长为 $2^m - 1$ 的因子。对于本原 BCH 码，j 一般取 1。

把 $x^n + 1$ 分解为 l 个最小多项式 $m_e(x)$ 之积（$e=1, 2, \cdots, l$），其中 l_1 个组成 $g(x)$，其余组成 $h(x)$。若对于每个 i，$i=1, 2, \cdots, 2q$，均有

$$(x + \alpha^i) \mid g(x) = \prod_{e=1}^{l_1} m_e(x) \quad （12\text{-}65）$$

则由该 $g(x)$ 生成的循环码就是纠错能力不小于 q 的 BCH 码。BCH 的出现为通信系统设计者们在纠错能力、码长和码率的灵活设计上提供了很大的选择余地，加上其构码方法带来的译码特点，使之可以使用伯利坎普迭代译码等通用、高效的译码算法，如今已成为线性分组码的主流。

12.4.4　卷积码

1. 卷积码的概念

前文介绍的分组码是把信息序列分成长为 k 的许多子段，然后每个子段独立地编出各自的监督码形成长为 n 的码字。每个子段的监督位只与本子段的信息位有关，而与其他子段无关。各子段形成的码字在编码译码时各自独

立进行。为了达到一定的纠错能力和效率，分组码的码字通常比较长。编码解码时必须把本子段的信息码存储起来再进行编码解码，这样，当码长 n 较大时，编码解码过程产生的时延也随之增加。若降低码长 n，又会使纠错能力和效率下降。

卷积码是伊莱亚斯在 1955 年首次提出的。它对信息位的处理与分组码完全不同，它是一种连续处理信息序列的编码方式。码字的监督位不但与本段的信息位有关，而且也与其他段的信息位有关。整个编码过程前后相互关联，连续进行，又称为连环码。在编码时将信息序列分成长度为 k 位的子段，把长度为 k 位的信息比特编为 n 个比特，k 和 n 的取值通常都很小。由于其时延小，特别适合以串行形式传输信息。长为 n 的每个码字包括 k 个信息位和 $r=n-k$ 个监督位。这里的监督位不仅与本段的 k 个信息位有关，也与前面 $N-1$ 段的信息位有关。N 为相关联的信息序列的分段数目。编码后相互关联的码元数目为 nN 位。卷积码的纠错能力随着 N 的增加而提高，差错率随着 N 的增加而呈指数下降。目前还未找到有效的数学手段可以把卷积码的纠错性能与码的构成十分有规律地联系起来。因此，通常采用计算机来搜索性能好的卷积码。译码时，不仅要从本段提取信息，还要提取出与此关联的前面 $N-1$ 段的信息。与分组码相比，在设备复杂度相同的条件下，卷积码的性能优于分组码。

2. 卷积码的结构和原理

卷积码编码器的一般结构如图 12-13 所示。它由输入移位寄存器、模 2 加法器、输出移位寄存器三部分构成。

输入移位寄存器共有 N 段，每段有 k 级，共 Nk 位寄存器，信息序列由此不断输入。输入端的信息序列进入这种结构的输入移位寄存器即被自动划分为 N 段，每段 k 位，它使输出的 n 比特的卷积码与 N 段每段有 k 位的信息位相关联。通常把 N 称为约束长度。一些文献中把 $N-1$ 称为约束长度。由于该 N 段信息共有 Nk 个信息比特，所以也称 Nk 为约束长度。一组模 2 加法器共有 n 个，它实现卷积码的编码算法，输出移位寄存器共有 n 级。输入移位寄存器每移入 k 位，它就会输出 n 比特的编码。所以编码效率为

$$\eta = \frac{k}{n} \tag{12-66}$$

此 n 比特的编码不仅与当前输入的 k 个信息位有关,而且与之前的 $(N-1)k$ 个信息位有关。具有上述结构的卷积码通常记作 (n, k, N)。

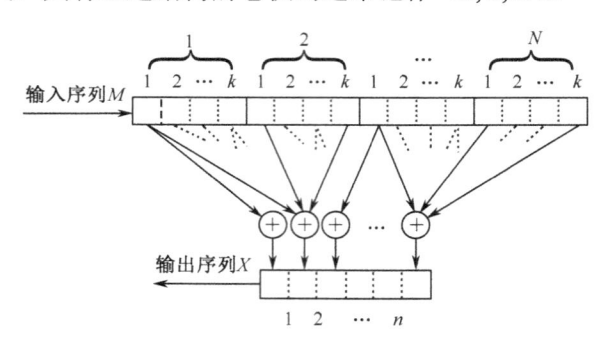

图 12-13 卷积码编码器的一般结构

图 12-14 为 (2,1,3) 卷积码编码器。其中 $n=2$,$k=1$,$N=3$,编码效率为 $\eta = \dfrac{1}{2}$,图中输出移位寄存器用开关代替。输入 $k=1$ 个信息比特,输出 $n=2$ 位编码,其输出方程为

$$x_{1j} = D_1 \oplus D_2 \oplus D_3 \qquad x_{2j} = D_1 \oplus D_3 \qquad (12\text{-}67)$$

(2,1,3) 卷积码的输入和输出如表 12-3 所示。

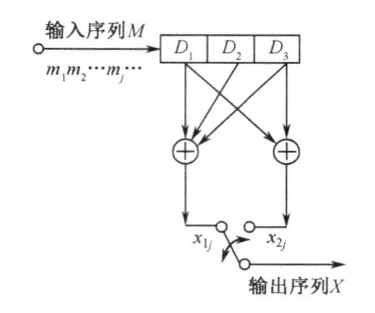

图 12-14 (2,1,3) 卷积码编码器

表 12-3 (2,1,3) 卷积码的输入和输出

输入	m_1		m_2		m_3		m_4		m_5		...
输出	x_{11}	x_{21}	x_{12}	x_{22}	x_{13}	x_{23}	x_{14}	x_{24}	x_{15}	x_{25}	...

寄存器中新输入的信息码元进入 D_1,而以前存储的信息位进入 D_2D_3,

称 D_2D_3 的状态为寄存器的状态（也称编码器的状态）。在本例中，D_2D_3 共有 4 种组合，即 00、01、10、11，所以寄存器共有 4 种状态。设寄存器的初始状态全为零，若第一个输入信息比特 $m_1=0$，则输出 $x_{11}x_{21}=00$；若输入 $m_1=1$，则输出 $x_{11}x_{21}=11$。当第二个信息比特 m_2 输入时，第一个信息比特右移一位。当第三个信息比特输入时，第一个和第二个信息比特右移一位。此时，两个输出由这 3 个信息比特决定。第四个信息比特移入时，第一个信息比特移出寄存器不再起作用。在整个编码中，每一位输出比特始终由存储于寄存器中的 3 位信息码元决定。每个信息比特会影响到输出的 $nN=6$ 位码元。当输入信息序列为 11010 时，其移位编码过程如表 12-4 所示。

表 12-4 输入信息序列为 11010 时，（2,1,3）卷积码移位编码过程

输入		寄存器状态	编码器状态	输出	
符号	数值	$D_1D_2D_3$ 初态 000		符号	数值
m_1	1	100	a	$x_{11}x_{21}$	11
m_2	1	110	b	$x_{12}x_{22}$	01
m_3	0	011	d	$x_{13}x_{23}$	01
m_4	1	101	c	$x_{14}x_{24}$	00
m_5	0	010	b	$x_{15}x_{25}$	10

卷积码的输出与输入的关系也可以用生成矩阵描述。卷积码的输出序列可以看作输入序列与编码器的冲击响应的卷积。当输入为单位冲击序列（100000…）时，上述（2,1,3）编码器输出冲击响应序列为 1110110000…。任一输入序列都可视为单位冲击序列不同时延的线性组合，因此其输出也为其冲击响应序列不同时延的线性组合。卷积码的生成矩阵可写为

$$G=\begin{bmatrix} 1110110000\cdots \\ 0111011000\cdots \\ 0011101100\cdots \\ \vdots \end{bmatrix} \quad (12\text{-}68)$$

3. 卷积码的译码

概率译码是卷积码主要的译码方式。概率译码是根据信道统计特性，从概率的角度进行译码的。主要有两种译码技术：维特比译码和序列译码。它

们都是建立在最大似然译码基础之上的。具体译码方法请参阅相关文献。

12.4.5 Turbo 码

自香农之后,学者们不懈地向逼近信道容量的方向努力。纠错编码理论的发展正是沿着这两条基本路线：一是构造长码；二是在所能接受的范围内,如何实现最大似然译码。

1993 年,法国科学家 C.Berrou 等发表了一篇论文《接近香农极限的纠错编码和译码：Turbo 码》。Turbo 码一经出现,立即引起了全世界信道编码学术界的广泛关注,成为纠错编码领域研究的重大突破。Turbo 码是一种并行级联码,它的内码和外码均使用卷积码。它采用了迭代译码方法,挖掘了级联码的潜力。计算机仿真模拟的结果表明,在加性高斯白噪声无记忆信道上,在特定参数条件下,Turbo 码的性能可以达到与香农理论极限仅相差 0.7dB 的程度。Turbo 码的优异译码性能吸引了许多科技工作者对其进行研究,也因此促进了它的发展,并且让它在很多方面得到了实际应用。

图 12-15 给出了 Turbo 码编码器的一般性结构。通常,Turbo 码编码器由分量编码器、交织器、删余器及复用器四个部分并行级联而成。

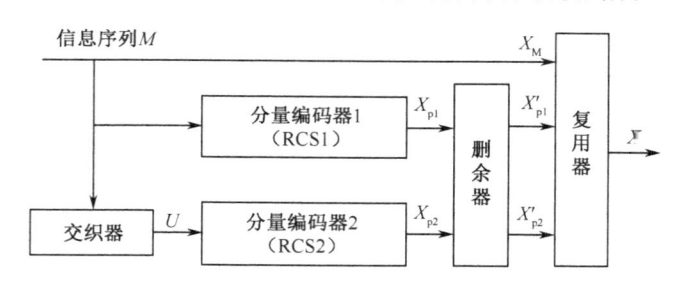

图 12-15 Turbo 码编码器

输入信息序列 M,一路直接送入复用器,作为信息比特；另一路送入分量编码器 1（记为 RSC1）进行编码,编码后的输出 X_{p1} 送入删余器,经删余后得到校验码 X'_{p1}；还有一路送入交织器,信息序列 M 经过交织器后再送入分量编码器 2（记为 RSC2）输出 X_{p2},经删余后得到另一校验码 X'_{p2},最后信息比特和校验码复用后形成 Turbo 码序列 X。

Turbo 码的译码通常是运用最大似然译码准则,采用迭代译码的方法实现的。Turbo 码编码器含有两个分量编码器，而与此对应的 Turbo 码译码器也有两个分量译码器。

Turbo 码译码器的典型结构如图 12-16 所示，其由两个分量译码器（分别记为 DEC1 和 DEC2）及相应的交织器和解交织器组成。DEC1 和 DEC2 均是采用软输入、软输出（Soft Input Soft Output，SISO）的译码器。分接与内插是对接收序列进行的处理，其功能与编码器中的删余及复用刚好相反。接收到的数据流结构是经删余及复用后的数据流：信息码加两个校验码。经过解复用，对数据流分接与内插后，恢复成删余及复用前 X_M、X_{p1}、X_{p2} 的结构，然后分别将其送入相应的分量译码器。DEC1 对 RSC1 进行最佳译码，DEC2 对 RSC2 进行最佳译码。由于两个分量来自同一个输入信息序列 M，必然具有一定的相关性，可以互为参考。所以在 Turbo 码译码器中，将 DEC1 的软输出经交织后作为附加信息送入 DEC2，使输入到 DEC2 的原始信息增加，提高译码的正确性。同样，将 DEC2 的软输出经解交织后作为附加信息送入 DEC1。经过多次迭代得到对应于输入信息序列 M 的最佳值 $\hat{M}$ 作为译码输出。

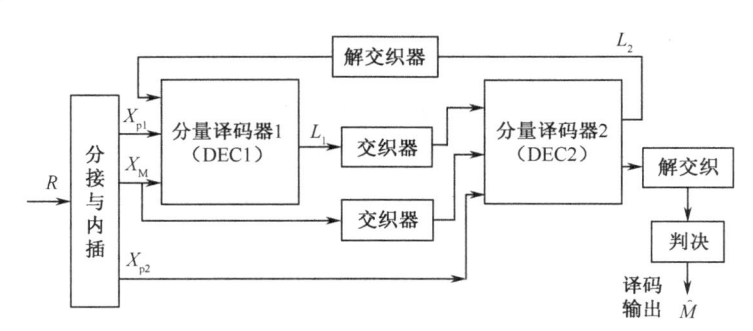

图 12-16　Turbo 码译码器的典型结构

在 Turbo 码译码器中采用的软输入、软输出迭代译码算法有多种。常见的如最大后验概率（Maximum Aposteriori Probability，MAP）算法、对数 MAP（Log-MAP）算法、Max-Log-MAP 算法、软输出维特比算法（Soft Output Viterbi Algorithm，SOVA）等。

思考题与习题

1. 说明最大后验概率准则和最大似然译码准则的关系。
2. 分析线性分组码码距与检纠错能力的关系。
3. 已知某线性码的生成矩阵为 $G = \begin{pmatrix} 110011 \\ 011101 \\ 100101 \end{pmatrix}$，试求：

（1）典型生成矩阵 G；（2）典型监督矩阵 H；（3）全部码组。

参考文献

[1] 许天增，许鹭芬. 水声数字通信[M]. 北京：海洋出版社，2010.

[2] 樊昌信，曹丽娜. 通信原理[M]. 7版. 北京：国防工业出版社，2014.

[3] 吴资玉，韩庆文，蒋阳. 通信原理[M]. 北京：电子工业出版社，2007.

[4] 王秉钧，冯玉珉，田宝玉. 通信原理[M]. 北京：清华大学出版社，2007.

[5] 朱昌平，韩庆邦，李建，等. 水声通信基本原理与应用[M]. 北京：电子工业出版社，2009.

[6] 殷敬伟. 水声通信原理及信号处理技术[M]. 北京：国防工业出版社，2011.

[7] 张歆，张小蓟. 水声通信理论与应用[M]. 西安：西北工业大学出版社，2012.

[8] 罗新民，张传生，薛少丽. 现代通信原理[M]. 北京：高等教育出版社，2003.

[9] 曹雪虹，张宗橙. 信息论与编码[M]. 北京：清华大学出版社，2009.

[10] 方军，俞槐铨. 信息论与编码[M]. 北京：电子工业出版社，1994.

第 13 章

水声通信调制解调

在通信信号发射端，由信源产生的原始信号通常具有较低的频谱分量，称这种信号为基带信号。基带信号并不能在大多数信道中直接传输，因为大多数信道具有带通特性。为了能够在信道中传输和实现信道复用，基带信号在通信系统的发送端进行调制，再送入信道传输，在接收端则进行相反的变换，即解调。本章首先介绍水声通信调制解调技术，在此基础上介绍同步原理。

13.1 概述

所谓调制，就是按调制信号（基带信号）的变化规律去改变载波的某些参数。解调则与其相反，即由载波参数的变化去恢复基带信号。由于载波频率较高、易于发射，调制特别适合无线通信系统。在实际通信系统中，选择不同的载波频率，可以让多路信号在同一信道中同时传送，从而实现信道的频分复用。

调制在通信系统中具有重要作用。通过调制，不仅可以把调制信号的频谱迁移到期望的位置上，将其转换成适合信道传输或便于信道多路复用的已调信号，而且它对系统的传输有效性和可靠性有着很大的影响。调制方式往往决定了一个通信系统的性能。

相对于无线电通信，水声通信的研究起步较晚，其各种技术的研究也落后于无线电通信，水声通信中调制技术主要是无线电通信中各和调制技术由空中向水下的迁移，其中最大的变化是信道的改变。水声信道是一个高噪声、窄带宽、多途效应严重、时变、空变、频变的信道。针对水声信道的这种复杂性，在无线电通信中常用的调制解调方式也要进行相应改进。

早期的水声通信主要使用模拟调制技术，如美国伍兹霍尔海洋研究所（Woods Hole Oceanographic Institution，WHOI）于 20 世纪 50 年代末研制的调频水声通信系统，使用的是 20kHz 的载波和 500Hz 的带宽，实现了水底到水面船只的数据通信。

由于技术条件的限制，从 20 世纪 60 年代起的很长一段时间里，水声通信技术没有得到进一步的发展。20 世纪 70 年代以来，随着探测区域从沿海大陆架延伸到深水区，以及探测距离和深度的增加，要求数据传输系统的传输速率高、传输距离远，数字调制技术开始被较多地使用，采用数字技术的重要性在于：首先，它可以利用误差修正技术来提高数据传输的可靠性，可以用复杂的纠错编码技术来增加传输的可靠性；其次，它能够对在时域（多途）和频域（多普勒扩展）上的信道畸变进行各种补偿，可以采用数字处理技术来抵消信道多途和频谱扩展的影响。随着处理器技术的提高，各种采用快速解调的算法也随之发展起来。数字调制技术主要有 ASK、FSK 和 PSK，以及由此派生出的其他调制技术。

水声通信的解调方式大致分为非相干方式和相干方式两种。非相干方式抗信道起伏的能力强，接收端易于解调，且算法稳定性好，其主要缺点是带宽利用率较低，很难获得较高的数据传输速率。研制非相干系统面临的主要任务是自适应调节系统的参数达到最佳，以适应所处的信道环境，从而达到最远的传播距离、最高的数据率和提升可靠性。

相干方式的带宽利用率、通信速率都较高，是近年来的研究热点。为了满足较大的距离速率积（衡量水声通信性能的一个标准），水声通信的解调方式往往采用相干通信方式。但是相干信号的解调需要载波精确的同步，这在恶劣的水声信道条件下是不易实现的。同时，为了解决由多径信号产生的码间干扰，接收端需要使用一定的自适应算法才能实现较为理想的解调。

13.2 模拟调制系统

最常用的模拟调制方式是用正弦波作为载波的幅度调制和角度调制。幅度调制系统的典型调制方式有标准振幅调制、双边带调制、单边带调制及残留边带调制等；角度调制系统的典型调制方式有调频和调相。其中，幅度调制是基础，本节主要介绍幅度调制。

13.2.1 标准振幅调制

标准振幅调制（Amplitude Modulation，AM）就是常规双边带调制，简称调幅。

1. AM 信号的时域及频域表示

高频正弦载波信号为

$$c(t) = \cos(\omega_0 t + \theta_0) \tag{13-1}$$

式中，ω_0 为载波角频率；θ_0 为载波的初始相位，为简单起见，设 $\theta_0 = 0$。设 $f(t)$ 为无直流分量的基带信号，其频谱为 $F(\omega)$。AM 信号的时间波形可用式（13-2）表示。

$$s_{AM}(t) = [A_0 + f(t)]\cos\omega_0 t \tag{13-2}$$

式中，A_0 为外加的直流分量，当满足 $A_0 \geq |f(t)|_{\max}$ 或 $[A_0 + f(t)] \geq 0$ 时，已调信号的包络与基带信号相同，用非相干包络检波法很容易能恢复原始调制信号；否则，将出现过调制现象，解调时用包络检波将发生严重的失真，但可以采用相干解调。

AM 信号模型如图 13-1 所示。典型的 AM 信号波形如图 13-2 所示。

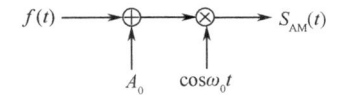

图 13-1 AM 信号模型

由傅里叶变换的性质可以得到已调信号 $s_{AM}(t)$ 的频谱为

$$S_{AM}(\omega) = \pi A_0[\delta(\omega+\omega_0)+\delta(\omega-\omega_0)]+\frac{1}{2}[F(\omega+\omega_0)+F(\omega-\omega_0)] \quad (13\text{-}3)$$

由式（13-3）可知，AM 信号的频谱 $s_{AM}(\omega)$ 包括 $\omega = \omega_0$ 和 $\omega = -\omega_0$ 处的载波频率，以及位于它们两旁的边频分量 $F(\omega-\omega_0)$（上边带）和 $F(\omega+\omega_0)$（下边带），AM 信号频谱如图 13-3 所示。

图 13-2　AM 信号波形

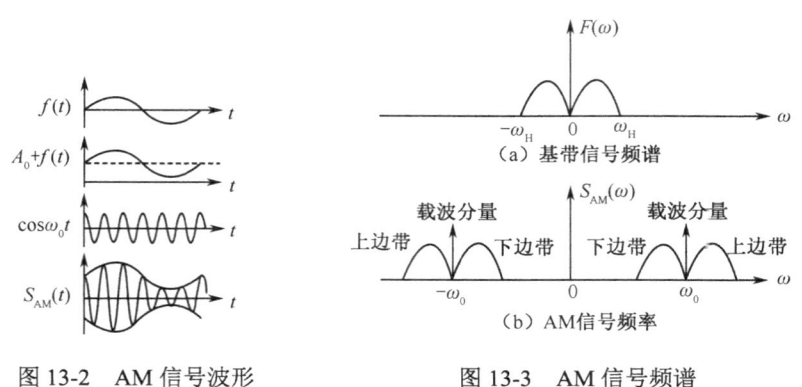

图 13-3　AM 信号频谱

2. AM 信号的解调

AM 信号的解调可采用相干解调和包络解调（非相干解调）两种方式。相干解调器由乘法器和低通滤波器组成，AM 信号相干解调如图 13-4 所示。在这种解调方式中，接收端需要提供一个与发射端载波信号同频同相的本地载波振荡信号，这个信号称为相干载波。相干载波从载波同步电路中提取，实现起来较为复杂。

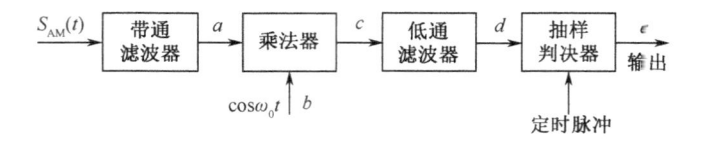

图 13-4　AM 信号相干解调

从图 13-4 可以得到 c 点的信号为

$$s_c(t) = s_{AM}(t)\cos\omega_0 t = [A_0+f(t)]\cos^2\omega_0 t = \frac{1}{2}[A_0+f(t)](1+\cos 2\omega_0 t)$$

$$(13\text{-}4)$$

分析式（13-4）可知，它由两部分组成，第一部分为基带信号，能顺利通过低通滤波器，去除其中的直流分量 A_0 后（通过隔直流电路），即为调制信号 $f(t)$；第二部分是载波频率为 $2\omega_0$ 的 AM 信号，通过低通滤波器后将被滤除。

AM 信号的解调还可以采用非相干解调方法，即包络解调。包络解调可由包络检波器来完成，AM 信号包络解调如图 13-5 所示。包络检波器的最大优点是电路结构简单，同时也不需要提取相干载波，因此，它是 AM 调制方式中最常用的解调方法。不过在抗噪声的能力上，AM 信号包络解调法不如相干解调法。

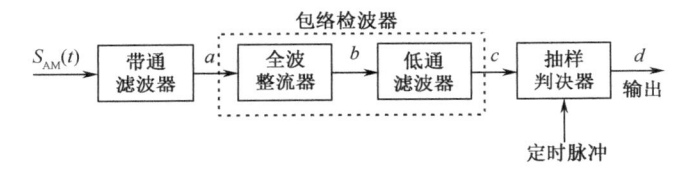

图 13-5　AM 信号包络解调

包络检波电路如图 13-6 所示。选择 RC 使其满足 $f_H \ll 1/RC \ll f_0$（f_H 是调制信号的最高频率），包络检波器是利用电容的充、放电原理来实现解调的，包络检波器的输出会出现频率为 f_0 的波纹，须用低通滤波器加以平滑。图 13-5 中 c 点的信号为

$$s_c(t) = A_0 + f(t) \tag{13-5}$$

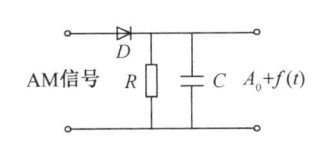

图 13-6　包络检波电路

去除其中的直流分量 A_0 后，即为调制信号 $f(t)$。

3. AM 信号的功率分布和调制效率

AM 信号的总功率包括载波功率和边带功率两部分，只有边带功率与调制信号有关，载波分量不携带有用信息。有用功率（用于传输有用信息的边带功率）占信号总功率的比例称为调制效率：

$$\eta_{AM} = \frac{\overline{f^2(t)}}{A_0^2 + \overline{f^2(t)}} \tag{13-6}$$

当 $f(t) = A_m \cos\omega_m t$，$\overline{f^2(t)} = A_m^2/2$ 时，由式（13-6）得到

$$\eta_{\text{AM}} = \frac{A_m^2}{2A_0^2 + A_m^2} \quad (13\text{-}7)$$

当 $A_m = A_0$ 时（100%调制），调制效率最高，这时 $\eta_{\max} = 33\%$。

在实际的通信系统中，调幅指数 $\beta_{\text{AM}} = A_m/A_0$ 的取值远小于1，约为0.3，此时 $\eta_{\max} = 4.3\%$。可见，AM 信号的调制效率是非常低的，大部分发射功率消耗在不携带信息的载波上。但由于载波的存在，AM 信号的解调可以采用电路结构简单的包络检波器来完成，从而降低了接收机的制造成本，目前广泛应用在无线广播系统中。

13.2.2 双边带调制

若令 AM 信号中的直流分量 $A_0 = 0$，就可以得到抑制载波双边带调制（Double Side Band Suppressed Carrier，DSB-SC）信号，简称双边带调制（DSB）信号。因此，DSB 信号的时域表示式为

$$s_{\text{DSB}}(t) = f(t)\cos\omega_0 t \quad (13\text{-}8)$$

因此，在 DSB 信号时间波形中，当 $f(t)$ 改变极性时会出现反相点，DSB 信号的包络并不反映调制信号 $f(t)$ 的变化规律，只能采用相干解调方式。

利用傅里叶变换的频移定理，可以求出 DSB 信号的频谱密度函数 $S_{\text{DSB}}(\omega)$ 为

$$S_{\text{DSB}}(\omega) = \frac{1}{2}[F(\omega + \omega_0) + F(\omega - \omega_0)] \quad (13\text{-}9)$$

DSB 信号中无载波分量，所有的功率都用在了两个携带有用信息的边带中，信号的调制效率为 100%。

与 AM 信号相比，DSB 信号的调制效率大为提高。DSB 信号中包含两个携带有相同信息的上、下边带，从信息传输的角度看，只须传输其中的任一边带就可达到信息传输的目的，从而可以降低信号的传输带宽，这就促使了单边带调制技术的产生和发展。

13.2.3 单边带调制

单边带调制（Single Side Band，SSB）信号，是通过某种方法，只传送 DSB 信号中的一个边带信号。与 DSB 信号或 AM 信号相比，SSB 信号节省

了一半的带宽，因此提高了系统的频带利用率。

1. SSB 调制模型

SSB 信号产生模型由 DSB 调制器及边带滤波器组成，如图 13-7 所示。

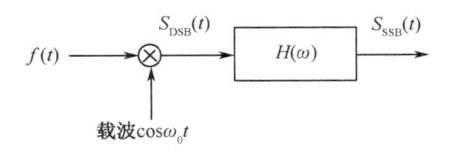

图 13-7 SSB 信号产生模型

$H(\omega)$ 为单边带滤波器的传输函数，若它具有如下理想高通特性：

$$H(\omega) = H_{\text{USB}}(\omega) = \begin{cases} 1, & |\omega| > \omega_0 \\ 0, & |\omega| \leqslant \omega_0 \end{cases} \quad (13\text{-}10)$$

则可滤除下边带。若它具有如下理想低通特性：

$$H(\omega) = H_{\text{LSB}}(\omega) = \begin{cases} 1, & |\omega| < \omega_0 \\ 0, & |\omega| \geqslant \omega_0 \end{cases} \quad (13\text{-}11)$$

则可滤除上边带。SSB 信号的频谱为

$$S_{\text{SSB}}(\omega) = S_{\text{DSB}}(\omega) H(\omega) \quad (13\text{-}12)$$

边带滤波器 $H(\omega)$ 的作用是让有用边带通过并抑制无用边带。选择不同传输特性的边带滤波器就可以得到不同类型的单边带信号，上边带频谱如图 13-8 所示。这种通过滤波器得到 SSB 信号的方法称为滤波法，由于很难开发具有陡峭截止特性的滤波器，特别是当载频较高，且调制信号中含有直流分量及低频分量时，采用一级调制直接滤波的方法很难实现单边带调制，实际中常采用多级调制。

SSB 信号的时域表示式可以写为

$$s_{\text{SSB}}(t) = \frac{1}{2} f(t) \cos \omega_0 t \mp \frac{1}{2} \hat{f}(t) \sin \omega_0 t \quad (13\text{-}13)$$

式中，$\hat{f}(t)$ 是 $f(t)$ 的希尔伯特变换，"−"表示下边带信号，"+"表示上边带信号。

SSB 信号的时域表示也称为移相法，移相法 SSB 调制器的工作原理如图 13-9 所示。

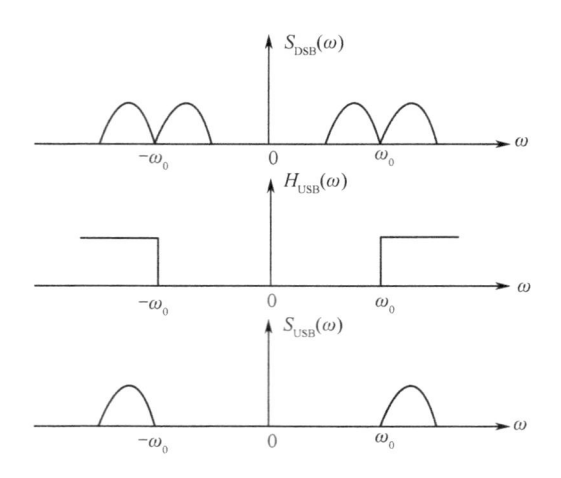

图 13-8　上边带频谱

图 13-9 中，$H_k(\omega)$ 为希尔伯特变换滤波器传递函数。

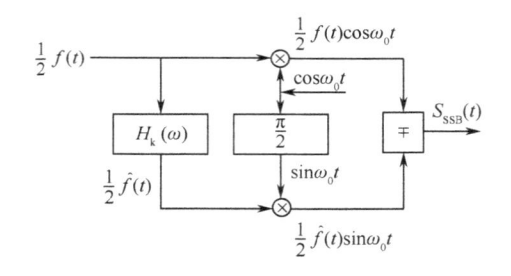

图 13-9　移相法 SSB 调制器的工作原理

2. SSB 信号的解调

与 DSB 信号的解调一样，SSB 信号的解调不能采用简单的包络检波，因为 SSB 信号也是抑制载波的已调信号，其包络不能直接反映调制信号的变化，所以要采用相干解调方式实现。

3. SSB 信号的通信性能

SSB 信号的实现比 AM 信号、DSB 信号要复杂，但 SSB 信号的调制方式在传输信息时，不但可以节省发射功率，而且其占用的频带宽度比 AM 信号、DSB 信号少一半，是目前水声模拟通信中很重要的一种调制方式。

13.2.4 残留边带调制

残留边带调制（Vestigial Side Band，VSB）信号是介于双边带与单边带之间的一种线性调制信号。它既弥补了 DSB 信号占用频带宽的缺点，又解决了 SSB 信号实现的难题。在 VSB 方式中，不是将一个边带完全抑制，而是部分抑制，使其仍残留一小部分，如图 13-10 所示。VSB 信号同样可用图 13-7 所示的调制器来产生。不过，此时图 13-7 中滤波器的传递函数 $H(\omega)$ 应按残留边带调制的要求来进行设计，因此这个滤波器不需要十分陡峭的滤波特性，比单边带滤波器容易制作。

残留边带滤波器的传递函数 $H(\omega)$ 在 ω_0 处必须具有互补对称性，如式（13-14）所示。此时，相干解调才能无失真地从残留边带信号中恢复所需要的调制信号，即

$$H(\omega+\omega_0)+H(\omega-\omega_0)=常数，\quad |\omega|\leqslant \omega_H \qquad (13\text{-}14)$$

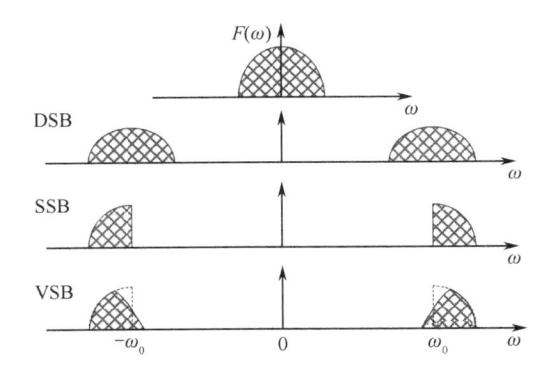

式中，ω_H 为调制信号截止角频率。

图 13-10　VSB 信号频谱

13.3　数字调制系统

数字信号对载波的调制过程与模拟信号对载波的调制过程类似，同样可以用数字信号去控制正弦载波的振幅、频率或相位的变化。但数字信号具有时间离散和取值离散的特点，从而使受控载波的参数变化过程离散化，故这

种调制过程又称为键控法。

当调制信号是二进制数字信号时,称为二进制数字调制,这时的振幅调制、频率调制和相位调制分别记为 2ASK、2FSK 及 2PSK。如果要求系统传输的有效性进一步提高,那么可采用多进制数字调制方式。

13.3.1 2ASK

1. 基本原理

振幅键控是利用载波的幅度变化来传递数字信息的,而其频率和初始相位保持不变。在 2ASK 中,载波的幅度只有两种变化状态,分别对应二进制信息 0 或 1。一种常用的 2ASK 方式称为通断键控(On Off Keying,OOK),其表示式为

$$s_{\text{OOK}} = \begin{cases} A\cos\omega_c t, & \text{以概率 } P \text{ 发送 1 时} \\ 0, & \text{以概率 } 1-P \text{ 发送 0 时} \end{cases} \tag{13-15}$$

典型的 2ASK 信号波形如图 13-11 所示。可见,载波在二进制基带信号的控制下实现通—断变化。

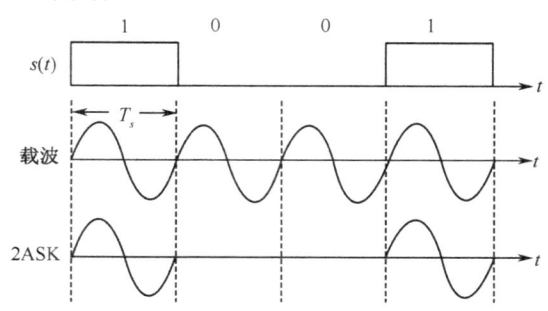

图 13-11 2ASK 信号波形

2ASK 信号的一般表示式为

$$s_{2\text{ASK}}(t) = s(t)\cos\omega_c t, \quad s(t) = \sum_n a_n g(t-nT_s) \tag{13-16}$$

式中,T_s 为码元持续时间;$g(t)$ 为基带脉冲波形。为简便起见,通常假设 $g(t)$ 是高度为 1、宽度为 T_s 的矩形脉冲;a_n 是第 n 个符号的电平取值。若取

$$a_n = \begin{cases} 0, & \text{概率为 } P \\ 1, & \text{概率为 } 1-P \end{cases} \tag{13-17}$$

则相应的 2ASK 信号就是 OOK 信号。

2ASK 信号的产生方法通常有两种：模拟调制法和数字键控法，相应的调制器原理如图 13-12 所示。其中图 13-12（a）就是一般的模拟幅度调制的方法，用乘法器实现；图 13-12（b）是一种数字键控法，其中的开关电路受 $s(t)$ 控制。

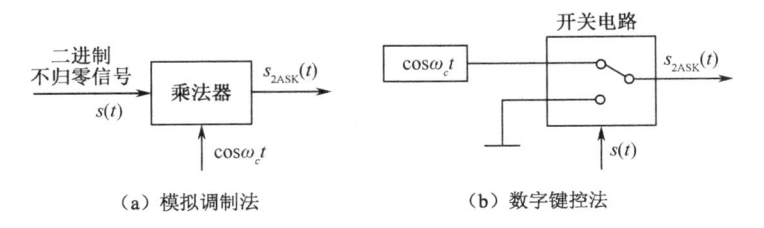

（a）模拟调制法　　（b）数字键控法

图 13-12　2ASK 信号调制器原理

与 AM 信号的解调方法一样，2ASK 信号也有两种基本的解调方法：非相干解调和相干解调，2ASK 信号的接收系统组成如图 13-13 所示。

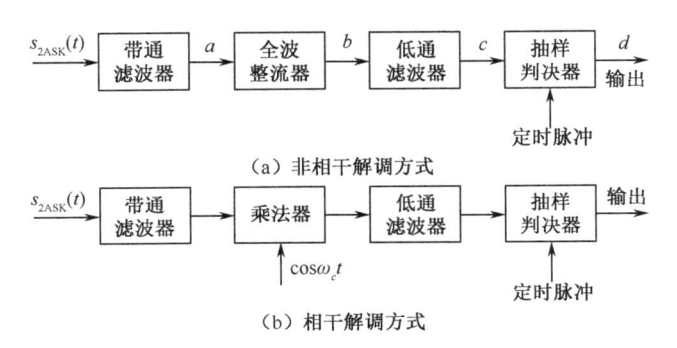

（a）非相干解调方式

（b）相干解调方式

图 13-13　2ASK 信号的接收系统组成

2ASK 信号非相干解调过程的波形如图 13-14 所示。

2ASK 调制技术幅度受噪声影响较大，现在应用较少，但是，由于其常作为研究其他数字调制的基础，还是有必要了解它。

2. 功率谱密度

若设 $s(t)$ 的功率谱密度为 $P_s(f)$，2ASK 信号的功率谱密度为 $P_{2ASK}(f)$，则由式（13-16）可得

$$P_{2ASK}(f) = \frac{1}{4}[P_s(f+f_c) + P_s(f-f_c)] \quad (13\text{-}18)$$

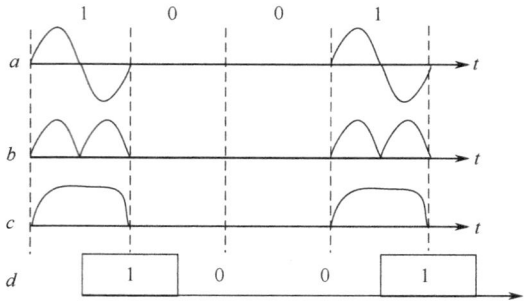

图 13-14 2ASK 信号非相干解调过程的波形

可见，2ASK 信号的功率谱是基带信号功率谱 $P_s(f)$ 的线性迁移。

单极性的随机脉冲序列功率谱的一般表示式为

$$P_s(f) = f_s P(1-P)|G(f)|^2 + \sum_{m=-\infty}^{\infty} |f_s(1-P)G(mf_s)|^2 \delta(f-mf_s) \quad (13\text{-}19)$$

式中，$f_s = 1/T_s$；$G(f)$ 是单个基带信号码元 $g(t)$ 的频谱函数。

对于全占空矩形脉冲序列，根据矩形波形 $g(t)$ 的频谱特点，对于所有 $m \neq 0$ 的整数，有 $G(mf_s) = T_s Sa(n\pi) = 0$，故式（13-19）可简化为

$$P_s(f) = f_s P(1-P)|G(f)|^2 + f_s^2 (1-P)^2 |G(0)|^2 \delta(f) \quad (13\text{-}20)$$

将其代入式（13-18），得

$$P_{2ASK}(f) = \frac{1}{4} f_s P(1-P)\left[|G(f+f_c)|^2 + |G(f-f_c)|^2\right] + \\ \frac{1}{4} f_s^2 (1-P)^2 |G(0)|^2 \left[\delta(f+f_c) + \delta(f-f_c)\right] \quad (13\text{-}21)$$

当概率 $P = \frac{1}{2}$ 时，并考虑到 $G(f) = T_s Sa(\pi f T_s)$，$G(0) = T_s$，则 2ASK 信号的功率谱密度为

$$P_{2ASK}(f) = \frac{T_s}{16}\left[\left|\frac{\sin \pi (f+f_c)T_s}{\pi (f+f_c)T_s}\right|^2 + \left|\frac{\sin \pi (f-f_c)T_s}{\pi (f-f_c)T_s}\right|^2\right] + \frac{1}{16}[\delta(f+f_c) + \delta(f-f_c)] \quad (13\text{-}22)$$

2ASK 信号的功率谱密度如图 13-15 所示。

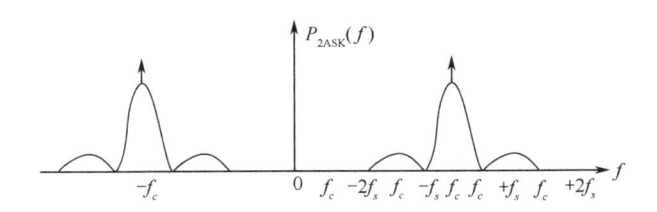

图 13-15 2ASK 信号的功率谱密度

从以上分析及图 13-15 可以看出：第一，2ASK 信号的功率谱由连续谱和离散谱两部分组成；连续谱取决于 $g(t)$ 经线性调制后的双边带谱，而离散谱由载波分量确定；第二，2ASK 信号的带宽 B_{2ASK} 是基带信号带宽的 2 倍，若只计谱的主瓣（第一个谱零点位置），则有 $B_{2ASK}=2f_s$。因此，2ASK 信号的传输带宽是码元速率的 2 倍。

13.3.2 2FSK

1. 基本原理

频移键控是利用载波的频率变化来传递数字信息的。在 2FSK 中，载波的频率随二进制基带信号在 f_1 和 f_2 两个频率点间变化，其表示式为

$$s_{2FSK} = \begin{cases} A\cos(\omega_1 t + \varphi_n)，& 发送1时 \\ A\cos(\omega_2 t + \theta_n)，& 发送0时 \end{cases} \quad (13-23)$$

2FSK 信号的时间波形如图 13-16 所示。

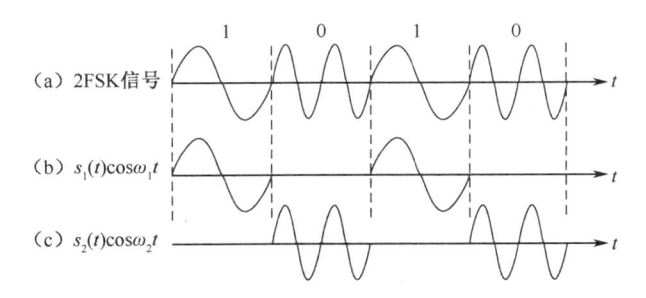

图 13-16 2FSK 信号的时间波形

由图 13-16 可见，2FSK 信号波形（a）可以分解为波形（b）和波形（c），因此，2FSK 信号可视为两个不同载波频率的 2ASK 信号的叠加，则 2FSK 信

号的时域表示式又可写成

$$s_{2\text{FSK}} = s_1(t)\cos(\omega_1 t + \varphi_n) + s_2(t)\cos(\omega_2 t + \theta_n) \quad (13\text{-}24)$$

式中，$s_1(t) = \sum_n a_n g(t - nT_s)$ 和 $s_2(t) = \sum_n \overline{a_n} g(t - nT_s)$ 为两路基带信号，$g(t)$ 为单个矩形脉冲，T_s 为脉宽。

$$a_n = \begin{cases} 1, & \text{概率为}P \\ 0, & \text{概率为}1-P \end{cases} \quad (13\text{-}25)$$

$\overline{a_n}$ 是 a_n 的反码，若 $a_n = 1$，则 $\overline{a_n} = 0$；若 $a_n = 0$，则 $\overline{a_n} = 1$ 于是

$$\overline{a_n} = \begin{cases} 1, & \text{概率为}1-P \\ 0, & \text{概率为}P \end{cases} \quad (13\text{-}26)$$

φ_n 和 θ_n 分别是第 n 位信号码元（1 或 0）的初始相位。在移频键控中，φ_n 和 θ_n 不携带信号，通常可令 φ_n 和 θ_n 为零。

2FSK 信号的产生方法主要有两种，一种是采用模拟调频电路来实现，其产生的 2FSK 信号在相邻码元之间的相位是连续变化的；另一种是采用键控法来实现，如图 13-17 所示。键控法由电子开关在两个独立的频率源之间转换形成 2FSK 信号，故相邻码元之间的相位不一定连续。

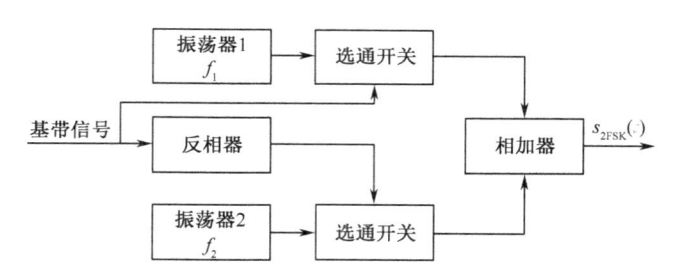

图 13-17 键控法产生 2FSK 信号的原理图

2FSK 信号的常用解调方法是非相干解调和相干解调，其者的解调原理如图 13-18 所示。其解调原理是将 2FSK 信号分解为上下两路 2ASK 信号分别解调，然后再进行判决。这里的判决是直接比较两路信号抽样值的大小，可以不专门设置门限。判决规则应与调制规则相呼应，调制时若规定符号 1 对应载波频率 f_1，则接收时上支路的样值较大，应判为 1；反之，则判为 0。

除此之外，2FSK 信号还有其他解调方法，如过零检测法等。过零检测法的原理为：由于 2FSK 信号的过零点数随频率的不同而异，通过检测过零点

数目的多少，可以区分两位不同频率的信号码元。

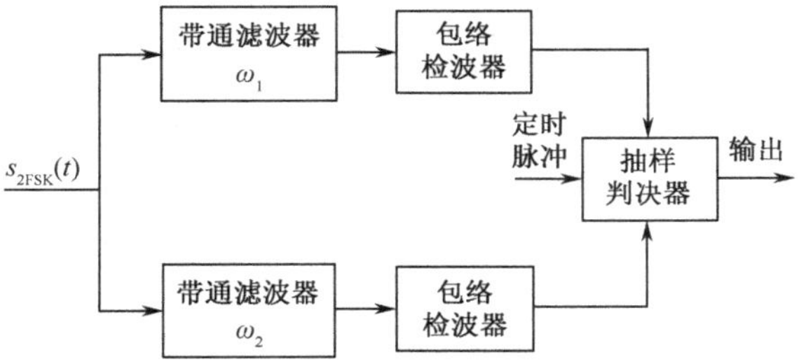

（a）非相干解调

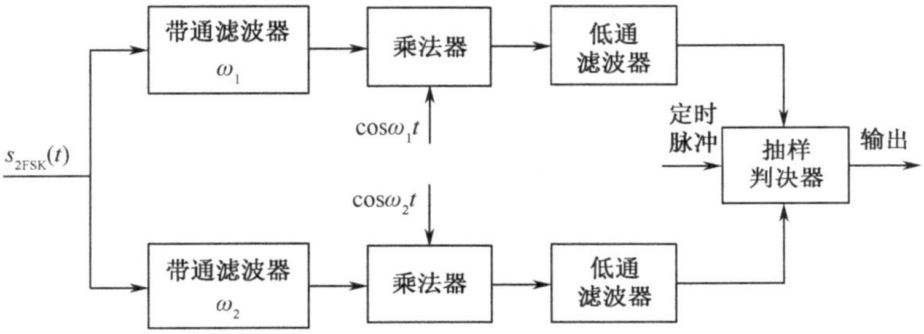

（b）相干解调

图 13-18 2FSK 信号解调原理

2FSK 在数字通信中的应用较为广泛。国际电信联盟建议在数据率低于 1200bps 时采用 2FSK。2FSK 可以采用非相干接收方式，接收时不必利用信号的相位信息，因此特别适合应用于衰落信道（衰落信道会引起信号的相位和振幅随机抖动与起伏）。

2. 功率谱密度

2FSK 信号可以看成是由两个不同载频的 2ASK 信号的叠加，因此，2FSK 频谱可以近似表示成中心频率分别为 f_1 和 f_2 的两个 2ASK 频谱的组合。由此，根据 2ASK 信号功率谱密度表示式，不难写出 2FSK 信号功率谱密度表示式：

$$P_{2FSK}(f) = \frac{1}{4}\left[P_{s1}(f-f_1) + P_{s1}(f+f_1)\right] + \frac{1}{4}\left[P_{s2}(f-f_2) + P_{s2}(f+f_2)\right]$$

（13-27）

令概率 $P = \dfrac{1}{2}$，可得

$$P_{2FSK}(f) = \dfrac{T_s}{16}\left[\left|\dfrac{\sin\pi(f+f_1)T_s}{\pi(f+f_1)T_s}\right|^2 + \left|\dfrac{\sin\pi(f-f_1)T_s}{\pi(f-f_1)T_s}\right|^2\right] +$$

$$\dfrac{T_s}{16}\left[\left|\dfrac{\sin\pi(f+f_2)T_s}{\pi(f+f_2)T_s}\right|^2 + \left|\dfrac{\sin\pi(f-f_2)T_s}{\pi(f-f_2)T_s}\right|^2\right] + \quad (13\text{-}28)$$

$$\dfrac{1}{16}[\delta(f+f_1)+\delta(f-f_1)]+\dfrac{1}{16}[\delta(f+f_2)+\delta(f-f_2)]$$

2FSK 信号的功率谱如图 13-19 所示。

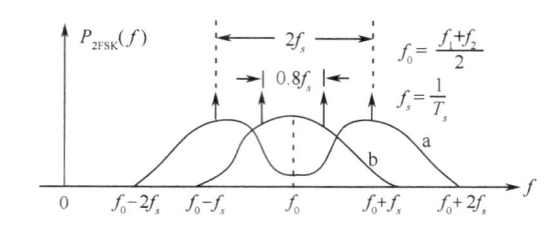

图 13-19　2FSK 信号的功率谱

由式（13-28）及图 13-19 可以看出：第一，相位不连续的 2FSK 信号的功率谱由连续谱和离散谱组成。其中，连续谱由两个中心位于 f_1 和 f_2 处的双边谱叠加而成，离散谱位于两个载频 f_1 和 f_2 处；第二，连续谱的形状随着两个载频之差 $|f_1-f_2|$ 的大小而变化，若 $|f_1-f_2|<f_s$，则连续谱在 f_0 处出现单峰；若 $|f_1-f_2|>f_s$，则出现双峰；第三，若以功率谱第一个零点之间的频率间隔计算 2FSK 信号的带宽，则其带宽近似为

$$B_{2FSK}(f) \approx |f_2-f_1|+2f_s \quad (13\text{-}29)$$

式中，$f_s = \dfrac{1}{T_s}$ 为基带信号的带宽。

需要注意的是，水声信道的衰落往往是频率选择性衰落，而通常的 FSK 调制用单一频率代表一位码元或一个字。但是，在频率选择性衰落信道中，经过某一信号频点严重的幅度衰减，会产生误码或丢码。因此，可采用频率分集提高水声通信的可靠性，即由多个频率发射同一位码元，这样，即使其中某些频点受到严重的衰减，其他未被衰减的频点仍然可以被用来检测和解调。

13.3.3 2PSK

1. 基本原理

相移键控利用载波的相位变化来传递数字信息，而振幅和频率保持不变。在 2PSK 中，通常用初始相位 0 和 π 分别表示二进制 1 和 0。因此，2PSK 信号的时域表示式为

$$s_{2PSK}(t) = A\cos(\omega_c t + \varphi_n) \tag{13-30}$$

其中，φ_n 表示第 n 个符号的绝对相位：

$$\varphi_n = \begin{cases} 0, & \text{发送0时} \\ \pi, & \text{发送1时} \end{cases} \tag{13-31}$$

因此，式（13-30）可以改写为

$$s_{2PSK}(t) = \begin{cases} A\cos\omega_c t, & \text{概率为}P \\ -A\cos\omega_c t, & \text{概率为}1-P \end{cases} \tag{13-32}$$

2PSK 信号的时间波形如图 13-20 所示。表示信号的两种码元波形相同，极性相反，故 2PSK 信号可表示为一双极性全占空矩形脉冲序列与正弦载波的乘积，即

$$s_{2PSK}(t) = s(t)\cos\omega_c t, \quad s(t) = \sum_n a_n g(t - nT_s) \tag{13-33}$$

式中，$g(t)$ 是脉宽为 T_s 的单个矩形脉冲，而 a_n 的统计特性为

$$a_n = \begin{cases} 1, & \text{概率为}P \\ -1, & \text{概率为}1-P \end{cases} \tag{13-34}$$

即发送二进制符号 0 时（a_n 取值为 1），s_{2PSK} 取相位 0；发送二进制符号 1 时（a_n 取值为-1），s_{2PSK} 取相位 π。

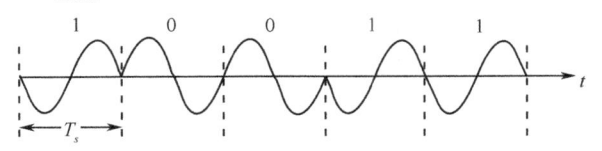

图 13-20　2PSK 信号的时间波形

2PSK 信号的产生方法通常有两种，即模拟调制法和键控法，相应的调制原理如图 13-21 所示。与 2ASK 信号的产生方法相比较，只是对 $s(t)$ 的要求不同，在 2ASK 中，$s(t)$ 是单极性的，而在 2PSK 中，$s(t)$ 是双极性的基带信号。

(a) 模拟调制方法

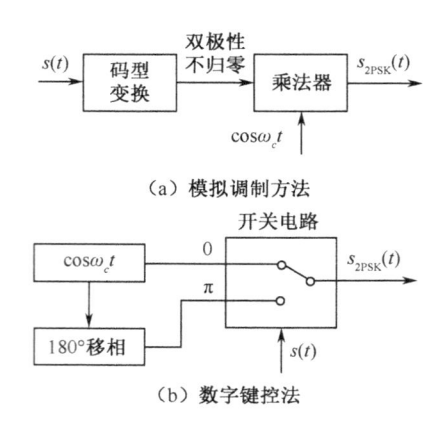

(b) 数字键控法

图 13-21　2PSK 信号的调制原理

2PSK 信号的解调通常采用相干解调法，解调原理如图 13-22 所示。

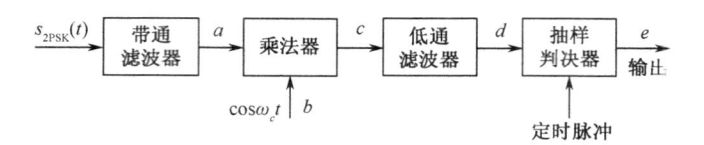

图 13-22　2PSK 信号的解调原理

2PSK 信号相干解调时各点时间波形如图 13-23 所示。在图 13-23 中，假设相干载波的基准相位与 2PSK 信号调制载波的基准相位一致。但是，由于在 2PSK 信号的载波恢复过程中存在着 180°的相位模糊，即恢复的本地载波与所需的相干载波可能同相，也可能反相，这种相位关系的不确定性将会造成解调出的数字基带信号与发送的数字基带信号正好相反，即 1 变为 0 或 0 变为 1，导致判决器输出数字信号全部出错，这种现象称为 2FSK 方式的倒 π 现象或反相工作，这也是 2PSK 信号在实际中很少采用的主要原因。另外，在随机信号码元序列中，信号波形有可能出现长时间连续的正弦波形，导致在接收端无法辨认信号码元的起止时刻。为了解决上述问题，可以采用差分相移键控体制。

2. 功率谱密度

由于 2ASK 信号表示式与 2PSK 信号表示式形式一致，区别仅在于基带信号 $s(t)$ 不同（a_n 不同），前者为单极性，后者为双极性。因此，2PSK 信号

的功率谱为

$$P_{2\text{PSK}}(f) = \frac{1}{4}[P_s(f+f_c) + P_s(f-f_c)] \quad (13\text{-}35)$$

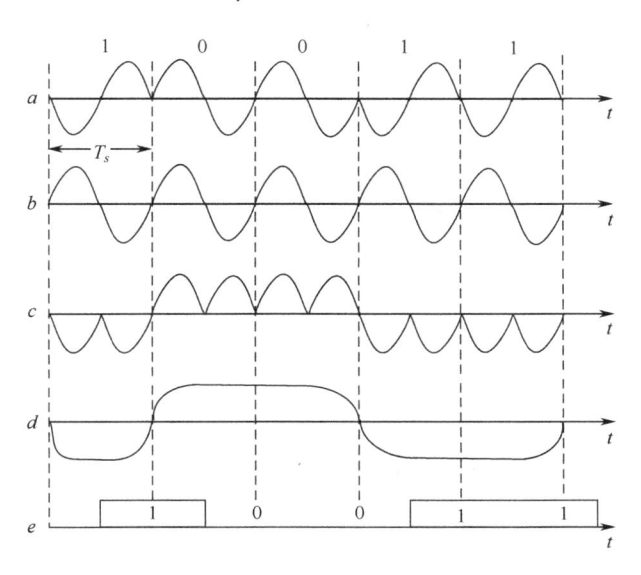

图 13-23　2PSK 信号相干解调时各点时间波形

应当注意，这里的 $P_s(f)$ 是双极性的随机矩形脉冲序列的功率谱。双极性的全占空矩形随机脉冲序列的功率谱密度为

$$P_s(f) = 4f_s P(1-P)|G(f)|^2 + f_s^2(1-2P)^2|G(0)|^2 \delta(f) \quad (13\text{-}36)$$

代入式（13-35），可得

$$P_{2\text{PSK}}(f) = f_s P(1-P)[|G(f+f_c)|^2 + |G(f-f_c)|^2] + \frac{1}{4}f_s^2(1-2P)^2|G(0)|^2[\delta(f+f_c) + \delta(f-f_c)] \quad (13\text{-}37)$$

若等概率（$P=1/2$），并考虑到矩形脉冲的频谱 $G(f) = T_s Sa(\pi f T_s)$，$G(0) = T_s$，则 2PSK 信号的功率谱密度为

$$P_{2\text{PSK}}(f) = \frac{T_s}{4}\left[\left|\frac{\sin \pi(f+f_c)T_s}{\pi(f+f_c)T_s}\right|^2 + \left|\frac{\sin \pi(f-f_c)T_s}{\pi(f-f_c)T_s}\right|^2\right] \quad (13\text{-}38)$$

其曲线如图 13-24 所示。

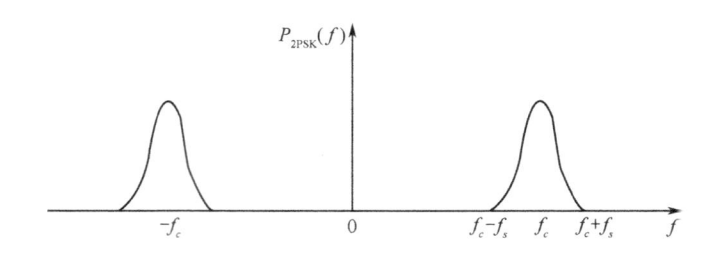

图 13-24　2PSK 信号的功率谱密度

由以上分析可知，2PSK 信号的频谱特性与 2ASK 十分相似，带宽也是基带信号带宽的 2 倍。区别仅在于当 $P=\dfrac{1}{2}$ 时，其谱中无离散谱（或波分量），此时 2PSK 信号实际上相当于抑制载波的双边带信号。因此，它可以被视为双极性基带信号作用下的调幅信号。

13.3.4　多进制数字调制

二进制键控系统中，每位码元只传输 1 比特信息，其频带利用率不高。水声信道频率资源是极其宝贵和紧缺的，为了提高频带利用率，最有效的办法是使一位码元传输多个比特的信息，这就是多进制键控体制。多进制键控可以看作二进制键控体制的推广。此时，为了得到相同的误码率，与二进制系统相比，需要更大的接收信号信噪比，即需要发送更大的信号功率。这是为了传输更多信息量所要付出的代价。

与二进制类似，多进制键控方式包括多进制振幅键控（MASK）、多进制频移键控（MFSK）、多进制相移键控（MPSK）等，下面将分别进行介绍。

1. MASK

MASK 体制是 2ASK 体制的简单推广。MASK 信号波形如图 13-25 所示（$M=4$）。其中，图 13-25（a）所示基带信号为多进制单极性不归零脉冲，具有直流分量，为了节省载波功率，便于远距离传输，可将多进制双极性不归零脉冲作为基带调制信号，如图 13-25（c）所示，则不同码元等概率出现时，得到抑制载波 MASK 信号，如图 13-25（d）所示。

(a) 多进制单极性不归零

(b) MASK 信号

(c) 基带多进制双极性不归零

(d) 抑制载波MASK信号

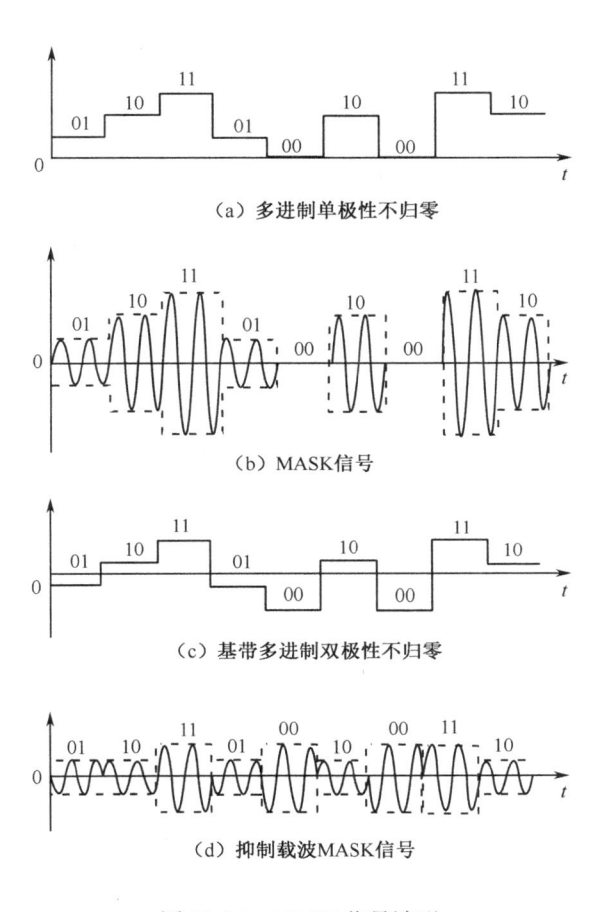

图 13-25 MASK 信号波形

MASK 的误码率 P_e 与接收码元信噪比 r_s（码元功率/噪声功率）的关系为

$$P_e = \left(1 - \frac{1}{M}\right)\text{erfc}\left(\sqrt{\frac{3}{M^2-1}r_s}\right) \tag{13-39}$$

式中，M 为进制数，$\text{erfc}(x)$ 为互补误差函数，如式（13-40）所示。

$$\text{erfc}(x) = \frac{2}{\sqrt{\pi}}\int_{-\infty}^{x} e^{-z^2}dz \tag{13-40}$$

由此可得到 MASK 信号误码率曲线如图 13-26 所示。

由图 13-26 可知，为了得到相同的误码率，多进制系统比二进制系统所需接收信号的信噪比更大，即需要用更大的发送信号功率。

因为 MASK 信号的带宽和 2ASK 信号的带宽相同，均为码元速率，故当

码元传输速率相等时，MASK 信号的频带利用率 η_{MASK} 为

$$\eta_{\text{MASK}} = \frac{1}{2}\log_2 M = \eta_{2\text{ASK}}\log_2 M \qquad (13\text{-}41)$$

MASK 信号是用信号振幅传递信息的，由于信号振幅在传输时易受信道衰落的影响，其在远距离传输的衰落信道中应用较少。

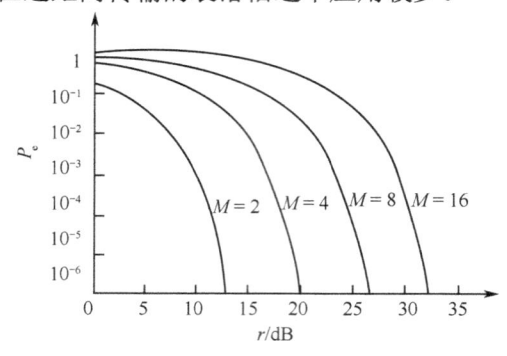

图 13-26 MASK 信号误码率曲线

2. MFSK

MFSK 体制同样是 2FSK 体制的简单推广。以 4FSK 信号为例进行说明，其采用 4 个不同的频率分别表示四进制码元，每位码元含有 2 比特的信息，如图 13-27 和表 13-1 所示。与 2FSK 体制相比，MFSK 码元采用 M 个不同频率的载波，占用较宽的频带。以 f_1 和 f_M 分别表示其最低载频和最高载频，则 MFSK 信号的带宽近似等于 $f_M - f_1 + \Delta f$，其中，Δf 表示单位码元的带宽，取决于信号的传输速率。

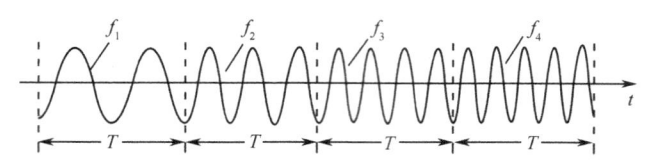

图 13-27 4FSK 信号波形

表 13-1 4FSK 信号的取值

f_1	f_2	f_3	f_4
00	01	10	11

与 2FSK 解调类似，MFSK 解调器也分为非相干解调和相干解调。MFSK 非相干解调原理如图 13-28 所示。在图 13-28 中，M 路带通滤波器用于分离 M 位不同频率的码元。当某位码元输入时，M 个带通滤波器的输出中仅有一个是信号加噪声，其他各路中都只有噪声。通常有信号的一路检波输出电压最大，故将根据该路检波电压进行判决。

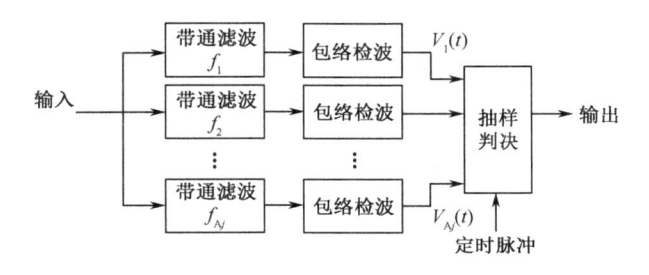

图 13-28 MFSK 非相干解调原理

在图 13-28 中，若以相干检波器代替包络检波器，则可得到 MFSK 相干解调器。在实际中，MFSK 相干解调器较复杂，应用较少，此处不再赘述。

MFSK 的误码率 P_e 与接收码元信噪比 r_s（码元功率/噪声功率）的关系为

$$P_e = \begin{cases} \sum_{m=1}^{M}(-1)^{m-1}\binom{M-1}{m}\dfrac{1}{m+1}\mathrm{e}^{\frac{mr_s}{m+1}}, & \text{非相干} \\ 1-\dfrac{1}{\sqrt{2\pi}}\int_{-\infty}^{\infty}\mathrm{e}^{-A^2/2}\left[\dfrac{1}{\sqrt{2\pi}}\int_{-\infty}^{A+\sqrt{2r_s}}\mathrm{e}^{-u^2/2}\mathrm{d}u\right]^{M-1}\mathrm{d}A, & \text{相干} \end{cases} \quad (13\text{-}42)$$

式中，$\binom{M-1}{m}$ 为二项式展开系数。

由此可得到 MFSK 信号的误码率曲线，如图 13-29 所示。

在图 13-29 中，r_b 为接收比特信噪比，与码元信噪比 r_s 关系为 $r_b = r_s / \log_2 M$。由图 13-29 可见，相干和非相干两种解调方式，误码率曲线类似，研究表明，当 $M > 2^7$ 时，两者差别可忽略。对于给定的误码率，其需要的 r_b 随进制数 M 的增大而下降，即所需信号功率随 M 增大而下降。但是由于 M 的增大，MFSK 信号占据的带宽也随之增加。这就是用频带换取了功率，即误码率的降低以增大占用带宽为代价。

(a) 非相干解调　　　　　　　　(b) 相干解调

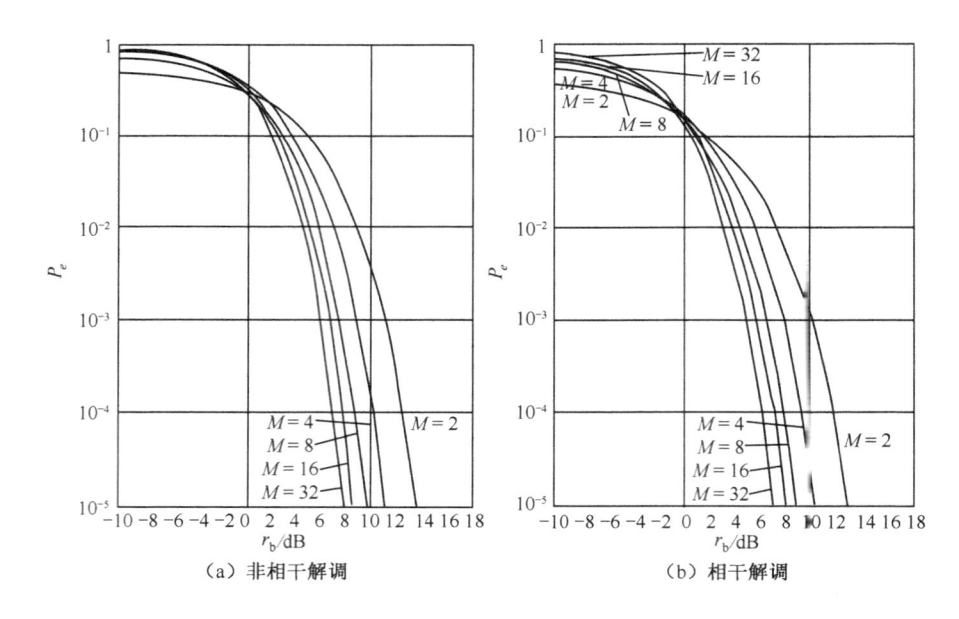

图 13-29　MFSK 信号的误码率曲线

当 MFSK 信号相邻频率的功率谱主瓣刚好互不重叠时，带宽为码元速率的 $2M$ 倍，故当码元传输速率相等时，MFSK 信号的频带利用率 η_{MFSK} 为

$$\eta_{\text{MFSK}} = \frac{\log_2 M}{2M} = \eta_{\text{2FSK}} \frac{2\log_2 M}{M} \tag{13-43}$$

3. MPSK

作为 2PSK 体制的推广，在 MPSK 体制中，相位 θ 有多个取值。因此，一位 MPSK 信号码元可以表示为

$$s_m(t) = A\cos(\omega_0 t + \theta_m), \quad m = 1, 2, \cdots, M \tag{13-44}$$

式中，幅度 A 为常数，θ_m 为一组间隔均匀的受调制相位，其值决定于基带码元的取值，可表示为

$$\theta_m = \frac{2\pi}{M}(m-1), \quad m = 1, 2, \cdots, M \tag{13-45}$$

通常，M 取 2 的某次幂，即 $M = 2^k$，k 为正整数。

不失一般性，令幅度 $A = 1$，则式（13-44）可展开为

$$s_m(t) = a_m \cos\omega_0 t - b_m \sin\omega_0 t, \quad a_m = \cos\theta_m, \quad b_m = \sin\theta_m \tag{13-46}$$

式（13-46）表明，MPSK 信号码元可看作由正弦和余弦两个正交分量合

成的信号，两者振幅满足 $a_m^2 + b_m^2 = 1$。因此，MPSK 信号码元可看作两个特定的 MASK 信号码元之和，其带宽与 MASK 信号带宽相同。

MPSK 信号常用星座图表示，如图 13-30 所示。以 4PSK 为例进行说明。4PSK 也称为正交相移键控（Quadrature Phase Shift Keying，QPSK）。以 4 种相位表示 00、01、10、11 编码码元，相位通常以格雷码排列。

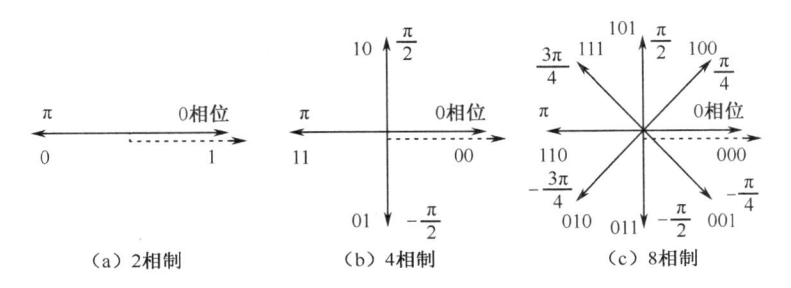

图 13-30　MPSK 信号星座图

由图 13-30 可见，采用格雷码的好处在于相邻相位所代表的两个比特中只有一位不同。实际上，因相位误差造成错判至相邻相位上的概率最大，因此，格雷码编码方式可降低总误比特率。

MPSK 的误码率 P_e 与接收码元信噪比 r_s 的关系为

$$P_e = 1 - \frac{1}{\sqrt{2\pi}} \int_{\frac{\pi}{M}}^{\frac{\pi}{M}} e^{-r_s} \left[1 + \sqrt{4\pi r_s} \cos\theta e^{r_s \cos^2\theta} \frac{1}{\sqrt{2\pi}} \int_{-\infty}^{\sqrt{2r_s}\cos\theta} e^{-\frac{u^2}{2}} du \right]^{M-1} d\theta$$

（13-47）

由此可得到 MPSK 信号误码率曲线如图 13-31 所示。

在图 13-31 中，r_b 为接收比特信噪比，与码元信噪比 r_s 关系为 $r_b = \dfrac{r_s}{\log_2 M}$。

由图 13-31 可见，当保持误码率和信息传输速率不变时，随着进制数 M 的增大，需要使 r_b 增大，即需要增大发送功率，但需要用的传输带宽降低了，即用增大功率换取了节省带宽。

当 MPSK 信号带宽与 MASK 信号带宽相同，即当码元传输速率相等时，MPSK 信号的频带利用率 η_{MPSK} 为

$$\eta_{\text{MPSK}} = \frac{\log_2 M}{2} = \eta_{\text{2PSK}} \log_2 M$$

（13-48）

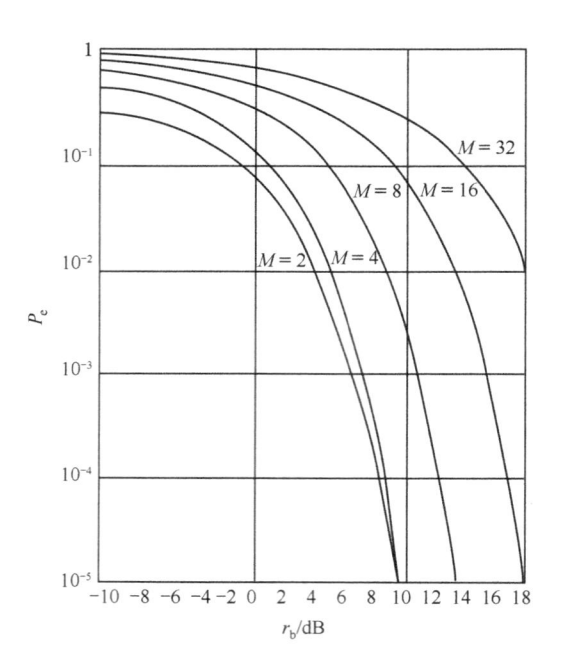

图 13-31 MPSK 信号误码率曲线

13.4 新型数字调制技术

13.4.1 正交振幅调制

正交振幅调制（Quadrature Amplitude Modulation，QAM）是一种振幅和相位联合键控。在多进制键控体制中，相位键控在带宽和功率占用方面都具有优势，即带宽占用小和比特信噪比要求低。但是，MPSK 体制中，随着进制数 M 的增大，相邻相位的距离逐渐减小，使噪声容限随之减小，误码率难以保证。为了改善在 M 较大时的噪声容限，发展出了 QAM 体制。在 QAM 体制中，信号的振幅和相位作为两个独立的参量同时受到调制。第 k 位码元可以表示为

$$s_k(t) = A_k \cos(\omega_c t + \theta_k), \qquad kT_s < t \leqslant (k+1)T_s \qquad (13\text{-}49)$$

式中，A_k、θ_k 可取多个离散值。

式（13-49）可展开为
$$s_k(t) = X_k \cos\omega_c t + Y_k \sin\omega_c t \qquad (13\text{-}50)$$
式中，$X_k = A_k \cos\theta_k$，$Y_k = -A_k \sin\theta_k$。

由式（13-50）可知，正交振幅调制信号 $s_k(t)$ 可看作两个正交的振幅键控信号的和。

若相位 θ_k 取值为 $\pm\pi/4$，幅度 A_k 取值为 $\pm A$，则此 QAM 信号就成为 4PSK 信号，如图 13-32（a）所示。4PSK 信号是一种最简单的 QAM 信号。有代表性的 QAM 信号是 16 进制的，记为 16QAM，如图 13-32（b）所示，图中黑点表示每位码元的位置，由两个独立的正交 4ASK 信号合成。当然，也可采用复合相移法，即用两路独立的 4PSK 信号叠加组成。类似地，有 64QAM 和 256QAM 等 QAM 信号，如图 13-32（c）和图 13-32（d）所示。由于其矢量图很像星座，故 QAM 又称星座调制。

（a）4PSK 信号矢量图

（b）16QAM 信号矢量图

（c）64QAM 信号矢量图

（d）256QAM 信号矢量图

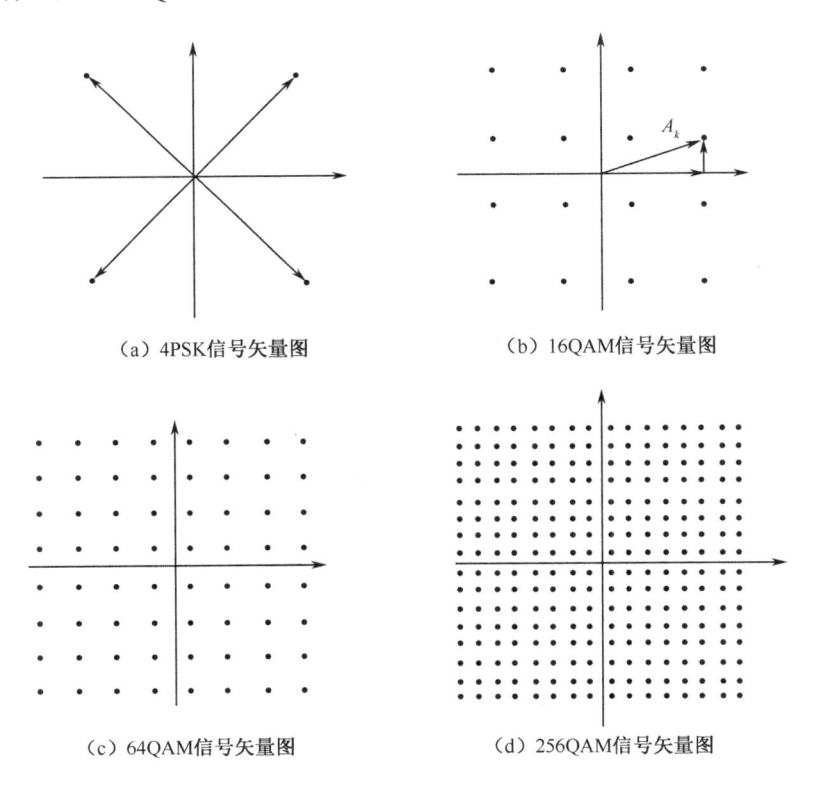

图 13-32　QAM 信号矢量图

下面以 16QAM 信号为例分析其和 16PSK 信号的抗噪性能。图 13-33 中以 A_M 表示两种信号的最大振幅，16PSK 信号相邻矢量端点的欧氏距离为

$$d_1 \approx A_M \left(\frac{\pi}{8}\right) \approx 0.393 A_M \tag{13-51}$$

16QAM 信号相邻点欧氏距离为

$$d_2 = \frac{\sqrt{2} A_M}{3} \approx 0.471 A_M \tag{13-52}$$

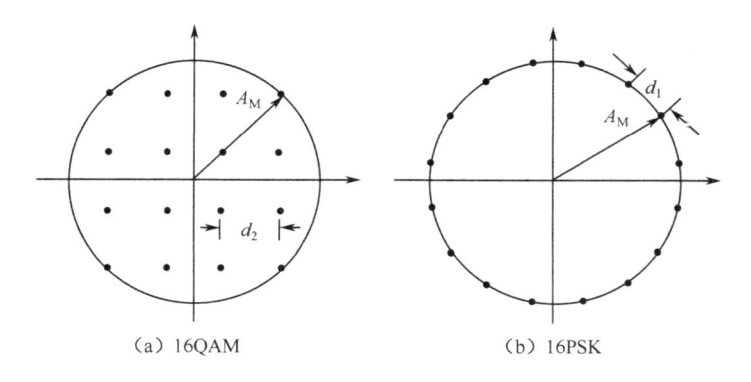

(a) 16QAM　　(b) 16PSK

图 13-33　16QAM 和 16PSK 信号的矢量图

d_1 和 d_2 代表噪声容限的大小，其比值代表两种体制的噪声容限之比。由式（13-51）和式（13-52）可知，在最大功率（振幅）相等的条件下，16QAM 噪声容限超过 16PSK 噪声容限约 1.57dB。若考虑两种体制的平均功率差异，由于 16PSK 信号的平均功率等于其最大功率，而在等概率出现条件下，16QAM 信号的最大功率与平均功率之比等于 1.8，即 2.55dB。因此，在平均功率相等的条件下，16QAM 信号比 16PSK 信号的噪声容限大约 4.12dB。

通常，QAM 的星座形状以边界越接近圆形越好。这是因为此时星座图具有较少的振幅和相位，相比于振幅和相位种类繁多的情况，受信道干扰较少，在接收端容易恢复出信号。

13.4.2　最小频移键控

最小频移键控（Minimum Shift Keying，MSK）是在 2FSK 的基础上发展的。2FSK 体制因性能优良、易于实现，得到了广泛应用，但也存在一些不足。首

先，它占用的频带宽度比 2PSK 大，即频带利用率较低。其次，若用开关法产生 2FSK 信号，则相邻码元波形的相位可能不连续，通过带通特性的电路后，由于通频带的限制，信号波形的包络产生较大起伏。此外，一般而言，2FSK 信号的两种码元波形不一定严格正交，而采用正交信号可降低误码率。

为了弥补 2FSK 信号的上述缺点，发展出 MSK 信号。MSK 信号是一种包络恒定、相位连续、带宽最小并且严格正交的 2FSK 信号，其波形如图 13-34 所示。下面分析 MSK 信号的特性。

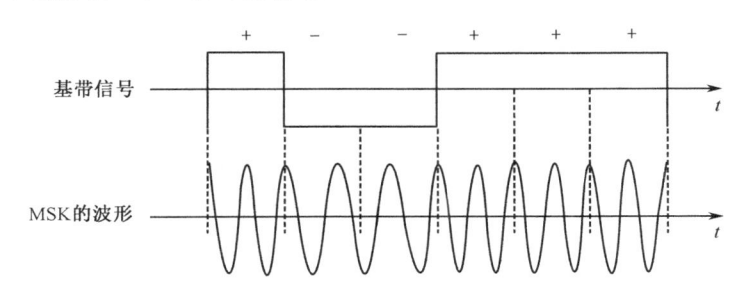

图 13-34　MSK 信号波形

1. MSK 信号的正交性

MSK 信号的第 k 位码元可表示为

$$s_k(t) = \cos[\omega_c t + \theta_k(t)] = \cos\left(\omega_c t + \frac{\pi a_k}{2T_s}t + \phi_k\right), \quad kT_s \leqslant t \leqslant (k+1)T_s \quad (13\text{-}53)$$

式中，$\omega_c = 2\pi f_c$ 为载波角载频；$a_k = \pm 1$（当输入码元为 1 时，$a_k = +1$，输入码元为 0 时，$a_k = -1$）；T_s 为码元宽度；ϕ_k 为第 k 位码元的初始相位，它在一个码元宽度中是不变的。

由式（13-53）可知，当输入码元为 0 时，$a_k = -1$，此时码元频率 $f_1 = f_c - 1/(4T_s)$；当输入码元为 1 时，$a_k = +1$，此时码元频率 $f_2 = f_c + 1/(4T_s)$。码元频率差 $\Delta f = f_2 - f_1 = 1/(2T_s)$，这是 2FSK 信号正交的最小频率间隔，下面对其进行证明。

设 2FSK 信号码元表示式为

$$s(t) = \begin{cases} A\cos(\omega_1 t + \varphi_1), & \text{输入码元为 "1"} \\ A\cos(\omega_0 t + \varphi_0), & \text{输入码元为 "0"} \end{cases} \quad (13\text{-}54)$$

为了满足正交条件，要求

$$\int_0^{T_s} \cos(\omega_1 t + \varphi_1)\cos(\omega_0 t + \varphi_0)\mathrm{d}t = 0 \qquad (13\text{-}55)$$

即要求

$$\frac{1}{2}\int_0^{T_s}\{\cos[(\omega_1+\omega_0)t+\varphi_1+\varphi_0]+\cos[(\omega_1-\omega_0)t+\varphi_1-\varphi_0]\}\mathrm{d}t=0 \quad (13\text{-}56)$$

式（13-56）的积分结果为

$$\frac{\sin[(\omega_1+\omega_0)T_s+\varphi_1+\varphi_0]}{\omega_1+\omega_0}+\frac{\sin[(\omega_1-\omega_0)T_s+\varphi_1-\varphi_0]}{\omega_1-\omega_0}-\frac{\sin(\varphi_1+\varphi_0)}{\omega_1+\omega_0}-\frac{\sin(\varphi_1-\varphi_0)}{\omega_1-\omega_0}=0$$

$$(13\text{-}57)$$

通常，$\omega_1+\omega_0 \gg 1$，式（13-57）左端第 1 项和第 3 项近似等于零，则可进一步化简为

$$\cos(\varphi_1-\varphi_0)\sin(\omega_1-\omega_0)T_s+\sin(\varphi_1-\varphi_0)[\cos(\omega_1-\omega_0)T_s-1]=0 \quad (13\text{-}58)$$

由于 φ_0 和 φ_1 是任意常数，式（13-58）为零，因此要求式（13-59）和式（13-60）同时成立

$$\sin(\omega_1-\omega_0)T_s = 0 \qquad (13\text{-}59)$$

$$\cos(\omega_1-\omega_0)T_s = 1 \qquad (13\text{-}60)$$

当 $(\omega_1-\omega_0)T_s = n\pi$ 时，式(13-59)成立，当 $(\omega_1-\omega_0)T_s = 2m\pi$ 时，式(13-60)成立，n 和 m 为不等于 0 的整数。显然，当 $(\omega_1-\omega_0)T_s = 2m\pi$ 时，式（13-59）和式（13-60）均成立。此时，有

$$f_1-f_2 = \frac{m}{T_s} \qquad (13\text{-}61)$$

由此可知，当 $m=1$ 时，2FSK 信号正交的频率间隔最小，为 $\frac{1}{T_s}$。

在上面的讨论中，假设初始相位 φ_0 和 φ_1 是任意常数，它在接收端无法预知，所以只能采用非相干检波法接收。对于相干接收，则要求初始相位是确定的，在接收端是可预知的，这时可以令 $\varphi_1 = \varphi_0$，此时式（13-58）可简化为

$$\sin(\omega_1-\omega_0)T_s = 0 \qquad (13\text{-}62)$$

此时，有

$$f_1-f_2 = \frac{n}{2T_s} \qquad (13\text{-}63)$$

由此可知，对于相干接收，保证 2FSK 信号正交的最小频率间隔为 $\frac{1}{2T_s}$。

2. MSK 信号的相位连续性

波形（相位）连续的一般条件是前一码元末尾的总相位等于后一码元开始时的总相位，即 $\theta_{k-1}(kT_s) = \theta_k(kT_s)$，则由式（13-53）可知

$$a_{k-1}\frac{\pi kT_s}{2T_s} + \phi_{k-1} = a_k\frac{\pi kT_s}{2T_s} + \phi_k \quad (13\text{-}64)$$

式（13-64）可简化为

$$\varphi_k = \varphi_{k-1} + (a_{k-1} - a_k)\frac{\pi k}{2} = \begin{cases} \varphi_{k-1}, & a_k = a_{k-1} \\ \varphi_{k-1} \pm k\pi, & a_k \neq a_{k-1} \end{cases} \quad (13\text{-}65)$$

由式（13-65）可以看出，第 k 位码元的相位 φ_k 不仅与当前的输入 a_k 有关，还与前一码元的相位 φ_{k-1} 及 a_{k-1} 有关。这就是说，要求 MSK 信号的前后码元之间存在相关性。在用相干法接收时，可以假设 φ_{k-1} 的初始参考值等于 0。此时，由式（13-65）可知

$$\varphi_k = 0 \text{ 或 } \pi \quad (13\text{-}66)$$

由式（13-53）可知，第 k 位码元的附加相位 $\theta_k(t)$ 可表示为

$$\theta_k(t) = \frac{\pi a_k}{2T_s}t + \varphi_k \quad (13\text{-}67)$$

由此可知，$\theta_k(t)$ 是 t 的直线方程，且在码元持续时间 T_s 内，变化 $\frac{a_k\pi}{2}\left(\pm\frac{\pi}{2}\right)$。则每经过一位码元的持续时间 T_s，MSK 码元的附加相位就改变 $\pm\frac{\pi}{2}$。若 $a_k = +1$，则第 k 位码元的附加相位增加 $\frac{\pi}{2}$，若 $a_k = -1$，则第 k 位码元的附加相位减少 $\frac{\pi}{2}$。按照这一规律，可以画出 MSK 信号附加相位 $\theta_k(t)$ 的轨迹，如图 13-35 所示。图 13-35 中给出的曲线所对应的输入数据序列是 $a_k = +1,+1,+1,-1,-1,+1,+1,+1,-1,-1,-1,-1,-1$。

13.4.3 频分复用

频分复用（Frequency Division Multiplexing，FDM）是指多路信号在频率位置上分开，但同时在一个信道内传输的技术。因此频分复用信号在频谱上不会重叠，但在时间上是重叠的。FDM 的主要目的是充分利用信道的频带资

源，提高信道利用率。

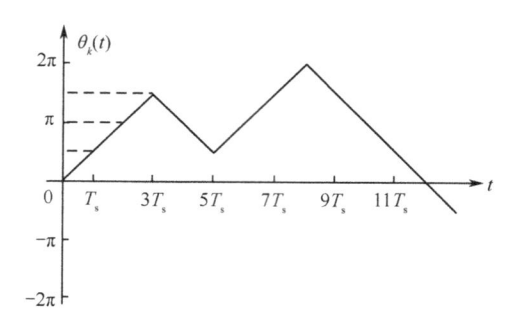

图 11-35　MSK 信号附加相位 $\theta_k(t)$ 的轨迹

FDM 的主要优点是容易实现、技术成熟、能较充分利用信道带宽。其缺点也很多，如保护频带占用了一定的信道带宽，从而降低了 FDM 的效率；信道的非线性失真改变了它的实际频率特性，易造成串音和互调噪声干扰；所需设备数量随输入路数增加而增加，不易小型化。FDM 一般用于模拟通信中，而目前的信息传输均已采用数字通信系统，因此，水声通信中采用正交频分复用（Orthogonal Frequency Division Multiplexing，OFDM）技术。

1. OFDM 技术特点

水声通信系统的目的在于高速、可靠地将信源信息经过海洋声信道传入信宿。在常用的高速水声通信技术中，采用相位相干调制要面对信道起伏时的相干解调问题，而且要适应收发端相对运动带来的多普勒频移。采用自适应均衡技术有助于相位的恢复，但均衡器的结构和计算复杂度均随信道多径扩展的增大而显著提高。OFDM 技术由于其具有频谱利用率高、传输速率高、抗多径能力强等优点而在高速无线通信中得到越来越多的应用。尤其适用于在存在多径传播和多普勒频移的无线信道中传输高速数据。

与传统的相关技术相比，OFDM 技术具有以下优点。

（1）OFDM 技术能够应对随时可能出现的干扰信号，它可对使用多种频率造成的一些问题进行快速修正，并可以对那些在通信传输过程中遭到破坏的信号数据位进行自动重建。

（2）OFDM 技术通过在复用的高速射频上对传送的信号进行编码，让被传输的信号在传输过程中不容易被窃取，从而保证信号传送具有更高的安全性。

（3）OFDM 技术对传输线路上的多路径外界信号干涉有较强的抵抗力，它不仅可以解决信号传输的障碍问题，还能提高通信传输的速度，因此，在一些恶劣环境中具有很好的通信能力。

（4）OFDM 技术已调信号正交，频带利用率更高，这样无线系统的容量也就更大，而且它的抗信号衰落性能更好。

（5）每路子载波的调制方式可以不同，根据各个子载波处信道特性的优劣采用不同的体制。因此，可以采用动态比特分配技术，以"优质信道多传输，较差信道少传输，劣质信道不传输"为原则，可使系统达到最大比特率。

2. OFDM 基本原理

OFDM 基本原理就是把高速的数据流通过串/并变换，分配到速率相对较低的若干子信道上传输，这样就把宽带变成窄带，解决频率选择衰落问题。另外，如果对生成的 OFDM 信号加一个保护延迟，还可以有效地解决由于信号的多径时延扩展所产生的弥散性对系统造成的码间干扰。

在 OFDM 系统中，串行数据经编码后被调制在互相正交的子载波上。如果 N 表示子信道的个数，T_s 表示 OFDM 符号的宽度，$d_n(n=0,1,\cdots,N-1)$ 是分配给每个子信道的数据符号。f_c 为第 0 个子信道的载频，矩形函数 $\text{rect}(t)=1, |t| \leqslant T_s/2$，则从 $t=t_0$ 开始的 OFDM 符号可以表示为

$$s(t) = \text{Re}\left\{\sum_{n=0}^{N-1} d_n \text{rect}\left(t-t_0-\frac{T_s}{2}\right) \exp\left[\text{j}2\pi\left(f_c+\frac{n}{T_s}\right)(t-t_0)\right]\right\}, \quad t_0 \leqslant t \leqslant t_0+T_s$$

（13-68）

当 $t<t_0$ 或者 $t \geqslant t_0+T_s$ 时，$s(t)=0$。

在式（13-68）中，OFDM 各相邻子载波的频率间隔等于最小容许间隔 $\dfrac{1}{T_s}$，故各子载波合成后的频谱密度曲线如图 13-36 所示。

虽然从图 13-36 中看，各路子载波的频谱重叠，但是实际上，在一个码元持续时间内它们是正交的，故在接收端很容易利用正交特性将各路子载波分离开。采用这样密集的子载频，并且在子信道间不需要保护频带间隔，能够充分利用频带。在子载波受调制后，若采用的是 QPSK、4QAM、64QAM 等调制方式，则其各路频谱的位置和形状没有改变，仅幅度和相位有变化，故仍保持其正交性。各路子载波的调制方式可以不同，按照各个子载波所处

频段的信道特性采用不同的调制方式，并且可以随信道特性的变化而改变，因此其具有很高的灵活性。

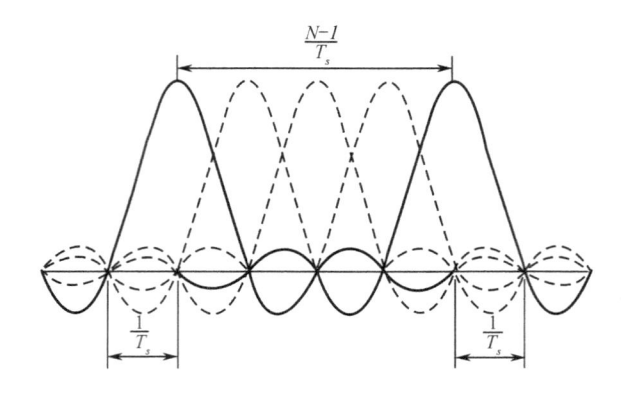

图 13-36　OFDM 各子载波合成后的频谱密度曲线

OFDM 的带宽为 $B_{\text{OFDM}} = \dfrac{N-1}{T_s} + \dfrac{2}{T_s} = \dfrac{N+1}{T_s}$，则其频带利用率为

$$\eta_{\text{OFDM}} = \frac{R_B}{B_{\text{OFDM}}} = \frac{N}{N+1} \tag{13-69}$$

OFDM 的核心是傅里叶变换，为叙述简便，不考虑载频 f_c 调制，令式（13-68）中的 $t_0 = 0$，对信号 $s(t)$ 以 $\dfrac{T_s}{N}$ 的速率抽样，即令 $t = \dfrac{kT_s}{N}$（$k = 0,1,\cdots,N-1$），得到

$$s_k = s\left(\frac{kT_s}{N}\right) = \text{Re}\left\{\sum_{n=0}^{N-1} d_n \exp\left(j\pi\frac{n2k}{N}\right)\right\},\ 0 \leqslant k \leqslant N-1 \tag{13-70}$$

由此可知，s_k 可等效为对 d_n 进行 IDFT 运算并取实部，同时进行载频 f_c 调制。为在接收端恢复出原始数据符号 d_n，可以对 s_k 进行逆变换，即 DFT 运算，并取实部，然后得到

$$d_n = \text{Re}\left\{\sum_{k=0}^{N-1} s_k \exp\left(-j\pi\frac{n2k}{N}\right)\right\},\ 0 \leqslant n \leqslant N-1 \tag{13-71}$$

在 OFDM 系统的实际应用中，可以采用更加方便的快速傅里叶变换（IFFT/FFT）实现，其调制与解调原理如图 13-37 所示。

为了进一步降低误码率，保证系统解码的准确性，可以在系统中加入纠错码，海洋试验证明，卷积码在 OFDM 通信中纠错效果明显。

第 13 章　水声通信调制解调

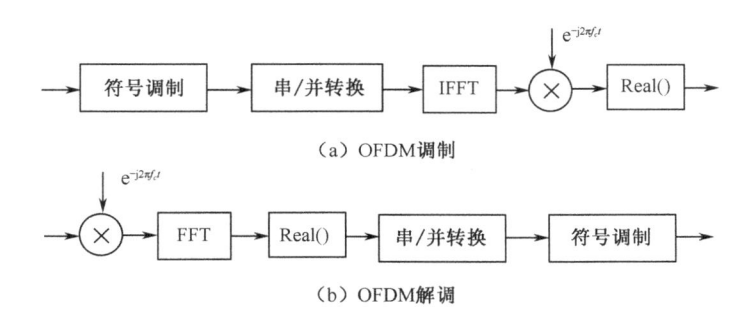

(a) OFDM 调制

(b) OFDM 解调

图 13-37　OFDM 调制与解调原理

OFDM 较好地解决了多径环境中的频率选择性衰落问题，然而它本身不能抑制衰落，各子信道在频域内位置不同，受到衰落的影响也不同，即各载波的幅度服从瑞利分布。同时，在信道中还存在加性噪声，如高斯白噪声、脉冲干扰等。这要求用信道编码进一步保护传播数据，即采用编码正交频分复用（Coded OFDM，COFDM）。在所有信道编码技术中，网格编码调制（Trellis Coded Modulation，TCM）结合频率与时间交织是一种有效应对信道平坦性衰落的方法，具体可参阅相关文献，此处不做详细介绍。

13.5　水声扩频通信

扩频通信是一种能有效应对水声干扰的通信体制，在军用水声通信系统和海洋水声信道多途干扰严重的环境中，要求通信系统的鲁棒性强，多采用扩频通信方式。

扩频技术是扩展频谱技术的简称，基本原理是在发送端采用扩频码调制，使信号所带宽度远大于所传输信息必需的带宽，在接收端采用相同的扩码进行相关解扩以恢复所传输的信息数据。实际应用中，扩频码多为伪随机序列。

13.5.1　伪随机序列

伪随机噪声具有类似于随机噪声的某些统计特性，而同时又能够重复产生。伪随机噪声具有随机噪声的优点，又避免了随机噪声的缺点，因此获得了广泛的应用。目前，被广泛应用的伪随机噪声都是由周期性数字序列经过滤波等处理后得到的。这种周期性数字序列称为伪随机序列，它有时又称为伪随机信号和伪随机码。

m 序列是最长线性反馈移位寄存器序列的简称。它是由带线性反馈的移存器产生的周期最长的序列。图 13-38 为 4 级线性反馈移位寄存器。设其初始状态为 $(a_3,a_2,a_1,a_0)=(1,0,0,0)$，在移位一次时，由 a_3 和 a_0 模 2 相加产生新的输入 $a_4=1$，新的状态变为 $(a_4,a_3,a_2,a_1)=(1,1,0,0)$。这样移位 15 次后又回到初始状态 (1,0,0,0)。反馈移位寄存器中应避免出现全 0 状态，否则，移存器状态将不改变。此时，4 级移位寄存器的状态有 15 种，其产生序列的最长周期为 15。

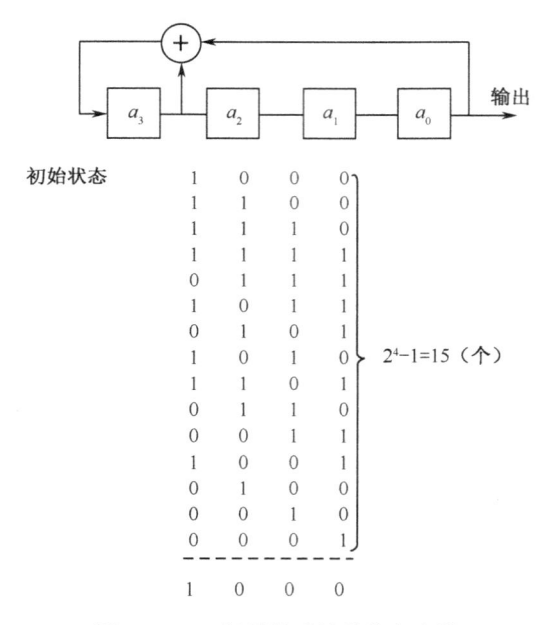

图 13-38　4 级线性反馈移位寄存器

一般的线性反馈移位寄存器原理如图 13-39 所示，其中各级移位寄存器的状态用 a_i 表示，$a_i=0$ 或 1，i 为整数。反馈线的连接状态用 c_i 表示，$c_i=1$ 表示此线接通（参加反馈），$c_i=0$ 表示此线断开。反馈线的连接状态不同，直接影响移存器输出序列的周期。为了进一步研究它们的关系　需要建立几个基本关系式。

第 13 章 水声通信调制解调

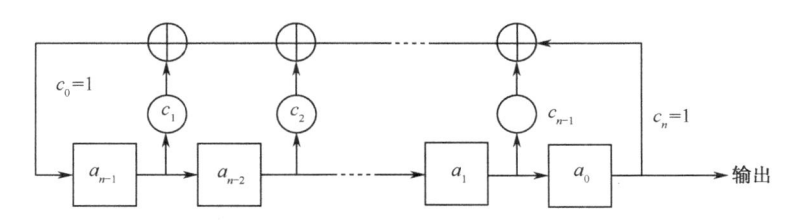

图 13-39 线性反馈移位寄存器原理

根据图 13-39 中移位寄存器的当前状态，再移位 1 次时，移存器左端新得到的输入 a_n，按照图中线路连接关系，可以写为

$$a_n = c_1 a_{n-1} \oplus c_2 a_{n-2} \oplus \cdots \oplus c_{n-1} a_1 \oplus c_n a_0 = \sum_{i=1}^{n} c_i a_{n-i} \quad (13\text{-}72)$$

因此，一般说来，对于任意一个输入 a_k，有

$$a_k = \sum_{i=1}^{n} c_i a_{k-i} \quad (13\text{-}73)$$

式（13-73）称为递推方程，它给出了移位输入 a_k 与移位前各级状态的关系。按照递推方程计算，可以用软件产生 m 序列，不必用硬件电路实现。

c_i 是一个很重要的参量，其值决定了移存器反馈连接和序列的结构，将 c_i 表示为

$$f(x) = c_0 + c_1 x + c_2 x^2 + \cdots + c_n x^n = \sum_{i=0}^{n} c_i x^i \quad (13\text{-}74)$$

式（13-74）称为特征方程（或特征多项式）。式中，x^i 仅指明其系数（1 或 0）代表 c_i 的值，x 本身的取值并无实际意义，也无须计算 x 的值。

例如，在如图 13-39 所示的移位寄存器的特征方程 $f(x) = 1 + x + x^4$ 中，x^0, x^1, x^4 仅表示 $c_0 = c_1 = c_4 = 1$，其余 c_i 的值为 0，即 $c_2 = c_3 = 0$。

同样，可以将反馈移存器的输出序列 $\{a_k\}$ 用代数方程表示为

$$G(x) = a_0 + a_1 x + a_2 x^2 + \cdots = \sum_{k=0}^{\infty} a_k x^k \quad (13\text{-}75)$$

式（13-75）称为母函数。

建立了递推方程、特征方程和母函数 3 个基本关系式后，下面通过 4 个定理给出它们与线性反馈移位寄存器及其产生序列之间的关系。

定理 1：$f(x) G(x) = h(x)$。其中，$h(x)$ 为次数低于 $f(x)$ 的次数的多项式。

证明：将式（13-73）代入式（13-75），得到

$$G(x) = \sum_{k=0}^{\infty} a_k x^k = \sum_{k=0}^{\infty}\left(\sum_{i=1}^{n} c_i a_{k-i}\right) x^{k-i} \cdot x^i = \sum_{i=1}^{n} c_i x^i \left(\sum_{k=0}^{\infty} a_{k-i} x^{k-i}\right)$$

$$= \sum_{i=1}^{n} c_i x^i \left(a_{-i} x^{-i} + a_{-(i-1)} x^{-(i-1)} + \cdots + a_{-1} x^{-1} + \sum_{k=0}^{\infty} a_k x^k\right)$$

$$= \sum_{i=1}^{n} c_i x^i (a_{-i} x^{-i} + a_{-(i-1)} x^{-(i-1)} + \cdots + a_{-1} x^{-1}) + \sum_{i=1}^{n} c_i x^i \cdot G(x)$$

移项整理后，得到

$$\left(1 + \sum_{i=1}^{n} c_i x^i\right) G(x) = \sum_{i=1}^{n} c_i x^i (a_{-i} x^{-i} + a_{-(i-1)} x^{-(i-1)} + \cdots + a_{-1} x^{-1}) \qquad (13\text{-}76)$$

将式（13-76）右端用符号 $h(x)$ 表示，由于 $c_0 = 1$，故式（13-76）可写为

$$\left(\sum_{i=0}^{n} c_i x^i\right) G(x) = h(x) \qquad (13\text{-}77)$$

式中，$h(x) = \sum_{i=1}^{n} c_i x^i (a_{-i} x^{-i} + a_{-(i-1)} x^{-(i-1)} + \cdots + a_{-1} x^{-1})$。

从而有

$$f(x) G(x) = h(x) \qquad (13\text{-}78)$$

由式（13-78）可知，若 $a_{-1} = 1$，则 $h(x)$ 的最高次项为 x^{n-1}，若 $a_{-1} = 0$，则最高项次数小于 $n-1$，因此，$h(x)$ 的最高项次数小于等于 $n-1$，由于 $f(x)$ 的最高项次数为 n，故 $h(x)$ 的次数必定低于 $f(x)$ 的次数。

定理 2：一个 n 级线性反馈移位寄存器的相继状态具有周期性，周期为 $p \leqslant 2^{n-1}$。

证明：线性反馈移位寄存器的每一状态完全取决于前一状态。因此，一旦产生一状态 R，若它与以前的某一状态 Q 相同，则状态 R 之后相继状态必定和 Q 之后相继状态相同，这样就具有周期性了。

在 n 级移位寄存器中，每级都只有 0 或 1 两种状态。故 n 级移位寄存器最多可能有 2^n 种不同状态。所以，在连续 $2^n + 1$ 个状态中必有重复。如上所述，一旦状态重复，相继状态就具有周期性，这时周期 $p \leqslant 2^n$。

若一旦出现全 0 状态，则后继状态也为全 0，这时周期 $p = 1$。因此，在一个长的周期中不能包括全 0 状态，周期 $p \leqslant 2^{n-1}$。

定理 3：若序列 $A = \{a_k\}$ 具有最长周期（$p = 2^{n-1}$），则其特征多项式 $f(x)$ 应为既约多项式。

证明：既约多项式是指不能分解因子的多项式。若一个 n 次多项式 $f(x)$ 能分解成两个不同因子，则可令
$$f(x) = f_1(x)f_2(x)$$

此时，根据定理 1，有
$$G(x) = \frac{h(x)}{f(x)} = \frac{h_1(x)}{f_1(x)} + \frac{h_2(x)}{f_2(x)} \tag{13-79}$$

式中，$f_1(x)$ 次数为 n_1，$n_1 > 0$，$f_2(x)$ 次数为 n_2，$n_2 > 0$，且 $n = n_1 + n_2$。

若令
$$G_1(x) = \frac{h_1(x)}{f_1(x)}, \quad G_2(x) = \frac{h_2(x)}{f_2(x)}$$

则式（13-79）可表示为
$$G(x) = G_1(x) + G_2(x) \tag{13-80}$$

式（13-80）表明，输出序列 $G(x)$ 可看成是两个序列 $G_1(x)$ 和 $G_2(x)$ 的和，其中 $G_1(x)$ 是由特征多项式 $f_1(x)$ 产生的输出序列，$G_2(x)$ 是由特征多项式 $f_2(x)$ 产生的输出序列。根据定理 2，$G_1(x)$ 的周期 $p_1 \leqslant 2^{n_1} - 1$，$G_2(x)$ 的周期 $p_2 \leqslant 2^{n_2} - 1$。所以，$G(x)$ 的周期 p 应是 p_1 和 p_2 的最小公倍数，即有
$$\begin{aligned} p = \mathrm{LCM}[p_1, p_2] &\leqslant p_1 p_2 \leqslant (2^{n_1} - 1)(2^{n_2} - 1) \\ &= 2^n - 2^{n_1} - 2^{n_2} + 1 \leqslant 2^n - 3 < 2^n - 1 \end{aligned} \tag{13-81}$$

式（13-81）表明，p 一定小于最长可能周期 2^{n-1}。

若 $f(x)$ 可以分解成两个相同的因子，即 $f_1(x) = f_2(x)$，同理可证，$p < 2^n - 1$。

定理 4：一个 n 级移位寄存器的特征多项式 $f(x)$ 若为既约的，则由其产生的序列 $A = \{a_k\}$ 的周期等于使 $f(x)$ 能整除的 $x^p + 1$ 中最小正整数 p。

证明：首先证明必要性。若序列 A 具有周期 p，则由式（13-75）和定理 1，可得
$$\begin{aligned} \frac{h(x)}{f(x)} = G(x) &= \sum_{k=0}^{\infty} a_k x^k \\ &= a_0 + a_1 x + a_2 x^2 + \cdots + a_{p-1} x^{p-1} + a_0 x^p + a_1 x^{p+1} + \cdots + a_{p-1} x^{2p-1} + \cdots \\ &= (a_0 + a_1 x + a_2 x^2 + \cdots + a_{p-1} x^{p-1}) + x^p (a_0 + a_1 x + \cdots + a_{p-1} x^{p-1}) + \cdots \\ &= (1 + x^p + x^{2p} + \cdots)(a_0 + a_1 x + \cdots + a_{p-1} x^{p-1}) \\ &= \left(\frac{1}{1 + x^p}\right)(a_0 + a_1 x + \cdots + a_{p-1} x^{p-1}) \end{aligned} \tag{13-82}$$

经移项整理后，式（13-82）可改写为

$$\frac{h(x)(x^p+1)}{f(x)} = (a_0 + a_1 x + \cdots + a_{p-1} x^{p-1}) \tag{13-83}$$

由定理 1 可知，$h(x)$ 的次数低于 $f(x)$，由于 $f(x)$ 为既约多项式，则由式（13-83）可知，x^p+1 必能被 $f(x)$ 整除。

接下来证明充分性。若 $f(x)$ 能整除 x^p+1，则令其商为

$$b_0 + b_1 x + \cdots + b_{p-1} x^{p-1}$$

又因为在 $f(x)$ 为既约的条件下，周期 p 与初始状态无关，现在考虑初始状态 $a_{-1} = a_{-2} = \cdots = a_{-n+1} = 0$，$a_{-n} = 1$，此时因为 $h(x) = 1$，则有

$$\begin{aligned} G(x) &= \frac{h(x)}{f(x)} = \frac{1}{f(x)} = \frac{b_0 + b_1 x + \cdots + b_{p-1} x^{p-1}}{x^p + 1} \\ &= (1 + x^p + x^{2p} + \cdots)(b_0 + b_1 x + \cdots + b_{p-1} x^{p-1}) \\ &= (b_0 + b_1 x + \cdots + b_{p-1} x^{p-1}) + x^p (b_0 + b_1 x + \cdots + b_{p-1} x^{p-1}) + \cdots \end{aligned} \tag{13-84}$$

式（13-84）表明，序列 A 以 p 或 p 的某个因子为周期。若 A 以 p 的某个因子 p_1 为周期，$p_1 < p$，由于式（13-84）已经证明 $x^{p_1}+1$ 必能被 $f(x)$ 整除，因此，序列 A 周期等于使 $f(x)$ 能整除的 x^p+1 中最小正整数 p。

根据上述定理可知，一个线性反馈移位寄存器能产生 m 序列的充要条件为反馈移位寄存器的特征多项式为本原多项式。

一个 n 次多项式 $f(x)$ 为本原多项式的条件为：$f(x)$ 为既约；$f(x)$ 可整除 x^p+1，$p = 2^n - 1$；$f(x)$ 无法整除 x^q+1，$q < p$。

例如，要求用一个 4 级反馈移位寄存器产生 m 序列，试求其特征多项式。

此时，$n = 4$，移位寄存器产生的 m 序列长度为 $p = 2^n - 1 = 15$。其特征多项式 $f(x)$ 应可整除 $x^{15}+1$，因此，将 $x^{15}+1$ 因式分解为

$$(x^{15}+1) = (x^4 + x + 1)(x^4 + x^3 + 1)(x^4 + x^3 + x^2 + x + 1)(x^2 + x + 1)(x + 1) \tag{13-85}$$

$f(x)$ 不仅应为 $x^{15}+1$ 的一个因子，而且还应该是一个 4 次本原多项式。由式（13-85）可知，$x^{15}+1$ 可分解为 5 个既约因子，其中 3 个是 4 次多项式。可以证明，这 3 个 4 次多项式中，前 2 个是本原多项式，第 3 个不是。因为

$$(x^4 + x^3 + x^2 + x + 1)(x + 1) = (x^5 + 1) \tag{13-86}$$

由式（13-86）易知，$(x^4 + x^3 + x^2 + x + 1)$ 不仅可整除 $x^{15}+1$，而且还可以

整除 x^5+1，故它不是本原多项式。

m 序列具有如下性质。

（1）均衡性。

在 m 序列的一个周期中，1 和 0 的个数基本相等。准确地说，1 的个数比 0 的个数多一个。

该性质可通过利用 m 序列的周期为奇数，以及移位寄存器状态所表示的二进制数字奇偶性与其最末位关系证明。

（2）游程分布。

把一个序列中取值相同的那些相继的（连在一起的）元素合称为一个游程。在一个游程中元素的个数称为游程长度。

一般来说，在 m 序列中，长度为 k 的游程数目占游程总数的 2^{-k}（$1 \leqslant k \leqslant n-1$），且在长度为 k（$1 \leqslant k \leqslant n-2$）的游程中，连"1"的游程和连"0"的游程各占一半。

（3）移位相加特性。

一个 m 序列 M_p 与其经过任意次延迟移位产生的另一个不同序列 M_r 模 2 相加，得到的仍是 M_p 的某次延迟移位序列 M_s，即有

$$M_\text{p} \oplus M_\text{r} = M_\text{s} \tag{13-87}$$

（4）自相关函数。

m 序列的自相关函数定义为

$$\rho(j) = \frac{A-D}{A+D} = \frac{A-D}{p} \tag{13-88}$$

式中，A 为 m 序列与其 j 次移位序列一个周期中对应元素相同的数目；D 为 m 序列与其 j 次移位序列一个周期中对应元素不同的数目；p 为 m 序列的周期。

式（13-88）可改写为如下形式：

$$\rho(j) = \frac{\left[a_i \oplus a_{i+j} = 0\right]\text{的数目} - \left[a_i \oplus a_{i+j} = 1\right]\text{的数目}}{p} \tag{13-89}$$

由 m 序列的均衡性和延迟相加特性，式（13-89）可化简为

$$\rho(j) = \begin{cases} 1, & \text{当 } j = 0 \\ -\dfrac{1}{p}, & \text{当 } j = 1, 2, \cdots, p-1 \end{cases} \tag{13-90}$$

m 序列的自相关函数为偶函数，且周期性与 m 序列相同，即有

$$\rho(j) = \rho(-j), \qquad j = 整数$$
$$\rho(j) = \rho(j-kp), \quad 当\ j \geqslant kp,\ k=1,2,\cdots \qquad (13\text{-}91)$$

若把 m 序列当作周期性连续函数，周期为 T_0，则其连续自相关函数可表示为

$$R(\tau) = \begin{cases} 1 - \dfrac{p+1}{T_0}|\tau - iT_0|, & 0 \leqslant |\tau - iT_0| \leqslant \dfrac{T_0}{p}, \quad i=0,1,2,\cdots \\ -\dfrac{1}{p}, & 其他 \end{cases} \qquad (13\text{-}92)$$

由此得到的 m 序列离散和连续相关函数如图 13-40 所示。图 13-40 中圆点表示 j 取整数时 $\rho(j)$ 的取值，$R(\tau)$ 为锯齿形连续曲线。可以看出，两者是重合的。当周期 T_0 非常长、码元宽度 $\dfrac{T_0}{p}$ 极小时，$R(\tau)$ 近似于冲激函数 $\delta(\tau)$。

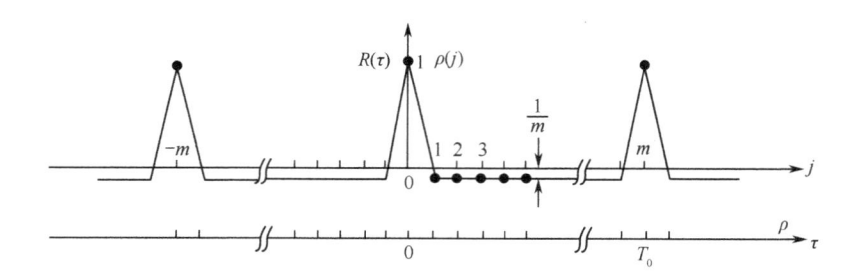

图 13-40 m 序列离散和连续相关函数

m 序列的自相关函数只有 0 和 $\dfrac{1}{p}$ 两种取值。这种自相关函数只有两种取值的序列也称为双值自相关序列。

（5）功率谱密度。

随机信号自相关函数与功率谱密度构成一对傅里叶变换。因此，对 m 序列的自相关函数进行傅里叶变换，可求出其功率谱密度为

$$P_s(\omega) = \dfrac{p+1}{p^2}\left[\dfrac{\sin(\omega T_0/2p)}{(\omega T_0/2p)}\right]^2 \sum_{\substack{n=-\infty \\ n \neq 0}}^{\infty} \delta\left(\omega - \dfrac{2\pi n}{T_0}\right) + \dfrac{1}{p^2}\delta(\omega) \qquad (13\text{-}93)$$

由此可得，m 序列功率谱密度如图 13-41 所示。

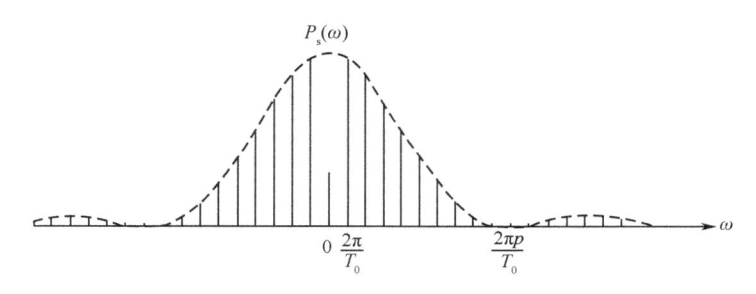

图 13-41 m 序列功率谱密度

由图 13-41 可知,当周期 T_0 非常长、码元宽度 $\dfrac{T_0}{p}$ 极小时,m 序列功率谱密度趋于白噪声功率谱密度。

(6)伪噪声特性。

将正态分布白噪声抽样,若抽样值为正,则记为"+";若抽样值为负,则记为"−"。将每次抽样所得极性排成序列,例如:

$$\cdots+-++--+-++--\cdots$$

该序列是一个随机序列,它具有如下 3 个基本性质。

① 序列中"+"和"−"出现的概率相等。

② 序列中长度为 1 的游程约占 1/2,长度为 2 的游程约占 1/4,长度为 3 的游程约占 1/8,以此类推。一般说来,长度为 k 的游程约占 2^{-k}。而且在长度为 k 的游程中,"+"游程和"−"游程约各占 1/2。

③ 由于白噪声的功率谱密度为常数,自相关函数为冲激函数 $\delta(\tau)$。

由于 m 序列的均衡性、游程分布和自相关特性与上述随机序列的基本性质极为相似,在实际中获得了广泛应用,通常将 m 序列称为伪噪声序列或伪随机序列。

需要注意的是,具有或部分具有上述基本性质的伪随机序列不仅只有 m 序列一种,还有 M 序列(由非线性反馈移位寄存器产生的周期最长的序列)、二次剩余序列、霍尔序列和双素数序列等。

13.5.2 扩频技术

按照扩展频谱的方法不同,扩频技术包含直接序列扩频、跳变频率扩频、跳变时间扩频、混合扩频等。此处仅介绍直接序列扩频、跳变频率扩频。

1. 直接序列扩频

直接序列扩频简称直扩。它直接用高速伪随机序列（伪码）在发送端扩展信号频谱，在接收端用相同的扩频码序列解扩，把扩展宽的扩频信号还原成原始信息。

水声直扩通信系统的原理如图 13-42 所示。

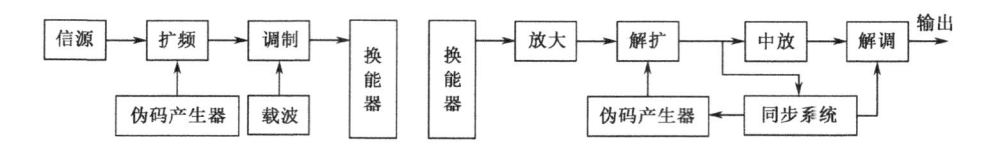

图 13-42　水声直扩通信系统的原理

当收发两端的伪码序列正确同步的时候，接收到的所需信号经过解调后就可恢复出所需信号。由于干扰信号与接收机中的伪码序列不相关（或者说相关性很小），其输出的干扰电平相对于信号电平而言很小。图 13-43 中给出了所需信号和干扰信号在频域中的变化情况。

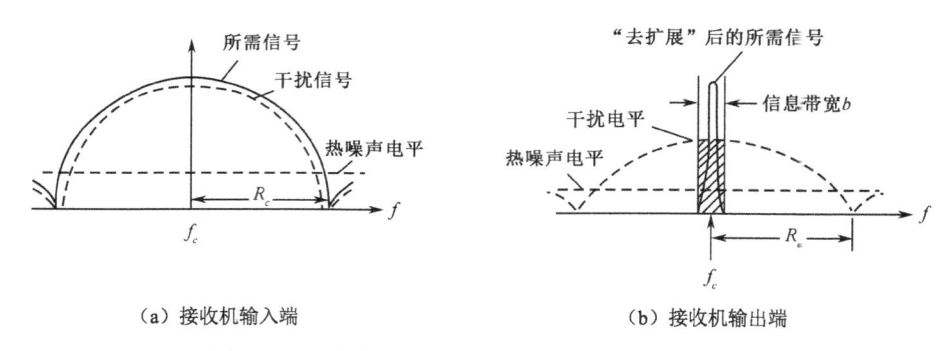

（a）接收机输入端　　　　　（b）接收机输出端

图 13-43　所需信号和干扰信号在频域中的变化情况

直扩中用伪随机序列来扩展要传送的数据比特的带宽。对于水声通信，直扩最常用的调制是 2PSK。

直扩对于对抗水声多途干扰是很有效的，值得注意的问题包括：数据比特传输速率较低；"远近效应"对组网时多用户间的干扰；敌方可以轻易实施与载波同频率的干扰；对同步精度的要求比跳频通信高，从稳健通信的角度看，直扩不如跳变频率通信。

2. 跳变频率扩频

跳变频率扩频，简称跳频。跳频就是用伪码序列进行频移键控调制，使载波频率不断地跳变。在跳频系统中，载波频率受伪码控制，不断地、伪随机地跳变，具有很强的抗干扰、抗多途性能。其关键技术有：①跳频频率合成技术，跳频频率合成器是跳频系统的心脏，快速的频率合成技术是系统可靠工作、避免被跟踪的基础；②快速、准确、可靠的同步技术，同步技术是系统的指挥棒，扩频通信对同步的准确捕捉要求很高，因为信号的有效与否跟所处的时隙（即相对同步的位置）关系很大，所以如果没有正确的同步，扩频信号就很难正确接收；③跳频图案的设计，频率的跳变是由跳频图案决定的。因此，一个好的跳频图案设计不仅有利于抗干扰和避免跟踪，还是多用户共用同一个频段提出的要求。

水声跳频通信系统的原理如图 13-44 所示。

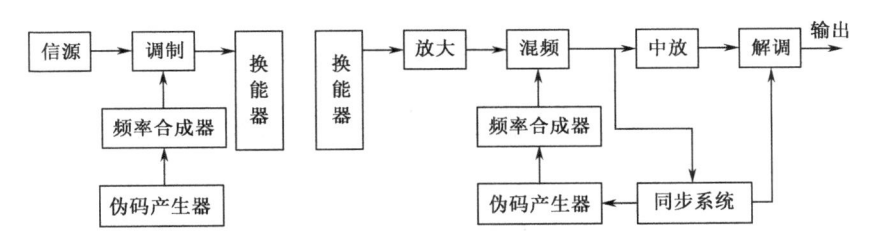

图 13-44 水声跳频通信系统的原理

由于跳频技术是使用伪码与信息码序列组合形成频率合成器的控制参数，因此在水声通信应用时可以避免出现直扩系统碰到的问题。从频率合成出来的信号经过功率放大就可以直接驱动水声换能器将信号发送出去。图 13-45 给出了跳频通信系统某一时间片段 8 个频点（$f_5, f_4, f_7, f_0, f_6, f_3, f_1, f_2$）对应的跳频图案。

根据上面的论述可知，扩频技术具有一系列优点。

（1）具有抗衰落、抗多途效应的能力。由于扩频后的信号频带很宽（远大于相关带宽），因此，在传输过程中只有少部分频谱会发生衰落，如果配合分集和信道编码技术则能很好地保证通信的可靠性。另外，对于扩频系统而言，有效的接收信号必须落在合适的时隙上，然而多途信号是经过不同路径分别到达的，必然存在时间差，当时间差超过一个码片的宽度时，对已被锁定（同步）的先前到达信号的解调不会产生太大影响，从而达到抗多途的效果。

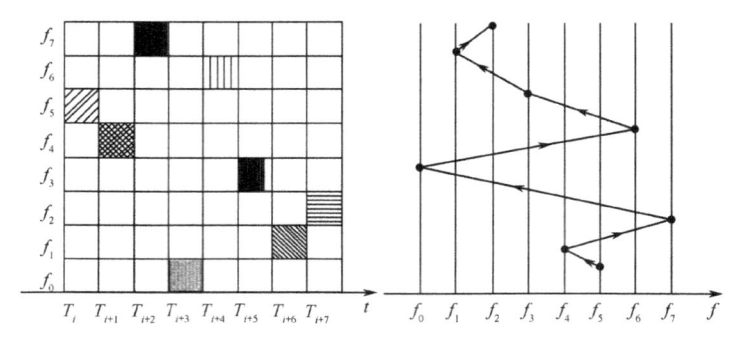

图 13-45　跳频通信系统某一时间片段 8 个频点对应的跳频图案

（2）抗干扰能力强。扩频通信系统扩展的频谱越宽，处理增益越高，抗干扰能力越强。

（3）隐蔽性好，对其他通信系统的干扰小。由于扩频信号被扩展到很宽的频带上，单位频带内的功率很小，即信号的功率谱密度很低，可淹没在海洋环境背景噪声中，因此，扩频技术具有较好的隐蔽性。另外，由于采用伪码，使侦听者很难发现和破译。同时，低的功率谱密度特性对原已存在的一些窄带通信系统的干扰也比较小。

（4）提供测距能力。通过测量扩谱信号自相关函数峰值的出现时刻，计算出传输距离。

（5）可以实现码分多址。利用正交或准正交的扩频码序列之间的相关特性，可实现在同一个宽频带上多个用户同时通信而互不造成严重干扰，这就是码分多址。虽然码分多址需要占用较宽的频带，但是平均到每个用户占用的频带来看，其频带利用率是较高的。可见，扩频技术在多用户检测、节省频率资源方面都有独特的优点，因此，对于频率资源很贫乏的水声信道而言，扩频技术是组建水声组网不可缺少的一项技术。

13.6　水声通信信号接收处理技术

除信道编码外，还可以通过均衡技术、分集技术、时间反转等技术提高通信信号接收的可靠性。这几种技术可以单独使用,也可以组合使用。均衡技术可以补偿信道多途效应引起的码间干扰,分集技术用来补偿信道衰落损耗,时间反转技术可以使多途信号相干叠加而改善通信链路的性能。

13.6.1 均衡技术

1. 采用均衡技术的必要性

若发射信号的码间间隔 T_s 远大于信道的多途扩展 T_m($T_s \gg T_m$),则码间干扰可以忽略,此时,无须使用均衡器。对大多数水声信道而言,信道的多途扩展严重,T_m 取值大,采用低通信速率以消除码间干扰影响。但在高速通信中,发射信号的码间间隔 $T_s \ll T_m$,此时就需要采用均衡器来消除码间干扰影响。

另一个对均衡器有重要影响的信道参数是信道多普勒扩展 B_d 或其倒数 $1/B_d$,即信道相干时间。在接收端使用均衡器意味着要测量信道的脉冲响应,所以,信道时变相对于多途扩展 T_m 应该是慢变的。因此,应有 $1/B_d \gg T_m$ 或 $T_m B_d \ll 1$。

2. 自适应均衡

水声信道是随机的、时变的。因此,为了有效抑制码间干扰,均衡器必须能够跟踪水声信道的时变特性,这类均衡器称为自适应均衡器。

自适应均衡过程一般包括训练和跟踪两种模式。首先,由发射机发射一列已知的固定长度的训练序列,均衡器抽头根据训练序列做一定的调整。发射机在发送训练序列后发送用户数据。经过训练的均衡器在判决导引模式下完成对抽头系数的调整,对信道做出跟踪补偿。图 13-46 给出了一种带自适应均衡器的简化水声通信系统。

训练序列的设计必须能够在最恶劣的信道条件下,当训练序序列结束以后,能够使均衡器系数接近最优。这样,当接收用户数据时,自适应均衡器就能跟踪信道的变化。为了保证始终有效地抑制码间干扰,须周期性地重复训练均衡器。

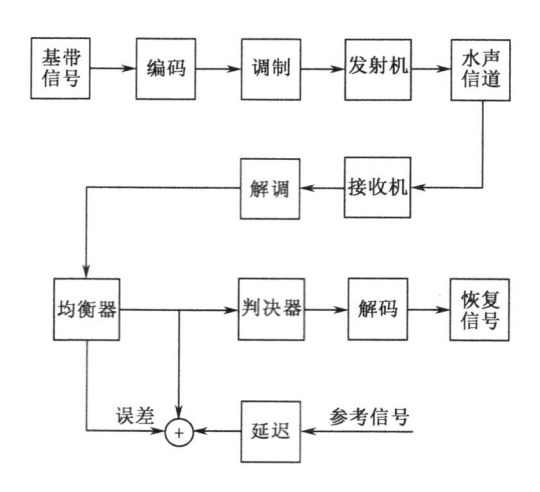

图 13-46　带自适应均衡器的简化水声通信系统

通常，均衡器可分为线性均衡器和非线性均衡器两类，如图 13-47 所示。

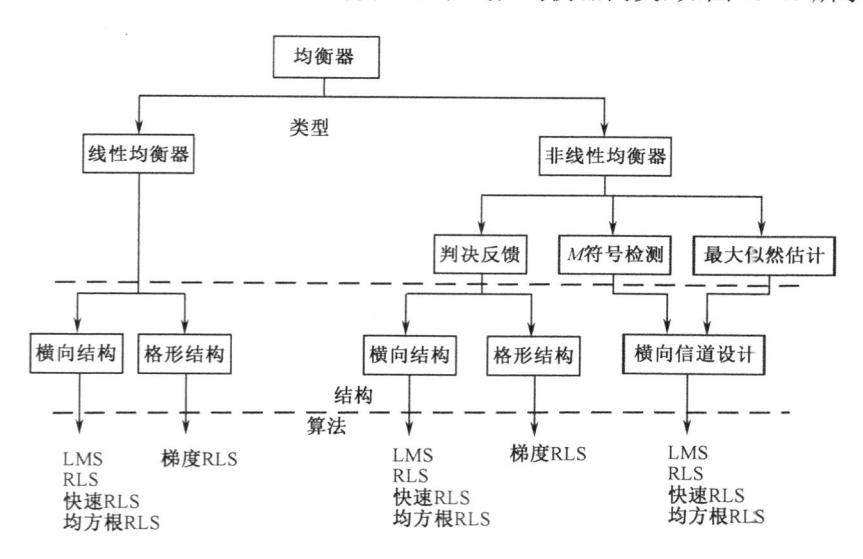

图 13-47　均衡器的分类

图 13-47 中，每类均衡器都具有几种结构，如横向结构、格形结构等。每种结构对应一种算法来自适应地调整均衡器参数，如最小均方（Least Mean Square，LMS）算法、递推最小二乘（Recursive Least Square，RLS）算法等。若信道干扰不太严重，则可应用线性均衡。若水声信道频率选择性衰落较严

重，则频谱具有多个零点。线性均衡器在谱零点附近给予高增益，增加了接收信号中谱零点附近的噪声。此时，可应用非线性均衡方法，如判决反馈或最大似然序列估计（Maximum Likelihood Sequence Estimation，MLSE）来有效地解决频率选择性衰落问题。从减小序列错误概率的角度而言，MLSE 是最优的均衡技术，通过 Viterbi 算法可有效实现 MLSE。但随着码间干扰所影响的符号数目的增加，MLSE 系统的运算量增大。这时，可采用判决反馈结构均衡器。判决反馈的计算量是前向滤波器和反馈滤波器的权个数的线性函数。因此，判断反馈可有效实现对长信道响应的均衡，是一种计算有效的次最优方法。

3. 盲均衡算法

水声信道带宽有限，对于高速率通信而言，采用自适应均衡技术，重复发射已知训练序列的代价太高。对于多点通信网络而言，一个控制单元，连接多个数据终端，主控机会由于向多个终端重复发送训练序列而使效率大大降低。采用不需要训练序列的盲均衡算法可有效节约带宽，提高通信速率。

在相干水声通信中，载波同步与恢复对数据解调至关重要。盲均衡算法的收敛仅依赖信号的幅值特性，与自适应均衡相比，数据解调后的载波残余对其性能影响较小，盲均衡算法对载波同步的要求降低。

当采用自适应接收机时，信道的突变干扰会使判决导引算法发散而使该帧数据丢失。采用盲均衡算法，其自恢复能力可使算法重新收敛。在水下图像传输或水声电话等应用场合，小部分数据的误码仅会造成图像或声音质量有所下降，仍可使用。

自 1975 年 Sato 等提出信道盲均衡思想以来，在无线电领域，国内外学者做了大量研究工作。本质上，盲均衡也是一种自适应滤波算法，其特殊之处在于算法对系统期望响应是"盲"的，而期望响应的生成是通过非线性变换获得的。根据非线性处理部位，盲均衡算法通常分为以下 3 类。

（1）Bussgang 类算法：非线性的无记忆变换函数在自适应均衡器的输出端。

（2）高阶或循环统计量算法：非线性变换在自适应均衡器的输入端。

（3）非线性均衡器算法：非线性存在于均衡器内部，如使用非线性滤波器（如 Volterra 滤波器）或神经网络等。

关于以上 3 类算法的具体知识可参阅相关文献。

13.6.2 分集技术

多途传播的信号到达接收机输入端，造成幅度衰落、时延扩展和多普勒频谱扩展，导致数字信号传输误码率升高。多途信号之所以难以分离，是因为它们是相关或相干的信号。分集技术就是研究如何使接收到的多途信号变成互不相关的信号，从而达到改善系统接收性能的目的。

分集接收的基本原理是将接收到的多途信号分离成不相关的（独立的）多路信号，然后将这些分离信号的能量按一定规则合并起来，使接收的有用信号能量最大，从而提高接收端的信噪比，对数字信号而言，则是使误码率最小。因此，分集接收技术应包括"分"与"集"两方面内容："分"就是如何把多途信号分离出来，使其互不相关；"集"就是如何将分离出的多途信号能量收集起来合并，以获得最大的信噪比收益。

分集技术按照获得独立路径信号的方法可分为时间分集、频率分集、空间分集等技术。下面分别进行介绍。

1. 时间分集

在不同时隙上发送相同的信息可以实现时间分集。为了保证不同时隙上发送的信号独立衰落，相邻时隙的最小间隔应不小于信道的相干时间。在时间分集中，发射信号副本以时间冗余的形式到达接收机。因此，可通过采用重复发射、差错控制编码、交织技术等方式实现时间分集。差错控制编码带来的时间冗余可以提供发射信号的副本，而时间交织可以增加发射信号副本之间的时间间隔，从而得到时间上独立衰落的信号副本。采用时间分集无须额外增加发射设备和接收设备，易于实现。但是，由于时间交织会产生译码延迟，且交织越大，时间间隔越长，延迟越高。因此，时间分集技术不适合用于时延比较敏感的通信系统，一般在信道相干时间小的快衰落环境中比较有效。对于慢衰落环境，时间分集可能无法减少衰落，而且由于在时间上引入了冗余，系统带宽利用率降低。

2. 频率分集

在频率分集中，携带相同信息的信号在不同的频率上发送。为了保证每个频率的衰落是独立的，发射频率的间隔必须足够大，至少要不小于信道的相干带宽。在频率分集中，发射信号副本以频率冗余的形式到达接收端。因此，可由 FSK 调制、直接序列扩频、跳频扩频、多载波技术等方式实现频率分集。直接序列扩频方法采用带宽 B_s 远大于信道相干带宽 $(\Delta B)_c$ 的信号，使得宽带信号可以分辨出 $B_s/(\Delta B)_c$ 个多途分量，从而将若干独立衰落的多途信号提供给接收机，利用 Rake 接收机可将这些多途分量进行相干组合。由于这种频率分集方法没有采用冗余的载波，也被称为隐分集。

采用扩频技术的频率分集要求扩展的带宽要远大于信道的相干带宽。因此，与时间分集一样，由于在频域引入冗余，频率分集也使得系统带宽利用率降低。

3. 空间分集

空间分集是水声通信中比较常用的一种分集方式，可以补偿水下衰落信道造成的损失。当它和均衡器一起使用时，可以明显提高水声通信的通信质量。采用空间分集与均衡合并处理（Spatial Diversity Equalization，SDE）不但可以有效抑制码间干扰，而且可以有效提高信噪比。因此，在远距离水声通信中，SDE 很具优势。研究表明，将 SDE 用于水下多用户通信中，对于多输入多输出系统而言，不但有效降低了噪声的影响，而且对同信道干扰有很好的抑制作用。随着分集重数的增多，误码率下降很快。在空间分集中，发射信号副本以空间冗余形式到达接收机。与时间分集、频率分集不同，空间分集不会带来系统带宽利用率的损失，尤其适用于高速率水声通信。

按照在发射或接收端是否采用换能器或水听器阵列，空间分集分为发射分集和接收分集。水声通信中常用的是接收分集，即发射端使用一个发射换能器，接收端采用水听器阵列，即多个接收水听器。接收水听器之间的距离 d 应足够大，以保证各水听器输出信号的衰落特性是相互独立的。在理想情况下，接收水听器之间的距离应满足半波长条件，即 $d \geqslant \lambda/2$，这样即可保证各支路接收的信号不产生分辨模糊。对于空间分集，分集的支路数越多，分集效果越好，但分集的复杂性也随之增加，这使得分集增益的增加随支路数的增加而变得缓慢。

13.6.3 时间反转技术

1. 特点

传播声场的介质一般是线性的，声场存在互异性，记录围绕声源各点的声场，将信号在时间上进行反转，并回放信号，则会在声源处聚焦，重新得到原来发出的声信号，就像原来的信号被倒推回来一样，这种现象就是时间反转现象。

时间反转水声通信技术正是利用声场的时间反转法原理来解决水声通信中的信道响应问题的。水声通信由于复杂的多途信道的限制，难以提高通信速率和通信距离。时间反转技术既可以解决不均匀水声信道的信号畸变问题，也可以获得更高的通信速率和可靠性。

对于复杂的多途传播环境，使用时间反转镜（简称时反镜）时，无须了解其传播特性，只需要对接收基阵实际接收的信号按时间反转的方式重发，则在声源处会出现声能的聚焦。时间反转法与其他同类聚焦检测方法相比有其独到之处，具体表现为：无须传播介质和换能器阵列的先验知识，就可实现自适应聚焦；利用时间反转处理可以减弱浅海波导的多途效应，提高目标分类性能。

2. 时反镜声学原理

时反镜声学原理如图 13-48 所示。

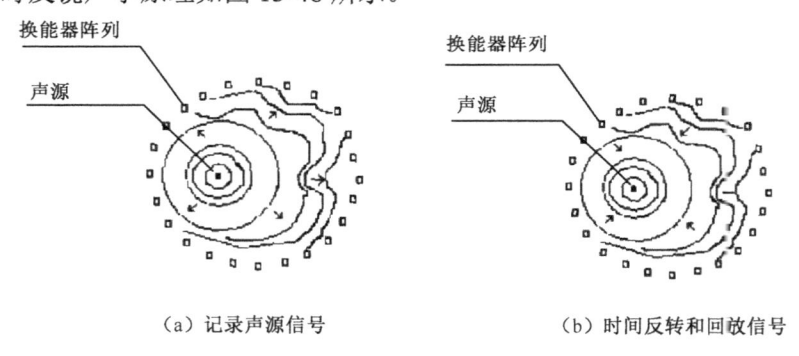

(a) 记录声源信号 　　　　(b) 时间反转和回放信号

图 13-48　时反镜声学原理

在图 13-48（a）中，声源向外发射声波，遇到介质后发生畸变，围绕声源的各个换能器检测到达该位置的信号，并进行存储。在图 13-48（b）中，每个换能器同步地回放声信号，并在时间上反转。这个回放波通过介质时抵消畸变，重新聚焦到原来的声源位置。换能器阵列称为时反镜。时反镜有两个特性：一是可在不均匀介质中，对位置未知的反射体进行定位；二是多个目标存在时，可通过迭代时间反转的方法对其进行选择聚焦。

时反镜试验示意如图 13-49 所示。其中时反镜基阵由收发合置水听器垂直阵（Source Receive Array，SRA）构成；另有一水听器垂直接收阵（Vertical Receive Array，VRA）置于远处。点声源（Point Source，PS）位于由 SRA、VRA 组成的垂直平面内，且紧靠 VRA。

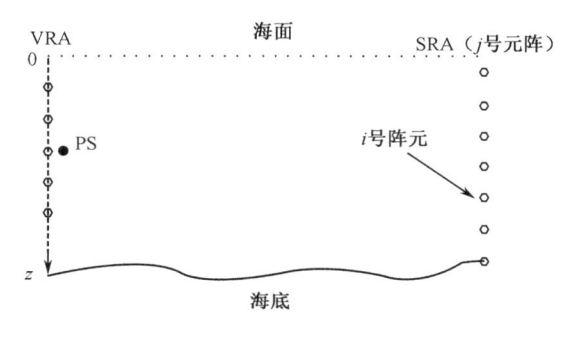

图 13-49　时反镜试验示意

时反镜试验分 3 个步骤完成。

（1）声源向反射体所在的介质中发射宽带脉冲，称为前向传输。

（2）时反镜各阵元采集并存储目标反射回来的声压。

（3）时反镜各阵元将存储的信号时间反转后重新发射，称为反向传输。

时反镜技术是 SRA 各阵元将接收到的信号进行时间反转后再次经过信道到达声源处，源信号两次经过的信道是互易的，即在同样的传播条件下，声源发射后 j 号阵元得到的声压，和以同样的声源强度在 j 号阵元发射，在声源处得到的声压是相等的。因此，时反镜技术不对发射信号进行匹配，而对声波传输的声信道进行匹配，是最佳空间滤波器和最佳时间滤波器的实现。

3. 伪时反通信

伪时反通信包括主动和被动两种通信方式，如图 13-50 所示，其中 S、S_1、S_2 表示信号的频谱，H 是信道响应函数，"*"表示取共轭。

图 13-50（a）为主动方式的原理，由发送端发送试探信号 S，接收端将信道响应函数变换后的接收信号 HS 取共轭并保存，并按某种方式加载要传送的信息后发回。信息经信道响应函数再次变换后实现匹配。因此，在双程传输的过程中，只要信道的传输函数未发生变化，则由信道本身实现的匹配将是非常有效的。

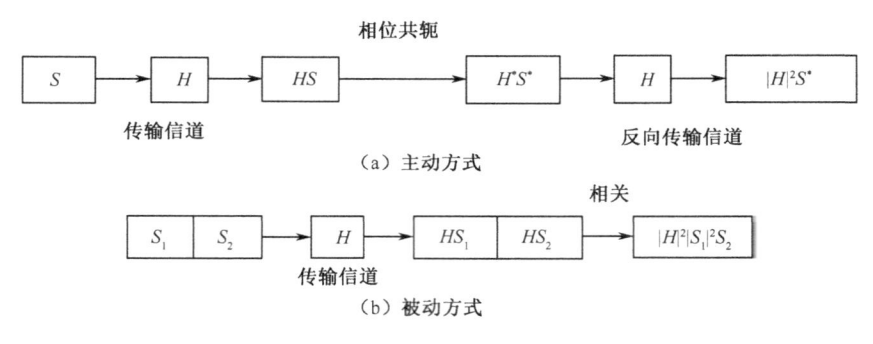

```
         相位共轭
  ┌─┐    ┌─┐    ┌──┐    ┌────┐    ┌─┐    ┌──────┐
  │S│───▶│H│───▶│HS│───▶│H*S*│───▶│H│───▶│|H|²S*│
  └─┘    └─┘    └──┘    └────┘    └─┘    └──────┘
         传输信道                  反向传输信道
                  （a）主动方式

                                      相关
  ┌──┬──┐    ┌─┐    ┌───┐ ┌───┐    ┌─────────┐
  │S₁│S₂│───▶│H│───▶│HS₁│ │HS₂│───▶│|H|²|S₁|²S₂│
  └──┴──┘    └─┘    └───┘ └───┘    └─────────┘
             传输信道
                  （b）被动方式
```

图 13-50 伪时反通信方式

图 13-50（b）为被动方式的原理，因为只有单程传输，所以为利用未知的信道响应函数实现匹配处理，须发射相邻的两个信号 S_1 和 S_2，接收后进行相应处理就能实现匹配。

13.7 同步原理

在通信系统中，特别是在数字通信系统中，同步是一个非常重要的问题。在数字通信系统中，同步包括载波同步、码元同步、群同步和网同步等。

载波同步又称为载波恢复，即在接收设备中产生一个与接收信号的载波同频同相的本地振荡，供解调器做相干解调用。

码元同步又称为时钟同步或时钟恢复。在接收数字信号时，为了对接收码元积分以求得码元的能量，以及对每位接收码元抽样判决，必须知道每位接收码元准确的起止时刻。码元同步则是从接收信号中获取接收码元起止时刻的信息，产生定时脉冲序列，使定时脉冲序列和接收码元起止时刻保持正确关系的技术。对于二进制码元而言，码元同步又称为位同步。

为了解决上述载波同步和码元同步问题，原则上使用两类方法：第一类方法是插入辅助同步信息方法，即在频域或时域中插入同步信号；第二类方法是不用辅助同步信息，直接从接收信号中提取同步信息，该类方法的同步建立时间较长，但是节省了系统占用的频率资源和功率资源。

群同步又称为帧同步或字符同步。在数字通信中，通常用若干码元表示一定的意义。因此，通常情况下，必须在发送信号中插入辅助同步信息，即在发送数字信号序列中周期性地插入表示一个字符或一帧图像码元的起止位置的同步码元；否则，接收端将无法识别连续数字序列中每个字符或每帧的起始码元位置。

13.7.1 载波同步

13.7.1.1 有辅助导频时的载频提取

某些信号不包含载频分量，为了用相干接收法接收这种信号，可以在发送信号中加入一个或几个导频信号。在接收端可以用窄带滤波器将其从接收信号中滤出，用以辅助产生相干载频。目前多采用锁相环代替简单的窄带滤波器，由于锁相环的性能比窄带滤波器的性能好，可以改善提取出的载波的性能。

锁相环原理如图 13-51 所示。锁相环输出导频的质量和环路中的窄带滤波器性能有很大关系。此环路滤波器的带宽设计应当将输入信号中噪声引起的电压波动尽量滤除，但是由于多普勒效应等原因引起的接收信号中辅助导频相位漂移，又要求此滤波器的带宽允许辅助导频的相位变化通过，使压控振荡器能够跟踪此相位漂移。这两个要求是矛盾的。环路滤波器的通带越窄，能够通过的噪声越少，但是对导频相位漂移的限制却越大。

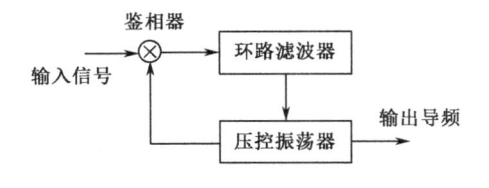

图 13-51 锁相环原理

13.7.1.2 无辅助导频时的载波提取

对于无离散载频分量的信号，可以采用非线性变换的方法从信号中获取载频。下面介绍 3 种方法。

1. 平方环

现以 2PSK 信号为例进行讨论。设此信号可以表示为

$$s(t) = m(t)\cos(\omega_c t + \theta) \quad (13\text{-}94)$$

式中，$m(t) = \pm 1$。当 $m(t)$ 取 +1 和 -1 的概率相等时，此信号的频谱中无角频率 ω_c 的离散分量。将式（13-95）平方，得到

$$s^2(t) = m^2(t)\cos^2(\omega_c t + \theta) = \frac{1}{2}[1 + \cos 2(\omega_c t + \theta)] \quad (13\text{-}95)$$

在式（13-95）中已经将 $m^2(t) = 1$ 代入。由式（13-95）可见，平方后的接收信号中包含 2 倍载频的频率分量，所以将此 2 倍频分量用窄带滤波器滤出后再进行二分频，即可得出所需载频。在实际应用中，为了改善滤波性能，通常采用锁相环代替窄带滤波器。这样构成的载频提取电路称为平方环，其原理如图 13-52 所示。

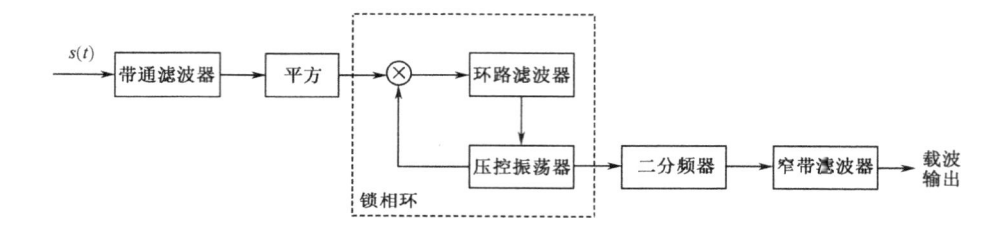

图 13-52 平方环原理

平方环法采用了二分频器，而二分频器的输出电压有相差 180° 的两种可能相位，其输出电压的相位取决于分频器的随机初始状态，这就导致分频得出的载频存在相位模糊性，可通过二进制差分相移键控方式解决。

2. 科斯塔斯环

科斯塔斯环法仍然利用锁相环提取载频，但是不需要对接收信号进行平方运算就能得到载频输出。在载波频率上进行平方运算后，由于频率倍增，使后面的锁相环工作频率加倍，实现的难度增大。科斯塔斯环则用相乘器和较简单的低通滤波器取代平方器，这是它的主要优点。它与平方环法在理论上是一样的。

科斯塔斯环原理如图 13-53 所示，其中，接收信号 $s(t)$ 被送入两路乘法器，两乘法器输入的 a 点和 b 点的压控振荡电压分别为

$$v_a = \cos(\omega_c t + \varphi) \quad (13\text{-}96)$$
$$v_b = \sin(\omega_c t + \varphi) \quad (13\text{-}97)$$

它们和接收信号电压相乘后，得到 c 点和 d 点的电压分别为

$$v_c = m(t)\cos(\omega_c t + \theta)\cos(\omega_c t + \varphi)$$
$$= \frac{1}{2}m(t)[\cos(\varphi - \theta) + \cos(2\omega_c t + \varphi + \theta)] \quad (13\text{-}98)$$

$$v_d = m(t)\cos(\omega_c t + \theta)\sin(\omega_c t + \varphi)$$
$$= \frac{1}{2}m(t)[\sin(\varphi - \theta) + \sin(2\omega_c t + \varphi + \theta)] \quad (13\text{-}99)$$

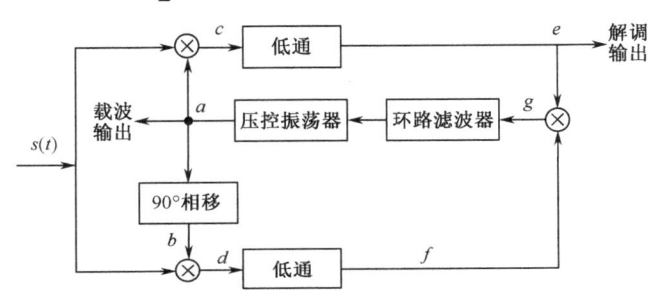

图 13-53 科斯塔斯环原理

v_c 和 v_d 经过低通滤波器后，变成

$$v_e = \frac{1}{2}m(t)\cos(\varphi - \theta) \quad (13\text{-}100)$$

$$v_f = \frac{1}{2}m(t)\sin(\varphi - \theta) \quad (13\text{-}101)$$

两个电压 v_e 和 v_f 相乘后，得到在 g 点的窄带滤波器输入电压为

$$v_g = v_e v_f = \frac{1}{8}m^2(t)\sin 2(\varphi - \theta) \quad (13\text{-}102)$$

式中，$(\varphi - \theta)$ 是压控振荡电压和接收信号载波相位之差。

将 $m(t) = \pm 1$ 代入式（13-102），并考虑到当 $(\varphi - \theta)$ 很小时，$\sin(\varphi - \theta) \approx (\varphi - \theta)$，则式（13-102）变为

$$v_g \approx \frac{1}{4}(\varphi - \theta) \quad (13\text{-}103)$$

电压 v_g 通过环路窄带低通滤波器，控制压控振荡器的振荡频率。此窄带低通滤波器的截止频率很低，只允许电压 v_g 中近似直流的电压分量通过。这个电压控制压控振荡器的输出电压相位，使 $(\varphi - \theta)$ 尽可能小。当 $\varphi = \theta$ 时，$v_g = 0$。压控振荡器的输出电压 v_a 就是科斯塔斯环提取出的载波，它可以用于相干接收的本地载波。

此外，由式（13-100）可见，当$(\varphi-\theta)$很小时，除差一个常数因子外，电压v_e就近似等于解调输出电压$m(t)$，所以，科斯塔斯环本身就兼有提取相干载波和相干解调的功能。

为了得到科斯塔斯环法在理论上给出的性能，要求两路低通滤波器的性能完全相同。虽然用硬件模拟电路很难做到这一点，但是用数字滤波器则不难做到。此外，由锁相环原理可知，在$(\varphi-\theta)$值接近0的稳定点有两个锁相环，分别在$(\varphi-\theta)=0$和$(\varphi-\theta)=\pi$处。所以，科斯塔斯环法提取出的载频也存在相位模糊性。

3. 再调制器

再调制器原理如图13-54所示。图13-54中的输入接收信号$s(t)$和两路压控振荡电压a和b仍分别如式（13-94）、式（13-96）和式（13-97）所示。

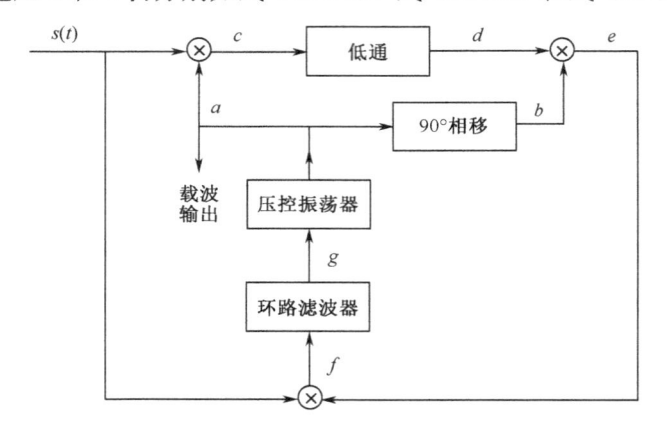

图13-54 再调制器原理

接收信号和a点振荡电压相乘后得到的c点电压仍如式（13-98），为

$$v_c = m(t)\cos(\omega_c t+\theta)\cos(\omega_c t+\varphi)$$
$$= \frac{1}{2}m(t)[\cos(\varphi-\theta)+\cos(2\omega_c t+\varphi+\theta)]$$

它经过低通滤波后，在d点的电压为

$$v_d = \frac{1}{2}m(t)\cos(\varphi-\theta) \tag{13-104}$$

v_d实际上就是解调电压，它与b点的振荡电压在乘法器中再调制后，得

出的 e 点电压为

$$v_e = \frac{1}{2}m(t)\cos(\varphi-\theta)\sin(\omega_c t + \varphi) = \frac{1}{4}m(t)[\sin(\omega_c t + \theta) + \sin(\omega_c t + 2\varphi - \theta)]$$
（13-105）

式（13-105）的 v_e 和信号 $s(t)$ 再次相乘，得到在 f 点的电压为

$$\begin{aligned}v_f &= \frac{1}{4}m^2(t)\cos(\omega_c t + \theta)[\sin(\omega_c t + \theta) + \sin(\omega_c t + 2\varphi - \theta)] \\ &= \frac{1}{4}m^2(t)[\cos(\omega_c t + \theta)\sin(\omega_c t + \theta) + \cos(\omega_c t + \theta)\sin(\omega_c t + 2\varphi - \theta)] \\ &= \frac{1}{8}m^2(t)[\sin 2(\omega_c t + \theta) + \sin 2(\varphi - \theta) + \sin 2(\omega_c t + \varphi)]\end{aligned}$$ （13-106）

v_f 经过窄带低通滤波后，得到压控振荡器的控制电压为

$$v_g = \frac{1}{8}m^2(t)\sin 2(\varphi - \theta)$$
（13-107）

比较式（13-102）和式（13-107）可知，科斯塔斯环和再调制器中的压控振荡器的控制电压相同。

4. 多进制信号的载频恢复

对于多进制信号，为了恢复其载频，上述方法都可以推广到多进制。例如，对于 QPSK 信号，平方环法需要将对信号的平方运算改成 4 次方运算。QPSK 科斯塔斯环原理如图 13-55 所示。

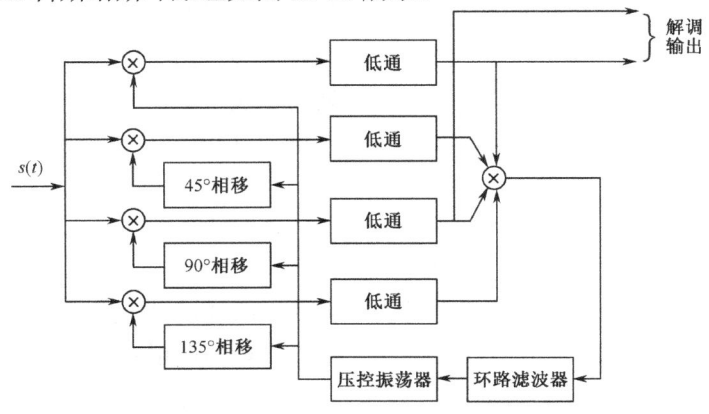

图 13-55 QPSK 科斯塔斯环原理

13.7.2 码元同步

码元同步可以分为两大类：第一类称为外同步法，是一种利用辅助信息同步的方法，需要在信号中另外加入包含码元定时信息的导频或数据序列；第二类称为自同步法，不需要辅助同步信息，直接从信息码元中提取出码元定时信息。

13.7.2.1 外同步法

外同步法又称为辅助信息同步法，在发送码元序列时附加码元同步用的辅助信息，以达到提取码元同步信息的目的。常用的外同步法是在发送信号中插入频率为码元速率或码元速率的倍数的同步信号。在接收端利用一个窄带滤波器将其分离出来，并形成码元定时脉冲。这种方法的优点是设备较简单，而缺点是需要占用一定的频带宽度和发送功率。

在发送端插入码元同步信号的方法有多种。从时域方面考虑，可以连续插入并随信息码元同时传输，也可以在每组信息码元之前增加一个"同步头"，由它在接收端建立码元同步，并用锁相环使同步状态在相邻两个"同步头"之间保持；从频域方面考虑，可以在信息码元频谱之外占用一段频谱专用于传输同步信息，也可以在信息码元频谱中的空隙处插入同步信息。

13.7.2.2 自同步法

自同步法包括开环码元同步法和闭环码元同步法，不需要辅助同步信息。开环码元同步法对接收码元序列进行某种非线性变换，使其频谱中含有离散的码元速率频谱分量，并从中提取码元定时信息。在闭环码元同步法中，则用比较本地时钟周期和输入信号码元周期的方法，将本地时钟锁定在输入信号上。闭环码元同步法更为准确，但是也更为复杂。

1. 开环码元同步法

在这种同步方法中，将解调后的基带接收码元先进行某种非线性变换，再送入一个窄带滤波电路，从而滤出码元速率的离散频率分量。图13-56给出了两个具体方案。图13-56（a）中，给出的是延迟相乘法的原理框图。这里用延迟相乘的方法对接收码型做非线性变换，其波形如图13-57所示。其中，延迟相乘后码元波形的后一半永远是正值，而前一半则当输入状态有改变时为负值。因此,变换后的码元序列的频谱中就产生了码元速率的分量。选择延迟时间,若使其等于码元持续时间的一半,则可以得到最强的码元速率分量。

图 13-56(b)为微分整流法原理框图。它采用的非线性电路是一个微分电路。用微分电路去检测矩形码元脉冲的边沿。微分电路的输出是正负窄脉冲,它经过整流后得到正脉冲序列。此序列的频谱中就包含码元速率的分量。微分电路对宽带噪声很敏感,因此在输入端增加一个低通滤波器。但是,因为增加低通滤波器后又会使码元波形的边沿变缓,使微分后的波形上升和下降的速度变慢,所以应当对低通滤波器的截止频率进行折中选取。

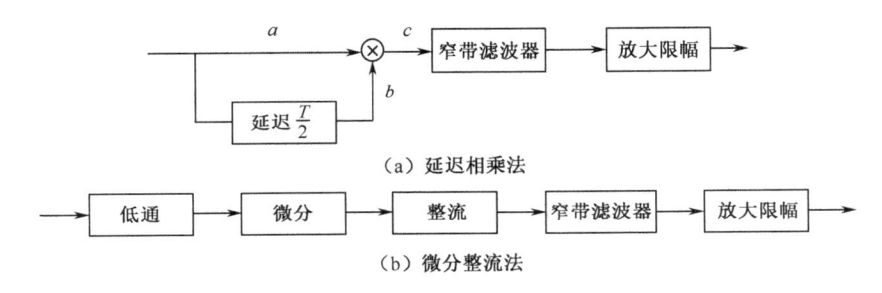

(a) 延迟相乘法

(b) 微分整流法

图 13-56 开环码元同步的两种方案

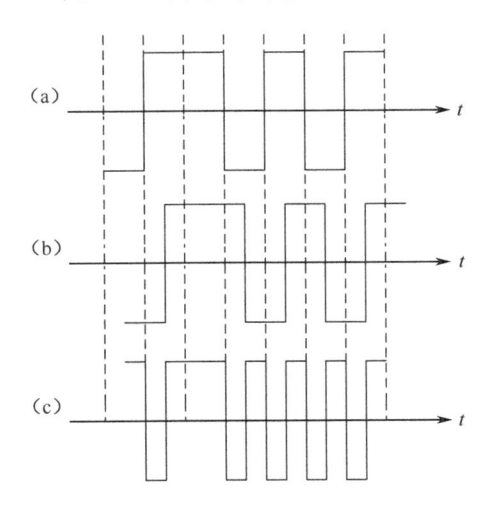

图 13-57 延迟相乘法波形

在上述两种方案中,由于有随机噪声叠加在接收信号上,所提取的码元同步信息会产生误差。若接收信噪比大,则上述方案能保证足够准确的码元同步。

2. 闭环码元同步法

开环码元同步法的主要缺点是同步跟踪误差的平均值不等于零,从而使信噪比增大,虽然这样可以降低跟踪误差,但是由于直接从接收信号波形中提取同步,跟踪误差永远不可能降为零。闭环码元同步法是将接收信号和本地产生的码元定时信号相比较,使本地产生的定时信号和接收码元波形的转变点保持同步。这种方法类似载频同步中的锁相环法。

广泛应用的一种闭环码元同步器称为超前/滞后门同步器,其原理如图 13-58 所示。其中有两个支路,每个支路都有一个与输入基带信号 $m(t)$ 相乘的门信号,分别称为超前门和滞后门。假设输入基带信号 $m(t)$ 为双极性不归零波形,对两路相乘后的信号分别进行积分。通过超前门的信号积分时间是从码元周期开始时间至 $T-d$。这里所谓的码元周期开始时间,实际上是指环路对此时间的最佳估值,称此时间为 0。通过滞后门信号的积分时间是从 d 开始至码元周期的末尾 T。这两个积分器输出电压的绝对值之差,就代表接收端码元同步误差。

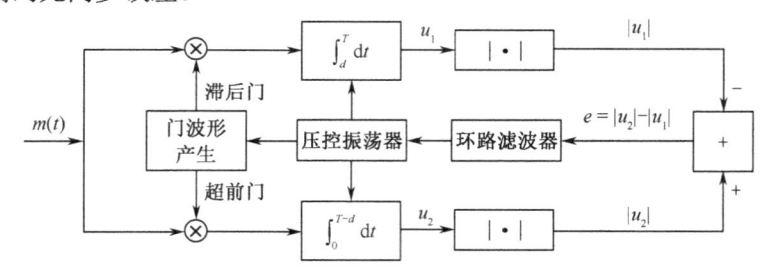

图 13-58 超前/滞后门同步器原理

图 13-59 为超前/滞后门同步器波形图。在完全同步状态下,这两个门的积分期间都全部在一个码元持续时间内,如图 13-59(a)所示。所以,两个积分器对信号 $m(t)$ 的积分结果相等,故其绝对值相减后得到的误差电压 e 为零。这样,同步器就稳定在此状态。若压控振荡器的输出超前于输入信号码元 Δ,如图 13-59(b)所示,则滞后门仍然在其全部积分期间 $T-d$ 内积分,而超前门的前 Δ 时间落在前一码元内,这将使码元波形突变前后的 2Δ 时间内信号

的积分值为零。因此，误差电压 $e = -2\Delta$，它使压控振荡器得到一个负的控制电压，压控振荡器的振荡频率减小，并使超前/滞后门受到延迟。同理可知，若压控振荡器的输出滞后于输入码元，则误差电压 e 为正值，使压控振荡器的振荡频率升高，从而使其输出提前。

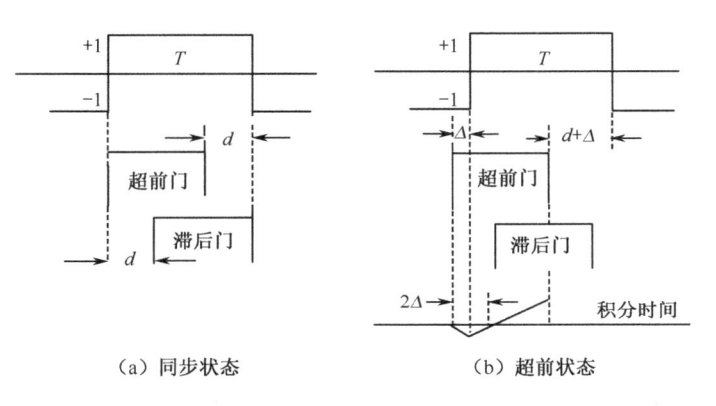

图 13-59 超前/滞后门同步器波形图

13.7.3 群同步

为了使接收到的码元能够被理解，需要知道其如何分组。一般来说，接收端需要利用群同步码划分接收码元序列。群同步码的插入方法有集中插入法和分散插入法两种，如图 13-60 所示。

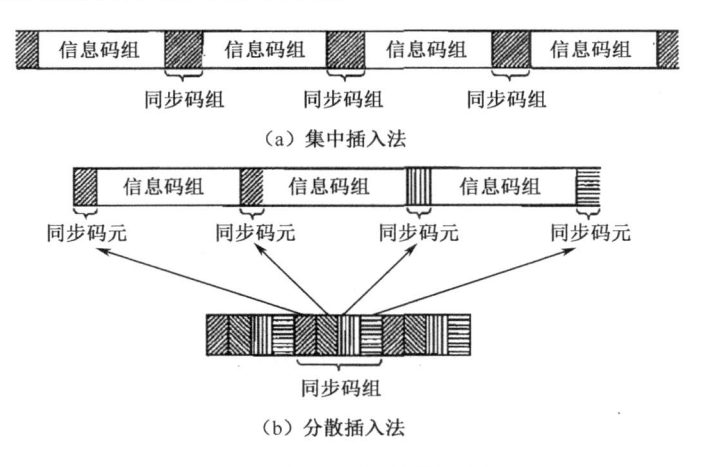

图 13-60 群同步码的插入方法

1. 集中插入法

集中插入法又称为连贯式插入法，如图 13-60（a）所示。这种方法采用特殊的群同步码组，集中插入在信息码组的前方，使得接收时能够立即容易地捕获它。因此，要求群同步码的自相关特性曲线具有尖锐的单峰，以便容易地从接收码元序列中识别出来。这里，将有限长度码组的局部自相关函数定义如下：设有一个码组，其中包含 n 位码元 $\{x_1, x_2, \cdots, x_n\}$，则其局部自相关函数（以下简称"自相关函数"）为

$$R(j) = \sum_{i=1}^{n-j} x_i x_{i+j} \quad (1 \leq i \leq n, j\text{ 为整数}) \quad (13\text{-}108)$$

式中，n 为码组中的码元数目；当 $1 \leq i \leq n$ 时，$x_i = +1$ 或 $x_i = -1$；当 $i > n$ 和 $i < 1$ 时，$x_i = 0$。

显然，当 $j = 0$ 时，有

$$R(0) = \sum_{i=1}^{n} x_i x_i = \sum_{i=1}^{n} x_i^2 = n \quad (13\text{-}109)$$

若一个码组的自相关函数仅在 $R(0)$ 处出现峰值，其他处的 $R(j)$ 值均很小，则可以用求自相关函数的方法寻找峰值，从而发现此码组并确定其位置。

目前常用的一种群同步码叫巴克码。设一个 n 位巴克码组为 $\{x_1, x_2, \cdots, x_n\}$，则其自相关函数可以表示为

$$R(j) = \sum_{i=1}^{n-j} x_i x_{i+j} = \begin{cases} n, & j=0 \\ 0\text{ 或 }\pm 1, & 0<j<n \\ 0, & j \geq n \end{cases} \quad (13\text{-}110)$$

式（13-110）表明，巴克码的 $R(0) = n$，而在其他处的自相关函数 $R(j)$ 的绝对值均不大于 1。

不同长度的巴克码如表 13-2 所示。需要注意的是，表 13-2 中各码组的反码（即正负号相反的码）和反序码（即时间顺序相反的码）也是巴克码。现以 $n = 5$ 的巴克码为例，在 j 处于 0～4 时，求其自相关函数值。

表 13-2　巴克码

n	巴克码
1	+
2	++，+-

续表

n	巴克码
3	+ + −
4	+ + + −, + + − +
5	+ + + − +
7	+ + + − − + −
11	+ + + − − − + − − + −
13	+ + + + + − − + + − + − +

注："+"代表"+1"；"−"代表"−1"

当 $j=0$ 时，$R(0)=\sum_{i=1}^{5}x_i^2=1+1+1+1+1=5$；

当 $j=1$ 时，$R(1)=\sum_{i=1}^{4}x_ix_{i+1}=1+1-1-1=0$；

当 $j=2$ 时，$R(2)=\sum_{i=1}^{3}x_ix_{i+2}=1-1+1=1$；

当 $j=3$ 时，$R(3)=\sum_{i=1}^{2}x_ix_{i+3}=-1+1=0$；

当 $j=4$ 时，$R(4)=\sum_{i=1}^{1}x_ix_{i+4}=1$。

由以上计算结果可见，其自相关函数绝对值除 $R(0)$ 外，均不大于 1。

在实际通信情况中，在巴克码前后都可能有其他码元存在。但是，若假设信号码元的出现是等概率的，即出现+1和−1的概率相等，则相当于在巴克码前后的码元取值平均为 0。所以计算巴克码的局部自相关函数的结果，近似地符合在实际通信情况中计算全部自相关函数的结果。

2. 分散插入法

分散插入法又称为间隔式插入法，如图 13-60（b）所示。通常，分散插入法的群同步码都很短。例如，在数字电话系统中常采用 10 交替码，即在如图 13-60（b）所示的同步码元位置上轮流发送二进制数字 1 和 0。这种有规律、周期性地出现的 10 交替码，在信息码元序列中极少出现。因此，在接收端有可能将同步码的位置检测出来。

在接收端，为了找到群同步码的位置，需要按照其出现周期搜索若干周期。若在规定数目的搜索周期内，在同步码的位置上，都满足 1 和 0 交替出现的规律，则认为该位置就是群同步码元的位置。

移位搜索法是一种常用的搜索方法，其流程如图 13-61 所示。在这种方法中，系统开始处于捕捉态时，对接收码元逐个考察，若在考察第一位接收码元时就发现它符合群同步码元的要求，则暂时假定它就是群同步码元；在等待一个周期后，再考察下一位预期位置上的码元是否还符合要求。若连续 n 个周期都符合要求，则认为捕捉到了群同步码。这里的 n 是预先设定的一个值。若第一位接收码元不符合要求或在 n 个周期内出现一次被考察的码元不符合要求，则推迟一位，考察下一位接收码元，直至找到符合要求的码元并保持连续 n 个周期都符合为止，这时捕捉态转为保持态。在保持态，同步电路仍然要不断考察同步码是否正确，但是为了防止考察时因噪声偶然发生一次错误而导致错认为失去同步，一般可以规定在连续 n 个周期内发生 m 次（$m<n$）考察错误才认为是失去同步。这种措施称为同步保护。

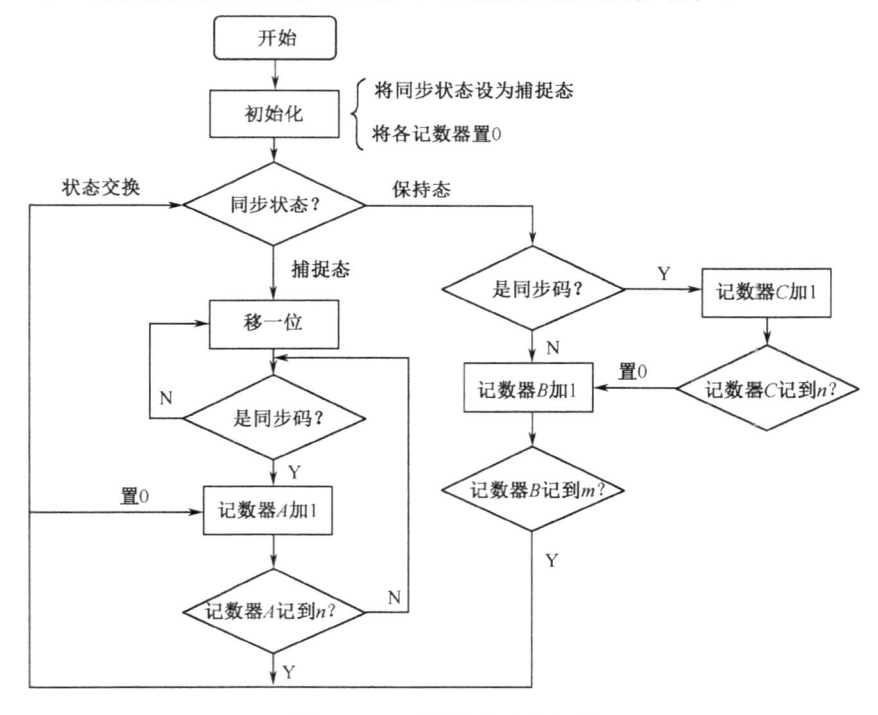

图 13-61 移位搜索法流程图

思考题与习题

1. 比较相干解调和非相干解调的特点及性能。
2. 已知三级移位寄存器本原多项式为 $f(x) = x^3 + x^2 + 1$，寄存器初始状态为 111，画出此 m 序列产生结构图，并写出输出序列的一个周期。
3. 简述科斯塔斯环法基本原理。

参考文献

[1] 许天增，许鹭芬. 水声数字通信[M]. 北京：海洋出版社，2010.

[2] 樊昌信，曹丽娜. 通信原理[M]. 7 版. 北京：国防工业出版社，2014.

[3] 吴资玉，韩庆文，蒋阳. 通信原理[M]. 北京：电子工业出版社，2007.

[4] 王秉钧，冯玉珉，田宝玉. 通信原理[M]. 北京：清华大学出版社，2007.

[5] 朱昌平，韩庆邦，李建，等. 水声通信基本原理与应用[M]. 北京：电子工业出版社，2009.

[6] 殷敬伟. 水声通信原理及信号处理技术[M]. 北京：国防工业出版社，2011.

[7] 张歆，张小蓟. 水声通信理论与应用[M]. 西安：西北工业大学出版社，2012.

[8] 罗新民，张传生，薛少丽. 现代通信原理[M]. 北京：高等教育出版社，2003.

第 14 章

水声通信网络

14.1 概述

20 世纪 90 年代初，美国率先提出水声通信网络（Underwater Acoustic Communication Networks，UAN）概念，并以海网计划进行实践、验证，很快证实了利用声学进行水下组网的可行性，展现了 UAN 应用的广阔前景。世界各国也纷纷开展这方面的研究，经过数十年的发展，在水下信道、水声物理通信、水声网络协议等方面都有很大进展，目前已形成成型的 UAN 系统。

水下声学网络要解决两个技术问题：一个是水下声通信，另一个是在水声通信基础上的组网。水声通信解决的是点到点的两个用户（或信息源）之间的通信，组网解决的是多个用户（或信息源）共享水介质信道时的信息交互问题。

现有的水声通信大部分仅限于海底传感器、AUV、潜艇等节点之间点对点的实时通信研究和应用。组网要将这些点对点的连接结合成为一个无线网络。水下的水声无线网络数据再通过海面浮标及射频接入陆上现有的无线电通信网络，形成覆盖全球的立体信息网。

在军事方面，UAN 对于海洋军事情报的监听与收集、港口及近岸的目标探测（反潜），特别是对于水下侦查和作战群的管理、指挥和调度等方面都起着十分重要的作用。在民用方面，具体应用有环境数据的采集、海洋勘测、气象研究、污染检测和海洋资源开发、海洋生物保护等。

UAN 研究面临的主要困难是：海洋声信道中传播时延长、环境噪声高、可用频带有限、时变多途影响严重、多普勒频移扩展、功耗限制、网络安全性差等。UAN 是一种自组织网络，要求具有环境自适应能力（如功率控制）、自优化能力（如路由选择、故障节点删除和新节点吸收等），在数据传输的同时要解决节点间测距、定位、信道估计等任务。因此，设计一个具有高可靠性、大吞吐量、低功耗和较短传输时延的 UAN 是一项具有强挑战性的工作。

14.2 UAN 的发展现状和特点

14.2.1 UAN 的发展现状

在过去 20 年里，水声通信技术由于其应用领域的扩大而取得了很大的进步，并从军事领域扩展到商业领域。继在浅海水域内实现点对点实时通信之后，美国、加拿大和欧洲共同体（现"欧盟"；以下简称"欧共体"）投入大量的人力、物力研究 UAN。

美国在蒙特雷海底峡谷建立了水声通信局域网络，监测范围为 5～10km，水下节点与海面浮标之间利用 10～30kHz 的垂直声信道，浮标与岸基通过射频的方式通信。美国北卡罗来纳州立大学利用水下网络对北卡罗来纳海岸附近的海洋环境进行了 20 多年的监测，研究气象、天文等对波浪的影响。美国国家海洋和大气管理中心从 1991 年开始建立了系列化的海洋物理实时监测网络系统，主要功能有提高导航安全性、提高港口效率和保护海洋资源，规模最大的一个海洋物理实时监测网络系统设在旧金山湾，由 30 多台仪器组成。美军自 1998 年起多次进行海网试验，该网络为可部署的分布式自治系统（Deployable Autonomous Distributed System，DADS）网络提供指挥和导航功能，并已具备很强的网络自组能力，如节点位置定位（100m 量级）、自动节点识别、时钟同步（0.1～1s 量级）等功能。

在海洋科技（Marine Science and Technology，MAST）计划的支持下，欧共体开展了一个系列化的 UAN 研究计划：远程浅海水声通信链路（Long Range Shallow Water Robust Acoustic Communication Links，ROBLINKS）计划、用于沿海地区水下环境监测的水声通信网（Acoustic Communication

Network for Monitoring of Underwater Environment in Coastal Areas，ACME）计划、浅海水声网（Shallow Water Acoustic Communication Network，SWAN）计划等。

ROBLINKS 计划的目标是研究并试验浅水中（20～30m）长距离（>10km）稳健通信（>1 kbps）的方案，其技术路线是：开发新的最佳相关信号处理概念和算法，引入连续信道辨识技术，提高通信系统对环境变化的稳健性，并对算法进行海试验证。

ACME 计划的主要研究内容是发射功率、电池消耗、调制方式、网络的吞吐量、延时、稳健通信、海洋动物的保护和多变的环境。ACME 计划于 2004 年 6 月进行海试，研究水声通信的声波对鲸鱼和海豚的影响与网络协议的稳定性。网络中最少节点数为 4 个，其中 1 个为主节点，3 个为从节点。水深为 6～10m，节点距离为 200～2000m，比特率最高为 1kbps。

SWAM 计划的目标是建立潜水通信仿真模型，并研究各种无训练 MEMU 阵的处理方法。

其他如英国纽卡斯尔大学研制出的 Acoustic Modem 系列，也是为水下通信和网络通信设计的。其作用距离大于 10km，速率为 20～200bps 半双工，误码率小于 10^{-6}。

我国水声数字通信技术的研究起步于 20 世纪 80 年代中后期。目前，水下通信网络的研究处于起步和快速发展阶段，取得了一些成果。例如，中国科学院声学研究所等单位研制的水下反恐传感器网络监控系统，可实现对水下运动目标的探测、跟踪、识别、报警。哈尔滨工程大学等单位研制了不同制式的水声通信节点，制定了 UAN 技术规范，并构建了 UAN，而且还通过海试与第三方测试，验证了系统的稳定性。

14.2.2 UAN 的特点

用于海洋探测和数据采集的 UAN 一般由海底或海中布放的一组固定传感器节点、自主式水下航行器（Autonomous Underwater Vehicles，AUV）、海面上的网关节点和陆地上的中继站组成。每个传感器内置一个声调制解调器和一个接收器，其功能如下。

（1）能够在请求信道上向网络节点发送信号。

(2）从网络节点接收信号。

(3）可以解决同步到达的两个信号间的冲突问题。

(4）对周围环境进行实时监测。

AUV 是水下移动节点，功能与固定传感器节点相同。网关节点由声调制解调器和一个可以与岸上用户完成高速通信的接口组成，其中声调制解调器作为水下传感器平台的接口，接收传感器采集的数据；岸上用户的接口可以采用远程高频收发机，以及在线可视的超高频雷达收发机或卫星收发机。中继站与其他控制中心、以太网，骨干网或其他网络连接，实现数据上传。

水声信号的传播速度比无线信道的传播速度低 5 个数量级，较高的传输时延会降低系统的吞吐量，消耗较多的能量。同时，海底设备是由电池提供能量，因此，功率控制是 UAN 不可忽视的一个方面。由于 UAN 的应用环境的特殊性，与陆地上的通信网络相比，它具有以下显著特征。

(1）属于无线通信网络。UAN 由位于海底或海中的传感器组成，通过海面浮标的有线网络或无线网络连接到岸上。然而，由于所耗的费用、环境条件和船运等原因，通常无法在海底浮标和海面浮标之间架设电缆。因此，理想的水下通信是从传感器向终端用户通过无线声波发送数据或在岸上远程控制水下设备，设计的 UAN 均属于无线通信网络。

(2）运动的网络节点。由于海水涨潮、海水落潮、大型哺乳动物的活动和航运等原因，网络中的节点并非静止不动，每个节点都可以独立地以任意速度和任意方式在网络中移动，这无疑增加了设计网络协议的难度。

(3）动态的网络拓扑结构。由于网络中每个节点都可以自由、相对独立地运动，加上信道内的各种干扰、水下地形变化等因素的影响，UAN 的拓扑结构可随时发生变化。更复杂的是，网络拓扑结构的变化是随机的、频繁的，而且是不可预测的。

(4）自动组网能力。一些水下应用要求网络在没有进行周密计划的情况，如在军事和民用的营救任务中迅速布置好。因此，网络应该能够决定节点的位置和通过自动配置来提供一个有效的数据通信环境，并且如果在事务处理中信道发生变化或者一些网络节点失败，网络应该能够自主地、动态地重新进行配置来继续工作。因此，Ad hoc 网络适合水下的应用环境。

(5）传输带宽受限。UAN 中的传输带宽是时变的，而传输带宽体现在链路的容量上。一般地，水下无线链路的容量比陆地上的无线链路的容量低很多，如果再考虑多址接入、信道衰落、噪声和干扰等不利因素的影响，那么实际可获得的链路容量比理想的无线传输速率还要低很多。

（6）节点能量受限。UAN 中各传感器节点和其他设备主要是由电池供电，因此它是一个能源受限的系统。在岸上更换系统的无线调制解调器比较容易，但对于放置在水下的终端节点来说，更换调制解调器比较困难，需要较长的往返航行时间、较多的资源消耗和较高的使用费用。所以，为了能够延长节点的运行时间，网络协议设计要尽量节约能源，具体措施是减少重发数据的次数、不发数据时或数据在信道传送过程中关闭电源，以及以实际需要的最小功率进行发射。这样，每个节点的无线覆盖范围就受到了限制。

14.3　UAN 的分层结构和拓扑结构

UAN 同其他大多数网络一样，为了减少协议设计的复杂性，都按层或级的方式来组织，每层都建立在它的下层之上。对于不同的网络，其层的数量、名字、内容和功能都不尽相同。但在所有的网络中，每层的目的都是向它的上一层提供一定的服务，但把如何实现这一服务的细节加以屏蔽。

关于协议分层，有两种思想占据了该领域的主导地位。第一种思想是基于国际标准化组织（Internation Organization for Standardization，ISO）早期所做的工作，称为 ISO 的开放系统互联参考（Open System Interconnection，OSI）模型；第二个思想就是 TCP/IP 参考模型。在此基础上，形成了 UAN 的分层结构。

14.3.1　UAN 的分层结构

与 OSI 协议栈模型和 TCP/IP 协议体系结构不同，UAN 协议分层结构现在主要有两种划分方法：一种是由 Ethem M.Sozer、David B.Johnson 等提出的三层结构；另一种则是由新加坡国立大学声学研究实验室、美国麻省理工学院、WHOI 三个机构联合提出的基于 OSI 的松散的五层结构。其中，三层结构是基础，下面对其进行主要说明。

UAN、OSI 与 TCP/IP 协议体系结构的比较如图 14-1 所示，由下到上依次为物理层、数据链路层和网络层。

UAN	OSI	TCP/IP
	应用层	应用层
	表示层	
	会话层	运输层
	运输层	互联网层
网络层	网络层	
数据链路层	数据链路层	数据链路层
物理层	物理层	物理层

图 14-1　UAN、OSI 与 TCP/IP 协议体系结构的比较

在 UAN 的协议栈中，各层的功能描述如下。

1. 物理层

网络中底层称为物理层，主要任务是透明传送二进制的比特流，所传数据的单位是比特，即在发送端将 0 和 1 组成的逻辑信息转换成能够在水声信道中传输的信号，再在接收端将信号从噪声中检测出来，并将其还原成原始的逻辑信号。物理层一方面接收来自第二层，即数据链路层的数据帧，并顺序传输这些数据帧的结构和内容，一次一位串行传输；另一方面将接收到的数据帧传递给数据链路层，进行重新组帧。物理层只观察到 0 和 1 的比特流，它没有确定传输或接收的每位信息的具体含义的机制。物理层的功能包括信道的区分和选择、水声信号的监测、调制和解调等。由于多途衰落、码间串扰和无线传输带来的节点间的相互干扰，UAN 传输链路上的每个带宽容量很低。因此，物理层的设计目标是以相对低的能量消耗，弥补无线介质的传输损失，从而获得较大的链路容量。为了达到这个目的，必须采用关键技术包括设定调制解调方式、信道编码、自适应功率控制、自适应干扰抵消和自适应速率控制等。

2. 数据链路层

数据链路层的任务是在两个相邻节点间的链路上无差错地传输以帧为单位的数据。每帧都包括数据信息和必要的控制信息。在传输数据时，若接

收节点检测到接收的数据中有差错,就要丢弃此数据,同时通知发送方重发这一帧,直到这一帧正确无误地到达接收节点。因此,有了功能完整的数据链路层协议,上一层就认为自己能够通过该链路进行无差错地传输。数据链路层的功能包括链路管理、寻址、帧同步、流量控制、差错控制、区分数据信息和控制信息等。在发送节点处,当收到来自网络层的数据时,数据链路层负责将指令和数据封装成帧,帧是数据链路层固有的结构,它含有足够的控制信息,保证数据可以通过网络成功地发送到目的地。要保证数据帧的成功传送需要做到两点:一是目的节点必须在确认接收之前验证该帧内容的完整性和正确性;二是源节点必须收到接收方对每个帧已经被目的地节点成功接收的确认。在接收节点处,数据链路层还负责把从物理层接收到的二进制数据重新组装成帧,但是,假定一个帧的结构和内容都被传输,数据链路层实际上不重新组建帧,而是缓存到达的二进制位,直到它有一个完整的帧。UAN 数据链路层协议设计的目标是每个传感器终端节点都可以公平、有效地分享带宽资源,使网络获得尽可能高的吞吐量,同时使占有的时延尽可能小,消耗的能量尽可能少。

在 UAN 中,另一个重要功能是介质访问控制(Medium Access Control,MAC),以实现在相互竞争的用户之间公平地分配信道资源。由于每个节点的无线覆盖范围是有限的,一个节点发出的信号,只有位于它传输范围之内的邻居节点可以收到,而此范围之外的其他节点将察觉不到,这就不可避免地会引起隐蔽终端和暴露终端的问题。因此,设计 MAC 协议时,必须解决隐蔽终端和暴露终端的问题,设计方法包括随机竞争机制、轮转机制、动态调度机制及各种机制的组合。

3. 网络层

网络层的任务是要选择合适的路由信息,确定和分发源节点和目的节点之间的路由搜索及维护信息。这一层本身没有传输错误检测和纠正机制,所以必须依赖数据链路层的端到端的可靠传输服务。网络层有自己的路由寻址体系结构,与数据链路层机器寻址是独立且不同的,网络层的三要功能包括邻居发现、分组路由、拥塞控制和网络互联等功能。邻居发现三要用于收集网络拓扑信息。分组路由主要用于发现和维护去往目的节点的路由。通常,执行的路由要通过多条传输链路和多个网络节点。网络中的各节点必须协同工作，以有效地完成路由的选择。拥塞问题是由于分组数据剧增而导致的。

UAN 中路由协议的设计目标是快速、准确、高效、可扩展性好。快速是指查找路由的时间要尽量短，减少引入的额外时延。准确是指路由协议要能够适应网络拓扑结构的变化，提供准确的路由信息。高效的含义比较复杂，其一指的是要提供最佳路由；其二指的是维护路由的控制信息应尽量少，以降低路由协议的开销；其三指的是路由协议能根据网络的拥塞状况和业务的类型选择路由，避免拥塞并提供服务质量（Quality of Service，QoS）保证。可扩展性好是指路由协议要能够适应网络规模的扩大。

按照路由表的维护特点，目前的路由协议大体可分为表驱动类路由协议、按需驱动类路由协议和混合路由协议。其中表驱动类路由协议的各节点始终保持一张包含到所有可达的目的节点的完整路由信息表。当某节点检测到网络拓扑变化时，迅速在网内以广播方式发送路径更新消息，收到此消息的节点将更新自己的路由表，以保证各节点路由信息的一致、准确和及时更新。当采用按需驱动类路由协议时，只有在需要向目的节点发送报文时，节点才通过"路由发现通信过程"在路径表中为目的节点生产相应的路由表项。路由表项的更新也仅限于仍在使用的路由项。有研究表明，表驱动类路由协议带来了大量的路由开销，对于网络带宽比较紧张的 UAN 环境，按需驱动类路由协议是更好的选择。混合路由协议是新一代路由协议，具有表驱动类路由协议和按需驱动类路由协议的优点。在混合路由协议中，附近节点的路由使用表驱动式的方法维护，将路由发现的方法用于远处的节点。混合路由协议减少了路由发现的开销，增加了网络的可扩展性。

14.3.2 UAN 的拓扑结构

1. 网络的拓扑结构

为了分析网络单元彼此互联的形状与性能的关系，采用拓扑学中一种与大小、形状、距离无关的点、线特性的方法，把网络单元定义为节点，两节点间的连线称为链路。UAN 就是由一组节点和链路组成的，而网络的拓扑结构是网络节点和链路的几何位置的抽象，它决定了网络中任意一对通信节点之间可能用到的各种传输通道。

网络节点间的通信主要有三种拓扑结构,分别为集中式、分布式和多跳式。

集中式拓扑结构是指每个节点都有一条点到点的链路与中心节点相连,这一中心节点也称为网络的 Hub 节点。信息的传输是通过中心节点存储转发技术实现的,并且只能通过中心节点与其他站点通信。集中式拓扑结构的主要优点是结构简单、便于维护、易于实现结构化布局、易扩充、易升级;其缺点是由中心节点的可靠性决定的整个网络的可靠性低、网络覆盖面小、中心节点负担重,容易成为信息传输的瓶颈,且一旦发生故障,便会导致全网瘫痪。因此这种拓扑结构不适合浅海水下的通信网络。

分布式拓扑结构是指网络中的所有节点之间都是可以通信的,这种网络虽然不需要路由,但是它需要的输出功率非常大。众所周知,水下设备是靠电池来提供能量的,电池的能量不但有限,而且更换困难。所以,分布式拓扑结构对于水下通信也是不理想的。

多跳式拓扑结构是指只在临近节点间可以通信,信息从源节点到目的节点的传输是靠信息在节点间的跳转来实现的。网络的工作范围是由节点数目决定的,因此网络覆盖面比较大。但随之而来需要面对的就是路由算法的问题。水下无线通信网络当前最主要的设计目标是在确保正常可靠工作的前提下,将能源消耗和信息传输延时降到最小,多跳式拓扑结构是最合适的水下无线通信网络结构。

多跳式拓扑结构又可分为平面拓扑结构和分级拓扑结构两类。

(1)平面拓扑结构。

平面拓扑结构如图 14-2 所示。网络中所有节点的地位平等,又可称为对等式网络拓扑结构。其中的所有节点都具有相同的发送信息、接收信息和转发信息的能力,不设中心控制站,且在网络的运行过程中发挥相同的作用,任意两个节点之间的连接只受网络连通性的影响。

平面拓扑结构的优点是源节点和目的节点之间可以存在多条路径,这样就可以在多条路径上实现流量平衡,减少网络拥塞,也降低流量瓶颈产生的概率,所以比较健壮。网络中的数据流可以根据自身的特征选择最适合的路径进行传送,例如,可以用低延迟、低带宽的链路传送语音数据,用高带宽但延迟较长的链路传送文字流量,节点发送数据时使用的能量较低,有利于节省能源。

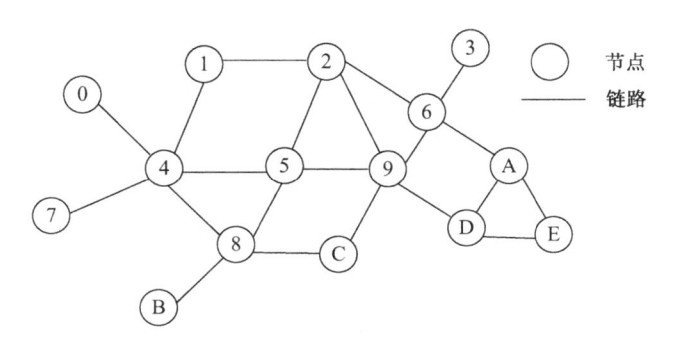

图 14-2 平面拓扑结构

平面拓扑结构的最大缺点是网络的规模受限，每个节点都需要知道到达其他所有节点的路由。维护这些动态变化的路由信息需要大量的控制信息。网络规模越大，路由维护的开销就越大。当网络的规模扩大到某个程度时，所有的带宽都有可能被路由协议消耗掉，所以平面结构网络的可扩充性较差，其一般应用在用户节点不太多的 UAN 等小型网络中。

（2）分级拓扑结构。

在分级拓扑结构的网络中，节点被划分成组，称为簇。每个簇由一个簇头和多个节点组成。簇头主要负责簇间数据的转发。当两个不同簇中的节点需要交互数据时，需要源节点和目的节点中的簇头进行转发。分级拓扑结构又可以分为单频分级拓扑结构和多频分级拓扑结构。

单频分级拓扑结构如图 14-3 所示。该结构中的节点分为 3 种：簇头、网关和节点。簇头控制整个簇，与外簇通信的路由信息由簇头计算和保存，分属不同簇的节点间的通信必须通过簇头来进行；网关同时属于两个簇，为相邻簇的簇头间提供链路；节点只计算和保存本簇内相关节点的路由。

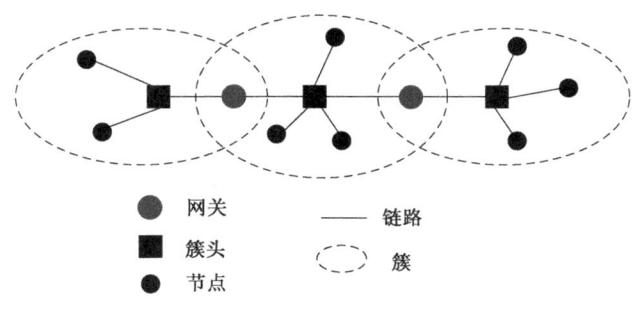

图 14-3 单频分级拓扑结构

多频分级拓扑结构如图 14-4 所示。该结构中的节点分为簇头和节点，不同层的网络采用不同的通信频率，低层网络的节点通信范围较小，高层网络的节点覆盖范围较大。高层网络的节点同时处于不同的层中，有多个通信频率，用不同的频率实现与不同层节点间的通信。在如图 14-4 所示的两层网络中，簇头节点有两个频率。频率 1 用于簇头与节点间的通信，而频率 2 用于簇头之间的通信。

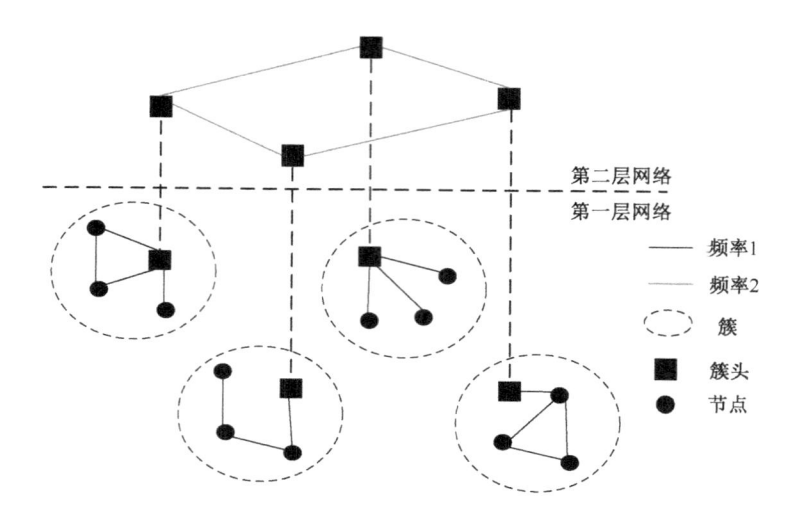

图 14-4 多频分级拓扑结构

分级拓扑结构的优点是可扩充性好，网络规模不受限制，必要时可以通过增加簇的个数或网络层数来提高网络容量；簇内成员的功能比较简单，不需要路由维护，从而大大地减少了网络中路由控制信息的数量，提高了网络的吞吐量；簇头节点可以随时选举产生，所以具有很强的抗毁性。

分级拓扑结构也有它的缺点。首先，维护分级结构需要复杂的簇头选择算法和簇维护机制，在节点移动特别频繁时，分级网络的很大一部分网络资源会消耗在簇的建立和保持上，这会极大地降低网络的性能；其次，簇头节点的任务相对较重，可能成为网络的瓶颈；最后，分层网络中的路由常常不是最优路由，同层中距离很近的节点，本可以建立直接连接，但由于属于不同的簇，且两个簇的簇头没有直接相连的通信链路，这两个节点间的通信经历了一条复杂但不必要的链路。

分级拓扑结构一般用于用户节点较多的大型网络。

2. UAN 的拓扑结构

UAN 的设计目标之一是既要求功率消耗最小，又要求网络可靠性最高，同时又要有最大的吞吐量，而网络拓扑结构是决定功率消耗的重要参数之一。

通过分析，减少能量的方法就是采用中继。中继的次数越多，节约的能量也越多，在长距离的传输上的表现更为明显。特别是对于几十千米的数量级，能量的节约更为重要。所以，在 UAN 中应该采用仅在相邻的节点之间建立连接的拓扑结构。

Ad hoc（无线自组织）网络是一种非常适合 UAN 的组网方式。

14.4 水下自组织网络

对于一些军事和民用的紧急任务，要求网络在没有进行周密计划的情况下迅速布置好，并且如果在事务处理中信道发生变化或者一些网络节点配置失败，网络应该能够自主地、动态地重新进行配置来继续工作。因此，Ad hoc 非常适合水下的应用环境。

1. Ad hoc 的定义

Ad hoc 一词来源于拉丁语，是特别或专门的意思。Ad hoc 技术标称的就是一种特定的无线网络结构，强调的是多跳、自组织、无中心的概念，所以一般把 Ad hoc 译为自组网或者多跳网络。

Ad hoc 出现之初指的是一种小型无线局域网。如果追溯到 20 世纪 70 年代初期的分组无线网，Ad hoc 已有 50 多年的发展历史。即使从 1991 年 IEEE 802.11 标准委员会正式用 Ad hoc 来描述这种自组织、对等式无线移动网络算起，Ad hoc 也已经有 30 多年的历史。但这种特殊的无线通信网络直到 20 世纪 90 年代后期才逐渐被了解和关注，这是因为 Ad hoc 网络一开始是为军事通信应用设计的。

Ad hoc 具有无中心、自组织、多跳路由、独立组网、节点移动等特点。这使它在很多特殊场合的通信应用中有独特的优势，但这些独有的特点也使得 Ad hoc 在组网方式上跟传统的无线通信网络有很大的差异。Ad hoc 的多跳共享无线广播信道、多跳路由等都是普通有中心的无线网络不可能遇到的。为了适应这种独特的组网和工作方式，必须为 Ad hoc 单独设计相应的协议。无论是信道接入协议、路由协议、传输协议等都要根据 Ad hoc 的需要和特点进行改进和调整。除此之外，Ad hoc 的特殊性也带来一些其他问题，如分簇、节能、功率控制、QoS 等都需要专门设计。这些问题形成了 Ad hoc 技术研究的原动力和研究方向。

随着移动通信和移动终端技术的高速发展，Ad hoc 技术不仅在军事领域中得到了充分的发展，还在民用移动通信中得到了应用，尤其是在一些特殊的工作环境中，比如所在的工作场所没有可以利用的设备或者由于某种因素的限制（投资、安全、政策等）不能使用已有的网络通信基础设施时，用户之间的信息交流及协同工作就需要利用 Ad hoc 技术完成通信网络的立即部署，满足用户对移动数据通信的需求。

Ad hoc 是一种临时自治的分布式系统，具有无中心接入和多跳的特征。这些特征使得 Ad hoc 技术涉及 OSI 分层模型中的每个层面。研究者已经在媒介接入问题、路由问题、组播路由问题、电能管理问题、QoS 问题、安全问题、传输层问题等方面有了相关的研究成果。在众多的难题中，Ad hoc 的路由问题尤其关键，国际互联网工程组织（The Internet Enginering Task Force，IETF）成立了移动自组织网络（Mobile Ad hoc Network，MANET）工作组，集中从事 Ad hoc 单播路由协议及其性能评定的研究，取得了一些成果。

2. 水下 Ad hoc 的研究情况

在水下声通信网的特殊应用环境下，没有固定基站，节点的速度、位置随时可以随机改变等特点决定了 Ad hoc 最适合于 UAN，但在组网中有如下一些问题需要考虑。

（1）物理层。FSK 是非相干的调制方法，因为存在多普勒频散，难以做到相位跟踪，所以依赖能量检测。考虑多途的影响，可在两个相邻的脉冲之间插入一段保护时间；考虑水下多普勒频散的存在，也可以在子带之间加入保护频段。虽然非相干调制的方法是高能效的，但它的带宽利用效率低，加之水声信道的带宽有限，所以它不适合水下高速的、多用户的通信。另一种可以提高数据率的方法是相干调制技术，如 PSK 和 QAM，其必须对载频的

第14章 水声通信网络

相位进行跟踪，但是由于浅水介质的频散和时变特性，使得码间干扰加大，错误比特增加，因此需要采用信道均衡技术并结合锁相环技术补偿相位的偏移。能够实现信道均衡的设备是一些非常复杂的滤波器，如决策反馈均衡器，它的复杂性不适合实时通信。但一些简化算法的方法会引起算法的不收敛，最终导致接收机性能的下降。水声通信中的 OFDM 扩频技术为多载波调制，同时在多个子载波上发射信号，可以根据信道的情况，对衰减小的子载波分配较高的比特数，对衰减大的子载波分配较低的比特数。在保持相同的数据速率下，可以在多个子载波上同时发射信号，每个子载波的符号持续时间可以加长，因此 OFDM 对多途有较好的鲁棒性，并且能够获得较高的频谱效率。但是，由于信道的时变性，分配子载波比特数也成为一个繁重的任务。

（2）数据链路层。对于多址访问方式而言，频分复用技术由于水声可用的信道很窄，并且其对衰减和多途的敏感性，不适合水下声学网络，但对于短距离的通信，则是一种简便易行的方法。水声信道延迟长和延迟方差大，很难做到时间同步，因此基于公共时基的时隙分配也难以在 UAN 中做到。如果使用，就必须插入较长的时间保护，但是这会使系统的带宽效率大大降低。码分复用通过伪随机编码信号把发射信号扩频到整个可用带宽。由于伪随机编码的相关特性，可以使采用不同伪随机编码的不同用户区别开来。高带宽对频率选择性衰落有较好的抵抗性。在直接序列扩频的接收端采用 Rake 接收机，主动利用多途能量，补偿多途的影响，因此它对水声信道产生的多途衰落有较好的鲁棒性，但由于多普勒频散的存在，也会使伪随机码的相关特性降低；另外一种扩频技术是跳频扩频，由于它发射的是多个窄带信号，更容易受到多普勒频移的影响，但它在应对复用干扰（Multiple Access Interference，MAI）问题上比直接序列扩频更有效，并且它的接收机比较简单。对于随机访问方式而言，避免冲突复用是一种握手协议。它通过发射和接收 RTS（Request To Send）/CTS（Clear To Send）来控制包对，实现发射和接收的握手。由于水声信道大的延迟特性，而握手协议的几个往返，更加重了除信号延迟外的延迟，造成网络吞吐率降低。载波侦听复用技术，也会由于水声信道的延迟特性，发生因为发射信号尚未到达接收器，信道侦听为空闲而发射却正在进行的情况，造成冲突的发生。

（3）网络层。在水下 Ad hoc 中，先应式路由方式，在使用网络通信之前，就要时刻维持网络中所有节点的路由表，这不仅造成珍贵的信道资源的浪费，对水声应用也不是很必要。地理式路由方式，依赖节点的地理位置进行路由，在陆地传感器网中，可以很好地利用全球定位系统来获得所需信息；在水下声学传感器网络中，获取精确的节点定位信息是很困难的，而且节点的定位，本身就是水下声学网络需要解决的问题之一。反应式路由方式，虽然在需要时才启动路由发现的过程，仍然需要大量的控制包来建立路由，并且由于水下底质和信道的变化，使得链路有时会变成一个单向的链接，这对所有依赖对称链接的协议会造成使用上的困难。

现在，国内外学者对于水下 Ad hoc 的研究，主要集中在数据链路层 MAC 协议研究，通过路由协议的改进研究实现高效利用网络节点能量。

陆地上 Ad hoc 的各种技术移植到水下，很多方面都需要针对水下特殊的条件做出相应的调整。

下面简单介绍 3 个需要改进的方面。

（1）能量方面。

水下网络的应用特点，使得更换水下节点电池非常困难，因此，路由算法的能量有效性就成为研究人员关注的焦点之一。马祖长、孙怡宁（2004）提出了一种基于最小跳数的路由协议，该算法通过减少信息传输次数，达到节省能量的目的。有研究针对水下传感器网络，提出了一个均衡节点能量消耗的路由算法 BNEC（Balancing Node's Energy Consumption），该算法通过均衡网络节点的能量消耗，进而达到最大化网络生命周期的目的。

（2）MAC 协议方面。

无线 Ad hoc 的 MAC 协议不一定适合水声 Ad hoc，其原因在于：相对无线信道而言，水声信道传输条件非常恶劣（特别是浅海水声信道），它是一个随机时空频变、强多径干扰、强噪声环境、可用带宽非常有限的信道。因此，若要设计出适合水声信道特点的水声 Ad hoc 的 MAC 协议，必须解决两个关键问题：尽可能消除分组冲突和减少预约次数。

（3）自重组问题。

从军事应用来看，作为承担水下警戒任务的水声网络，必将成为敌人破坏的目标之一。因此，水声网络自身的安全性显得十分重要。同时，这也是水声对抗的一种新形式。虽然不希望发生，但必须考虑到水声网络有被攻击成功的可能，也就是说，水声网络有可能被敌人破坏。水声网络研究的长期目标是达到自组织、自优化、自愈和环境自适应。这里提到的自愈应该包含自重组的概念，这个问题必须考虑。有研究通过分析水声网络受损程度和原因，研究了一种水声网络自动重组合的方案，并通过 OPNET 仿真表明，该方案具有一定的实用性。

14.5 水下声学传感器网络

水下声学传感器网络，就是在一定的水下区域内，通过各种传感器节点获取水下信息，并对水下节点进行声学通信和组网，最终通过特定的节点，重新以无线电和有线电的形式把在覆盖区域中获取的信息纳入岸上的常规网络，并发送给观察者的水下子网。

水下传感器网络是陆地传感器网络概念向水下应用的延伸。水下声学传感器网络由多个传感器节点组成，节点可以是固定的（如水下锚定的浮标或潜标），也可以是移动的（如 AUV）。目前，水下声学传感器网络可以根据水下传感器类型的不同，获取不同的信息，可应用于海洋学数据获取、海洋污染监控、近岸开发、灾难预防、水下导航定位的辅助、海洋资源勘测和科研数据获取、分布式战术监测、水雷侦察，以及水下目标的探测、跟踪与定位。

水下声学传感器网的 4 个特点是：①可移动性，因为是可移动的，所以必须是能够自组织的自主网络，遵循一定的网络路由方式；②水下无线和水声通信，由于采用水下声通信，必须是对海洋环境特性自适应的，解决物理层的技术挑战；③能量受限制，由电池供电；④具有数据传播功能，可将监测数据传送到岸上，为了对数据进行有效和可靠的传输，必须遵循一定的网络协议。

Ad hoc 被认为比较适合应用于水声传感器网。在 Ad hoc 中，有 3 种路由协议：先应式路由协议、反应式路由协议和地理式路由协议。先应式路由协议，也被认为是表驱动式路由协议，这些路由协议通过广播包含了路由表的控制包，来维持每个节点到其他节点的最新路由信息。反应式路由协议，也被认为是随选式路由协议，就是仅在达到目的的路由被需要时，节点才启动路由发现的过程。路由发现之后，需要路由维持，直到它不再被需要。地理式路由协议，是通过利用定位信息，来建立源和目的的路由。所有这些路由协议，由于水声信道的特殊性，都面临一些应用上的困难。

在我国"十五"规划期间，我国研究者开始进行 UAN 的相关研究，目前已取得了长足的进步。我国广阔的海岸线为水下声学传感器网的应用带来广阔的前景。无论何种应用，水下传感器网络的概念是相同的，不同的是根据应用的不同更换水下传感器的种类，便可获得不同的水下信息。在民用中的应用包括：建立近海地震监测网，为地震监测和海啸预报获取数据；在海上石油平台附近建立小范围的监测网，为石油平台的生产提供环境和安全参数；还可以利用水下声学传感器网络的自组织能力，对水下移动平台提供导航参数；建立沿海立体监测网络，获取物理的、化学的、气象的和声学的信息。民用 UAN 可为海洋资源的利用、海洋灾害的预防、海洋气象的准确预报，以及海洋科学数据的获取创造条件。军用 UAN 则可以建立沿海广大区域的警戒侦察网，并凭借它的灵活性对事件做出快速反应，提高我国海防水平。

思考题与习题

1. 简述水声通信网络的特点。
2. 比较集中式、分布式和多跳式三种拓扑结构的特点。
3. 试分析水声通信网络的分层结构。

参考文献

[1] 朱昌平，韩庆邦，李建，等. 水声通信基本原理与应用[M]. 北京：电子工业出版社，2009.
[2] 殷敬伟. 水声通信原理及信号处理技术[M]. 北京：国防工业出版社，2011.
[3] 张歆，张小蓟. 水声通信理论与应用[M]. 西安：西北工业大学出版社，2012.

[4] 马祖长，孙怡宁. 大规模无线传感器网络的路由协议研究[J]. 计算机工程与应用，2004(11)：165-167.

[5] 孙桂芝. 水声通信网络路由协议研究[D]. 哈尔滨：哈尔滨工程大学，2006.

[6] 董阳泽，钱存健，刘平香. 水声网络自重组技术研究和仿真[J]. 舰船科学技术，2006，28(3)：70-73.

反侵权盗版声明

电子工业出版社依法对本作品享有专有出版权。任何未经权利人书面许可，复制、销售或通过信息网络传播本作品的行为；歪曲、篡改、剽窃本作品的行为，均违反《中华人民共和国著作权法》，其行为人应承担相应的民事责任和行政责任，构成犯罪的，将被依法追究刑事责任。

为了维护市场秩序，保护权利人的合法权益，我社将依法查处和打击侵权盗版的单位和个人。欢迎社会各界人士积极举报侵权盗版行为，本社将奖励举报有功人员，并保证举报人的信息不被泄露。

举报电话：（010）88254396；（010）88258888
传　　真：（010）88254397
E-mail：　dbqq@phei.com.cn
通信地址：北京市万寿路173信箱
　　　　　电子工业出版社总编办公室
邮　　编：100036